八岔岛上江河交错岛洲相连
黑龙江八岔岛国家级自然保护区 提供

同江市赫哲族文化中心 王秀峰 摄

三江口同三公路起点主标志塔　张永奎 摄

俯瞰街津山　王秀峰 摄

三江口畔黑龙江与松花江交汇处"两色水"奇观

同江市文体广电和旅游局 提供

建设中的中国同江至俄罗斯下列跨江铁路大桥

同江市大桥办 提供

航拍同江市区平安大道　冰城馨子 摄

同江市革命老区发展史

同江市老区建设促进会　编

黑龙江教育出版社

图书在版编目（CIP）数据

同江市革命老区发展史 / 同江市老区建设促进会编
. -- 哈尔滨：黑龙江教育出版社，2021.5
ISBN 978-7-5709-2228-4

Ⅰ. ①同… Ⅱ. ①同… Ⅲ. ①同江市－地方史 Ⅳ.
①K293.54

中国版本图书馆CIP数据核字(2021)第074664号

顾 问	于万岭			
丛书主编	杜吉明			
副 主 编	白亚光	张利国	李树明	李 勃

同江市革命老区发展史
Tongjiangshi Geming Laoqu Fazhanshi

同江市老区建设促进会 编

责任编辑	高 璐
封面设计	朱建明
责任校对	杨 彬
出版发行	黑龙江教育出版社
地 址	哈尔滨市道里区群力第六大道1305号
印 刷	哈尔滨博奇印刷有限公司
开 本	787毫米×1092毫米 1/16
印 张	28.75
字 数	360千
版 次	2021年5月第1版
印 次	2021年5月第1次印刷
书 号	ISBN 978-7-5709-2228-4 定 价 68.00元

黑龙江教育出版社网址：www.hljep.com.cn
如需订购图书，请与我社发行中心联系。联系电话：0451-82533097 82534665
如有印装质量问题，影响阅读，请与我公司联系调换。联系电话：0451-51789011
如发现盗版图书，请向我社举报。举报电话：0451-82533087

《同江市革命老区发展史》
编纂委员会

主　任　王　金　市委书记

李德刚　市委副书记、市长

副主任　李　忠　市委副书记

张佳宁　市委常委、宣传部部长

梁东升　市委常委、组织部部长

尤利军　黑龙江八岔岛国家级自然保护区管理局局长

赫哲族研究会会长

韩泰民　市老区建设促进会会长

成　员　王念森　市委办公室主任

王宪飞　市委党校常务副校长

由俊林　市委编办主任

王茂松　市档案馆馆长

宫延贵　市政府办公室主任

王金昌　市发展和改革局局长

肖庆华　市统计局局长

王心堂　市教育局局长

杨和新　市民政局局长

刘祥瑞　市财政局局长

于海滨　市住房和城乡建设局局长

孙　涛　市交通运输局局长

王　云　市农业农村局局长

杜　烨　市文体广电和旅游局局长
张　弘　市卫生健康局局长
王利兵　市商务和口岸局局长
由成莲　市妇联主席
毕远航　团市委书记

────── 《同江市革命老区发展史》──────
编纂委员会办公室
（设在同江市革命老区建设促进会）

主　　任　韩泰民　市老区建设促进会会长
成　　员　王　强　市老区建设促进会副会长
　　　　　国玉林　市老区建设促进会办公室主任
主　　编　韩泰民
副 主 编　王　强
　　　　　李振科　市档案馆副馆长、市作家协会常务副主席
执行主编　李文湘　市作家协会副主席
责任编辑　田墨龙　市作家协会副主席兼秘书长

总　序

在举国欢庆新中国成立70周年前夕，中国老区建设促进会王健会长请我为《全国革命老区县发展史》丛书作序，作为一名在老区战斗过并得到老区人民生死相助的老兵，回首往事，心潮澎湃，感慨万千，深感义不容辞，欣然应允。

中国革命老区，是以毛泽东为代表的中国共产党人在领导人民推翻帝国主义、封建主义和官僚资本主义三座大山，争取民族独立和人民解放伟大斗争中建立的革命根据地，在这片红色的土地上，诞生了无数可歌可泣的革命英雄儿女，为后人树起了一座不朽的丰碑。她是新中国的摇篮，是党和军队的根。

在艰苦卓绝的战争年代，老区人民把自己的命运与中华民族的命运紧紧地联系在一起，与中国共产党和人民军队的命运紧紧地联系在一起，他们生死相依，患难与共。我曾亲历过战争年代，并得到过老区红哥红嫂的救助，切身感受到发生在身边的一幕幕撼天动地的革命故事，在那极其艰难的条件下，老区人民倾其所有、破家支前，不怕艰难困苦，不怕流血牺牲。"最后一碗米送去做军粮，最后一尺布送去做军装，最后一件老棉袄盖在担架上，最后一个亲骨肉送去上战场"，这是当时伟大的老区人民为建立新中国做出巨大牺牲的真实写照，它将永远镌刻在中国共产党、中国人民解放军、中华人民共和国的历史丰碑上。他们的光辉业绩永载史册，他们的革命精神必将影响一代又一代的革命新人，造就一代又一代的民族脊梁。

在社会主义革命和建设时期，革命老区和老区人民响应党的号召，面对落后的面貌、脆弱的经济、恶劣的生态环境，他们本色不变，精神不丢，自力更生，艰苦奋斗，干一行爱一行。始终坚持"革命理想高于天"，自觉做共产主义远大理想的坚定信仰者和忠实实践者，勇于向恶劣的自然环境和贫穷落后宣战，他们在各条战线上为国建功立业，用平凡的双手创造了一个又一个不平凡的奇迹，彰显了老区人的崇高精神和人格力量。

在改革开放的伟大进程中，老区人民解放思想，勇于创新，发奋图强，攻坚克难，老区的经济社会建设取得了辉煌成就。特别是在改变中国的面貌、中华民族的面貌、中国人民的面貌、中国共产党的面貌的伟大实践中发挥了至关重要的作用。老区人民既是改革开放的参与者，也是改革开放的推动者。

艰苦练意志，危难见精神。老区人民在近百年的革命战争、社会主义建设和改革开放的伟大实践中，孕育形成了伟大的老区精神：爱党信党、坚定不移的理想信念；舍生忘死、无私奉献的博大胸怀；不屈不挠、敢于胜利的英雄气概；自强不息、艰苦奋斗的顽强斗志；求真务实、开拓创新的科学态度；鱼水情深、生死相依的光荣传统。这是党和人民宝贵的精神财富、丰厚的政治资源，是凝心聚力、振奋民族精神的重要法宝，也是社会主义核心价值观的重要内容。

中国老区建设促进会怀着强烈的政治责任感和历史使命感，组织全国各地老促会人员克服困难，尽心竭力编纂《全国革命老区县发展史》丛书，记录老区的光辉历史和辉煌成就，传承红色基因，弘扬老区精神，是功在当代，利及千秋的一件大事。手捧这部丛书的部分书稿，读着书中的故事，倍感亲切，深感这部丛书具有资政、育人、存史的社会功能，有着重要的时代和历史价值。它是不忘初心、牢记使命的源头活水，是赞颂共产党、讴歌老区人民的一部精品力作，是弘扬老区精神、传承红色记忆的丰厚载体，是一项继承优秀传统文化、弘扬革命文化、发展社会主义先进文化，坚定"四个自信"的宏大文化工程。它必将成为一种文化品牌，为各界人士了解老区宣传老区支持老区提供一部有价值的研究史料。希望读者朋友们能从中了解并牢记这些为党和民族的利益不断奉献的老区人民，从中得到教益，汲取人生奋斗的精神动力。

新时代赋予新使命，新起点开启新征程。让我们更加紧密地团结在以习近平同志为核心的党中央周围，坚持以习近平新时代中国特色社会主义思想为指导，增强"四个意识"，坚定"四个自信"，做到"两个维护"，弘扬老区精神，铭记苦难辉煌。为实现"两个一百年"奋斗目标，实现中华民族伟大复兴的中国梦做出新的更大的贡献！

迟浩田

2019 年 4 月 11 日

编写说明

2017年6月，中国老区建设促进会组织全国各地老促会启动编纂《全国革命老区县发展史》丛书，按照"建立中国共产党、成立中华人民共和国、推进改革开放和中国特色社会主义事业"三大里程碑的历史脉络，系统书写革命老区百年历史，深入挖掘革命老区红色文化资源，这对于充实丰富中国革命史籍宝库、在新时代传承红色基因、弘扬革命精神、强固根本，对于激励人们在新的历史条件下夺取中国特色社会主义伟大胜利，实现中华民族伟大复兴的中国梦具有重要意义。

丛书编纂以习近平新时代中国特色社会主义思想为指导，以《中国共产党历史》《中国共产党的九十年》等重要文献为基本依据，以党的领导为核心，以老区人民为主体，以老区发展为主线，体现历史进程特征，突出时代发展特色，坚持辩证唯物主义和历史唯物主义相统一、历史真实性与内容可读性相统一的原则，书写革命老区从站起来、富起来到强起来的光辉革命史、不懈奋斗史、辉煌成就史，把老区人民的伟大贡献、伟大创造、伟大成就、伟大精神充分展示出来，形成一部具有厚重历史特征和鲜明时代特色的精品力作。这是一部培根铸魂、守正创新，既为历史立言，又为时代服务，字里行间流淌着红色血脉、催生着革命激情的传世之作。丛书的编纂出版将成为讴歌党讴歌人民讴歌时代、传播红色文化、为革命老区和老区人民树碑立传的重要载体。丛书按照编年体与纪事本末体相结合、以编年体为主的编写体例确定框架结构；运用时经事纬、点面结合的方式记述史实；坚持人事结合、以事带人的原则处理人与事的关系；采取夹叙夹议、叙论结合以叙为主的方法展开内容。做到史料与史论、历史与现实、政治与学术统一，文献性、学术性、知识性相兼容。

为编纂好《全国革命老区县发展史》丛书，打造红色文化品牌，中国老区建设促进会认真组织积极协调，提出政治立场鲜明、史料真实准确、思想论述深刻、历史维度厚重、时代特色突出、编写体例规范、篇目布局合理、审读把关严格、出版制作精良的编纂出版总要求，力求达到革命史籍精品的精神高度、思想深度、知识广度、语言力度，增强丛书的权威性和社会影响力。各省（区、市）、市（州、盟）、县（市、区、旗）老促会的同志，以强烈的使命感、责任感和紧迫感，勇于担当，积极作为，认真实施，组织由老促会成员、专家学者等参加的十余万人编纂队伍。编纂工作主体责任在县，省、市组织协调、有力指导、审读把关。各方面人员以高度负责的精神和科学严谨的态度，满腔热情地投入工作，为丛书编纂出版做出了重要贡献。丛书编纂工作还得到了党和国家有关部委、地方各级党委政府及有关部门的大力支持和积极参与，社会各界也给予了热情帮助。中共中央政治局原委员、中央军委原副主席、原国务委员兼国防部长迟浩田上将，对老区人民怀有深厚感情，对革命老区建设发展十分关注，欣然为《全国革命老区县发展史》丛书作总序。

丛书由总册和1 599 部分册（每个革命老区县编纂1部分册）组成，共1 600 册。鉴于丛书所记述的史实内容多、时间跨度长和编纂时间紧，不妥之处，敬请批评指正。

中国老区建设促进会

目　录

铭记光辉历史 开创美好未来
（代序）

存史资政，启迪未来。在全面建成小康社会收官之年和脱贫攻坚决胜之际，《同江市革命老区发展史》欣然付梓，书写了同江人民在党的领导下不惧艰辛、开拓进取、耕耘发展的奋斗征程，是恢宏壮丽的革命历史教科书，是地方党史研究的丰硕成果，可喜可贺！

英雄史诗，永不褪色。同江是一块具有光荣革命传统的红色土地。早在17世纪中叶，世世代代居住在松黑两江流域的赫哲族人民和各族人民团结一道，不畏强敌、奋起抵抗，在黑龙江下游和松花江交汇处一次次重创沙俄侵略者，壮举载入史册。1932年日本帝国主义侵占同江，十四年抗战，从民间自发组织，到中国共产党领导下的武装斗争，英勇的同江人民前赴后继、艰苦卓绝，在争取民族独立的战争中用鲜血和生命捍卫了民族尊严。章克华、刘世忠、王长海、李鸣华等大批优秀儿女不屈不挠、勇往直前，为同江解放献出了宝贵生命，用血与火书写了可歌可泣的英雄篇章！

接续奋斗，铸就荣光。新中国成立后，特别是改革开放40多年来，在党的坚强领导下，勤劳淳朴的同江人民继承和发扬革命老区艰苦奋斗的优良传统，勇于探索、敬业奉献、励精图治，沉淀和传承了具有地域特色的北大荒精神、知青精神、抗洪精神。如今的同江，振兴发展势头正强，城乡建设日新月异，社会事业蓬勃向上，人民生活安定幸福，昔日的边陲小城已经发展成为中俄边境上的一座口岸名城！

红色经典，烁烁其辉。《同江市革命老区发展史》内容丰富厚重，史料翔实可靠，叙述客观严谨，蕴含着大量的历史信息和积极向上的人文精神，是进行革命传统教育、理想信念教育和市情教育的生动教材，是以习近平新时代中国特色社会主义思想为引领，继续推进同江地方党的建设新的伟大工程的宝贵借鉴。历时一年多的史料收集、整理和编纂过程，市老区建设促进会、市档案馆（史志研究室）等部门的同志们做了大量艰苦细致的工作，顺致谢意！

读史明智，知古鉴今。同江革命老区发展史深深植根于实践发展的沃土，凝聚着同江人民的血脉之本、情感之基、智慧之根和力量之源。作为后来人，我们应当了解同江历史、牢记革命精神、增强党性修养，不忘初心、牢记使命，坚持不懈用党的伟大成就激励人，用党的优良传统感召人，用党的成功经验启迪人。我们坚信，在党的领导下，具有光荣革命传统的同江人民一定能够乘高质量发展东风，以奋勇拼搏的英雄气概谱写同江全面振兴全方位振兴的壮美华章！

中共同江市委书记

2020 年 6 月

编纂说明

一、以马克思列宁主义、毛泽东思想、邓小平理论、"三个代表"重要思想、科学发展观、习近平新时代中国特色社会主义思想为指导，坚持辩证唯物主义和历史唯物主义的立场、观点和方法，存真求实，全面、客观、系统记述同江市革命老区发展变化进程和改革开放成果，传承和抢救革命老区历史文化，激发爱国爱乡情怀，为探索中国特色革命老区建设的发展经验、发展模式、前进道路提供历史智慧和现实借鉴。

二、为全面反映入史事物发展脉络，本史上限尽量追溯至事物发端；下限一般断至2018年12月31日，个别重大事项可延至搁笔。

三、记述地域范围以下限年份的行政辖区为主。记述历史事件发生地以当时行政区划为准，不另作说明。

四、采用编年体记述，设章、节、目三个层次。横排门类，纵述史实。

五、本史中记述的人物，本着"生不立传"的原则，采取以事系人与立传相结合的形式，历史事件和社会活动中记述的同时，另立人物传略。人物传略主要按生年排序。

六、除引用文字和附录文献资料外，统一使用规范汉字及现代语体文记述体。记事坚持秉笔直书、述而不作，记录事实的同时作适当评论。行文力求朴实、严谨、简洁、流畅、优美，具有较强可读性。

七、所需数据一般采用政府统计部门数据，无政府统计部门数据时选用主管部门正式提供的数据。

八、数字用法、标点符号、计量单位分别执行国家标准《出版物上数字用法》（GB/T15835—2011）、《标点符号用法》（GB/T15834—2011）、《国际单位制及其应用》（GB3100—1993）和《有关量、单位、符号的一般原则》（GB3101—1993）。历史上使用的计量单位，如斗、石、里、尺、磅、华氏度等，在引文时可照录。考虑到社会使用习惯，全书中亩不统一换算，1公顷=15亩。

九、自"中华民国"成立后的纪年，均使用公元纪年。本史中所称"解放前（后）"，以当地解放日为界；"新中国成立前（后）"，以中华人民共和国成立日1949年10月1日为界；"改革开放前（后）"，以中共十一届三中全会召开的1978年12月为界。本史书"××年代"，凡未加世纪者，均指20世纪的年代。

十、对旧史、古籍中的繁体字、冷僻字一般用简化字或通用字替换，易引起误解的则保留。

十一、记述各个历史时期的党派、机构、职务、地名等，均以当时的名称为准。对频繁使用的名称，首次用全称，其后用简称。

第一章　同江概况

第一节　同江地理位置

同江市位于黑龙江省东北部，地处松花江与黑龙江汇流处南岸，是黑龙江省沿边开放的一类国际口岸城市。地理坐标为东经132°18′32″—134°7′15″，北纬47°25′47″—48°17′20″。同江市东与抚远市接壤，南与富锦市、饶河县为邻，西濒松花江与绥滨县一水相连，北以黑龙江主航道为界与俄罗斯相望，边境线长170千米。

同江属完达山余脉，三江冲积平原，除中部沿黑龙江南岸局部地区属低山丘陵地外，其余均为沉降平原。地势由西南向东北逐渐倾斜，坡度很小。东部地势低洼，中部为山地。

全市东西长146千米，南北宽约42千米，总面积为6 300平方千米。其中市属面积2 373平方千米，占全省总面积的1.37%，居全省第25位，居佳木斯市第二位，同江市区面积15平方千米。同江市属现有耕地面积158.5万亩。农村人均占有耕地近20亩，是全国人均占有耕地面积的十倍以上。现有草原93万亩，林地73万亩，总水域面积达56.8万亩。

第二节　建置沿革及行政区划

20世纪30年代前

西周时代，同江属于肃慎部。肃慎向周武王贡献楛矢石砮（枯木作的箭杆、青石作的箭头），表示臣服周朝。在《左传，昭公九年》中记载："肃慎、燕、亳，吾北土也。"

秦汉时代，肃慎改名挹娄。在《满洲源流考》一书中说，挹娄的地域范围是"南包长白，北抵弱水（黑龙江），东极大海，广袤千里"。可见，古代的同江是挹娄的内地。

南北朝时期，挹娄更名勿吉。在《魏书·勿吉传》中说："勿吉在高丽北，居肃慎故地。"

隋唐时代，勿吉一名消失，在勿吉故地，出现了黑水靺鞨，在《新唐书·北狄传》中说："黑水靺鞨居肃慎地，亦曰挹娄，北魏曰勿吉，东濒海，西界突厥，南接高丽，北邻室韦，为数十部，酉各自治，隋末受册封，遣使朝贡，每岁不绝。"726年，唐在黑水靺鞨地方，设立了黑水州都督府（今俄罗斯哈巴罗夫斯克，一说在今同江县城南偏西十余千米的图斯克古城），封其各部首领为都督刺史。

辽金时代，女真人游牧此地。辽设五国部节度使，金设胡里改路（依兰哈），统辖其地。

元代设开元路，元大德（1297年）后又分置水达达路，《元史·地理志二》说："开元路是古代肃慎的地方。"

明代在黑龙江口附近（今俄罗斯境内的特林），设置奴儿干都指挥使司，下设24个卫所，同江属考郎兀卫辖地。

同江镇古名拉哈苏苏。拉哈苏苏地形险要，北控三江口，西扼松花江门户，是古代赫哲部落的城寨，拉哈苏苏是赫哲语，"拉哈"是泥草垒的墙，"苏苏"是废墟。

清朝时期清王朝入关后，定都顺天府（北京），为了加强对东北全境的管辖，设立了盛京（沈阳）将军，宁古塔（宁安）将军，黑龙江（瑷珲）将军，分别管辖辽宁、吉林、黑龙江3个地区。同江归宁古塔将军管辖。

光绪三十二年（1906年），拉哈苏苏设州治。署理地方民事、财税、荒务等，与富克锦协领（旗衙门）军政分立。宣统元年（1909年），临江州升格为临江府。

宣统二年（1910年）春天，拉哈苏苏海关成立，收取沿江上下30里水面关税，归英国人管辖。1913年，废除州府制，改为临江县。1914年，因与吉林省临江县重名，更名为同江县。

县政府下设总务科、财务科、公安局等部门。县城仅有3家私人商店，城内设官办小学校1所，其他乡屯没有学校。在较大的二龙山、向阳川、三村、街津口几个屯有私塾，学生甚少，只有一些富家子弟。全县行政分6区，辖36村，归吉林省管辖，为三等县。

日伪统治时期

1932年7月，伪县公署成立，下设总务科、行政科、警务科等行政机构，同年9月，同江县成立（日伪）联防清乡办事处。县内还设有税务局、电报局、邮政局、警察局、洋行、兴农合作社、满拓、道德会等大小38个单位。

1937年6月，成立同江县宪兵分遣队，归富锦宪兵队领导，属佳木斯宪兵队管辖。成立同江县警察署，县城设大队，村屯设中队、小队、历届大队长都是日本人。

1937年末，设立同江县协和会，本部长由县长、副县长兼任。下设事务长，负责具体工作。同江县协和会除本部外，下设4个分会，分别为同江街、二龙山、向阳川、三村分会，分会长由街村长兼任。协和会的外围组织有军人后援会（主管军属救济、退伍军人安排、国兵检查等工作）、国防妇人会（组织村民防空、国防献纳金筹集、慰问军警、游行集会等活动）、青年训练所（训练青年、培训骨干，为国兵打基础，选拔优秀者编入青年行动队员，部分人员留协和会作雇员或推荐各机关工作，能力低的，回屯当屯长或屯雇员）。

1938年，同江县划分为6个区，辖71个屯（一区22个屯、二区25个屯、三区17个屯、六区7个屯，其余四、五区荒无人烟）。1939年后，实行保甲法，改为街村制，全县分为1个街、3个村。同江街包括中央、海关、新街、和荣、恭德、太平、乐业、向阳、朝阳9个区。二龙山村辖39屯，向阳川村辖4屯，三村辖6屯。1940年1月初，原来的金融合作社与农事合作社合并，名曰兴农合作社，任务是发放农业资金、分配改良种子、指导栽培，奖励共同设施，进行共同购销事业，经营交易市场等。

东北解放战争时期

1945年11月间，同江县国民党党部成立。公开活动不久，便转入地下活动。11月末，中共富锦地区、军分区派章克华、岳明、鲁祥祯、刁成美等6人来接收同江。12月初，成立了同江县民主政府。县政府下设财务、农产、民政3科，以及秘书室。解散了维持会，改组了大同盟，县政府办公地址设在航空会社（约在现在的通江街与三江路交汇处西南），不久，又组建了县工会、县农会、县青年剧团等群众组织。全县行政划分4个区：一区县城、二区三村、三区二龙山、四区向阳川。

1946年4月2日，混进县人民保安队的反动分子发动了叛乱，杀害了十余名革命战士，其中包括随章克华来同江开辟工作的两名得力助手鲁祥祯和刁成美，县政府被迫撤出同江。1946年6月17日晨，民主联军打败了国民党光复军，同江解放，县政府恢复，设在二龙山。7月，县政府迁回同江，地址在海关林子。县政府设民政科、财粮科、建设科、司法科、秘书室、公安局等机构，下辖同江、二龙山、向阳川3个区。

1948年秋，县委搞了民主建政的试点工作，到1949年春，全县普选胜利结束。县、区、村三级政权组织基本建立，农会已经完成了历史使命，并随之解散。全县行政分4个区，辖100个村（同江区16个村、二龙山区40个村、向阳川区30个村、马鞍山14个村）。

1949年1月6日，合江省政府民字一号命令，"为行政上领导之便利，决定将同江县并入富锦县"。同江县政府于1月13日通知，"自即日起一切印件缴销作废"。2月7日，同江正式为富锦县十区，辖10个行政村（朝阳村、和荣村、向阳村、乐业村、三村村、二村村、头村村、新街村、新华村、兴中村），21个自然屯，1 991户。

新中国成立初期

1952年，党中央提出过渡时期总路线，"即要在一个相当长的时间内，基本实现国家工业化和对农业、手工业、资本主义工商业的社会主义改造"，1953年，党中央又发布《关于农业生产合作社的决议》。通过宣传鼓动，1954年秋掀起农业合作化运动的第一个高潮。同江区建初级社9个。165户参加了生产合作社；建常年互助组45个，季节互助组116个，临时互助组231个。在1 736户中只有202户单户。1956年5月29日，实行并村建乡，同江区公所设在同江街内，管辖3个乡（同江、三村、乐业），2 645

户，13 092人。同年，初级生产合作社转为高级生产合作社，实现了社会主义性质的农业合作化。街内个体商贩、手工业者也走上了集体化道路，完成了对资本主义工商业的社会主义改造。据1958年元月统计：同江有中兴社（头村、拉起河、丰乐）、曙光社（二村、新富）、先锋社（三村、四村）、团结社（街津口、五村）、新街社（新街）、兴中社（兴中、东莲花、西莲花）、向阳社（向阳、恭德）、和荣社（和荣、务本、安业）、朝阳社（朝阳、太平）、乐业社（乐业、南店、前万发、后万发）、一庄社（一庄）、青年庄社（青年庄）、平安社（平安）。

1958年，在全国"大跃进"、人民公社化运动中，同江各乡都成立了人民公社。

1959年4月24日，黑龙江省人民委员会决定："将富锦县同江区划归抚远县管辖。并将同江区改为同江镇，抚远县人民委员会由抚远镇迁驻同江镇。"1961年，又与八五六（勤得利农场）合并，即场县合一。各公社相应改为农场的一个分场。1962年，场县分开，又恢复同江公社建制。

1966年1月1日，经国务院批准恢复同江县，抚远县人民委员会迁回抚远镇，同江县人民委员会设在同江镇。同江县辖同江镇、乐业、三村、街津口、八岔5个人民公社（其中街津口、八岔是少数民族公社）。是年6月，经省批准建向阳人民公社。同江辖区内有国营勤得利农场。据1966年底统计：同江县有1个国营农场、6个人民公社、25个生产大队、68个生产小队，5 805户（其中县属4 095户），28 314人（其中县属19 341人）。从1968年至1985年，相继建立4个国营农场（青龙山、前进，洪河、鸭绿河），6个人民公社（乡）。至1985年末统计，同江县已辖2镇（同江、乐业），10个乡（前卫、秀山、三村、向阳、清河、街津口、临江、金川、银川、八岔），126个自然屯，5个国营农场

（勤得利、青龙山、洪河、鸭绿河、前进），28 636户（其中县属16 388户），117 938人（其中县属69 624人）。1986年，全县29 335户，131 342人。

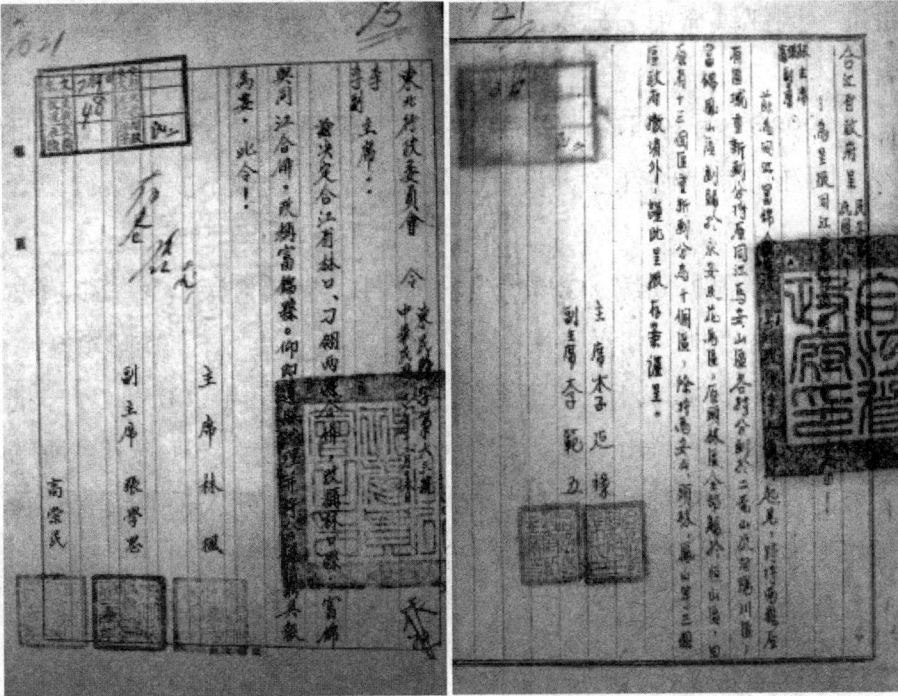

改革开放新时期

1987年2月24日，国务院发出国函发〔1987〕39号文件通知，批复撤销同江县，设立县级同江市，以原同江县的行政区域为同江市的行政区域。1987年3月19日，黑政函发〔1987〕15号文件转发国函发〔1987〕39号文件通知，同江市由佳木斯市代管。1987年，同江市设乐业、前卫、向阳、城郊、三村、秀山、青河、街津口、临江、金川、八岔、银川12个乡（镇），繁荣、兴华2个街道办事处。

1997年7月16日，黑龙江省民政厅黑民行地〔1997〕82号批准，同江市撤销城郊乡，设置同江镇。同江镇的行政区域辖原城郊乡行政区域及同江镇郊区。

1997年12月16日，黑龙江省民政厅黑民行地〔1997〕133号批准，同江镇撤销三村乡，设置三村镇，行政区域不变，实行镇管村体制。

1998年3月19日，黑龙江省民政厅黑民行地〔1998〕27号批准，同江市撤销临江乡，设置临江镇，行政区域不变，实行镇管村体制。

2001年根据同编〔2001〕25号文件，撤销繁荣、兴华街道办事处，成立杏林、和兴、幸福、安康4个办事处，隶属同江镇。

2005年3月29日，黑龙江省民政厅黑民区〔2005〕29号批准，同江市撤销秀山乡并入清河乡；撤销前卫乡，将前卫乡所辖的东胜村、同胜村、胜昌村、黎明村的友谊屯划入乐业镇管辖；将前卫乡所辖的黎明村（不含友谊屯）、同兴村、同富村划归向阳乡管辖。

2005年末，同江行政区划为4镇6乡（含少数民族乡2个），即同江镇、乐业镇、三村镇、临江镇、街津口赫哲族乡、八岔赫哲族乡、青河乡、向阳乡、金川乡、银川乡。下设85个行政村，4个街道办事处。

同江市域内驻有黑龙江省国营农场总局建三江国营农场管理局管辖的勤得利、青龙山、前进、红河、鸭绿河、浓江河6个国营农场。

2005年5月8日，佳木斯市民政局《关于转发〈黑龙江省民政厅关于对佳木斯市撤销同江市前卫乡、秀山乡请示的批复〉的通知》（佳民字〔2005〕32号），同意同江市撤销前卫乡，将前卫乡所辖的东胜村、同胜村、胜昌村、黎明村的友谊屯划归乐业镇管辖，乐业镇人民政府驻乐业村；将前卫乡所辖的黎明村（不含友谊屯)、同兴村、同富村划归向阳乡管辖,向阳乡人民政府驻向阳村。同意撤销秀山乡,将其行政区域划归青河乡管辖,青河乡人民政府驻青河村。

乐业镇调整前区划面积103平方千米,总人口9 119人,行政村10个。调整后区划面积135平方千米,总人口11 358人,行政村13个。

向阳乡调整前区划面积160平方千米,总人口6 600人,行政村7个。调整后区划面积215平方千米,总人口7 829人,行政村10个。

青河乡调整前区划面积149平方千米,总人口4 188人,行政村8个。调整后区划面积295.7平方千米,总人口8 868人,行政村15个。

行政区划调整后,同江市辖4镇6乡。

2006年4月5日,同江市机构编制委员会下发《关于组建同江市城市社区管理委员会的通知》(同编〔2006〕9号),同意组建城市社区管理委员会,撤销杏林、繁荣、安康、和兴4个办事处和同江镇街政办公室,为市委、市政府派出机构。

2008年4月15日,同江市人民政府下发《关于对城市社区居委会进行整合的批复》(同政〔2008〕7号),同意将16个社区居委会整合为9个。整合后设9个社区,即:文采社区、永庆社区、东方社区、群利社区、长安社区、长发社区、繁华社区、兴旺社区、和平社区。取消永丰、文海、昌盛、长兴、新合、中心、长富7个社区。

中国特色社会主义新时代

2013年2月22日,黑龙江省民政厅《关于对同江市人民政府撤销向阳乡设立向阳镇请示的批复》(黑民区〔2013〕28号),

同意撤销同江市向阳乡设立向阳镇，以向阳乡行政区域为新设向阳镇的行政区域，原隶属关系不变，向阳镇人民政府驻地不变。

2015年4月9日，黑龙江省民政厅《关于对同江市部分行政区划调整的批复》（黑民区〔2015〕40号），同意同江市青河乡撤乡设镇，以青河乡行政区域为青河镇的行政区域，原隶属关系、政府所在地不变。

2018年，同江市所辖6个镇（乐业镇、同江镇、三村镇、临江镇、向阳镇、青河镇），4个乡（街津口赫哲族乡、八岔赫哲族乡、金川乡、银川乡），85个行政村，135个自然屯，6个国营农场（勤得利、青龙山、前进、浓江河、鸭绿河、洪河），1个社区工委，9个社区工作站。

第三节　部分地名解析

同江位于三江平原腹地，地势平坦，水草丰茂，远古时代就有人类活动。从临江乡王家店后河岸发现的石器、青龙河附近的骨质箭头以及图斯克古城（团结古城）出土的青铜器残片来推断，古代同江人类活动已经遍及东、西、南全境。

同江在清光绪三十二年（1906年）建制后，人烟日稠，村屯渐多。历经清、民国、伪满等几个不同时代，已有100多年的历史，很多地名几经变化。现对境内主要村屯名称的由来，作如下解释说明。

赫哲部落

拉哈苏苏（今同江镇）是古代的赫哲部落，始于金代，距今约有700年的历史。曾被金国的石鲁和元代的大军两次征掠，建筑俱毁，后来赫哲人又在废墟上重建村寨。"拉哈苏苏"的赫哲语意思就是废墟，又有老屋之意。光绪三十一年（1905年）前，这里是松花江下游赫哲人的渔业、贸易中心地之一。清光绪二十三年（1897年），俄国曾强行租借拉哈苏苏荒地三段，霸占20余年。"同江"之名，可理解为松黑二江同汇一流，另一说法是自此而东的黑龙江古代又称之为"混同江"。

图斯克（今天的乐业镇粮库附近遗址）是清代的赫哲部落地。该部落头人名叫托思科的，曾受到清王朝的封赏。图斯克一名由来，就是根据托思科的发音转换而来的，赫哲语对"图斯克"的解释为山咀子伸到江水中的地形。民国初年，有赫哲居民二三十户，半渔半耕，满洲国后期，归并部落，赫哲民全部迁走。

街津口（今街津口赫哲族乡所在地）是清末的赫哲渔村。传说这里最早居住一个名叫街津（盖金）的赫哲老人，因此而得名。

八岔（今八岔赫哲族乡所在地）是清末的赫哲渔村。今天的八岔叫下八岔，其原址在八岔岛西南端。1895年，建屯，取名八卡德伦，即上八岔屯。赫哲语是江夹芯子，低洼地之意。

勤得利（今天的勤得利农场一连地址）亦名青得林、羌图里，是清末的赫哲部落地，其头人羌图里曾拜见过清朝廷，故名之。后金国天命元年（努尔哈赤年号），大将费扬古、扈尔汉等人率军队，征服松花江下游及黑龙江流域的使犬部，从黑龙江旋师，收伏石拉忻路，并取其人以归。石拉忻路，亦是奇那林或喜鲁林与锡剌忻转音，即是今天的勤得利村寨。赫哲语是住过奇楞人，叫气俄林、奇纳林，至民国初，音转为清得利，有赫哲人十几户。至1958年3月15日，农垦27团于该地建场，场址后迁五星山附近，借清得利音而命名勤得利农场，转为汉语音，意思是勤劳而获丰收。

额图（今勤得利农场渔业连队）是古代的赫哲渔村。传说从前有兄弟二人争斗，哥哥杀死弟弟，拿走弟弟颈上的金项圈，人头落于此地，故名之额图。另有说法是乌烟瘴气的地方。"民国"初有赫哲人20户。

莫日红阔（遗址在今同江镇新立屯东北）在三江口东岸附近，是清末赫哲人村寨，亦名莫力洪库。民国初，有赫哲人15户。伪满末期，归并部落，村址废弃。"莫日红阔"，赫哲语牧马场的意思。

奇奇卡（遗址在同江镇新立屯北）位于三江口东岸，莫日红阔之西，是清末赫哲渔村。亦名齐齐喀，民国初，有赫哲人5户，伪满末年归并部落，村址遂弃。"奇奇卡"，赫哲语是嘎牙子鱼的意思。

得勒气（遗址在街津口东，黑龙江岸附近）民国初有赫哲人30户，伪满末年归并。"得勒气"，赫哲语是小死河湾子之意。

尼尔固（又名女儿固、尼叶尔伯）位于同江镇西南15千米的松花江右岸，是金代五国部所属下九城之一，是古代的赫哲部落地。"尼尔固"，赫哲语是水漫河床的意思。

移民村屯

清末民初，山东省巡抚与吉林省联系，开荒移民建点，吉林省府同意在临江府（同江县）境内划给荒地70方（1方等于45垧），宣统二年（1910年），山东省移民代表陈干来临江府，具体划定以府城东8里外，沿黑龙江岸，止哈鱼河岔，东西70余里，南至莫力拉气河，宽七八里不等，除沿江的赫哲旗地外，均为移民地段，拟建启元、元二、元三、元四、元五、元六诸屯，接着移民大量涌入，至1919年，移民有210余户，居民1 100余人，开垦土地面积为435垧，每垧交租2吊。其中启元屯（头屯）有30户，土地150垧；元二屯（二屯）有50户，土地189垧；元三屯（三屯）有30户，土地120垧；元四屯（四屯）有30户，土地23垧等。这就是今天的头村、二村、三村、四村、五村、六村的由来。

垦殖协会

吉林省垦殖有限公司成立于1912年，分别在一区拉气河成立的利华公司和四区的兴东公司等先后招募奉、吉两省移民，从县城东起到绥远县二吉力河止，拟建3镇3村。从县城西古比扎拉起到杨家垧止，拟建2镇4村，共计5镇7村，与富锦、桦川、依兰相连接。1913年，临江县富户金锐、张国威等合伙投资12万元（吉洋），创立大同利垦公司，在县城西沿松花江岸一带开垦，招募移民4 000余人，转垦建村与二龙山、七星河流域耕地相接。这些村名是二龙山、永利、福庆、永福、泰和、龙富、太原、丰乐、泰来、惠民、泰安、永和、东向阳、悦来、康阜、福来、福民、康平、庆平、永平、兴业、仁寿、永乐、治平等地。

1938年后，日寇实行清山清沟，集家并村，将分散的一家一户，沟里地仓子、地窝棚，归并为部落屯。每个部落集中50至100户人家，村四周挖壕，四角有炮台，有南北村门，白天通行，夜晚关闭，目的是防止抗日部队与人民群众的联系，妄图扼杀抗日部队。这些村名有乐业、和荣、恭德、怀德、安业、泰安、新兴、康庄、共荣等。

满汉语山川

额图山（赫哲语），因靠近赫哲族村寨"额图"而得名。其意见前"额图"。

街津山（赫哲语），因赫哲族渔村"街津口"在此山麓得名。其意见前"街津口"。

勤得利山（赫哲语），其意见前"勤得利"。

满汉语河流

松花江（满语），由"松阿里乌喇"演变而来，"天河"之意。

黑龙江（满语译意），原为"哈连乌喇"，"萨哈连"满语意为"黑"，"乌喇"满语意为"江"。

别拉洪河（满语），意为"大水漫地"之河。

满汉语岛屿

额图岛（赫哲语），因此岛在额图山附近得名，其"额图"之意见前。

勤得利岛（赫哲语），因此岛在勤得利山附近演变而来，其"勤得利"之意见前。

哈鱼岛，赫哲人称此岛为"倪汉都通"，"倪"译为汉人，"都"为常年捕鱼的稳水窝子。

温特赫岛（赫哲语），现名男女岛。

雪那洪岛（赫哲语），意为"丛林茂密"。

八岔岛，原名"八卡德伦"（赫哲语），其意为"低洼地"。

下卧牛岛（赫哲语），意为"稳水"。

第四节　自然地理

山脉

同江境内山地属完达山余脉，从西向东依次有青龙山、街津山、额图山、勤得利山，山岭连绵起伏，东西长约75千米，面积约为538平方千米，占同江全境总面积的8%，山地平均海拔高度在150~200米。

江河

境内有松花江、黑龙江两大干流及12条主要支流，河汊、江通43条，泡沼400余处。

黑龙江，是境内第一大河，西起三江口，东至黑鱼泡河口。境内流长166千米，江宽1~2千米，水域面积144 756亩，江水墨绿，水深流急，是同江航运的动脉。

松花江，汉晋时称弱水，隋唐时称那河，速末水，宋辽时称混同江，元改松阿里，明清至今称松花江（由满语松阿里音转化而来），意为天河，是古往今来同江与内地联系的唯一航道。

松花江从乐业平安村入境，由南向北而流。在市区东北8里的三江口汇入黑龙江，境内流长33千米，江面冬季宽度为400~800米，夏季宽度为1 000~1 500米，洪水期宽度为1 500~2 000米，全部水域面积49 505亩。其中主河道水域面积为42 031亩，江通水域面积为7 474亩，是同江市主要渔业水域之一。干流平均宽度（主航道同江一侧江面）为800米，水深平均在4~7米之间。松花江江水混浊，含沙量大，江面平稳，少风浪，江底平坦，多沙质，明水期可通航3 000吨泊位的轮船，是境内最重要的内航河流。松花江50年一遇洪水，水位在海拔55.6米，历史上最高洪水位海拔54.77米，最低洪水位海拔52.54米，水位差2.23米，年平均水位为53.6米，最大流量1.66万立方米/秒，江水封冻时间在每年11月20日左右，解冻期为4月20日左右。

莲花河发源于富锦东部沼泽地区,全长141千米,由乐业乡庆丰村入境,因莲花丛生而得名。其水清澈见底,河底多淤泥,水浅处不足1米,深处2米开外,间有游鱼浮沉,河宽30~50米,沿岸多低洼湿地、杂草丛生。莲花河自西南向东北,流经青龙山,而后转北向,经街津口注入黑龙江。当黑龙江洪泛期到来时,黑龙江水大量倒灌,河槽溢出,淹没大片沼泽地,形成了大面积泛水区。洪水消落后,低地沟塘遍为水泊。又形成了大量的泛水泡沼,大者常年有水,小者按季节时现时隐。总数300余处,水域面积为78 504亩,其中主河道面积达30 294亩,河口地带为渔业基地。在莲花河两侧分布有5条较大的支流,即青龙河、拉起河、寒葱河、新富河、东莲花河,这些河的形态特征从属于莲花河。

额图河、勤得利河这两条河为山区沿江倒灌型河流,地处额图山、勤得利山脚下,黑龙江沿岸,上游接纳小溪水,下游倒灌黑龙江,形成大面积蓄水地带,多支汊、泡沼、水域总面积达19 163亩。

卧牛河为平原沼泽地河流。形态特征与莲花河相似,河底多泥沙,河流较短,长18千米,无支流,水域面积达936亩,平均宽度为34米,向北流入黑龙江。

鸭绿河发源于额图山南坡低洼湿地。境内长106千米,水深1~2米,河宽30~50米,河底为泥炭沼泽,流域在同江境内东南,后折向东北入抚远市流入黑龙江。

浓江河发源于青龙山南重湿沼泽区。境内流长61千米,水深0.5~1.5米,河宽50米,河底为泥炭沼泽,于同江市东北境流入抚远市大利加湖。

别拉洪河发源于市东南赵小山东侧重湿地。河长66千米,水深0.6~2.5米,河宽60~80米,河西南接富锦市界,东南邻饶河市界，向东流入抚远市，其上中游已经干涸，多辟为良田，土质肥沃。全国著名的中外合资经营的洪河农场就位于别拉洪河的上游地带。

青龙河发源于赵小山东北重湿地。全长54千米，水深0.8~4米，河宽50~100米，河底为泥炭沼泽，东北流经清河乡的青龙山南侧，注入莲花河。

拉起河发源于同江镇南门外沼泽地，河长32千米，水深为0.6~2.8米，河宽30~40米，向东流入莲花河。近年河水枯竭，大部分河底已垦为耕地。

此外还有八岔河、黑鱼泡河、得勒气河、嘉起河、大马斯河、勤得利河等，多为短流程、季节性河流。除了河流外，腰屯大泡、莲花泡、十里泡、二接力大泡、三十八军泡、朱老四大泡等，多分布在市的东南部低洼地区。

这些河流除黑龙、松花两江外，其特点是上游分水岭不明显，河道弯曲比较大，流速迟缓，河床浅、河滩宽，过水能力小，汛期洪水顶托，内水不能外排，两岸土地形成沼泽和重湿地。

泡沼

同江境内泡沼均呈泛水型，水源大部分来源于江河泛水，面积与深度在很大程度上取决于江河水位高低。全市泡沼总面积为60 305亩，分两种类型。

江通型泡沼分布于黑龙江通的两侧和大江岛屿上，总面积达41 992亩。这些泡沼可分为几大系，泛水期分别与黑龙江干流以及8条江通相通。除少数大型泡沼外，绝大多数不能通航，也没有独立的渔业意义。它们和江通一样，适合产黏性卵的鱼类的繁殖，是仔鱼生长发育地。这些泡沼中有20处较大，总面积达

16 239亩。其中有的是江通的河汊，有的是独立江通，黑龙江、松花江水位较高年份相互通流，但与江通主河道距离较远。这些泡沼水位相对稳定，底部平坦，河泥质，一般水深为2~3米。岸边形态多为湿地沼泽漂筏，个别地段为漫岗，一些鱼类可以在江水倒灌时游进，冬季可以在冰下拉网，成为有捕鱼价值的场所。

支流型泡沼分布于黑龙江流经同江段所吸纳的各支流的两侧。总数量达405个，面积达18 313亩。这些泡沼处于重湿地泡沼漂筏的包围之中，底质为泥炭底，水深在1~2米之间，水底呈微酸性。这些泡沼渔业价值较小。天然鱼类主要为鲫鱼、泥鳅，沼泽中较大的有20余处，总面积达5 458亩。

山溪

同江境内有2千米以上的山溪11条。总长度为73千米，平均宽度在5米左右，其中发源于街津山4条，发源于额图山7条。有8条分别经得勒气河、莲花河、额图小亮子、勤得利河汇入黑龙江，有2条成为勤得利农场2个水库的水源。1条流向内陆，在平原上消失。

江通

江河型江通。此类江通共有5条，即喀巴亮子岛下小兔子岛通、南北岛通、额图岛通、无名岛通、青黄鱼岛通。水域总面积达66 114亩，江通是由江中岛屿相隔而成，水域短而宽，与大江干流连成一体。

泛水河型江通。此类江通也有5条，即三村后通、三村后小亮子通、喀巴亮子岛通，西大河对过小河通和八岔岛通。水域总面积达20 291亩，这类小河通分布于地势低洼的岸边。洪泛期可与大江连成一体。枯水期呈现出多条（个）密集的河流、泡沼、河床不明显，水位较浅，属黑龙江水系的泛水区。

支流型江通共7条，即二道河、头道河、大马丝河、嘉起河、得勒气河、王家店后河和黑鱼泡沼。

岛屿

同江市境内，沿松花江、黑龙江流域，江河岛屿密布，共有大小岛屿46个，总面积为22 137平方千米。在这些岛屿之上，土质肥沃，气候适宜，水域广阔，雨量充沛，满岛植物生长茂盛，动物生息繁衍，岛四周江河盛产鱼类，水产丰富，"民国"初年有些岛上已有人农耕、捕鱼、狩猎。

境内众多的岛屿中，比较大的岛屿有八岔、哈鱼、焦家亮子、董喀叭亮子、雪那洪、青黄鱼通岛、南北通岛、大通岛、兔子通岛、鼻心通岛、一撮毛岛、莲岛等。

八岔岛（原名"八卡德伦"），该岛成于清光绪二十一年（1895年），当时岛上就有人种田捕鱼，后户籍人口渐多，始建"八卡德伦"屯（赫哲语），即原上八岔屯，因此取名"八岔岛"，延续至今。

该岛位于八岔乡北部2千米处，东经133°43′45″，北纬48°10′48″。东西长1万米，南北宽5 000米，面积为48平方千米。全岛由12个小岛组成，距苏岸1 500米。遍岛生长柳、柞树。四周水域广阔，水产丰富，村民农耕、捕鱼由来已久。

哈鱼岛（原名"倪汉都通"，赫哲语），1918年，该岛就有赫哲人居住，以捕鱼狩猎为生。因该岛地近哈鱼屯，故历来称其"哈鱼岛"，名延至今。

哈鱼岛位于东经132°39′50″，北纬48°53′20″，东西长7 500米，南北宽4 900米，面积为30.5平方千米。全岛由11个小岛组成，林木丛生，主要是柳树、柞树、榆树等。附近水域水产丰富，顺江而下6 000米就是街津口，历来为街津口人民捕鱼、狩猎生产生活之地。

焦家亮子岛，该岛成于清光绪二十一年（1895年），1931年前，曾有人在岛上居住，以挡亮子捕鱼等为生，该人姓焦名庆和，后被人们称为焦家亮子岛，也是赫哲族的一个村落。

焦家亮子岛位于王家店北1 000米处，东经133°33′40″，北纬48°07′20″，东西长7 000米，南北宽5 000米，全岛由4个小岛组成，面积为28.4平方千米，距对岸2 000米。岛上柳树、柞树生长茂密，有多种动物繁多。附近水域盛产鱼类，渔猎历史已久。

董喀叭亮子岛，该岛成于1900年。1930年，曾有一个外号董喀叭的人住在岛上以捕鱼（挡亮子）为生，故取名"董喀叭岛"。解放前伪县公署曾于岛上设一哨所，对进出口船舶进行盘查。

该岛位于三村乡东北3 000米处，东经132°35′40″，北纬47°46′25″，东西长9 100米，南北宽3 100米，全岛由16个小岛组成，面积为17.64平方千米，距对岸2 300米。历来是渔业生产场地。

雪那洪岛（赫哲语"丛林茂密"之意）成岛于清光绪二十一年（1895年），1915年岛上就有人捕鱼、狩猎、砍柴。

雪那洪岛距离八岔乡600米，东经133°49′25″，北纬48°10′57″，东西长4 950米，南北宽3 500米，全岛由4个小岛组成，面积为10平方千米。距对岸6 000米，岛上长满柳树、牧草，近水域水产丰富，是渔牧业基地。

青黄鱼通岛成于清光绪二十一年（1895年）。1939年，岛上就有人从事渔业生产，因近水域盛产青根鱼、鳇鱼，故得名"青黄鱼通岛"。

该岛距八岔乡11 000米，东经133°39′50″，北纬48°10′13″，东

西长5 600米，南北宽2 150米，全岛由8个小岛组成，距对岸1 000米，柳、柞林木遍布全岛。近水域盛产鱼类，是天然渔场之一。

第五节　自然资源

土地资源

同江地域辽阔，土地资源丰富。

据《同江县志》记载，全县总面积为3 595 600亩。其中，农业耕地面积700 000亩，林地面积734 014亩，牧地面积501 000亩，荒地面积248 000亩，荒山面积88 048亩，水域面积343 951亩，建筑用地88 300亩，县属其他占地99 855亩。农业人口人均耕地29.7亩，县属人口每平方千米平均19.67人，是一个人少地多的县份。

1987年境内总面积为625 245.60公顷，1996年土地总面积为625 245.60公顷。2005年土地总面积为625 245.60公顷，土地利用率为66.98%。2018年，土地总面积为622 903.60公顷，土地利用率为86.84%。

农业用地。2005年，农业用地面积为331 954.24公顷，占全市土地总面积的53.09%；耕地面积为210 590.29公顷，占土地总面积的33.68%；园地面积为410.33公顷，占土地总面积的0.066%；林地面积为110 723.75公顷，占土地面积的17.71%；牧草地面积为10 229.97公顷，占土地总面积的1.636%。

2010年，市属面积为2 372平方千米，市属耕地面积为14.7万公顷，农村人均占有耕地29.7亩，是全国人均占有耕地面积的10倍以上。

2018年，农业用地面积为527 263.12公顷，占全市土地总面积的84.64%；耕地面积为398 013.15公顷，占土地总面积的63.89%；园地面积为38.31公顷，占土地总面积的0.006%；林地面积为83 991.81公顷，占土地总面积的13.48%；牧草地面积为148.63公顷，占土地总面积的0.02%。

建设用地。2005年，建设用地面积为105 576.58公顷，占土地总面积的16.8%。按用途划分，其中居民、工矿用地面积为8 192.85公顷，占土地总面积的1.31%；交通用地面积为5 664.06公顷，占土地总面积的0.91%；水域用地面积为91 719.67公顷，占土地总面积的14.67%。

2018年，建设用地面积为13 724.97公顷，占土地总面积的2.2%，其中城市用地面积为1 101.89公顷，建制镇用地面积为232.16公顷，村庄用地面积为7 008.23公顷，工矿用地面积为206.14公顷，占土地总面积的1.37%；交通用地面积为10 576.50公顷，占土地总面积的1.69%；水域用地面积为76 572.98公顷，占土地总面积的12.29%。

未利用土地。2005年末，未利用土地面积为187 714.68公顷，占土地总面积的30.02%。随着城乡的建设发展，未利用土地已逐渐减少至81 915.51公顷，占土地总面积的13.15%。

矿产资源

同江境内已发现各类矿产资源16种，大中小矿床、矿化点65处。

1959年，原抚远县地质队在合江地质局协助下，曾对同江进行过普查测量，发现境内矿化点5处。在地质测量路线中，采取了金属量样品，取样间距200米左右。在此发现的矿化地段，进行加密取样分析。在1 506个样品中，有10种元素含量超过克拉克值1倍到几倍，这些元素为：锰、铬、铅、镍、锌、锆、铍、镓等。全部样品中，普遍含铅量0.002%～0.004%，含锌量达0.004%～0.01%，其他元素除锰外，含量不高，分布不集中，品位亦未达到工业要求的程度。

锰元素分布不广，但局部较集中，含量不高，位于勤得利农场三分场二队北山到西部街津河长约15 000米，宽3 000米左右，面积约45平方千米。此扩散晕内大部分样品含锰0.08%～0.16%以上，东端含锰集中。此地区分布下侏罗纪矽质岩及火山岩。扩散晕方向与该地层分布完全一致，对此地锰矿普查很有远景。

荣家蜂场磁铁矿化点位于勤得利之西南11 000米379.7高地上，范围不详，出露地层为三叠红黑色砂页侵入，接触带上矽化母岩经镜下鉴定为角页岩。磁铁矿拣块取样分析含铁（Fe）9.74%，锰（Mn）0.16%，矿化类型为接触变质矿物。

三分场三队铜矿化点位于勤得利农场二分场之北西3 000米山包上，矿化范围为侏罗矽质岩里玢岩夹层，岩石遭受石英化、绿泥石化作用，含孔雀石玢岩。出露的可见范围小于0.5平方米，槽探揭露由露头下延0.19米孔雀石消失，经捡块分析含钙（Ca）0.27%，铁（Fe）10.6%，锌（Zn）0.765%。按工业要求，不够开采品位，有待今后工作搞清矿化范围，加强外围工作加密金属测量。

三分场一队锰矿化点位于勤得利农场三分场一队之北东500米平缓山梁上。此点处于下侏罗系矽质岩里，沿岩石的裂隙里有黄箱色褐铁矿化现象。局部见到以蜂窝状构造伴生灰黑色锰，矿化范围不清，拣块分析含锰（Mn）8.67%，铁（Fe）1.895%，不够工业品位。经加密金属量分析最低克拉克值达0.1，对本区含锰矽质岩看异常不高，以矽石类型看，其成分属热液型。

街津口赤铁矿化点位于街津口之北东1 000米小山包上，范围约0.2平方千米，矿化母岩为上白垩系火山岩组，赤铁矿化为流纹斑岩及其凝灰熔岩，1958年，富锦组织群众找矿，在此点进行过约50立方米的槽探工作。当时地质队锰块取样分析含铁4.45%，未达到工业要求。

重砂取样及采金重砂取样，当时地质队曾在抚远县的浓江河上游，同江、抚远交界地带的河谷中进行过，未发现有价值的重金属矿床。1946年，在勤得利农场一分场的三家子到八岔乡所在地的八岔河上口的江套中，发现有沙金矿点多处。1946年夏季到1947年夏季，富锦县一名淘金技术人员带领勤得利、八岔两村居民10多人进行了近4个多月采矿，共淘金达3两。

非金属矿藏主要有石英岩、泥炭、花岗岩、矿泉水、黏土、砂、石灰石、高岭土、煤等。

同江境内非金属矿仅发现有石英岩矿1处，该矿点位于勤得利农场旧址东山。该区岩层为前泥盆系的石英片岩，均是大陆产出露，石英岩局部受后期热液用结果，石英细脉网状穿捕，使岩石受石英化或成纯石英岩。经对各种油英化程度不同的石英岩分析含 SiO_2（二氧化矽）达95.9%以上，根据工业要求，可为制造一般性玻璃做原料。

动物资源

兽类主要有马鹿、野猪、狍子、狼等。毛皮动物有水獭、黄鼠狼、麝鼠、灰鼠、猞猁等。

鸟类主要有天鹅、鹤、大雁、野鸭、鹌鹑以及野鸡、麻雀、乌鸦、布谷鸟、啄木鸟、喜鹊等。

虫类主要有蛇、蜜蜂、蜘蛛、蚁、螟虫、蚌、蚤、蚯蚓、蚱蜢、蝼蛄、水蛭、螳螂、蚜虫、蝇、瞎蠓、蜻蜓、蚊、蝴蝶、蛾、尺镬、蟋蟀等。

同江境内沟河纵横，泡泽密布，又紧依松花江、黑龙江，得天独厚的自然条件，使同江境内水域鱼的种类较多，产量丰富。

20世纪80年代以前，市域内鱼类资源的种类和数量较多，每年鲢、鲟、鲤、鲫等捕捞量均数十余万吨。20世纪90年代以后，由于环境的变化和过度的捕捞，江河鱼类数量大幅下降，个体也越来越小。鳇鱼巨鳟、细鳞鱼、发罗鱼已濒临绝迹，鲢鱼、鲟鱼数量较10年前产量减少70%以上。湿地面积急剧萎缩，泡沼干枯，鱼类资源受到严重破坏，捕捞量已不足1990年的10%。

同江境内水域分布鱼类16科、73种，其中鲤科鱼类46种。分布于松花江的鱼类63种，分布于黑龙江的鱼类51种。分布于江通附属泡沼的鱼类从属于大江，分布于支流附属泡沼的鱼类以鲫、泥鳅、塘鳢、柳根、黑鱼为主体。水大年份一些典型江河型鱼类也串入附属泡沼，在一些深水泡沼可存活数年，形成一定的鱼产量。主要鱼类有鲤、鲟、鳇、白鲢、松花江小嘴红鲅（大白鱼）、六须鲶（怀头）、大马哈、狗鱼、细鳞、哲罗、乌苏里白鲑（雅巴沙）、鳊花、鳌花（鳜鱼）、鲫鱼、鲺鱼、拟赤稍（红尾鱼）、唇、花、银鲴、细鳞科颌鲴、草鱼、法罗等20余种，其中以鲤、鲟、鳇、大马哈、鳌花、鲫花、法罗为名贵鱼类。

植物资源

同江境内有高等植物700多种，其中木本植物120余种，草本植物580多种。

乔木类主要有落叶松、水曲柳、黄波椤、胡桃秋、榆树、色树、黑松、柞树、杨树、白桦、柳树、槐树等。

花草类主要有佩兰、天雨花、旋覆花、金针花、秋菊、丁香、月季、海棠、芍药、灯笼、绣球、对红、兰草、吊兰、玻璃、山玫瑰、柳桃、牵牛、荷包、牡丹、荷莲、鸡冠、夜来香、步步高、榆叶梅、马莲等。

山果类主要有榛子、樱桃、山定子、草莓（高丽果）、灯笼果、橡子、山葡萄、山里红、都柿等。

食用植物主要有蕨菜、薇菜、灰菜、山白菜、明叶菜、山芹菜等。

真菌主要有猴头、蘑菇、黑木耳等。

药用植物。同江境内有229种药用植物，总蕴藏量约为205万斤。主要有刺五加、五味子、桔梗、槲寄生、苍术、柴胡等11种，其他药材有萱草、败酱草、鹿衔草、天南星、远志、地丁、透骨草、葎草、山豆根、田鸡油、佩兰、地肤子、紫花、青蒿、大戟、小蓟、手掌参、龙胆草、石韦、蒲公英、车前子、艾叶、大活、防风、芦根、百合、地龙、蓖麻、韭籽、苍耳等。

草原。同江市共有草场130万亩，草种主要群落为小叶樟、大叶樟。草场主要分布在沿江河地带及东部的平原、低平原地区，还有腹地的疏林地和沼泽地。根据不同地形、土壤和自然植被等情况大体可分为3种类型。

一类草场约50万亩，主要分布在江河流域的平原和低平原。自然植被以小叶樟为主，夹杂少量的杂类草。草丛高度在80厘米以上。覆盖度在70%~80%之间。该类牧草营养丰富，适口性强，平均亩产干草350斤，载畜量为209.775（羊单位），是利用价值很高的良好牧场。

二类草场约57万亩，主要分布在低山丘陵和漫岗的疏林地及沟塘洼地。自然植被有小叶樟、蒙古袜、胡枝子、臻柴、五花草、苔草等。草丛高度在70厘米左右。此类草场由于河谷纵横连片草场不多，多呈带状、片状分布，平均亩产干草150斤，载畜量54.486（羊单位）。此类草场因多种草类混生，草质差，并且沟塘洼地经常出现季节性积水，所以利用率较低。

三类草场约23万亩，分布在东部四乡临江、金川、银川、八岔的低洼地和沼泽地，植被主要有苔草和少量小叶樟、毛果、三棱草。这类草场多为沼泽，常年积水，排水不畅，产草量较高，草质差。

水资源

同江两面环水，境内沟河纵横、湖沼遍布，降水充沛、地下水含量大，水资源极其丰富。

地表水。同江地表水极为丰富，境内（不含农场）江河水静储量约为23.30亿立方米，泡泽水静储量为0.26亿立方米。每年用地表水0.08亿吨，占地表水总量0.3%，充足的地表水资源，为旱田灌溉、水田发展、水产养殖业、水生植物种植业提供了有利的条件。

同江地表水的储量是江河泡沼的静储量，水量的变化受天然降水和容水流入多少影响。丰水年地表水猛增，枯水年地表水静储量大幅度下降。同江全年降水量差异悬殊，降水多集中在夏季（6—8月），占全年的58.5%；冬季（11—2月）占6.4%；春季（3—5月）占16.8%；秋季（9—10月）占18.3%。其中夏季降水最多，月平均为104毫米，最多年份为299.8毫米（1987年8月）。

同江境内地表水矿化度低，仅为38.66~115.20毫克/升，多为碳酸氢根离子、氯、钙、钠型。沼泽水的pH为6.5~7.0，水质良好，无色、无嗅、表示矿化度的主要离子含量都较低，适合于人民生活及工业用水，灌溉系数为18，符合农业灌溉要求。

地下水。同江境内南部青龙山勤得利农场一带含水层最厚，总厚度达273.82~230.60米，渗透系数为30~100米/昼夜，地层之导水系数KM值为2 000~7 000，最高达16 000，单井涌水量一般达5 000吨/昼夜以上，（井径为200毫米，降深为5米/小时），最大可达14 036.99吨/昼夜；沿江一带含水量减弱，渗透系数减少，富水性也随之低至6 000~5 000吨/昼夜，属富水地区。

位于同江市区一带基埋藏较浅，含水层薄而透水性减弱，富水性为100~1 000吨/昼夜，含水层富水性以松花江漫滩为最强，单井涌水量达2 000吨/昼夜以上，同江一庄一带高达12 239.7吨/昼夜，含水层导水系数一般达3 000以上，黑龙江漫滩单井涌出量为3 251.71吨/昼夜，导水系数为1 190.47。

地下水普遍为微承压水，地下水埋深4~9米不等，丘陵区地下水埋藏较深，一般为21~25米，高漫滩为3~5米，低漫滩为1.5~3米。地下水总静储量约为3 236.2亿立方米，绝大部分没有被开采。

地下水补给来源，主要接受中部平原地下水，大气降水以及汛期江河倒灌补给，其动态与江水关系密切，水位季节变化明显。洪水季节，各江不仅可以倒灌补给漫滩中地下水，而且松花江、黑龙江水补给其漫滩地下水之后，长驱直入低平原中部，汇入区域地下水总径流而后泄入乌苏里江与黑龙江下游。汛期与枯水期，江水与地下水互相补给，黑龙江、乌苏里江、松花江为地上水排泄的主要门户与通道。

地下水矿化度为92~348毫克/升。以100毫克/升居多，硬度为2.1~13.68（德国度），水化学类型为低矿化重碳酸钙软水。pH为6.5左右，属微酸性水，铁离子普遍较高。一般为3.6~24毫克/升，最高可达32毫克/升。水化学类型为$HCO_3^- \cdot Ca^{2+} \cdot Mg^{2+}$或$HCO_3^- \cdot Ca^{2+} \cdot Na^+$型，铁质含量很高，有较明显的铁锈味。地下水铁离子含量自地下水上游至下游呈明显的变化，除丘陵区边缘铁含量较低外，铁离子含量沿地下流向渐趋增高由6毫克/升递增至18毫升/升以上。

第六节　人口与民族

人口变动

清光绪三十二年（1906年），拉哈苏苏设州治。建州之初，有居民929户，10 045人。宣统元年（1909年），全县居民1 127户，11 399人（男9 278人、女2 121人）。

1933年，全县居民6 205户，34 465人（男19 376人、女15 089人）。

1935年，人口28 241人。

1941年，全县居民7 042户，54 123人（男35 300人、女18 823人）。1948年，全县人口为2.1万余人。

新中国成立以后，全县人口逐年增加。1982年，第三次人口普查，全县共有111 626人，其中男性为58 580人，占全县总人口数的52.48%；女性为53 046人，占全县总人口数的47.52%。男、女人口数的比例为110.43∶100。

1985年，全县共有28 636户，117 938人，其中男61 209人，占人口总数51.1%；女56 729人，占人口总数的48.9%。

1987年，同江市总户数31 018户，总人口121 889人，其中农业人口88 375人，非农业人口33 514人。当年全市出生人口1 787人，死亡人口294人，全年净增人口1 493人，人口自然增长率为12.2‰。迁入人口4 357人，迁出人口5 405人。本年，省计划生育委员会作出允许边境地区农民生育二胎的决定，加之本市育龄妇女处于生育高峰期，人口数量增长较快。

1990年，人口生育达到高峰，全年净增人口2 188人，人口自然增长率达16‰。4年间，全市净增人口7 243人，年增长1 810人。

1991—1999年，人口增长率有所下降，年净增人口1 000—1 300人。2000年，随着外来打工和农民进城务工等流动人口增加，早婚、早育、非婚生育现象时有发生，人口出生率有所回升。当年，全市净增人口1 546人，比1999年增长22.8%。

2001—2004年，根据国家计划生育委员会下发的《流动人口计划生育管理办法》，市计划生育委员会与市公安局、市工商局等部门联合对流动人口实行综合管理。4年间，全市净增人口3 876人，年均增长969人。

2005年，全市总户数70 236户，总人口207 614人，其中农业人口108 943人，非农业人口98 671人，当年，全市出生人口1 466人，死亡729人，净增人口737人，人口自然增长率4.3‰。迁入人口3 351人，迁出人口1 605人。同江市自1987年至2005年19年间，净增人口35 960人。

2011年，全市总户数82 029户，常住户数72 368户。总人口214 919人。市属总户数51 143户，常住户数45 585户，市属总人口134 641人，常住人口113 043人。全市非农业人口104 983人，城镇人口126 237人，城区人口57 754人。市属非农业人口43 616人，城镇人口64 870人，城区人口57 754人。全年出生人口1 531人，出生率为8.536‰；死亡716人，死亡率为3.992‰，人口自然增长率为4.544‰。

2015年，全市总户数89 614户，其中户籍户数78 372户，暂住户数11 242户。总人口211 609，户籍人口176 160人。城区人口56 489人，乡村人口65 993人，城镇人口145 616人。市属总户数56 122户，其中户籍户数49 076户。市属总人口

130 378人。户籍人口108 209人。城区人口26 489人，乡村人口65 993人，城镇人口64 385人。全年出生人口1 187人，出生率为6.738‰，死亡人口924人，死亡率为5.245‰，自然增长率为1.493‰。

2018年，全市总户数70 236户，总人口207 614人，其中农业人口108 943人，非农业人口98 671人。当年全市出生人口1 466人，死亡729人，净增人口737人，人口自然增长率4.3‰，迁入人口3 351人，迁出人口1 605人。

人口分布

同江市是黑龙江省人口较少的县（市）之一。1982年第三次全国人口普查，全县总人口111 626人，人口密度为18人/平方千米。1990年第四次全国人口普查，全市总人口137 737人，人口密度为22人/平方千米，比1982年增加4人。

2000年11月1日第五次全国人口普查，全市总人口164 595人（含流动人口），其中城镇人口65 225人，乡村人口99 370人，分别占总人口的39.6%、60.3%；人口密度为26人/平方千米，比1990年增加4人。2004年，由于乡（镇）调整，加之人口流动，全市人口分布变化较大。2005年，全市总人口207 614人，人口密度为33.8人/平方千米。

民族构成

同江市由汉、满、赫哲、朝鲜、蒙古、回、壮、苗、彝、侗、京、锡伯、布依、俄罗斯各族构成，赫哲族是这里的原住民族。远在西周时代，赫哲族的先祖肃慎部就曾在这里生活，是赫哲族聚居繁衍之地。

赫哲族。赫哲族的族系源远流长，当追溯到古代的肃慎部，其近源与满族同属女真族后裔。赫哲族地居边远，且长期处于闭塞状态，经历了漫长的原始氏族社会和奴隶制社会，直到清代中期，才逐渐进入封建社会阶段。辽金时代，从三姓至乌苏里江下游的广大地区里出现的"五国城"及其所属的大小城寨，就是赫哲族所建立的大大小小的奴隶制国家。

清代中期以来，清政府被迫与沙俄签订不平等条约，先后丧失了黑龙江以北、乌苏里江以东的大片领土。居住在这一地区的赫哲人民一部分惨遭屠戮，一部分被迫编入俄籍，还有一部分背井离乡，渡过黑龙江、乌苏里江，迁居到黑龙江南岸的三江口下游一带。今天同江一些赫哲人的亲族仍在俄罗斯境内生活。

"九一八"事变以后，日军的魔爪又伸向了赫哲部落。1942年，日军实行部落归并，强迫沿江居住的赫哲人全部迁至3个部落，造成赫哲人口的大量死亡。至解放前夕，赫哲人口不足400人。解放后在党和政府的关怀下，建立了八岔、街津口赫哲族乡，赫哲族的居住条件有很大改善，生活水平有很大的提高。

汉族。汉族人大量迁入是从清光绪十六年（1890年）官府招垦放荒以后，内地直、鲁、豫移民接踵而至。清末民初临江府时期，移民多达2 000多家，沿松、黑下游一带，已垦大量耕地，大大小小的村落，遍布境内。到光复前，汉人已达5 200余口，占人口总数的98.5%。

满族。满族人多数是随汉人迁至，至解放前，满族人口无确切统计，约为一二百人。

朝鲜族。朝鲜族人迁入始于清末。民国时期寥寥无几，日伪时期略有增加，多数是日军从韩国征兵及移民垦荒所至。光复前不足200人，分散居住在沿江各村屯。

1982年，第三次全国人口普查提供的数据显示，同江有汉、满、赫哲、朝鲜、蒙古、回、壮、苗、侗、土家、锡伯、布依、彝、俄罗斯等13个民族，有少数民族人口4 646人，占全县总人口的4.34%。

1990年第四次全国人口普查，定居境内的有汉、满、赫哲、朝鲜、蒙古、回、壮、土家、锡伯、布依、苗、彝、侗、瑶、达斡尔、白、俄罗斯等17个民族，少数民族人口7 975人，占全市总人口的6.15%，少数民族人口比1982年增加3 329人。

2000年第五次全国人口普查，全市有汉、满、赫哲、朝鲜、蒙古、回、壮、土家、锡伯、布依、苗、彝、藏、侗、瑶、达斡尔、白、维吾尔、鄂温克等19个民族，少数民族人口6 731人，占全市总人口的4.26%。少数民族比1990年增加了藏、维吾尔、鄂温克3个民族，减少俄罗斯族，少数民族人口减少1 244人。

2010年第六次全国人口普查，全市共有赫哲族、朝鲜族、满族、蒙古族、回族、壮族、苗族、侗族、京族、锡伯族、俄罗斯族、彝族等22个少数民族，少数民族总人口8 152人，占全市总人口的4%。

现有赫哲族605户，1 565人，约占全国赫哲族总人口的三分之一，大部分居住在街津口、八岔两个赫哲族乡。

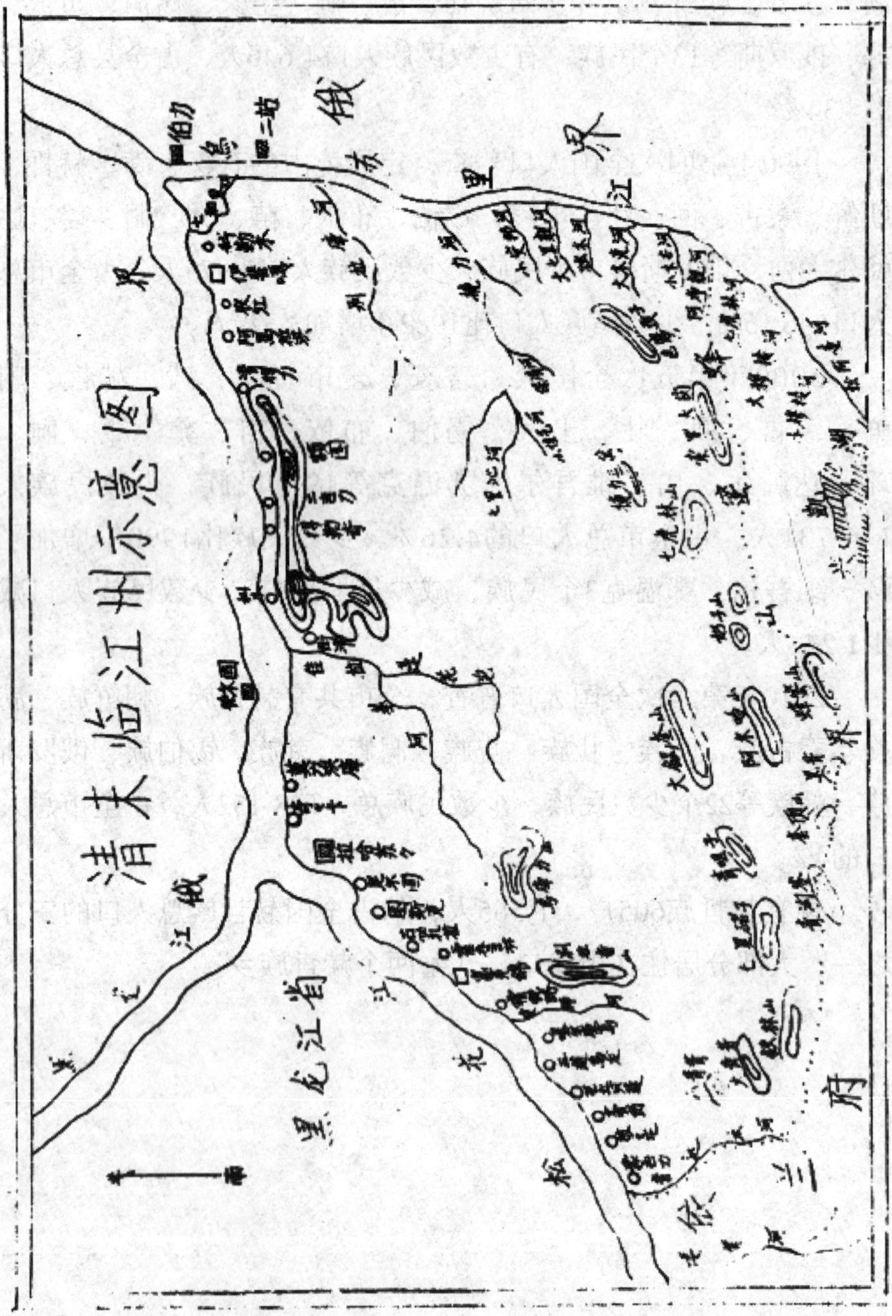
清末临江州示意图

民国初期同江县示意图

"满洲国"时期同江县地图

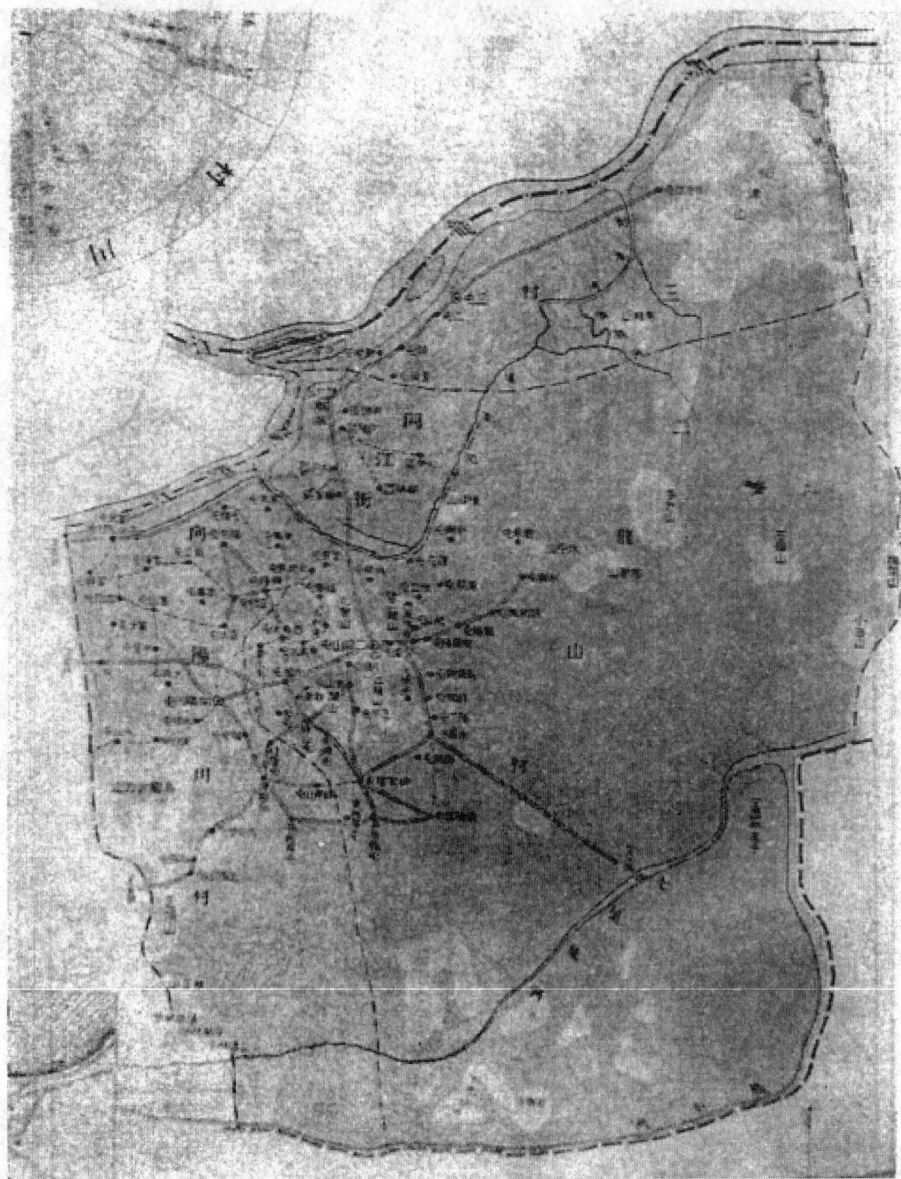

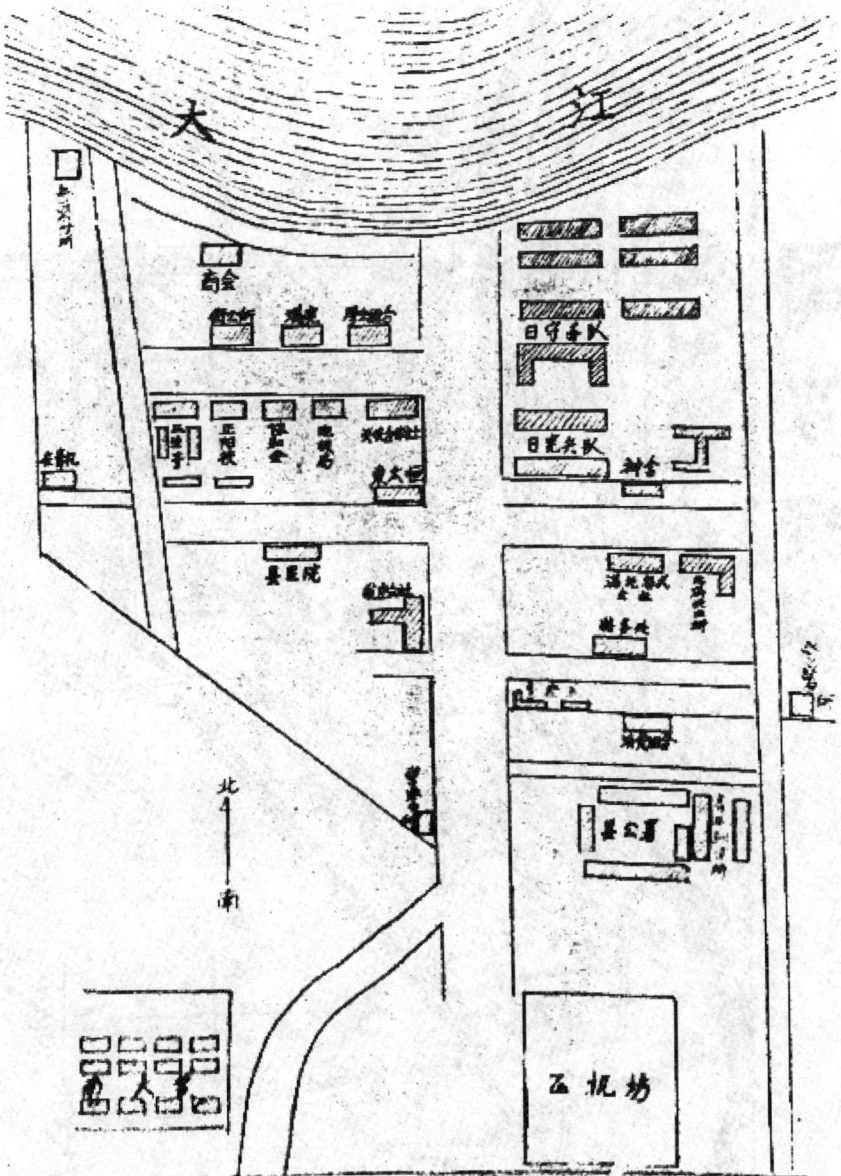

"满洲国"末年同江县城机关分布图

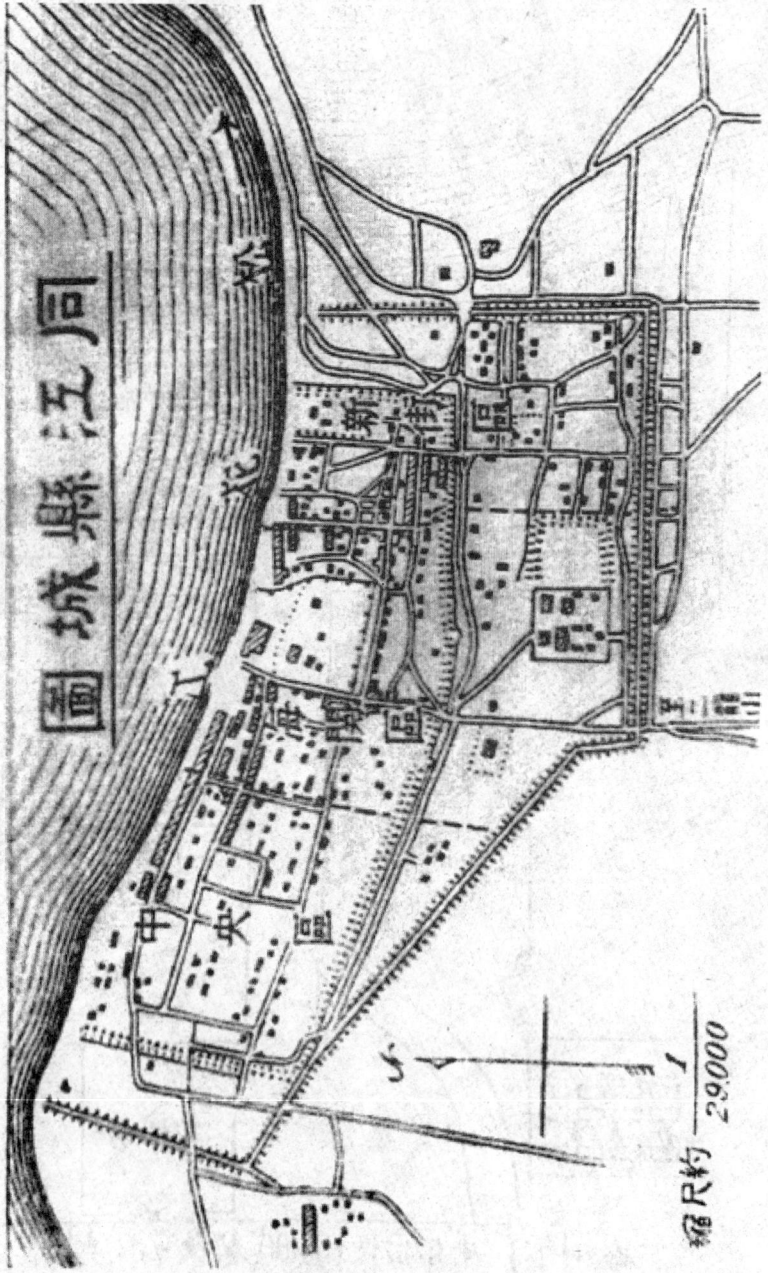

伪满时期

同江县城图

同江县在伪满洲国的位置（参考图）

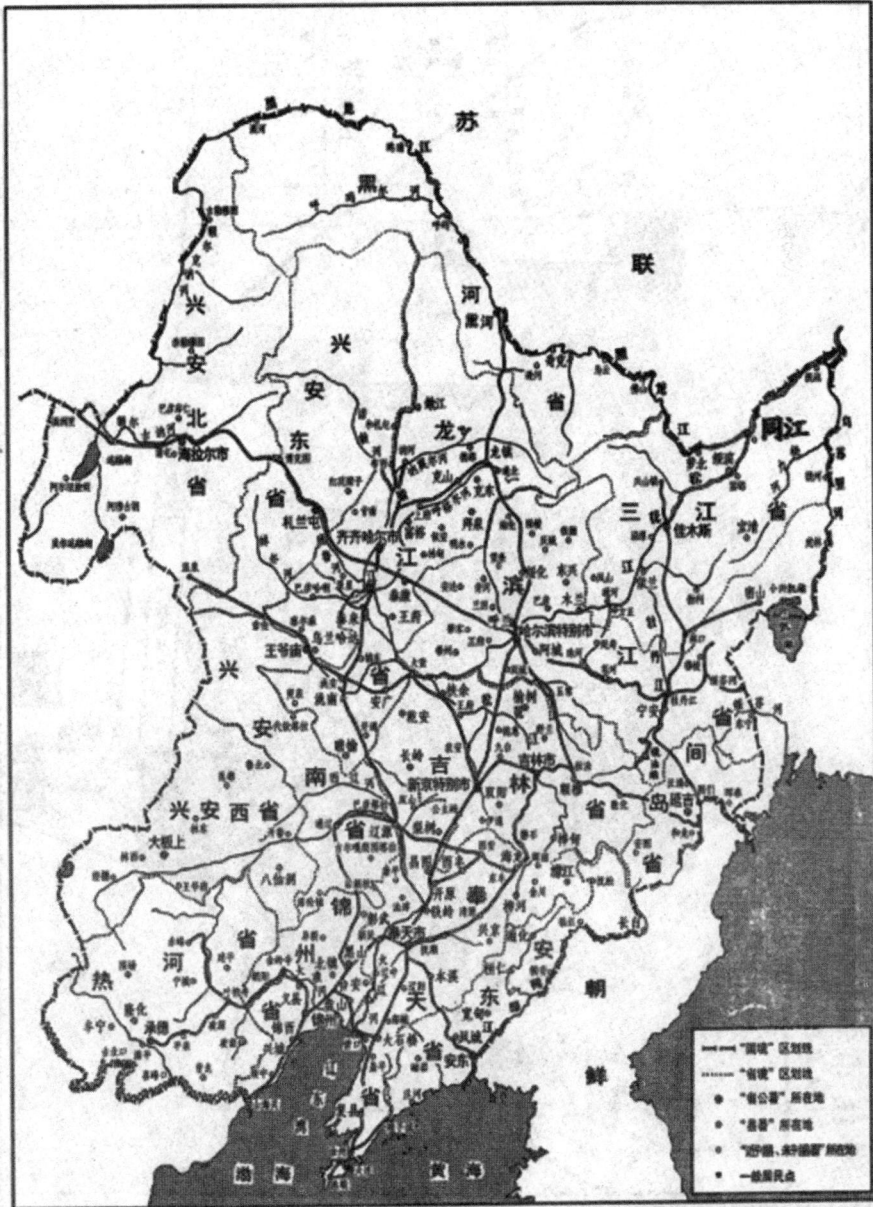

注：本图根据伪满洲国出版的《满洲帝国地方事情》一九三七年版测图绘制，仅供读者参考

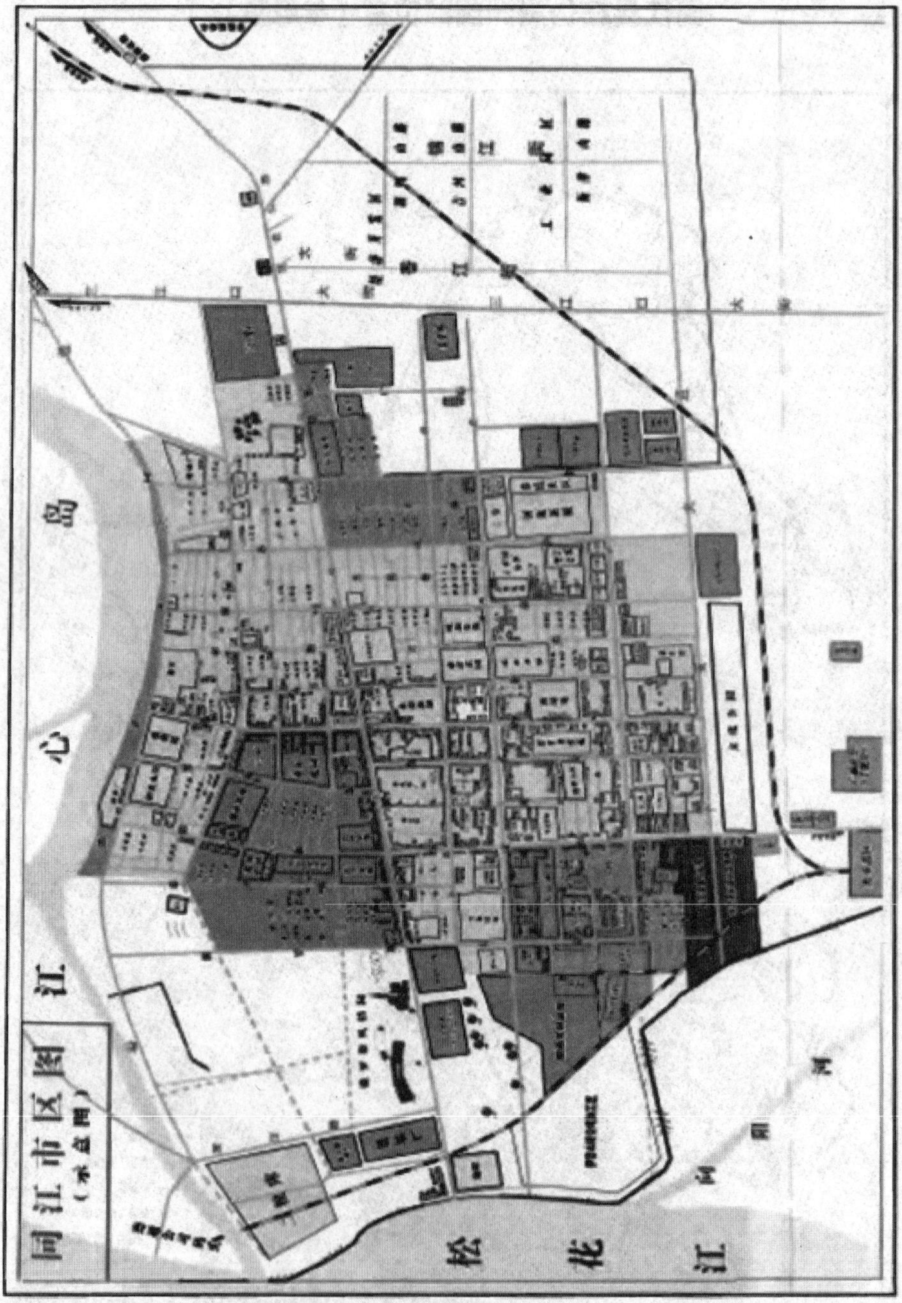
同江市区图
（示意图）
江心岛
松花江

第二章　影响较大的历史事件

第一节　抗击沙俄入侵

自15世纪30年代至17世纪80年代，200多年间，沙俄对我国黑龙江、松花江、乌苏里江流域不断地进行袭扰和侵犯。特别是鸦片战争后，沙俄侵略者变本加厉，先后强迫清政府签订了不平等的中俄《瑷珲条约》和中俄《北京条约》，将大片中国领土强行并入俄罗斯版图，激起了广大中国军民的极大愤慨，清政府戍边将领带领包括赫哲族在内的边疆军民，以"三姓"（现黑龙江省依兰县）地区为核心，展开了殊死抗争，有力地捍卫了国家的主权和领土完整，其间发生了多次有影响的战斗，可歌可泣。

赫哲人屯边

据史料记载，赫哲族被编入旗，主要从"三姓"设防开始。"三姓"，满语称"依兰哈喇"。"依兰"，汉语译为"三"；"哈喇"，汉语为"姓"。"三姓"即今黑龙江省依兰县，位于牡丹江与松花江汇合处。黑龙江在同江与松花江汇合，在抚远与乌苏里江汇合后，直达黑龙江江口入海，因而"三姓"是连接内地与黑龙江下游及乌苏里江地区的重要枢纽，是清代东北地区重要的边镇之一，也是松花江中、下游流域最早建城设防的地方，地理位置十分重要。

"三姓"作为边疆重镇的建设，始于康熙五十三年（1714年）设立"三姓"协领衙门，翌年筑城设防；至雍正十年（1732年），始设副都统衙门，管辖松花江、黑龙江、乌苏里江、库页岛和海中诸岛及南北鄂霍次克海域。

"三姓"地区的旗丁主要来源于赫哲族。早在清太宗皇太极统治时期（1626—1643年）就将居住在这一地区的葛依克勒、努叶勒、胡什喀哩、舒穆禄四姓赫哲全部招抚，用于关内战争。顺治二年（1645年），清廷"将征山东之赫哲兵未出天花者全行撤回'三姓'地方"，驻防于松花江、牡丹江汇流处。康熙五十三年（1714年）设立"三姓"协领衙门时，"三姓"地方已有四姓赫哲壮丁共1 530余名。是年，除吉林乌拉拨来满洲披甲80名驻于其地外，由"三姓"打牲人丁等挑放披甲200名，编为四旗，既镶黄、正黄、正白、正红四旗。葛依克勒、努叶勒、胡什喀哩、舒穆禄四姓族长编为世管佐领，驻防在四姓赫哲原居住处，其余未被编为披甲的"闲散丁等按各姓归四佐领下管辖"。

17世纪沙俄入侵中国黑龙江沿岸地区　市档案馆提供

　　雍正十年（1732年），由于扩大"三姓"建制，设"三姓"副都统衙门，"新添官兵1 800名"，其中在四姓赫哲中挑选800名披甲，添设公中佐领6员，防御4员；又将乌苏里、德克登其等处所居住之八姓赫哲打牲人等挑选甲兵1 000，编为10佐领，移驻"三姓"之地。至此，"三姓"副都统属下达到20佐领，2 000多名兵丁。乾隆二十一年（1756年），"三姓"五佐领移驻拉林、阿勒楚喀，留驻15佐领，分左右两翼，而兵丁数一直为2 000左右。从此，"三姓"逐渐取代宁古塔，成为东北的边疆重镇。

　　1858年5月和1860年10月，沙俄政府强迫清政府签订了不平等的中俄《瑷珲条约》和中俄《北京条约》，将黑龙江以北乌苏里江以东100余万平方千米的土地划归俄国版图，赫哲族生活地域发生了变化。清政府为加强对松花江下游、黑龙江下游沿岸和乌苏里江流域的防御与管理，在嘎尔当增设富克锦协领衙门，并于黑河口（三江口）、乌苏里江口（乌苏镇）、饶力河口（东安镇下营）、尼啊（虎林县虎头镇）等地设置卡伦，征调赫哲族官兵驻守。

　　富克锦（今黑龙江省富锦市），又名"富替新"，位于松花江下游南岸的三江平原上。富克锦是赫哲语，汉语意为"岗"。光绪六年（1880年）建城，光绪八年（1882年）增设协领衙门，街址设在嘎尔当屯，光绪十年（1884年）添设衙署，安立集镇，隶属吉林将军"三姓"副都统辖区。富克锦协领衙门所需兵源全部来自赫哲族。据光绪八年（1882年）《吉林将军铭安为抄送在赫哲部添兵设官章程折事咨"三姓"副都统衙门》的咨文中称："统计赫哲各屯……拟自音达木（佳木斯音达木河口处）至喀勒库玛（今桦川县新城镇）四屯70余家，挑选披甲100名，设一佐领。自富替新至图斯科（今同江县城西南）四屯70余家，挑选披甲100名，设一佐领。自依勒布至得力奇（今同江市街津口

下5千米）六屯60余家，挑选披甲100名，设一佐领。自额图（今
同江市勤得利）至通江（今抚远小河子）八屯60余家，挑选披甲
100名，设一佐领。"并强调"此次所挑披甲400名，应令就地防
守，各安生业，免其征调进城"，即在就地驻防的同时，从事农
业生产和渔猎。此外，"各官员因公差遣，由赫哲各屯内雇佣船
只，冬令用冰筏往来递送"。

富克锦协领衙门署下，在饶力河口（饶力河与乌苏里江汇
合处，今饶河县东安镇下营）派驻赫哲团练50名，其中20名分驻
尼啊（今虎林市虎头镇）。从"三姓"通往黑龙江下游的水路
上，在黑龙江口（松花江和黑龙江汇合处）、乌苏里江口与宛里
和屯（今桦川县境）设有3处卡伦。"三姓"通往乌苏里江以东
地区的旱路上，在莫克尊、富奥哈河、音达穆等地设8处卡伦。
据《富克锦舆地略》记载，自音达木河起，经松花江下游、黑龙
江下游至伯力（今俄罗斯哈巴罗夫斯克）的20余处卡伦或军屯均
有赫哲兵驻守。清政府规定，赫哲官兵巡逻与设置卡伦的任务是
"监护参场、巡查边界、盘拮奸邪及缉拿逃人"。

据有关资料记载：光绪二十八年（1902年），"三姓"地方
有官兵1 851人，其中兵1 500人；富克锦地方有官兵431人，其中
兵400名。赫哲官兵是清代三江流域驻防戍边的主要军事力量，
在构筑东北边防中发挥了重要的作用。

反抗外敌入侵

进入17世纪后，沙皇俄国开始对中国特别是东北边疆实行
蚕食政策，不断入侵我国黑龙江下游及乌苏里江流域。赫哲族
人民为了保家卫国，和东北各族人民一起，展开了英勇不屈的
抗俄斗争。

明崇祯十六年（1643年），沙俄入侵者波雅科夫率领27人

"侦察队"入侵松花江地区，在松花江口遭到赫哲族人民英勇机智的阻击。其中除两人逃脱外，其余武装匪徒全被消灭。清顺治九年（1652年），居住在黑龙江下游乌扎拉村的赫哲等族人民近千人，配合清军，向沙俄哥萨克土匪哈巴罗夫一伙营地发动攻势，消灭匪徒80多人，哈巴罗夫受伤。顺治十四年（1657年）以斯捷潘诺夫为首的沙俄入侵者500余人入侵松花江流域尚坚乌黑（佳木斯西郊白石村）地区，赫哲族、满族人与奇勒尔人配合宁古塔章京沙尔虎达所率清军痛击入侵者。次年，在黑河口消灭侵略军270余人，斯捷潘诺夫被击毙，沉重打击了入侵黑龙江下游地区的沙俄侵略者。

咸丰四年（1854年），赫哲、达斡尔等族人民同入侵当地的以穆拉维约夫为首的沙俄武装土匪，进行了坚决的斗争。如乌苏里江北路巡探赫哲族人保福，在咸丰九年（1859年）闰三月初七代替清朝卡官巡岗时，机智勇敢，一人吓跑全副武装的入侵沙俄匪兵；十三日，东路巡探赫哲族人永起拒绝沙俄入侵者"以货换货"的要求，使敌人陷于困境；赫哲族人噶山达特莫仲、乌隆阿，志愿为清军侦察敌情，协助清军反击敌人。咸丰十年（1860年），黑河口仓云地方赫哲等各族群众，自动组织起来，巡守沿江各要口，勇敢机智地与入侵者进行斗争，充分表现了赫哲等族人民面对外国侵略者不屈不挠的斗争精神。

1900年7月6日（俄历），沙俄入侵者以镇压义和团保护中东铁路和保护侨民为借口，大举兴兵侵入东北内地。黑龙江各地义和团配合清军向沙俄侵略者发起攻击，驻扎在哈尔滨的沙俄侵略者乘船沿松花江东下逃往伯力（今哈巴罗夫斯克），驶抵"三姓"时遭驻守"三姓"军民痛击。"三姓"军民在副都统依英阿和练军统领葛全亮的指挥下，会同马步队营总舒连喜与驻巴彦通要塞靖边营统领周宝麟（汉族）等共150人，击沉俄轮2艘，击伤驳船2只。激战中，"葛祥奎是役战殁"、先锋葛荣印战死阵前、前锋舒英春战死"三姓"城下。公中佐领"三姓"练军马步队营总舒连喜殁于阵前，清朝兵部赏云骑尉世职。副都统依英阿、练军统领葛全亮阵前负伤，"三姓"赫哲军民用鲜血和生命谱写了壮丽的抗俄史篇。

赫哲族人民是热爱祖国、敢于斗争的民族。他们在维护祖国统一，捍卫祖国东北边疆，反抗外敌入侵的斗争中做出了重大贡献。

屯田积粮巩固边疆

为巩固东北边防，解决驻防官兵粮秣及地方支出，清政府在设置驻防八旗的同时，设置官庄和旗地，进行农业生产。

乾隆元年（1736年）、二年（1737年），清朝在"三姓"地方设有官庄10个，丁100名；乾隆四十五年（1780年）又增设官庄5个，丁50名。每丁耕地12垧，每丁一年缴纳粮谷30石。共计15个官庄有庄丁150名，耕地1 700垧，每年缴纳粮谷4 500石。官庄中的主要生产者之一就是被编入旗的赫哲族旗丁。他们除了完成驻防任务外，更重要的是在旗地上从事农业生产。

随着时间的推移，赫哲旗丁用于农业生产所占的比重越来越大。雍正九年（1731年）把松花江下游七姓地方赫哲人，编入"三姓"八旗；雍正十年（1732年）又由八姓赫哲挑选1 000名甲兵，清政府明确规定："次年发给口粮、种子、牛具，使其开垦土地，限每人交纳仓粮30石。"由于驻防八旗的增多，旗地有所增加。雍正末年（1735年），"三姓"旗地已开垦12 926垧。至嘉庆十二年（1807年），八旗官兵闲散人等拥有耕地2 652块，共17 464垧，15个官庄人等拥有耕地1 925五块，共13 975垧，总计垦田31 439垧。"三姓"地区驻防兵丁屯田耕种，其粮谷除了当年各项支出外，分别收储在永丰仓（官仓）与八旗义仓中，数量相当可观。雍正年间，"三姓"城南一里处修造内永丰仓60间，八旗义仓20间，存储粮谷。乾隆年间，仓储总量达到41 000多石。

赫哲旗丁的屯田积粮，有效地保证了本地区军粮供应，并部分用于荒年赈济和边疆各族人民每年贡貂时筵赏与交换。因此，它是巩固边疆、加强对边疆各族管辖不可缺少的物资基地。

赫哲旗丁的辛勤劳动，促进了"三姓"地区农业生产的发展，赫哲族和汉族农民共同开发土地使"榛莽顿良田"。这不仅有力地促进了东北边防的巩固，更为三江流域的经济开发奠定了农业基础。

拒入俄籍

清初之时，由宁古塔梅勒章京管辖赫哲族居住地。对于清王朝，赫哲族是历来臣服并归顺的；而对于沙俄的劝诱威胁，赫哲族不为之所动。

1683年9月11日，从雅克萨城窜往牛满江和亨滚河一带的俄国哥萨克匪徒加夫里·弗罗洛等沿河抢掠，捕抓人质，勒逼貂皮。但是这些中国军民"拒不听从"，并联合附近居民"前来进攻这些军役人员和猎人"。结果这些俄国的哥萨克匪徒从"那里抓了三名人质，但未能为陛下征得任何实物税"。这些俄国哥萨克匪徒回到涅米连河河口时，发现了一批费雅喀人和赫哲人。他们向这些中国居民"征收实物税"，并"招抚他们归顺大君主崇高专制统治之下"。可是这些中国居民不仅"拒绝归顺大君主陛下，也不缴纳实物税，反而对军役人员和猎人开战。这一战打死阿尔巴津哥萨克二人，涅尔琴斯克、雅库次克哥萨克各一人。毫无疑问，居住在乌岛伊里湖和萨马吉尔湖附近的两个人数甚少的民族（乌岛伊里人和萨马吉尔人），必然效仿基里亚克人与涅格达人的榜样。但是那脱吉人（原注：指赫哲族）居住地区离满人甚近，深受满人影响，要让他们加入俄国国籍，恐怕相当困难，因此便宜谨慎行事"。

击败斯捷潘诺夫

17世纪的黑龙江流域并不太平，在沙俄疯狂入侵的过程中，世居黑龙江下游的赫哲族人也不断受到骚扰。

乌扎拉村位于黑龙江下游宏加力河口附近，是赫哲族聚居的一个村庄。哈巴罗夫于1651年10月窜入这一地区，大肆掠夺，屠杀人民，并在乌扎拉村附近建立据点，称"阿枪斯克"。赫哲人多次予以回击，却终不能取胜，于是报请清政府，引起了清政府的注意，并于顺治九年（1652年）派兵进剿，战于乌扎拉村。战斗从1652年4月3日清晨开始。驻宁古塔梅勒章京海色率大兵围攻俄军据点阿枪斯克。清军有步兵、骑兵，附近赫哲族也前来助战。乌扎拉战役具有重大历史意义，是中国军民联合抗俄斗争的首次战役，表明赫哲族人勇于斗争的爱国精神，打击了俄军的嚣张气焰。从此哈巴罗夫一蹶不振，他认识到靠自己有限的兵力"要占领黑龙江是不可能的……他们拥有火器"。

1658年7月11日，沙俄侵略头目斯捷潘诺夫带领500名匪徒，侵犯我三江口。我镇守宁古塔昂帮章京沙尔虎达率47艘满载中国军队的船队迎战，居住在这里的赫哲族人民划着渔船主动前来助战。战斗中赫哲族人民勇敢地驾船在炮火中来回穿行，帮助清军共同剿灭敌人。沙尔虎达在报捷奏折中称："击败罗刹兵，俘其人口甲仗等物。"正是由于赫哲人民的不断反抗，才使得黑龙江下游地区得到相对的安定，维护了清政府在那里的统治与权威，使沙俄吞并黑龙江的狂妄计划没有得逞。

三战三江口

1644年，沙俄匪帮80多人，沿黑龙江一带大肆烧杀抢劫。他们闯进村屯，抢掠财物，强奸妇女，烧毁民房，闹得鸡犬不宁。一天，他们串到拉哈苏苏附近的三江口，遭到手持大刀、长矛的赫哲族、达斡尔族、满族人民的英勇反抗。战斗持续两小时，共消灭25名匪徒，其余残匪在波雅科夫带领下，逃回雅库茨克。

1658年春季，沙俄匪首斯捷潘诺夫率领大股匪徒约有1 000多人，他们从松花江上乘船来到南岸，窜至村屯，进行骚扰。当时达斡尔、赫哲、满各族军民3 000多人，手持大刀、长矛蜂拥而起，拦截阻击俄匪，把他们打得溃不成军，狼狈逃去。

1685年6月30日，黑龙江上细雨蒙蒙。沙俄匪首斯捷潘诺夫，带领500多名匪徒，乘几十只木船，正偷偷地驶进三江口。镇守宁古塔昂邦章京沙尔虎达，率47艘满载中国军队的战舰，迎头堵截，拉哈苏苏附近的满、赫哲族人民夹岸围击，火光冲天，炮声隆隆，箭如飞蝗，杀声震天。沙俄匪帮顿时慌作一团，有几艘匪船乖乖地挂起白旗。一股180余名匪徒，见形势不妙，驾船狼狈逃窜。斯捷潘诺夫慌忙组织余下的几艘匪船，负隅顽抗。

一发发炮弹击中匪船，一支支响箭射中匪徒，匪船上烟火冲天，狼哭鬼叫。经过我军民合击，匪首斯捷潘诺夫和270余名匪徒，全部葬身江底。

第二节　拉哈苏苏海关

1901年，清政府签订了丧权辱国的《辛丑条约》。清政府还债以关税为抵押，决定在黑龙江省一带增设3处海关，即哈尔滨、三姓（今依兰县）、拉哈苏苏（今同江市）。

1909年7月1日，哈尔滨税务局发表通告：自即日起，于拉哈苏苏设立关卡，稽查关税，归英国人管辖。1910年，关所在同江海关林子内落成，并投入运营。当时由英国人负责沿江上下30华里来往船只、货物验收、收税，平时收税为30万~40万大洋。至1932年，共收税达630万~820万元之间。

拉哈苏苏海关博物馆内模拟蜡人像　市档案馆提供

　　海关建筑为欧式风格，总占地面积7 500平方米，建筑面积1 160平方米。由主体办公间和附属货场、住宅组成，系砖混结构平房。主体建筑为"T"字形，面积550平方米，墙壁厚55厘米，内设大小房间14个，门厅2个；室内有地下暗室，深2米，面积30平方米。在其东侧还建有一栋同样式建筑平房（在北粮库院内，至今尚存）。在哈尔滨税务局发表建关通告的当年，海关医院成立。拉哈苏苏海关关所一直是同江城内最耀眼、最豪华的建筑。不仅建筑材料先进耐久，而且建筑风格高雅，内部装修华丽。室内有天棚、地板、壁炉，所以一直被占据使用。日伪时期被宪兵队占用，解放后被县委、县政府、武装部所使用。现遗址房屋被作为文化展馆。1968年，曾在此举办"大批判展览"，1980年，曾作为县科委、科协的办公场所。科委、科协迁出后，这里成为赫哲族历史博物馆。2000年，博物馆迁出，这里成为县文物管理所驻地。1982年，被省政府命名为省级文物保护单位，成为同江旅游城市一处重要的人文景观。2010年10月，曾举行了隆重的纪念拉哈苏苏海关建关100周年暨海关修复工程开工典礼大会，现以此为中心建设了拉哈苏苏海关旧址公园。海关林子留存的树木也纳重点保护范围。

拉哈苏苏海关，是帝国主义列强侵略、凌辱同江人民的历史见证。

第三节　中东路事件

中东铁路又称东省铁路、东清铁路，是沙俄侵华的产物。

18世纪末，沙俄为侵略中国东北和称霸远东，根据1886年与清政府签订的《中俄密约》，从1897年开始修建通过黑龙江、吉林直达海参崴的铁路，工程由华俄道胜银行承办。铁路由满洲里经哈尔滨至绥芬河，即今滨满线（哈尔滨—满洲里）和滨绥线（哈尔滨—绥芬河），与俄境内的西伯利亚铁路相接，为中东铁路主线。后来又根据1898年的《旅大租地条约》，修筑了哈尔滨经长春、沈阳到大连的中东铁路支线。由主线和支线组成的中东铁路，全长2 487千米，穿行黑龙江、吉林和辽宁三省，成为沙俄对当时的中国东北进行经济和军事侵略的工具。

1904年，日本与沙俄为争夺中国东北爆发了日俄战争。沙俄战败后，于1905年和日本签订《朴次茅斯条约》，将中东铁路长春至旅大一段让给日本，这就是日后俗称的南满铁路。从此，中国东北以长春为界，分别成为日俄两国的势力范围。1917年"十月革命"以后，中东铁路仍为流亡中国的沙俄残余势力霍尔瓦特中将所控制。北洋政府在帝国主义的唆使下，不承认苏联政府，并同华俄道胜银行订立《管理东省铁路合同》，1918年至1920年春天，在日、美、法、意等国的武装干涉下，中东铁路还一度实行"国际共管"。

苏联在1919年7月25日发表了第一次对华宣言，宣布愿将中东铁路无偿移交给中国。但在1920年9月27日的第二次对华宣言中，却提出对于中东铁路经营一事要与中国政府另订新的条约，表达了中苏共管中东铁路的意向。当时的中国北洋政府并不承认苏联，对宣言没有接受。因此，中东铁路仍被沙俄残余势力所控制。从1923年开始，苏联政府曾先后3次派人来华，与北洋政府商谈两国复交事宜。

中东路事件起因于苏联政府把目光投向东方，发现中俄漫长的边界线上，西段边界有新疆问题，中段边界有蒙古问题，东段边界有东北的中东铁路问题。这些沙皇时代留下的有争议的边界，是中苏之间非常棘手又亟待解决的问题。

1924年，苏联为了打破外交僵局，争取中国的外交承认，主动向中国提出解决两国边界的"悬案"。苏方派出曾任外交事务全权代表的加拉罕，来到中国和北洋政府的外交总长顾维钧谈判，拟定了《中俄解决悬案大纲协定》（以下简称《协定》），规定将中国政府与前俄帝国政府签订的一切公约、条约、协定、议定书及合同等项概行废止，另本平等、相互、公平之原则，暨1919年与1920年苏联政府各宣言之精神，重订条约、协约、协定等项，两国"彼此疆界重新划定，在疆界未行划定以前，允许维持现有疆界"。

这一《协定》基本上是平等的，它表明世界上第一个社会主义国家的对外政策与帝国主义列强截然不同。但它只是一个大纲，并未"商定一切悬案之详细办法"。在《协定》签订前，加拉罕坚持"立即恢复中苏正常关系"，再商议两国间的"悬案"。北洋政府坚持先解决"悬案"，再恢复两国正常关系。双方争执了一段时间。期间，苏联与欧洲西方列强的关系发生了变化，列强的堡垒撕开了口子。英国和意大利先后承认了苏联政府，苏联的国际地位不那么脆弱了，与中国建交也不那么迫切了。北洋政府只好同意加拉罕的意见，于1924年5月31日先签约，同日宣布与苏联建立外交关系，苏联则在《协定》中承诺中东铁路将由中国赎回。几个月后，加拉罕还和主政东北的张作霖当局签订了一个补充协议，表示要在60年内把"中东铁路"全部无偿地交给中国。但加拉罕坚持，中东铁路局局长由苏联委派。以"不顾敝协在中国势力比他国薄弱……"这一意见代表了苏联政府的真实态度。

在那之后，由于苏联逐步摆脱外交困境，不急于解决十分棘手的"中东铁路"问题，拖延之下，《协定》渐渐成为一纸空文。这让张作霖对苏联积怨日深，于是故意破坏苏联在"中东铁路"沿线的利益，中国民间收回"中东铁路"的呼声也开始高涨。

到了1927年，苏方考虑把"中东铁路"及沿线特权转让给日本，并派人与日方进行秘密会谈。中国政府得知后，非常惊讶，东北当局更觉得苏联不可信。

1928年6月3日，张作霖被日本人炸死后，张学良宣布东北易帜，国内外局势大变，把张学良推上了势必一战的境地。他既要树立"少帅"的威望，又要服从蒋介石国民政府，追随其"反共绝俄"的政策，蒋介石也在鼓动他对苏联采取强硬的态度。当时任职于"中东铁路"的吕荣寰，给了张学良一个苏联"外强中干""国内异常混乱，困难重重，决不能打仗"的错误情报，东省特别长官张景惠也主张要把日本人赶出去。这时，日本的田中内阁因为得不到天皇的信任而倒台，新上来的滨口内阁对东北局势也还持观望态度。所以，张学良觉得中国虽然打不过日本，却未必挡不住苏联，如果能把"中东铁路"一举收回，就能集中精力对付日本，东北的事情就好办了。28岁的张学良决定对付苏联。

1929年7月初，张学良到了北平，平生第一次与蒋介石会面。在谈到解决"中东铁路"及苏联问题时，得到蒋介石的口头承诺。张学良等以中东铁路苏联职员有宣传赤化嫌疑为名，于1929年7月10日，由东北交通委员会命令，通知中东铁路将中东路所有电话、电报接收，交付中国管理。除哈尔滨车站、江桥车站报房及附设的长途电话由东北电政监督蒋斌接收外，沿线各站，如绥芬河、满洲里、海拉尔、宽城子、齐齐哈尔、海林、一面坡、扎兰屯、安达及其他各大站，全部派员前往接收。

俄国人抗议中国收回路权　市档案馆提供

同日下午2时，特警管理处奉东北特别行政长官公署命令，又以东铁各职员联合会宣传赤化为名，一律加以解散。同时，特警管理处又奉命以宣传共产为名，将在哈尔滨苏联国家各机关，如苏联国家远东贸易局、苏联远东煤油局、苏联商船局、苏联商业联合会，也一律加以查封。同日下午6时，还将苏联驻哈尔滨代理领事梅尼柯夫及中东铁路局长叶穆善诺夫，副局长艾斯蒙特等59名苏联中东铁路职员驱逐出境。中东路督办吕荣寰急派范其光接任中东铁路代理局长。东北地方当局所持的理由：第一，出于对国家自卫权的维护；第二，出于履行中俄、奉俄两个协定的需要，因为1924年5月31日《中俄解决悬案大纲协定》第6条规定："两缔约国政府互相担任，在各该国境内，不准有为图谋以暴力反对地方政府而成立的各种机关或团体的存在及举动。并允诺彼此不为对方国公共秩序、社会组织相反对之宣传。"

当晚，张景惠电令沿线军警严加防范。其后下令封闭哈尔滨、齐齐哈尔、海拉尔等苏联领事馆，制造了震惊中外的"中东铁路事件"，成为引发中苏双方大规模武装冲突的直接导火索。

苏方随即做出反应，7月18日，苏联人民委员会照会中国政府，正式宣布对华绝交：（1）召回苏联在华外交官、领事及商务代表全体；（2）召回苏俄政府人民之在华中东铁路职员全部；（3）停止与中国之铁路交通之全部；（4）命令在苏联的中国外交官、领事代表全体，即时离开苏俄全境。苏联政府同时决定，采取必要的军事行动，在中苏边境集结军队。

张学良于7月26日对美国记者鲍维尔发表谈话说："中国非根本收回中东路，并不破坏条约。中国人酷爱和平，主持公道，绝不愿轻启衅端。徒以俄人借中东路宣传赤化。中东路重要职员皆与赤化有关。证据发现后，中国当然不能容许。然要求撤换之不正当俄籍人员，俄方始终不允，故中国出此断然处置。至中国所委局长，亦不过暂时之事，是临时办法，绝非根本收回中东路。"张学良又说："中东路事件，俄人在国际宣传赤化，所负责任甚大。中国加入非战条约，无作战意，万一开战，系俄之责任，中国方面不负破坏责任。"张学良在此时"只想到一个结局，就是在武装冲突中彻底获胜，而没有想到可能出现相反的结局"。

8月6日，苏联革命军事委员会命令建立远东特别集团军，以配合苏联阿穆尔舰队对中国军队作战。苏军司令部设在哈巴罗夫斯克（伯力）。重新起用布留赫尔（加仑）为远东特别集团军司令官，布留赫尔是北伐时期蒋介石的俄国军事顾问将军。苏俄对华首先采取交战行动。8月13日，苏联红军派遣军舰两艘、陆战队344人、飞机两架，侵入我国东线松花江绥东县境，占据中兴镇和李家房子。

为增加边防，张学良于8月15日动员东北军10个旅10万人，派王树常为"防俄"第一军军长，并任东路总指挥；任命胡毓坤为"防俄"第二军军长，并任西路总指挥。8月25日，第二军胡毓坤军长帅军先行北上。8月31日，第一军王树常军长协同第一军和第二军两部及所属各机关部队自沈阳（奉天）乘专车北上。"防俄"战争分东线战争和西线战争。

"江亨"号浅水炮舰　市档案馆提供

大规模军事冲突首先是从东线开始的。东线东北军的防线最终点为同江三江口。前方防线共分三道，第一道防线即三江口。东北军江防舰队派有"江平""江安""江泰""利绥""利捷""东乙"6舰，防守三江口，并派东北航务局之广州轮船和18号拖船为运输舰。人员配备为：海军1 340余名，陆战队300余名，迫击炮20门，舰炮、机关枪共40余门（挺）。

第二道防线为三江口与同江之间。

第三道防线为富锦下70里的土斯克。第三道防线水路有各国舰艇扼要防守，陆路方面由陆军严密防守。另有海军陆战队连贯江面防务。

东线中东路绥芬河国境，最前线山林险要处，为赵芷香第二十一旅防务，丁超第十八旅驻马河桥。丁超为前方总指挥，赵芷香为副指挥。苏军的主攻方面，不在东线的铁路线上，而在于溯松花江西上，直取战略要地哈尔滨。三江口之战于1928年10月12日晨5时许打响，驻守同江地区的中国东北海军江防舰队（舰队长尹祖荫）遭到苏军黑龙江舰队和陆、空优势兵力的攻击。参战的苏联军舰有"雪尔诺夫"号（旗）、"列宁"号、"杜洛斯基"号、"克拉士诺芝纳锦"号、"别得诺达"号等5艘。前3舰较大，都在950吨以上，另外苏军还有4条武装轮船配合作战。苏军共有152毫米炮4门，120毫米大炮18门，并有飞机10余架助战。

"江通"号在伪满时代　市档案馆提供

中国江防舰队有8艘江防炮舰，即"江亨""江泰""江平""江安""江通""利绥""利捷""利济"号，只有"江亨"舰为550吨，"利济"舰为360吨，其余均在200吨以下。另有"东乙"号武装驳船。东北海军江防舰队共有120毫米炮5门，没有空军支援，实力远逊于苏军。战斗从凌晨五时开始。苏军大举进攻，东北海军由于沈鸿烈的先见之明，事先藏了一艘拖驳船"东乙"号在芦苇浅滩中，在船上放置两尊120毫米大炮并先详加测准距离。战事一开启，"东乙"即发炮攻击停泊不动的苏军旗舰，苏军未料到中方有此一招，当即被击中指挥舰桥，苏军司令、参谋长、旗舰舰长等多人当场阵亡，不久"雪尔诺夫"号即沉；苏军的另外3艘战舰亦被"东乙"击成重伤。但到了9点苏军的飞机加入战场，战局马上改观。"江平"号中弹起火，"江安"号锅炉中弹爆炸沉入江中，"江泰"号被炸毁、代理舰长莫耀明阵亡，"利捷"号中弹沉没，"东乙"驳船上的120毫米大炮因发炮太多，炮膛炸裂后放水自沉，"利绥"舰受重伤逃回富锦。其后苏军飞机和舰艇集中火力掩护步兵400多人在三江口地区登陆，并对东北军阵地发起冲击，驻守此地的东北海军陆战队第一大队（大队长李泗亭）和陆军一个营协同抵抗，击退了苏军首次进攻。苏军调集援兵近3 000人，迂回到下游10余里处，袭击守军侧翼，经过白刃战后，守军大部战死，阵地被苏军占领。

"利捷"号炮舰　市档案馆提供

是役，东北江防舰队伤亡300余人，舰艇几乎全部损失。张某某、路永才两团以下军官17人被打死，士兵伤亡500多人。

苏军舰炮发射炮弹2 400多发，使中国军舰和岸防工事遭到严重损坏。在作战中，中国各舰尽最大努力投入作战，共发炮约600发。苏联舰船有3艘中弹。

午后二时许，苏军进占同江城，次日退出。10月30日，苏舰又沿松花江上驶，炮击富锦城和绥滨城。"江亨"舰因兵员大多调到"东乙"船参战，无力应战，同几条驳船一起自沉航道，以阻挡苏舰继续上行。两天后，苏军从富锦撤回。

在同江三江口之战中，中苏两国军队各伤亡700余人。其中，中国江防舰队损失300人，舰船几乎全部丧失。这是中苏唯一的一次海军交战，规模虽然不是很大，但兵种齐全，有舰艇、飞机、陆战队，形成海陆空立体作战。

中东路事件解决后，尹祖荫辞去江防舰队长职务，由东北海军参谋长谢刚哲代理。1930年至1931年间，在同江三江口战斗中沉没的舰船大部分先后被打捞出水，拖到哈尔滨修理后，重新组成了东北军江防舰队。

第四节　同江伪海军起义

1931年10月，日本军队向东北大举侵犯之时，东北军江防舰队长谢刚哲不在哈尔滨，由尹祚乾（1885年生，湖南芷江人，日本东京商船学校和海军炮术水雷学校毕业，回国后历任北京海军部科长，江防舰队"江亨""利济"等舰舰长，江防舰队总教官兼补充大队上校大队长等职）代行江防舰队长职权。江防舰队仍用无线电和已撤到青岛的东北海军总司令部保持联系。沈鸿烈派出1名中尉队长化装潜入哈尔滨，命令尹祚乾与日伪军维持关系，侦察其动向，等待时局转变徐图恢复。当时，蒋介石正在活动请求"国联"出面主持"正义",企图迫使日本撤军。而日本对苏联也有所顾忌,故暂缓北进。

伪满警备舰"海凤"号下水,其船头为伪满"皇家海军"旗
市档案馆提供

1932年1月26日,依兰镇守使李杜率部千余人进入哈尔滨,与滨江镇守使丁超所部联合组建吉林自卫军抗日。因江水封冻,舰艇不能活动,江防舰队官兵也不熟悉陆战,于是抽人组成了海军炮队,抽出8门迫击炮协助作战。这个炮队在击退吉林伪军对哈尔滨的进攻中发挥了很大的作用。但后来日军动用大批飞机和步炮兵来犯,自卫军寡不敌众。2月5日,李杜、丁超率部撤出哈尔滨。次日,哈尔滨陷落。江防舰队官兵按预定计划,已把大部分枪炮连夜运往江北转送马占山处,舰艇原准备炸毁,因尹祚乾阻挠而未执行。后来,尹祚乾率"江清"等5艘舰艇投敌,有一二百官兵不愿附逆,上岸参加了抗日部队。

1932年3月1日,伪满洲国建立后,以投降的5舰为基础成立了江防舰队,隶属于伪满军政部(军政部内设舰政课)和顾问部,以尹祚乾任少将司令官。江防舰队司令部内设有幕僚参谋长、参谋、副官、教育长、人事长、轮机长、军医长、军需长等官佐。舰队下辖各舰船、补充队、电信所、修船所、医院、兵营及虎林、富锦、黑河等3个办事所。1937年7月，取消伪满军政部，另设治安部，江防舰队和在营口一带的海上警察队统统划归治安部。1939年2月，江防舰队被纳入陆军体系，改称"江上军"。海上警察队管理渤海、黄海防务，亦被称作海防舰队。这支海上武装部队，比江防舰队要强些。

伪满江防舰队辖有"定边"（290吨）、"亲仁"（290吨）、"利绥"（275吨）、"顺天"（270吨）、"养民"（270吨）、"江平"（200吨）、"江清"（210吨）、"利济"（200吨）、"江通"（150吨）、"大同"（60吨）、"利民"（60吨）号炮舰，"济民"（20吨）、"恩民"（16吨）、"惠民"（15吨）、"普民"（16吨）号炮艇。

伪满海上警察队辖有"海威"号水上飞机母舰（755吨，为伪满洲国最强的军舰，由退役的日本海军驱逐舰"握"号改建），"海王"（800吨）、"海风"（200吨）、"海龙"（200吨）号警备舰，"海光"（50吨）、"海瑞"（50吨）、"海荣"（50吨）、"海华"（50吨）号警备艇及一些10吨以下的小艇和武装巡逻帆船。此外，海上警察队还编入了1个航空分队，先后装备了日本海军的水陆两用飞艇、八七式轻型轰炸机、二式水上机、九四式侦察机等共20多架。伪满海军的兵权全部被控制在日本海军和关东军手中。日本军方在尹祚乾投降前，曾保证江防舰队原有的编制、人员、规章不变，日军只派遣1名顾问驻司令部工作，增加舰队经费由伪满洲国政府承担。但到后来，日军却派到司令部少佐、大尉军官各1名，每艘舰还派有1名指导官及1名报务员，掌握了一切重大事项的决定权，完全以征服者的姿态对待官兵。海上警察队更是充斥着大批日本海军人员，它在日本海军预备役大佐宫部光利主持下建立。宫部担任队长，并有300名左右的日本海军官兵把持了几乎所有的要害岗位。在东北,日本海军还成立了特设机关,后改为驻满洲海军部,指挥日本海军在东北的侵略行动。

伪满"大同""利民"两炮舰下水 市档案馆提供

伪满海军除了补充队以外,没有建立海军学校。从1934年起,伪满海军陆续派人到日本受训或参观。留学人员分别进入日本商船学校和海军炮术、水雷、通信、航海学校学习,有的在横须贺海兵团、军港、舰艇、航空队训练。

伪满海军常参加演习校阅活动。江防舰队于1935年9月在哈尔滨举行仪式,接受伪满皇帝溥仪检阅。1933年和1942年,海上警察队在营口海面也举行过"盛大"的观舰式。一般在每年4月至10月的江河解冻期间,江防舰队部要出动舰艇配合伪军"讨伐"抗日联军,其活动范围包括黑龙江、乌苏里江、嫩江、牡丹江、松花江、额尔古纳河及兴凯湖流域。江防舰艇曾同马占山、赵尚志等抗日部队交火,每年都要发生几十次战斗,但规模均不大。抗日战争后期,由于东北抗日军队力量削弱和转移,江防舰队的作战次数大为减少,主要承担巡逻、运输任务。在封冻期,江防舰队官兵组成了一支冰上装甲车队,拥有3辆装甲车,经常执行冰上巡逻任务。海上警察队主要配合日本海军旅顺警备府在海上巡逻和警戒，其航空分队则频繁出动支援日伪军与抗日武装作战。伪满海军的广大下层官兵不甘心为日本帝国主义当炮灰。

1932年10月19日，"利济"舰奉命护送日伪军补给船从富锦到同江。20日，"利济"舰返航。21日凌晨一时半，军舰驶至高家屯上游，舰上值更的水兵郑义宽、周万才等人突然举行起义，击毙了日军指导官中川中尉及报务员渡边少尉，抛尸江中。少校舰长范杰及大部分官兵闻讯后加入了起义行列。之后，48名起义官兵向街津口方向撤退，带走了舰上的4门炮，6挺机枪，52支步枪和手枪，参加了在街津口坚持抗战的李杜部队。

次日下午，尹祚乾和日军驻富锦部队长中村带着4艘舰艇前往同江"讨伐"，限两日内把日军尸体及舰上武器交还，后因江水即将封冻，伪舰只得悻悻而退。李杜对范杰等人的起义极为欢迎，他任命范杰为海军江防筹备处长，并拨出250名官兵交给范杰组成炮队，配合路永才旅对日伪军作战。1933年2月，路永才被日伪军诱降，范杰只得带领部队进入苏联境内避难。苏联将他们送到中西伯利亚的格瓦斯克，休整了3个月后回国。

第三章 同江抗日游击根据地

第一节 民众自发的抗日斗争

1931年"九一八"事变，日本帝国主义入侵东三省，由于国民政府不抵抗，致使大片国土相继沦丧。1932年6月，日伪军500多人侵占同江。其中，驻同江日军一个守备队约一个连和伪满洲军一个炮兵营约200人驻扎在三江口。另有伪满洲混成第二十三旅步兵三十一团二营两个连约200人驻扎在城南约3里的南大营。

1932年春，刚刚经历了"中东路事件"战火的原东北军陆军三十五团团长路永才率部在山高林密的街津山建立根据地，在街津口成立红枪会、黄枪会、圣贤会等抗日组织共500余人与日伪军战斗，失败后转入饶河县境。

1932年，国民党任命的同江县长张锡侯接受依兰镇守使吉林自卫军总司令李杜的指示，在同江、富锦、绥滨一带组织抗日义勇军。同年发展到1 000多人。

1932年，爱国志士陈东山、刘玉山在同江境内建立了抗日游击队，人员400余人，活动于同江、抚远一带，与日伪军展开游击战。1936年，这支游击队改编为抗联七军的一个师。

1934年4月，义勇军联合虎林县保安大队共计3 000多人组成抗日救国军，先后在富锦、宝清、同江图斯科一带与日伪军展开激烈战斗。后部分义军经绥滨入苏境。

据统计，1932年，同江仅3万多人口，直接参加抗日队伍的就达2 000多人。民间自发的抗日武装给日伪统治以沉重的打击，此起彼伏的抗日活动昭示了同江人民不屈的民族精神。

第二节　中国共产党领导开辟抗日游击根据地

日伪统治时期，为了更好地发展抗日武装，发动群众支持抗日队伍作战，驻同江的抗日联军在中国共产党的领导下，先后在街津口、青龙山等地建立抗日游击根据地，在抗日武装斗争中发挥了有效的作用。

开辟街津口抗日游击根据地

街津口位居同江市区东北49千米处，为赫哲族聚居地，街津山东与勤得利额图山相连，南接青龙山，西有莲花河，北与苏联隔黑龙江相望，面积95平方千米。这里山水环绕，林木茂密，易守难攻。1932年，为反抗日本帝国主义的侵略，驻守同江的原东北军三十五团团长路永才以街津口为根据地，聚集广大爱国志士，组织义勇军、红枪会、黄枪会等抗日武装，高举反帝爱国旗帜，与日伪统治者展开了艰苦卓绝的斗争。日军侵占同江后的很长一段时间在这一地区都不敢轻举妄动。抗战期间，抗联部队也一直在此活动。

爱国志士的英雄壮举和抗日事迹至今仍为当地群众所传诵。世世代代居住在这里的赫哲族人民积极参加抗日活动，先后有130多名青壮年直接加入抗日义勇军、红枪会、黄枪会、东北民众抗日救国军和抗日联军队伍，赫哲族群众则积极为抗日队伍筹集食物、制作衣帽，护送抗日志士、运送抗日物资，从事地下工作、分化瓦解敌人，主动为抗日队伍当向导、送情报，街津口成为当时同江抗日力量的主要根据地。

青龙山伏击战旧址　市档案馆提供

开辟青龙山抗日游击根据地

青龙山北与街津山相连。日军入侵同江后，这里成为抗日军民抗击日军侵略者的重要战场之一，当时抗日队伍四团、六团都在青龙山根据地，共有千人左右。

抗日队伍在青龙山岗上挖有地道、营房，地道是工字型的，营房的集中点是两个十字角上各一个团，地道和营房都是连通的，地道都有炮眼，地道和营房的盖都是用草皮子砌成的。由于都长了草，从外面看就是一个草岗。周围都是大森林根本就看不出这里有人烟，在前面二里地处的高岗设有瞭望哨，能往外四周瞭望十几里路远。往里只能看到一片森林。瞭望哨脚下有个地筒房，是值勤站岗士兵的落脚点，值勤地筒房里有电话，直通营房指挥部。当时有一个班的战士在这里值守，日军把青龙山根据地看成是眼中钉肉中刺，多次预谋攻占。1938年正月，日军派一个伪军骑兵连，还有四中队安田中佐的百八十人的兵力去青龙山一带"讨伐"。日伪军从青龙山岗南进入，敌人刚进入森林，抗联瞭望哨就发现了，及时报告了指挥部。指挥部命令哨兵马上撤回阵地隐蔽。日军好不容易摸到岗哨前沿，一看一个人也没有，误以为抗联早已跑了，就大摇大摆地从人行小道进入了我军阵地。抗联指挥部一看时机已到，就命令四周地道从炮眼往外先用洋炮、砂炮打，火力很分散，给敌人的感觉是战斗力很弱。我军目的是用枪声把日军引到附近。日军一看这情况，以为我军人很少，觉得完全有把握攻下碉堡，于是就饿狼般地围了上来。抗联领导一观察，日伪军自己送上门来了，就命令用老母猪炮开火。老母猪炮子一击一大片，杀伤力非常强，几炮就把"讨伐"队打散了。敌人进不来也跑不出去，有生力量被消耗了百分之七十多，剩下的日伪军残兵败将狼狈地逃回同江。

街津口抗日根据地旧址　市档案馆提供

又过了十几天，日军又从同江县、富锦县组织一个骑兵营准备第二次攻打青龙山。抗联的侦察员得到情报后报告了指挥部。首长命令岗哨加强瞭望，派骑兵侦察，弄清日军来的兵力和人数，抗联队伍先将300匹马送到李家蜂场的老道沟里，隐蔽起来，派一部分人看管和饲养。过了几天，日军果然派兵进山，瞭望哨及时发现，立即撤回阵地并报告给指挥所。日军先奔岗哨去了，一看没有人，又到马庄去看，一匹马也没有，找了半天，啊也没找到，误以为抗联可能都逃跑了。第一次来过的日军士兵说，上次就在这条岗上打的，连一个人都没有看到，只听枪声子弹乱飞，不知从哪里来的。日伪军头目领着一群日伪军就在这条山岗漫无目标地四处找，不久就进入了伏击圈里。首长下令，对人少的地方用连发枪，人多密度大的地方用老母猪炮打，打了两天两夜，日伪军攻不进、退不出，我军打死日伪军200多人，人困马乏，加上饥饿寒冷，有的冻坏了手脚。日伪军头目一看形势不妙，就下令撤退。

后来，日军又找来了靖安军。进犯我根据地时，日军只去几名军官在后边指挥作战，伪蒙军开进青龙山，我军早已得到情报，就把马送到南山林子迎战。伪蒙军八九百人开进青龙山直奔抗联阵地，一看哨位没有人，就顺人行小道往前摸，恰好摸进地道营房范围内，我军看到敌人来势很猛又很近，命令开枪，集中全部力量，打了三天三夜，伪蒙军伤亡约400多人，伪蒙军一看日军头目在后面抗联瞭望哨处停留也不前进，只指挥伪蒙军前进攻打，伪蒙军伤亡太大，就主动撤退。

后来，日军一看没有办法，单用武力解决是困难的，因此采取并屯，清理住在山间零散户，卡断了抗联的联络点及物资来源，给青龙山抗联根据地的物资供应造成极大的困难。抗联队伍根据形势的需要，就把队伍拉至富民捕牙河后直奔黑河。骑兵在富民抢过松花江，日军追上来时，抗联已经无影无踪了。当时江上冰已开始融化，有些地方已经不太坚固。春天的冰都是立茬，还有不少青沟，日军不敢过江追击，只好撤回富锦驻地。

抗日宣传活动

1936年春，日伪在虎林、饶河地区加紧实施"坚壁清野，归屯并户"政策。东北抗日联军第四军二师派参谋长崔石泉（崔庸健）、四团副团长姜尚平等250多人到同江开辟游击区，他们一方面积极开展群众工作，一方面向大排队宣传抗日救国道理，并明确提出中国人不打中国人的口号。经过一个时期的艰苦工作，一些大排队士兵逐渐靠近我军。

1936年6月，二龙山大排队40多名士兵中有8名主动要求起义，我军及时派出12名战士协助他们击毙1名日军教官和死心塌地充当走狗的伪军队长，有20余名大排队士兵携40余支枪参加抗日联军。

抗日联军的英勇战斗极大地鼓舞了同江人民的抗日热情，在反日会的组织下，广大群众积极为抗联战士做饭补衣，筹措经费给养，在短短两个月时间里有60多名群众参加抗联队伍。同江境内有"海鸥君""北海""访贤""永远"等160多支抗日山林队相继加入抗联队伍。在我军影响下，同江有些伪警察和大排队也积极支持抗日，他们得到日伪军出发的消息马上密告我军并破坏敌人的电话线。

1937年，住在同江二龙山南苏家店的反日会员马玉良暗地里给我军送信，报告二龙山驻有日军一个连，希望我军为民除害。我军立即突袭，全歼该股敌人后，当地反日会以极大的爱国热忱为我军募捐，送被服、送粮食，又协助我军做伪军起义工作。同江居民刘会来亲自到伪军中宣传抗日，说服50多名伪军起义。同江一区"保卫团"团长王延周听到我军反对敌人"归大屯"政策的宣传后，毅然带百余名士兵参加抗联。6月24日，抗联六军五师袭击同江县城伪军。是年，抗联独立师迫使别拉尖子伪保安团投降，缴枪20余支，回师途中，袭击柳大林子警察署，缴枪40余支。

1937年夏，为加强对抗日斗争的统一领导，中共下江特委派组织部长刘忠民等到同江县二龙山东五排建立党的组织，同年

八、九月间成立了东五排党支部，隶属下江特委分局领导。

1938年初，中共佳木斯地下党决定，派党员刘世英到同江开展工作。刘世英以教员的合法身份作掩护，在伪县公署职员、警察、电报员和教员中开展工作。很快结识了伪同江县公署庶务股股长孙配隆，雇员张复光、苏立成，电报局职员王德林，税务局职员夏兆材及学校教员赵国信、王亚东、张闻等人。与他们交朋友，向他们宣传抗日道理和革命思想。在刘世英的教育和影响下，他们冒着生命危险提供敌人内部情报。有的还将"反满抗日，勿忘国耻"等革命传单撒进日伪机关，分化瓦解伪职人员。

就在党组织根据他们的表现，准备发展一批新党员时，突然发生了"三一五"事件，中共佳木斯地下党遭到严重破坏，刘世英于5月底和党组织失去联系，同江建立中共党组织的计划被迫中止。1939年6月，刘世英的活动被敌人发现。刘世英在群众掩护下撤离同江。

同江党的组织建设虽然遭受挫折，但党的抗日主张却深入人心。尤其是党所领导的抗联六军、七军、十一军先后坚持战斗在同江。

第三节　活动在同江的东北抗日武装

日伪统治时期，活动在同江境内的抗日联军与日伪军进行了长期的武装斗争，其中大规模的战斗达32次之多。这些战斗，最大限度地打击同江日伪政权的嚣张气焰，极大地鼓舞了同江人民的抗日信心。

三战图斯科

图斯科位于同江市乐业镇粮库南侧松花江边，原系一个赫哲族村屯。附近森林茂密，当时为同江—富锦的水路交通要道，从1932年始，我抗日队伍多次在此与日军战斗。其中规模较大的战斗有三次。

1932年3月，抗日义勇军神武队袭占富锦，回师途中于图斯科与日军遭遇，激战后神武队退往绥东。

1932年4月，同江县长张锡侯率抗日义勇军先后在富锦、宝清、同江图斯科一带与日伪军展开激烈战斗，后因寡不敌众，孤立无援，率部分义军经绥滨渡江入苏境。

1938年春，松花江解冻前，傅忠华等7名赫哲族战士配合抗联七军四团，在团长盛武的带领下，打了漂亮的图斯科战斗。日伪军100多人从同江奔向图斯科，抗联队伍正在吃饭时，岗哨报告日军追来，盛团长下令留下饭碗装好干粮迅速集合到江坎底下，隐蔽起来，安排几个青年战士在江岸上跑，引诱敌人。日伪军看到江岸上有几个抗联战士在跑，就从后面紧追上来，看敌人已进伏击圈，团长命令开枪，把日军打得蒙头转向，死伤大半，剩余敌人狼狈而逃。

1942年，日军将图斯科赫哲族群众归并到三部落后，图斯科村屯不复存在。

图斯科战斗旧址　市档案馆提供

头屯伏击战

1932年12月，驻同江、富锦日伪军分乘12辆车到街津口对抗日队伍进行联合"讨伐"，因抗日队伍有所准备，日伪军无功而返。当时活动在头屯一带的红枪会、黄枪会得知敌人去街津口"讨伐"的消息后，决定在日军返回时予以痛击。在薛法师、李法师的领导下在头屯设下了埋伏。日军返回时不知不觉地进入了伏击圈，薛、李二位法师一声令下，喊杀声四起，人人奋勇争先，高举大刀长矛杀向敌群。由于近距离肉搏战，敌人枪械难以发挥，另一方面，日军被200多名勇士的气势所震慑，当时红枪会有个赫哲族战士尤小六子更是勇敢无敌。战斗结束，日军丢下大量尸体乘车狼狈逃跑。此战，红枪会、黄枪会战士牺牲80余人，当地群众将牺牲战士遗体埋葬于头屯北大岗。

头道林子遭遇战

1936年3月25日，根据中共吉东特委指示，四团改编为第四军第二师，崔石泉任师参谋长。二师共有500人，崔石泉率一部分战士到同江、富锦开辟新游击区。6月15日，崔石泉率二师150人在同江县头道林子（今富锦市向阳川乡）与日伪军和大排队共360多人遭遇，战斗从早9点打到晚6点。在敌众我寡的情况下，部队一边猛打日军，一边向伪军发动政治攻势，同时派人潜入伪军内部做瓦解工作。由于我军英勇战斗，政治攻势强大，伪军深受影响，转而消极应战，有的当场起义过来，有的偷着给我军送子弹，还有的密告日军指挥官的位置。经过一天激战，歼敌50余名，击毁敌轻重机枪3挺，我军伤亡24人。

鲁民店战斗

鲁民店的旧址位于现三村镇丰乐村西小岗的前坡，距同江县城东4千米处。当时村里只有七八户人家。人口比较多的有3家，一户姓寇，一户姓栾，一户姓韩，余下的几户都是一两口人，全村总共不超过40口人。

其实鲁民店并没有姓鲁的，也没有开店的。之所以叫鲁民店，是因为1934年建村以后，从山东往东北移民，过往村里的恰巧都是山东人，由于这些山东移民和原村民相处得非常融洽，所以这些山东移民都乐于在村里吃住，来往办事也都愿意在这歇脚。从此，这个屯就像这些山东移民的客店一样，又因山东的简称为鲁，从而得名鲁民店。

鲁民店的群众，由于经常受到抗联战士的影响，所以思想都比较进步，与抗联部队的关系也越来越融洽。抗联战士每到村里，都会主动帮着村民干活、挑水、铡草、喂马。村民待战士也都像自家人一样，赶上啥吃啥。一些村民每年冬天都派人偷偷地往山里给队伍送粮食、衣服、药品等。逢年过节还送猪肉、粉条、白面等物品。夏天又把他们冬天换下来的衣物捎回来，（或者村里派人去取）为他们拆洗、保管，待冬天好再用。

1936年农历六月二十六的晚上，大约8点多钟，抗联七军三师八团"君子人"（孔庆发）率一支18人的抗联小分队来到鲁民店。这次来，他们只是在村里休息两天。

农历六月二十八早上，天气很好，人们一大早就都下地了，都抢着往回运麦子。大约10点钟，从县里来了两个要饭的，在离村一里多远，被放哨的小赵拦住了。小赵谎称村里的小孩出花，不许生人进村，劝他俩先到别的村去，过几天再来。

小赵那年才15岁，个子很矮，但很机灵。要饭的见说，有些犹豫，似乎有些不满，但也没说什么就要走，小赵见状觉得这样处理好像不大妥，于是又叫两个要饭的等一下，转身飞快地跑回村，拿了两打煎饼把要饭的打发走了。

就在两个要饭的在拐向头村时，有两个战士疏忽，被两个要饭的看见了。由于是要饭的，而且伪装得很好，就没有引起村里人的警惕。

12点左右，刚吃完了午饭，日军就来了，估计有100多人，两辆卡车，三四个电驴子（摩托），余下的都是马队。装备有机关枪，还有几门用马驮着的小炮。那天日军之所以能动用这么多装备，调动这么多兵力，是因为凑巧那天日军正在打火操（军事演习）。

当日军离村大约1千米时，被小赵发现了。他赶忙往村里跑。日军发现了小赵，随即骑马追赶，举枪喝令小赵站住。小赵一见情况不妙，便急中生智，一下钻进了高粱地里，继续往村里跑。日军立即开了枪。

抗联队伍听到枪声，知道发生了情况，便都纷纷地隐藏起来，做好战斗准备。当时村里头的老百姓顿时慌作一团。这时日军已经把全村包围了。

一个日本军官带着两个士兵及翻译，来到寇振兰家。没等进院，寇振兰当伪村长（主要是为了应付日军才当的村长，其实是向着老百姓的）的叔叔寇克发急忙从屋里迎了出去，手里还拿面旗。日军军官问村长来没来红胡子。

村长镇定地告诉他没有。

日本军官就气急败坏地一下子抽出了战刀，直朝村长头上劈去。在这千钧一发之际，抗联战士的枪声响了，日本军官应声倒下。

一场激烈的战斗开始了。抗联战士凭借着院墙、门窗、壕沟猛烈地向日军射击。尽管武器、兵力相差悬殊，但战士们打得特别顽强，给日军以沉重的打击。

当时枪声很紧，就像爆豆一样。大约持续了一个多小时，才渐渐地停下来。日军开始到各家搜人。一个抗联战士趔趔趄趄地从寇振兰家房西侧走出来，脸色苍白，顺着左手直往下淌血，右腿在地上拖拉着。这时，院外的日军正在逼近。寇振兰匆忙地把那个抗联战士藏在下屋的面柜里。然后转身返回上屋，一手拎着个布包，一手拉着五岁的弟弟，装作要跑的样子，以便引开日军。当时寇振兰还大胆地向日军说了一句："这屋就剩下我们俩了，其他人早都跑了。"不知日军听懂没有，但还是把寇振兰和他弟弟带走了。

远处的村道上有卡车，电驴子（摩托）杀气腾腾地来回巡逻。群众陆续地被抓来了。先是分散着，东一个西一个地站着，后来把大家集中在村南的场院里。在场院的南侧有个方圆近50平方米齐腰深水的小水泡子。人逐渐地多了，胆子似乎也壮了些，于是有些人（大多是妇女、小孩）便坐了下来，日军看大家坐在一起，就骑上马往人群里乱冲、乱踩，还不时地挥刀乱砍。顿时，有的被撞倒，有的被马踩了，非常凄惨，日军却发出狂笑。出于无奈，村民就都躲到小泡子里站着，这样才算安静了一会儿。

不一会儿，日军又把村民们都哄了上来，让大家到场院当中都坐下来，日军撤到四周，架上机枪。只见日军从人群中拽出两个四五岁的小孩，站在人群的前面。日军挨个指点着大人，让小孩跟着认他们，称呼他们（或叫他们的名字），被称呼上的人集中在一侧。当时，有两个人小孩叫不出来，日军立刻把他俩捆绑起来。这俩人，一个是前两天才从山东来的，帮老栾家割大烟的小王，年龄只有20岁。另一个也姓王，40多岁，家住二村，是开油坊一早赶来要账的。他俩一见不妙，纷纷述说自己的情况，可是日军哪里肯听。特别是二村的老王，当讲述到家里的老母、妻子、儿女时，失声痛哭，在场的人也无不落泪。当时大伙还担着风险为他俩求求情，但都无济于事。日军将他俩拖到一边，将其残忍地杀害了。

之后，剩余的村民，在一个好心的日军翻译说情之下，幸运地保住了性命。

日军拉着10多具尸体返回县城，临走时，放火烧了全村。

在这起惨案中，抗联战士牺牲16人，被杀害的百姓有10多人，寇振兰家有3口人被害。一韩姓人家有个小哑巴，在日军进村时，因急于找隐藏地点，也无辜地惨死在日军的屠刀之下，当时才12岁。村长寇克发也被杀害。

从此，鲁民店成了一片废墟。

战后，当地群众冒着生命危险用筐箩将身负重伤的"君子人"（孔庆发）抬到圈河（今同江新富村），后转送到青龙山抗日根据地。

二龙山与二道林子遭遇战

1937年5月15日，抗联七军一师师长李学福（1938年1月任七军军长）率200余名战士到同江县二龙山三牌接应敌军一个连起义时，与500余名日伪军遭遇，战斗打得相当惨烈，激战近6个小时，毙敌50余人，抗联战士牺牲10人。

1937年6月，李学福率领抗联七军700余人，在同江二道林子（现属富锦辖区）与日军小滨司令所部900多名日伪军遭遇。敌人动用了骑兵、步兵和坦克妄图消灭我军。经一天激战，歼敌150余人，伤10余人，缴枪80余支，我军牺牲10余人。在这次战斗中，当地群众冒着枪林弹雨给战士送水送饭、救护伤员，极大地鼓舞了我军士气。

6月24日，抗联六军五师袭击同江县城伪军。

1937年夏，为加强对抗日斗争的统一领导，中共下江特委派组织部部长刘忠民等到同江县二龙山岗东五排建立党的组织。同年八九月间，成立了东五排党支部，发展党员3人，隶属下江特委分局领导。

7月下旬，祁致中率领抗联独立师进入同江五顶山，一举攻克当地自卫团事务所，接着又将富锦二区二道岗自卫团全部缴械。是处抗联独立师迫使别拉尖子保安团投降。缴枪20余支，回师途中，袭击柳大林子警察署，缴枪40余支。

马小山屯巧截敌粮战斗

同江胜利公园"马小山屯巧截粮战斗"石雕画
市档案馆提供

1937年6月，日伪军1个团约六七百人，向抗联游击区逼近。为了保护当地人民群众的生命财产的安全，第七军的一支部队，在师长王汝起、副师长刘雁来的率领下向偏僻的别拉洪河一带转移。经数日急行军，抗联顺利地到达了别拉洪河北岸的炭窑。这时，日伪军也驻扎在别拉洪河南岸的杨木林子里，双方隔河相对半月余。敌我双方军粮都不足，抗联战士们夜间下河捞鱼，白天进林子采集可食用的野菜、野果之类充饥。战士们虽然饿得眼窝深陷，头晕腿软，可是他们斗志不衰。对岸的敌人却坚持不住了，进退不得，整天提心吊胆地龟缩在杨木林子里。

日伪军已经断炊3天了，伪团长在第四天头上派出了47名士兵，由1名副连长带队到饶河抓民夫90多名背运粮食。当这支运粮队伍走到离马小山屯80里路的时候，马小山屯屯长王庆华暗中将这个消息报告给抗日联军，抗联立即派出一支精锐小部队，于8月2日夜间，神不知鬼不觉地赶到马小山屯，在密林中埋伏。3日拂晓，敌人的运粮队进入包围圈，在一片"缴枪不杀"的喊声中，被包围的伪军全部投降。大队日伪军发现军粮被截，只好撤离战场。

同江七牌遭遇战

1938年5月17日，抗联七军二师师长邹其昌率步骑兵200余人在同江七牌击退伪军骑兵200余人的进攻，毙敌50余名，缴获轻机枪1挺、子弹千余发、马20余匹。

同江五顶山反击战

1938年8月，日军对三江地区抗日联军进行"讨伐"。抗联七军一师副师长姜克智率200余人在同江、富锦地区打击敌人。

8月15日，日军400多人偷偷向一师逼近，姜克智带领部分队伍先敌抢占了卧虎山西面唐家油坊附近的五顶山。五顶山海拔不高，但山势陡峭，除一侧与卧虎里山相连外，三面是水草甸子，易守难攻。姜克智决定利用五顶山吸引这股敌人，以保护师部密营。日军在炮火的掩护下，成群结队地向抗联战士的阵地进行轮番攻击。战斗从上午10时开始，直到傍晚，日军还未能攻上山头。夜幕降临，姜克智率部队从山西面草甸子安全转移，不料转移途中被流弹击中头部，壮烈牺牲。

是役，歼敌20余名，缴枪50余支。

青龙山伏击战

青龙山位于同江市东南方向40千米处，现属青龙山国有农场管辖。西通同江，东接勤得利深山密林，是抚远与同江之间的交通咽喉，地势险要，战略位置凸显。1938年10月，日军从兴安省调来靖安军骑兵2个旅约有七八百人，配合日伪军，对抗联七军进行大围剿。为了狠狠打击日军的气焰，一师师长王汝起、副师长刘雁来决定率120余名战士在青龙山附近打一场伏击战。抗联部队到达指定位置后，立即抢占山头高地等有利地形，修筑工事和掩体，并派出了流动哨。部队只用了半天时间，就地构建了火力网，静静地等待日军入网。

第二天凌晨，日军的大队人马来到了青龙山下，由于当时日伪部队对青龙山我军的情况了解不多，加上日军自身的骄横，根本没把青龙山里这支队伍当回事。日军一路前行，只是进行了简单的火力侦察后，大部队就贸然进山，很快就进入了七军的伏击圈内。不可一世的日军根本没有想到抗联敢在半路伏击他们，日军大队的骑兵身背大枪，大大咧咧地向密林深处进发。抗联七军的将士们居高临下，密集的火力有如倾盆大雨般地向日军砸去，日军当时就被打蒙，一边后退一边还击，刚到山脚下，就又被抗联埋伏在密林里的火力网压回来，连续几次的反扑，都被抗联击溃。双方一直激战到第二天，最后，日军丢下了70多具尸体仓皇溃逃。

青龙山一战，打死打伤靖安骑兵270人，缴获大量的枪支弹药、马匹，而抗联七军只牺牲一名战士。这次战斗，极大震慑了同江县的日伪统治势力，极大地鼓舞了同江各族人民团结抗日的信心。

杨木林子突袭战

1939年3月，抗联七军党委在虎林土顶子召开会议，王汝起被选为军党委候补委员。这时，日军加紧进行归屯并户和经济封锁，断绝我军同人民群众的联系和经济来源，企图把我军消灭在他们包围圈中。日军的这些毒辣手段，使抗日联军所处环境更加艰苦起来。当时，部队遇到的突出问题是没有粮吃。为此，王汝起分析了当时的形势，经过周密的研究，决定冲出敌人的包围，到抚远地区开辟新的游击区，以解决吃粮给养问题。他亲自率领一师部分队伍，向抚远、同江等地挺进。队伍并到窝通，首先打下窝通警察所，接着攻进果夫镇，尔后又袭击了日军的交通船。

一师接连不断的胜利，使日军大为惊恐，马上派出大批兵力前来"围剿"。日军驻扎在杨木林子。王汝起带领队伍驻扎在距敌十来里路的一个小村庄，密切地监视着敌人的动向，日军有100多人，而我军不及日军的一半。在人民群众的帮助下，王汝起迅速掌握了日军的情况，决定利用日军的麻痹思想以突袭战的形式以少胜多。

经过周密的部署，一天夜里，王汝起带领队伍悄悄潜入杨木林子，拂晓前突然发起攻进，正在熟睡的日军惊恐万状，乱作一团，四处乱窜。王汝起趁此机会，指挥战士们分几路勇猛冲杀，分而歼之，很快就把这股日军全部消灭了。缴获了50多支步枪，打了一场漂亮的歼灭战。

巧袭抓吉镇

1939年3月，杨木林子战斗刚刚结束，王汝起又带队去攻打抚远县的抓吉镇。

抓吉镇三面环水，只有一条路能通镇里，镇内日军兵力又较集中，再加上对日军兵力部署和地理情况不熟，硬攻是很困难的。王汝起先把队伍带到离镇30多里地的一个村子里住下，然后边向群众了解情况，边和同志们研究作战方案。群众反映抓吉镇周围水大，经常出现大雾。这对王汝起启发很大，他想利用大雾作掩护，把战士们悄悄带到城下，然后突然攻城，使敌人措手不及，这样就会减少攻城的困难。于是，他决定借雾攻打抓吉镇。

一天早晨，大雾弥漫，远山近树都被遮住，这是攻城的好时机。王汝起集合队伍马上出发，直奔抓吉镇。可是，当队伍走到半路时，大雾却消散了。这时离城只有10多里路，很容易被日军发现。

王汝起和大家研究后，决定立即选出20多个小伙子组成"奋勇队"，换上伪军服装，高举着"满洲国旗"，向抓吉镇大摇大摆地走去。王汝起带着队伍顺利地进了城，直奔警察所。愚蠢的日军丝毫没有发觉，直到手中的枪被缴去的时候，才发现上了当。但是已经晚了，30多个警察全被缴械，两个日本兵被打死。抓吉镇就这样巧妙地被拿下来了。

第四节　赫哲族抗日斗争

自1931年9月18日至1945年8月15日，在长达14年的抗日斗争中，居住在同江境内的赫哲族群众，在极其恶劣的环境下，仍然积极参加抗日联军，与日伪军进行了殊死抵抗，广大群众通过各种途径和方式支持当地抗日武装，为同江抗日斗争作出了很大的贡献。

"民国"前赫哲族人生活状况

"民国"初年，赫哲族主要居住在桦川（包括敖其、泡子沿、佳木斯、音达木、蒙古力）、富锦、绥滨、同江、饶河、虎林等县境。居住在依兰县城内和附近各官庄的赫哲人绝大部分报为满族。尤其是在各官庄从事务农的赫哲人经过雍正以来近200年的演化，其生产生活方式亦有很大变化，丧失民族语言较早，这部分人也就自然融合为满族了。当时一直称为赫哲族的主要是混同江沿岸约1 700人，乌苏里江流域约400人，总计2 100人。

"民国"年间，赫哲族所居地区生活贫苦，无医无药，再加疫病匪患猖獗，致使赫哲族人口锐减。日本侵占东北后，在伪满洲国的统治下，赫哲族人民又经历了反侵略、反奴役、反迫害、争生存的斗争。1932年8月间，松花江干流暴发特大洪水。赫哲族被洪水冲毁的村屯有泡子沿、竹板屯、音达木、蒙古力、哈库玛、尼尔固、莫日洪阔、齐齐喀、哈玉等。洪水退去，接踵而来的疫病，又病死很多人。

日军对赫哲族人的迫害

日伪统治时期，日军对赫哲族群众从精神到肉体进行残忍迫害，在毒品和疾病的残害下，大批赫哲族人伤残甚至死亡，赫哲族人口锐减，到新中国成立时仅剩300人左右。

1942年，为切断赫哲族群众与苏联红军和抗联队伍的联系，日伪实行残酷的并村政策，将世代居住在松、黑两江沿岸的图斯科（今乐业粮库附近，二三十户）、尼尔固（位居同江县城西南15千米松花江右岸，户数不详）、奇奇卡（今三江口广场以西，5户）、莫日宏阔（今三江口广场以东，15户）、哈鱼（户数不详）、街津口（户数不详）、得勒乞（街津口东，30户）、额图（今勤得利农场渔业队，20户）的赫哲族居民强迫归并到远距大江100多里的一、二、三部落。

"以赫治赫"的阴谋。日本侵略者对被统治的东北各民族，实行"以华制华""分而治之"的民族隔离政策，对赫哲族采取"以赫哲人治赫哲人"的政策。为此，日军强行把松花江流域的大屯、嘎尔当、苏苏屯、图斯克等地的赫哲人编成"山林队"；把饶河县七里沁村的赫哲人编成一个20余人的"山林队"；把四排村的青壮年赫哲人抽到华砬子山进行"特务训练"；把居住在抚远县额图以东、青海以西的赫哲族青壮年编成一个24人的"伪警察队"，把他们全部集中到八岔屯，建立"伪警察队"部。其目的是妄图利用他们控制赫哲族，并借其熟悉山路、枪法好等特长帮助进山"剿灭"抗日联军，以达到镇压赫哲族和其他民族的抗日斗争的目的。

被编成"特务队"的赫哲人，不愿为日本人卖命，就有组织地举行起义，将日本教官打死，领队带着27名起义者投奔苏联，途中遇日军追击，泅渡乌苏里江时，大部分被江水吞没。"伪警察队"中绝大多数人经常消极怠工，并给抗日联军和苏联边防送情报，被日军发觉后，遭到严密控制，甚至要处置秘密担任苏联边防军情报员的八岔赫哲人董贵喜。董贵喜等人连夜携家眷24人过境投苏，参加了苏联红军。

残忍的"人圈"。为了彻底切断赫哲族与东北抗日联军及苏联的联系，从1939年起，日伪当局强迫住在抚远县城以西，王家店以东沿江地区的赫哲族渔民及其他少数民族渔民集中于八岔屯，实行坚壁清野、集家并屯的措施，强迫赫哲人归集团部落。并对其实行保甲连坐，利用日军和赫哲族伪警察队，监视和控制赫哲族民众。1941—1942年，日伪对赫哲族实行更加残酷的"大归屯"政策，强迫赫哲族民众离开江岸，分别归并到各距江岸40~50千米外荒无人烟的密林沼泽地中，不许与其他民族往来。

同江县境，被强迫归并的有所谓的一、二、三部落。其位置，一部落在勤得利东南方向的浓江河南岸（现鸭绿河农场正南

4千米处），二部落在勤得利正南方向浓江河的北岸（现浓江农场二十五连正南2华里处），三部落在街津口正南方向青龙河东岸（现青龙山农场场部西南3千米处），各距江边80至100华里不等。这里自然环境极其恶劣，密林荒草、漂筏甸子、没有道路，通行只能在冬季封冻后，居民都住在阴暗潮湿的大地窨子里，每个地窨子住三四户。他们既不能捕鱼又不能狩猎，也不能从事农业生产，失去了衣食来源，只能靠食野菜度日，生活极其艰苦。加上疫病流行，无医无药，在短短的时间就死亡很多人。归部落的总人口是237人，死亡72人。

当地百姓称这种"集团部落"为"人圈"，即形容日伪将赫哲人像牲口一样圈起来。

名为"收买"实则抢夺。日伪统治者对赫哲族采取了全面的经济掠夺政策。1938年，在赫哲族聚居区设立了"满洲畜产品株式会社"，规定所有山货皮毛和渔业产品，均由"满洲畜产品株式会社"收买。赫哲人在其产品被减等压价后换回不等价的粮食和日用品。赫哲人如果自由出卖渔猎产品，一旦被发现，就会遭到日伪当局的严厉处罚。针对赫哲族生产特点，日伪当局强令赫哲族将渔猎产品送交他们的"兴农合作社"，根据赫哲人"出荷"的渔猎产品的数量，再配给布、米等物。渔产品的收购价格极低，鲤鱼每斤七八分钱；鳇鱼每斤1角2分钱；大马哈鱼每条8角到1元。与渔猎产品"出荷"的同时，日伪统治者还对赫哲人进行野蛮的豪夺。

从1938年起，对归并到八岔屯的赫哲族，"日本人每天晚间把所有的渔船锁上，把桨和摇橹板全集中到一起送到警察分所去。每天外出打鱼必须按着日本人所规定的时间回来，如不按时回来，轻者挨骂，重者被毒打。每天晚上还得给日本人打更"。这种严酷的统治致使"这里的赫哲人无法安心打鱼生产。那时下八岔约40户人家，只有渔船7只，有点滚钩，没有一套像样的好拉网，没有车和雪橇，个别人家只好使用较原始的狗爬犁为交通工具"。

"福寿膏"的残害。日本侵略者把鸦片称为"福寿膏"。"在日本侵略者看来，凡吸食鸦片的人是缺乏民族反抗精神的，对于这种人根本用不着费心，在东北沦陷区内，一个人领了吸烟证如同得到了一个护身符，有了苟安一时的条件。"因种植鸦片不仅可以给日本侵略者带来高额的经济利益，更可以消磨中国人的反抗意志。于是，日伪统治者便强制饶河县内的赫哲人种植鸦片。据1938年饶河县公署资料记载："全县成人吸食鸦片者高达55%以上。另外赫哲族聚居的桦川、富锦、同江、抚远等北满各地也是鸦片重要产地。1936年为保证边境地带安全，稳定社会秩序，对上述地区的种植面积有所限制，但仍允许种植罂粟14 870垧，年产鸦片1 965 031两，加上三江沿岸其他地方所产之鸦片，总量保持在300万两左右。""在日本帝国主义的毒化政策下，赫哲族成年人差不多都是抽大烟的"，许多赫哲族人因吸鸦片中毒，丧失生产和生育能力，体质极度衰弱乃至死亡。

此外，日本侵略者对残存的赫哲人进一步采取了斩草除根的灭绝种族政策，在赫哲人水井中投放毒药，在赫哲人居住区附近投下掺过毒药的食物，结果有许多赫哲人被毒死。

赫哲族战士参加抗日义勇军

1932年，为反抗日本帝国主义的侵略，驻守同江的原东北军三十五团团长路永才以街津口为根据地，高举反帝爱国旗帜，动员赫哲族青壮年参加抗日救国活动。陆续报名参军的共有40多人。其中有勤得利村付明山等5名、额图村付文明等13名、德勒乞村付双喜等9名、街津口村尤洪振、尤占德等9名，其他各村9名。

这些人中，有的原来就是路永才团炮手队的成员，这次路团重新把他们都编为新的炮手队。大家推选付双喜为队长，尤洪振为文书，伙食负责人毕清荣。另选了4个班长，分别是吴国祥、付文明、付忠林、尤玉立，还有邓奎、杨青山、田老五、赵玉祥等几名汉族人。住房安排在街津口村赵广兰的3间大房，平日里除安排少量人员捕鱼打猎筹集伙食外，大部分人进行军事训练，准备随时听候调用。当时，赫哲族炮手队年龄最大的20多岁，最小的只有16岁。

1933年夏季，炮手队与同江县保安大队里应外合，一举攻占了同江县城，生擒了伪县长庞作藩，砸开了监狱，释放了所有爱国政治犯及其他罪犯。随即，部队在同江进行了整编，合并为抗日义勇军，接受张锡侯的领导。确立了以"抗日救国、保护老百姓的生命财产"为宗旨。当时，同江县城商业正常开业。老百姓无一损失。部队整编就绪后，迅速撤到街津口村。

此次胜利极大地鼓舞了赫哲族青年，他们纷纷要求加入部队，队伍壮大到300多人。

兄弟"莫日根"（赫哲语为英雄）

在同江市赫哲族人民心目中，至今流传着一对赫哲族抗日"莫日根"的英雄事迹。

这对赫哲族兄弟叫尤山、尤江，从小就在沿黑龙江边的深山老林里打猎，是远近闻名的一对神枪手，都有强烈的抗日爱国思想。1932年夏，哥俩参加了张子丰的抗日义勇军。在同日伪军的多次战斗中，尤山、尤江兄弟俩打死打伤日伪军近百名。1933年秋，在七星岗战斗中，由于敌众我寡，义勇军缺乏增援，打到弹尽粮绝，张子丰中弹英勇牺牲，余部各奔他乡，尤山、尤江坚持到最后撤退，最后钻进深山老林，等待时机寻找抗日队伍。

直到第二年春天，哥俩偶然救下了一个饶河民众反日游击大队一名叫冀箭飞的侦察员，才和抗日队伍有了联系。但不幸的是，尤山在返回冀箭飞养伤的自己在深山的住处时，遭遇了日伪军。在击毙了6个敌人之后，头部中弹，光荣牺牲。

尤江被冀箭飞带回部队后，在战斗中表现英勇，光荣地加入了中国共产党，获得了战斗英雄称号。

赫哲"炮手队"赴苏

因为抗联的战斗和生活环境愈发艰难，赫哲"炮手队"便和大部队在虎头越过乌苏里江，进入苏联。他们原打算寻找机会从抚远的黑龙江对岸回到同江，但是因部队的统一管理，最后是在新疆回的国。新中国成立后，有13人陆续回到了家乡，其他人永远留在了新疆。

第五节　中共组织在同江的早期活动

日本投降前同江中共组织沿革

1930年，中共富锦中心县委负责领导中共饶河、同江县委。

1930年10月，中共满洲总行委依照组织关系及斗争配合的需要，决定中共北满特委组织系统如下：中共北满特委下属中共富锦、饶河、哈尔滨、穆棱、阿城中心县委与中共同江、饶河、密山、宁安、东宁、珠河县委。

1933年末，中共黑龙江各党组织归中共满洲省委直接领导的有中共哈尔滨、珠河、阿城中心县委、中共吉东局、绥宁中心县委、中共饶河中心县委和中共密山、宁安、穆棱、虎林、宝清、五常、延寿、绥远县委（绥远即抚远，辖同江），以及中共宾县、庆安、绥化、齐齐哈尔特委。党员数（不包括军队内）已达1 146名。

1934年春，中共饶河中心县委下辖饶河、虎林、抚远游击队支部，党员104人。

1936年4月，中共下江特委下辖中共饶河、虎林县委，中共抚远区委失掉联系。武装部队中有党员109人。

1936年春，中国共产党领导的东北抗日联军第四军二师派参谋长崔石泉（崔庸健）、四团副团长姜尚平等250多人到同江开辟游击区，广泛宣传党的方针政策和抗日主张。

1937年至1939年，中共吉东组织系统表显示抚远为区委，属中共饶河县委领导。

1937年，前方抗日救国会组成。

抗日救国会在1937年以前就已经组成，开始是杨忠余同志领导，主要是负责解决衣、食、住等问题。

1937年夏，为加强对抗日斗争的统一领导，中共下江特委派组织部长刘忠民等到同江县二龙山东五排建立中共组织，同年八、九月间成立了中共东五排支部，发展党员3人。隶属中共下江特委分局领导。1938年初，中共佳木斯地下组织决定，派党员刘世英到同江开展工作。（详见本章第一节之"抗日宣传活动"）

1938年，松花江南岸和乌苏里江右岸划归中共吉东省委，有三人团负责领导军队组织和地方组织。因当时实际上党的地方组织已经被破坏，所领导的党组织只是军队组织了。中共地方组织的党员已隐蔽。（季青同志系当时三人团书记）

1939年6月下旬，中共下江特委暂停。成立中共七军特委，鲍林任书记，执行委员6人。中共七军特别委员会主要负责七军内部中共各级组织，同时负责原中共下江特委所属中共虎林、饶河、抚远、宝清、富锦各县地方组织。

日本投降后至新中国成立期间同江中共组织的活动情况

1945年11月末，中共合江省工作委员会，派章克华、岳明、鲁祥祯、刁成美、王太祥、王怀远等接收同江。同年12月初，成立中共同江县工作委员会和人民民主政府。建立了第一个机关党支部，发展了一批党员。党小组组长艾联信，成员有周臣、刘忠武（叛变）、孙庭满、于洁润、魏洪昌、吕金川等。

1946年5月初，国民党光复军侵占同江。中共同江县委书记章克华及其他一些共产党员遇难。5月下旬，中共富锦中心县委和军分区决定派王行先、刘玉、苏简等成立同江剿匪领导小组、民主联军收复同江。9月，重建中共同江县委。王行先任县委书记，陈乐善任组织部长，胡绍忠任宣传部长。地方党委有中共二龙山区委，中共同江区委、中共向阳川区委。

1947年9月，中共合江省委任命赵振华为中共同江县委书记。

1948年10月10日，全县大规模的党建活动开始。

1947年11月，全县有党员145人，农村只有一个中共支部，到1948年11月，全县共有党员708人，农村支部发展到69个，中共组织迅速壮大。

1948年10月，赵振华调离同江，中共合江省委任命韩梓哉为中共同江县委书记，11月，韩梓哉调离，省委任命陈乐善为中共同江县委代理书记。

1949年1月，合江省政府民字第一号命令撤销同江县，划归富锦县管辖，同江为富锦县第十区，同时成立了中共同江区委员会。区委书记先后由胡殿举、刘杰、姜润涛、陈振英等担任。

第四章 解放战争时期的同江

第一节 章克华赴同江建政

1945年8月8日,苏联对日宣战。次日晨,苏联远东红军第一军出兵东北,分数路进军,分别经抚远、生德库、八岔、街津口、五屯等地西进。8月10日晨5时许,苏联空军两架飞机在同江城区上空盘旋,时而低空扫射。7时,日伪政府召集全体人员训话后所有日本人逃往富锦,结束了其在同江13年多的殖民统治。9时,苏联红军进驻同江,苏军司令部接管县城。期间,一些原伪政府职员出面成立了维持会,民间人士则成立了民主大同盟。战争中军务繁忙,虽然推翻了日伪统治,但同江的管理依然比较混乱。

1945年9月,根据党中央"关于从苏北派出大批干部到东北建立革命根据地"的决定,章克华和妻子岳明来到东北工作。1945年11月24日,他们到达合江省会佳木斯市。11月末,章克华和岳明一行6人来到同江,组建人民民主政权。

章克华一到同江,就宣布解散所有的伪残余组织,宣告同江县人民民主政权成立,他担任县长兼中共同江县委书记。同时建立同江县人民保安队,下编1个骑兵中队、1个步兵小队,人员30余名。为了巩固新生政权,他发动贫雇农成立了农民协会和农民自卫队。为了培养革命干部，他组织了全县进步教师、进步青年学习班，和岳明一起到班上给学员讲课。

为了使农民从政治上、经济上获得解放，1946年3月，章克华领导同江县进行反奸清算工作，并组织民运工作队分田分地，还按照党的工商业政策，对一些百货商店、油坊、火磨等采取必要措施，保证了群众生活。人民群众切身体会到人民民主政府是真正为人民办事的，使党的政策深入人心。

第二节　肃清反动武装

1945年，国民党为了进攻解放区夺取地盘，不惜广罗土匪和日伪残余势力，以封官许愿等形式予以收编。于是，诸多恶行昭著的土匪摇身变成了"国军"。

当时同江境内以国民党地下先遣军司令韩绍先为首的匪徒100多人，活动在同江、二龙山一带。他们与国民党光复军匪首赵秉镛、尤德荣（尤鞑子）等勾结，建立了国民党光复军一、二、三营，共500余人，除步枪外，还配有1门迫击炮，6挺机关枪，30支手枪等武器。

1945年冬，国民党军队大举向东北地区进攻，赵秉庸、韩绍先、尤德荣等认为时机已到，开始对同江的人民政权发动袭击。1946年4月2日深夜，混进县人民保安队的反动分子发动了叛乱，国民党光复军占领同江。

为了巩固同江政权，打击国民党匪徒的嚣张气焰，5月2日，富锦行政专员公署和富锦军分区调动富锦独立团一个步兵连、富锦军分区警卫队、新组成的公安队和骑兵大队等250余人，由富锦军分区副司令员刘雁来、独立团参谋长刘世忠以及同江县长章克华率领，一举收复了同江县城。

但敌人不甘失败，卷土重来。5月4日凌晨，国民党光复军突袭了我军3处驻地，我军被分割包围，只能各自为战。章克华在县政府所在地海关林子，指挥所属部队与敌人展开了殊死搏杀。敌军凭借人数优势，气焰特别嚣张。我军虽英勇奋战，但终究寡不敌众，大部分战士都壮烈牺牲。

章克华打光了子弹，用木棒和石头继续战斗，直到受伤被俘。章克华大义凛然，宁死不屈，恼羞成怒的匪徒于5月5日午后，把章克华押到同江南门沙坑沿上，把铡刀放在他的面前，凶狠地问："你还有什么话讲？"章克华回答："杀掉一个章克华，无损于共产党！"

章克华壮烈牺牲，年仅27岁。

驻守在同江三发寺（原同江白酒厂院内）的富锦独立团参谋长刘世忠被俘后，视死如归，被敌人捆绑后装进麻袋，沉进松花江，英勇就义，年仅30岁。

国民党光复军占领同江后，进行了整编，设立军事部、政治部。总指挥赵秉庸，副总指挥尤德荣，下分4个大队，人员增加到2 000余人，气焰更为嚣张。

赵秉庸自以为得势，于是调兵遣将攻打富锦。富锦当时是中共下江地区党政军机关所在地，也是下江八县政治、经济、文化的中心。敌人企图占领富锦后，向集贤、佳木斯进逼，配合国民党正规军北进并占领佳木斯。

但是敌人的计划并没有得逞，我军取得了富锦保卫战的胜利，匪首赵秉庸也被击毙。

1946年6月，中共富锦地委和富锦军分区决定由王行先、刘玉（时任中共萝北县委书记兼县长）、苏简（富锦军分区独立团副政委，有战斗经验，熟悉部队情况）组成同江地区三人剿匪领

导小组，王行先同志任中共同江县委书记，刘玉同志任同江县县
长，率领独立团部分主力再次进入同江剿匪。

1946年6月17日，同江解放，县政府恢复工作。

不久，光复军匪首韩绍先被抓获处决。

尤德荣在进攻富锦失败侥幸逃脱后，于1946年12月8日被国
民党合江省政府主席吴瀚涛委任为富锦、同江、饶河、抚远和绥
滨5县的保安司令兼第一大队大队长，1948年2月25日被我军生擒
并判处死刑。

至此，盘踞在同江境内的土匪武装和国民党光复军被全部
肃清。

第三节 同江人民政权建设

三人小组认为，日本侵略者的血腥统治被推翻了，剿匪胜
利了，打碎了旧的国家机器，这只是建设新同江的一个美好的开
始，更艰巨的任务还在后边，还有很多的新问题亟待解决。诸如
反奸清算、土地改革、党的建设、政权建设、军队建设、生产建
设、支前工作以及文化教育等，百事待举，千头万绪。

中共合江省委书记张闻天把当时工作概括归纳为"一个中心
（发动群众）三项任务（剿匪、生产、支前），其他工作都要服
从，围绕这个中心任务进行"。三人小组按照这个精神决定首先
把中共同江县委建立起来，对全县所有工作实行统一领导，同时
还要把同江县政府的牌子挂出去。

根据上述精神原则，经集体研究后，确定了县委县政府组
建原则：一是一切从方便工作、方便群众出发；二是坚持艰苦奋
斗、因陋就简的方针；三是精兵简政，重视效率。

他们确定了中共同江县党政机关不进驻条件优越的老同江县城，而将县级机关设在全县的中心地区二龙山镇。同时规定一不占学校，二不占工厂（如烧锅、油坊等），三不进驻地主的大院。他们利用伪满时一个空闲下来的粮站，稍加修理，作为了中共同江县委和县政府机关的办公地点和宿舍，挂出了"中国共产党同江县委员会"和"同江县人民政府"的牌子。

中共同江县委书记王行先、组织部长陈乐善、宣传部长胡绍忠，机关一般工作人员只有十几个人。

同江县人民政府县长刘玉、副县长魏树德（身体不好很快就离开了）、秘书科科长孔玉、财粮科科长郭长智、副科长田望、赵志恒、民政科科长马建才、教育科科长王希尧、县公安局长杨洪义、县大队长徐子臣（后由朱广真顶替）。全县下分三个区：向阳川区委书记代本仁；二龙山区委书记马建才、区长胡建举；城关区委书记刘志远。

中共同江县委对全县工作实行统一领导，做到"大权独揽，小权分散，党委决议，各方去办，不离原则，工作检查，党委有责"的领导原则。各方面的工作都实行严格的分工责任制，各负其责。所以人员虽少，但效率非常高。保证了党的路线、方针、政策的正确贯彻执行，保证各项工作的顺利进行。

第四节　土地改革运动

1946年6月24日，中共合江省委召开省委扩大会议，省委书记张闻天在讲话中指明了今后的工作任务：总的任务是贯彻执行中央1945年12月发布的"关于建立巩固的东北根据地"的批示。根据合江省的特点，具体任务一是"土改"，二是发展生产，三是支前。

任务明确后，首先把工作重点放在了"土改"上。就是放手发动群众，进行土地制度的改革。中共合江省委书记张闻天对此项工作有个专门的讲话："现在共产党手里有个'法宝'，就是给农民以土地，只要实行土地改革，把农民真正地发动起来，我们依靠这个'法宝'，完全可以战胜国民党的几百万军队。"

张书记的讲话，使中共同江县委、县政府广大干部对当时的形势和任务有了一个一致的明确的认识：要巩固革命政权，就必须使广大人民摆脱地主封建势力的经济剥削，就必须迅速地把广大农民从封建势力压迫下解放出来。

为了把土改工作搞好，中共合江省委在全省组织了三个大型的土改工作团，并派王新三（又名王旭）同志带领一个工作团来富锦地区工作。到富锦后，又对工作团的组织进行了扩大和训练，并将工作团分成了几个分团（即土改工作队），直接派一部分同志来同江工作。

中共同江县委为了取得土地改革的领导权，取得指导工作的第一手经验材料，决定将全县干部集中在向阳川搞土改试点，然后全县铺开。在省委、地委的正确指导下，通过在向阳川区的试点工作，进一步明确了土地改革中的几个重大政策原则问题。

第一，土地改革的策略问题。针对东北被日本帝国主义统治14年、完全殖民地化的状况，决定先开始"清算反霸斗争"，即清算敌伪官吏、汉奸和当地恶霸的罪行。先把他们的反动政治势力打下去，然后在经济上再给无地少地的贫雇农分配土地。

第二，阶级成分的划分问题。按照中共合江省委书记张闻天"以剥削率作为划分阶级的依据的指示"，县委仔细地调查分析了殖民地条件下同江地区的土地分布及土地占有的情况。北满地广人稀，土地占有关系非常集中，阶级分化十分明显，贫富悬殊。地主富农的占有土地量和人平均土地占有量和关内大不一样，东北一个普通中农占有土地量比关内的中、小地主的占有量还会多。

据此，中共同江县委就根据被划分者家有人口，解放前三年有几个劳动力，有多少地，有无剥削，剥削收入占总收入或纯收入的百分比来进行划分，比较准确地区分了地主、富农、中农、贫农的界线，明确了坚决打击的目标和团结、依靠的力量。

第三，土地改革中的阶级路线问题。坚定依靠贫雇农，紧密地团结中农、下中农，坚决打击地主和恶霸富农（即有罪恶的富农）。

第四，关于处理浮财的问题。凡是地主、富农剥削夺来的不论是生产资料还是生活资料都要深挖，按人口平均分给贫雇农，一般中农的土地、车马牲口及其他浮财都不许动，中农是团结的对象，至于富裕中农的土地、浮财一般也不许动，如果占有土地确实过多，可在说服教育后，在自愿的情况下进行一些必要的调整。

第五，给地主、富农分不分田的问题。按照张闻天书记将地主、富农"由剥削者变成为自食其力的劳动者，要给生活出路"的指示，中共同江县委决定土改时给地主、富农分一份土地，让他们由剥削者变成自食其力的新人。

第六，关于保护中农和县城工商业的问题。中共同江县委根据张闻天书记"至于城市里的城镇工商业，如火磨、油坊、烧锅……也是政策上给以保护的对象，现有的生产能力决不许破坏"的指示，中共同江县委认真地贯彻执行了对县城工商业的保护政策。

第七，土改工作队自身的建设问题。县委深刻地认识到土改工作队自身建设的重要性，所以县委明确规定土改工作队是认真贯彻执行党的无产阶级政策的一支坚强的战斗队。要有严格的工作、学习、生活制度，有严格的纪律，如遇到问题，要及时请示汇报，在政策上不许自作主张，要住在贫雇农的家里，不许在地主、富农家里吃饭，不许贪占斗争果实……

通过向阳川区的土改试点，中共同江县委取得了第一手宝贵的材料与工作经验，对以后全县土改的顺利开展起到了积极的作用。

为了加速全县"土改"工作的顺利进行，在试点训练的基础上，县委将工作队一分为三，向阳川区留下一个工作队，继续深入开展工作，二龙山区、城关区各派一个工作队开展土改工作。中共同江县委主要领导都随工作队下去一起工作，深入群众进行具体的领导。

同江县的土改工作，由于认真地贯彻执行省委书记张闻天同志的指示，并在中共富锦地委王新三、孙为同志的领导帮助下，放手发动群众，同时也避免了"左"的偏差，使同江县的土地改革一直扎扎实实有序地进行。

1948年秋，同江土改工作胜利结束，全县被斗地主共184户，其中大地主39户、中地主53户、小地主92户。贫穷农户平均每人分得土地8—10亩，成为土地的主人，实现了耕者有其田。全县4区100个村屯的县、区、村三级政权相继建立，农会也光荣地完成了其历史使命。

第五节　大力发展生产

通过土地改革，同江县域在经济上、政治上彻底消灭了封建地主阶级的剥削制度，建立起了新的生产关系。广大农民在政治上、经济上真正翻身，第一次实现了为自己劳动的愿望，生产积极性空前高涨。那些地主、富农因为同样分得了一份土地，也开始了自食其力的劳动生活；工商业者由于受到了政府的保护，生产资料完好，也在积极开业生产。整个同江县出现欣欣向荣的景象。

根据中共合江省委书记张闻天"恢复和发展生产，建立巩固的根据地。为民除害，为民兴利"的指示精神，根据新的历史阶段情况的变化，人民政府以"自力更生、艰苦奋斗"的精神发展生产，想方设法改善人民的生活，同时还千方百计地支援前线。"大力发展生产，改善人民生活"成为中共同江县委、县人民政府当时的一项重大的政治任务。

中共同江县委分析，在新的生产关系刚刚建立起来，还不完善的条件下，生产力水平又很低，必须本着从实际出发、自愿互利的原则，把翻身农民组织起来，解决一部分群众劳力和畜力的不足，调剂种子的余缺，保证把分得的土地不但要种上，而且要种好，要夺取翻身后的第一个丰收年。

同江县地处松花江、黑龙江下游，部分地区十年就有九年遭水淹。致使数以百万亩肥沃土地无法耕种。

同江县成立了由人民政府工作人员和农民结合的"勘测"小组，对遭受洪灾区域进行了全面、系统的调查研究，制定了具体的水利建设规划，决定兴修一条长80多里、宽4.5米的排水大渠。这条排水大渠贯穿全县，由向阳川区途经二龙山区和老同江城。

全县党、政、军、民全部以义务劳动者的身份参加这一宏大的水利建设工程，受益区的广大人民群众也踊跃地投入到这场兴修水利的战斗中，非受益区的群众也积极请求参加建设。群众热情高，干劲大，个个争先恐后，忘我参加劳动。原来预计一个季度才能完成的工程，凭借同江人民勤劳的双手，仅仅一个多月的时间就全部完成了。

水渠工程竣工后，大家一致要求刘玉县长、赵振华书记给起个名字，刘县长提议叫"兴同大壕"，意为振兴同江的一项巨大工程。

中共同江县委、县政府召开了隆重的庆祝"兴同大壕"水利工程胜利竣工的大会。

第六节　全力支援前线

在轰轰烈烈的支前热潮中，同江人民作出了巨大的贡献。翻身农民积极参加到战争行列中，组成了浩浩荡荡的支前民工队伍，随军转战，奋勇支前。在东北的辽阔战场上，到处都留有同江翻身人民的足迹和血汗，他们送子弹、送军粮、抬担架、转运护理伤员等，为东北全境解放做出了同江人的贡献。

东北野战军入关南下时，中共同江县委、县人民政府又抽出了一批干部，随军南下，支援开辟新解放区的工作。

1947年，同江县政府曾提出"一切为前线，战争即是一切"的口号，全力支援全国的解放战争。翻身后的人民群众，积极响应党和政府的号召，踊跃报名参军。

在扩兵工作中，县区干部深入到村屯，召开动员会、座谈会，走访贫雇农，宣传前线的胜利消息，鼓舞了群众参军参战的积极性。二龙山的丰太屯于佩水老汉，动员了长子与次子参军后，又动员了三子和女婿参军，在群众中传为佳话。

1947年2月12日，同江出担架10副，大车5台，支援前线。

1947年4月份，扩兵95人（二龙山35人、向阳川35人、同江25人），6月份扩兵520余人，其中350人输送到主力部队，其余加入军分区、县大队和区中队序列。同江的每次扩兵都超额完成任务。

同时，妇女会还动员妇女做军鞋支援前线。二龙山和向阳川分别完成1 100双、800双。

1948年，由于前方的节节胜利，政府号召群众为夺取最后胜利，掀起捐款捐菜热潮。县政府制定了10天内商人完成3 500万元的计划，结果超额130余万元。同时，捐干菜2 300斤。

1948年，开展大生产运动，中共同江县委根据中央东北局和中共合江省委指示，宣传致富光荣，支持农民添车、买马、开荒，扩大土地面积，翻身农民生产积极性很高。

1950年，在抗美援朝战争形势下，中共同江县委进行"抗美援朝，保家卫国"的宣传教育，当时隶属富锦十区的同江，组织了22人参加赴朝担架队。

第五章　改革开放前同江的经济和社会事业

第一节　农业经济

新中国建立初期，在"一五"时期，同江经济仍主要以农业为主，全县的重点工作即是发展农业，为了更好地支援国家建设，并解决全县人民的吃饭问题，自第一个五年计划开始，进行了大规模的土地开发，扩大了种植面积，提高了产量，取得了较好的经济效益。

土地大开发

建国后，同江县对土地开发利用十分重视。1956年，从山东省平阴县、曹县迁移同江350名青年垦荒队员，在乐业乡分别建立青年庄两处，建土草房23栋，计3 600平方米，开荒360垧。

1963—1973年，相继建立了街津口、八岔、向阳、前卫4个人民公社，建立村屯，组织开荒，扩大耕地面积。1974年，建前卫公社，社下建9个自然屯，当年全县开荒27 362亩。1975年，建清河公社，社下建7个自然屯，当年全县开荒29 192亩。1976年，建临江公社，社下建5个自然屯，当年全县开荒17 896亩。1977年，临江公社、三村公社、八岔公社，共增建了13个自然屯，当

101

年全县开荒26 258亩。1978年，建银川、秀山两个人民公社，社下建10个自然屯，八岔及清河公社增建两个村，当年全县开荒93 834亩。

种植面积、产量

同江历年种植的农作物的品种主要有大豆、小麦、玉米、水稻，还有杂粮蔬菜及葵花、白瓜子、甜菜等经济作物。多年来，种植作物种类及面积，在不同时期均有不同的变化。

1966年，全县播种面积为133 453亩，其中粮豆薯面积为126 912亩，粮豆薯亩产177斤，总产2 246.3万斤。当年农业总产突破了2 000万斤。

1967年，全县播种面积为15万亩，其中粮豆薯播种面积14.3万亩，比1966年增加1.7万亩。粮豆薯亩产231斤，总产达3 348.9万斤，比1966年总产增长33%。出现的高产社队有：乐业公社东风大队粮豆薯亩产达307斤，东方红大队小麦亩产达423斤、玉米亩产达683斤。主要的措施：一是选用良种，二是重视施肥，三是精心管理。

1968年，全县播种面积为16.55万亩，其中粮豆薯面积159 045亩，亩产184斤，总产2 933万斤。

1973年，全县总播种面积粮豆薯15.7万亩，平均亩产178斤，总产2 687.5万斤。

1974年，全县播种面积为18.3万亩，比1973年增加2.6万亩，亩产226斤，总产达3 979万斤，是建县以来总产最高的一年。播种面积比建县初的1966年增长37%，总产比1966年增长77%。同江公社新光朝鲜族大队水稻亩产537斤、乐业公社大豆平均亩产279斤。全县有15个大队大豆获得高产丰收，亩产超过200斤以上。

1975年，全县播种面积为21.4万亩，亩产266斤，其中粮豆薯播种面积为206 104亩，平均亩产266斤，总产达5 484万斤。同江公社新光朝鲜族大队水稻亩产592斤，乐业公社大豆亩产平均341斤，向阳公社大豆亩产309斤。全县有27个大队粮豆过"黄河"，超"纲要"，占全县大队总数的38%。

1977年，全县播种面积为25万亩，亩产237斤，总产达5 921万斤。全县有13个大队人均卖粮超过1 500斤，有3个大队人均卖粮超过2 000斤，涌现出先进集体33个，先进个人245名。

农业收益及分配

1966年，全县农、林、牧、副、渔总收入为326.8万元，其中农业单项收入268.1万元，占总收入的82%。农业总支出为190.43万元，其中单项农业支出89.48万元，主要用于生产资料的耗损及生产费用、农具购置费用等。全县集体积累44.09万元，占总收入的13.48%，其中公积金31.38万元，储备粮基金51万元，其他积累23.5万元。社员分得粮、钱、物共计148.54万元，其中现金61.96万元。全县人均收入116元，平均劳动日值1.48元。

1967年，农业亩产231斤，总产量比1966年增加1 100万斤，增长33.9%。总收入498万元，比1966年增加170余万元，增长52.2%。其中纯农业收入433.6万元。全县农业总支出127.12万元，占农业总收入的25.5%，其中纯农业支出114.86万元。全县6个人民公社，共缴纳农业税14.84万元。全县集体积累合计达104.17万元，其中公积金按当年总收入的4.6%，提取金额为72.98万元。公益金按当年总收入的2.3%提取，金额为11.45万元。储备粮基金为10.2万，其他积累9.53万元。全县社员年终分得食物和现金共计242.53万元，其中现金为139.63万元，比1966年增加77.67万元，增长225%。全县农业人口平均收入1.72元，比1966年增长48%。

1975年，粮豆平均亩产266斤，全县总产达5 484万斤，农业总收入达980.4万元。建县十年，农业总产值增长2.4倍。全县农业总支出255.7万元，占总收入的26.08%。全县农村生产队缴纳农业税20.6万元，占总收入的2.1%。全县集体积累总计为325.5万元，占总收入的33.2%。其中提取公积金204万元、公益金30.4万元，占总收入3%。提取生产费基金49.1万元，储备粮基金13.4万元，大型农机具及运输工具折旧费提取5.1万元，分配基金积累23.9万元，其他积累6 040元。全县社员分得的粮、钱、物总计为378.5万元，占总收入的38.6%。全县人均收入1.58元。平均劳动日值1.45元。

第二节　水利工程

1965年以前，同江人少地多。农民均在部分漫岗上耕种，地块零星分散，无力兴修水利工程，旱涝不均，产量较低。

1968年春，朝鲜族由外地迁居同江，在新发屯东建新光屯，当年开荒种水稻，修建了临时抽水站，开始灌溉稻田。

1969年以后，由于新光屯种水稻获得高产，新街、新发两个大队也相继建了小抽水站。汉族开始试种水稻。

1976—1979年，农业人口及耕地面积成倍增长，水利建设也有相应的发展。1976年10月，前进、新发两大队万亩抽水灌溉站渠工程相继动工，1980年10月前进抽水站渠建成，1983年新发抽水站渠竣工。

到1986年，全县共修筑防洪堤58.5千米，其中松花江堤防32.9千米，黑龙江堤防25.6千米。共完成土石方144.35万立方米，总投资97.52万元。共修筑大型抽水灌溉工程2处,中型抽水站3处,农田灌溉井177眼,大型排涝工程5处。全县防洪排灌工程初具规模。

堤防工程建设

为了防止洪涝灾害,新中国成立初期,同江建设了一些堤防工程,使农村大面积的农田得到了有效的保护。

松花江堤防。松花江从乐业公社平安大队与富锦县交界处进入同江境内,到三江口与黑龙江汇合,流经本地全长38.5千米。

1951年以前,同江境内的松花江右岸没有完整的堤防,导致共有几十万亩原始荒原不能开垦利用。1951年以后,为防止洪水涝灾,由农村出义务工,填堵洼地、连接岗包修了一条防洪土坝,并且每逢汛期,都集中劳力给大坝增高加厚。

1958年,松花江发生了罕见的洪水,为保护同江人民的生命财产,合江公署防汛指挥部,调集了桦南、宝清、富锦3县的农村劳力1 500多人,抢修加固了已有的堤防,保证了同江的安全。

1960年,同江县境内降雨量超过历年,而且比较集中,松花江洪水泛滥,横江口整个堤防处于危急之中。富锦县人民委员会组织500余人的抗洪大军,对原有堤防进行了抢修、加固。

1966年以后,中共同江县委每年都将松花江堤防作为重点水利建设,省、地水利部门每年都拨给一定的资金,使松花江堤防逐年向前延伸。到1979年,开始转为机械化施工,完成了堤防32.9千米的修筑任务,并在同江东门外修排水闸一座,取名为"三江闸"。工程共完成土方65.85万立方米,石方2 000立方米,砭方300立方米,国家投资40.71万元。筑后的松花江大堤,堤高2.5米,堤顶宽4米,堤坡1:2。到1986年,松花江堤防已达到20年一遇的防洪标准,防洪水位是57.9米,保护农田45万亩,保护可垦荒原1.6万亩，保护了同江县城所在地和56个村屯3.5万口人生命财产的安全。

黑龙江堤防。1948年，同江县政府为保护黑龙江沿岸人民群众的耕地及生命财产，在农闲挂锄时，组织沿江村屯的农民，在原有的小堤坝基础上加高加宽，到1949年底，完成了二村到五屯长13千米的黑龙江堤防。1958年防汛时，又调集民工抢修江堤，由于洪水大、堤小，洪水由江堤漫顶而过，产生十多处决口，村屯、农田、荒原被淹。因水害，四屯、五屯被迫搬家，三村以东的江堤全部放弃。

1972年，黑龙江又发生了大洪水，水位高达54.2米，相当于1958年的水位。新垦的农田全部被淹，新建的生产队被迫搬走，由于三村大桥沟子和四屯小桥沟子决口，洪水顶托倒灌，使三村公社14个大队和农场的4个连队计7万多亩农田遭受水灾。

1977年，在省、地水利部门的重视和资助下，开始修筑黑龙江堤防。堤防从三村公社幸福闸开始，到街津口大亮子河西岸止，全长25.5千米。历经4年时间，全部采用机械化施工，于1980年末竣工，共完成土方78万立方米，整个工程国家投资46.81万元。堤高2.5米，堤顶宽4米，堤坡为1∶2，已达到防洪标准，防洪水位是54米。已造护堤林4千米，面积160亩，植树4万株。保护农田9万亩，荒原1.6万亩，村屯13个，人口7 800人，公路35千米。

护岸工程建设

同江地处边境，有170千米的边境岸线。为了有效地防止国土流失，自1963年起相继修建了5处护岸工程。

同江护岸。同江护岸是日伪时期修筑的铁丝网护岸，由于失修早已失去防护作用。为防洪需要于1963年在老航运站门前，修筑了西起混凝土板护岸接头至油米加工厂房后的护岸。全长340米，结构为干砌块石，护面厚为35厘米，边坡比1：2，顶部高程49.0米，底部高程48.0米，护肩高程56.5米，总投资2 349.89万元。

发电厂房后护岸。县发电厂址位于松花江凹岸部位，因多年失修江岸冲刷坍塌严重，为保护发电厂的安全，由县水利局勘测设计，上级城建部门投资，县城建科主管，于1967年11月开工至1968年7月竣工。工程固脚为干砌石棱柱体，墙顶高程49米，底部高程48米，护面为15厘米厚的混凝土板，修筑长度500米。

横江口护岸。横江口在同江县城西3千米处的松花江右岸，是县水上客货运输的重要码头，江岸附近建有同江粮库、石油库、煤场、航运站等。由于洪水及风浪的侵袭，坍岸十分严重，直接威胁着上述单位的安全。1982年，在省、地有关部门的资助下开始动工修护此段江岸。北起航运站护坡，南至向阳河口，共1 365米，投资164万元。1986年，又进行了工程的扫尾工作。

三江口护岸。与松花江汇合后的黑龙江，江心逐年随江流向中国领土内移动，国土严重流失。1973年9月，省水利厅国境河流护岸办公室批准修筑三江口护岸，同江县组成三江口护岸工程指挥部。1974年4月动工，1979年6月竣工，施工长度3 200米，完成投资338万元。主要工程量土方6.72万立方米，石方2.08万立方米，混凝土方1.1万立方米。

护岸结构形式：块石压柳条排固脚，15厘米厚混凝土板护面，护面混凝土板下设粗砂、卵石各15厘米。护坡底部高程48.5米，护肩高程55.5米。在52米高程处设有1.5米宽马道，护面边坡1：25。

二村护岸。该工程设计从莫力洪到二村，全长4 500米，结构为干砌石护坡，沉排及抛石固脚，在护岸尾端修一座顺坝长

1 000米。设计的总土方量为30.8万立方米，总投资为544万元。1979年，投资250万元，护岸长250米；1980年投资5.15万元，护岸长50米。共完成土方9 700立方米，石方2 600立方米，混凝土38立方米。1981年，因资金不足，二村护岸工程停建。

排涝工程建设

同江地处三江平原末端，地势平坦、低洼，径流迟缓。土壤持水性强，透水性差，积水难以下渗，土壤水分长期处于饱和状态。夏季高温多雨，地表积水成涝，加之水利基本建设基础薄弱，极易成灾。

同江涝区总面积257万亩，主要分布莲花河、鸭绿河以北两大涝区和域内其他一些零星地段。为使已垦农田和大片荒原免受洪涝灾害，1966年，中共同江县委、县人民委员会采取群众办和国家办相结合的方式，兴修水利工程。

早在1958年至1966年，先后完成了向阳公社和荣排水干渠，长6千米。同江镇南门外排水干渠，长4.7千米。这两条较大的排水干渠，可保护农田6 000亩、荒原7 500亩。与此同时，各公社、大队也自办了一些水利工程项目，共修了大小干渠34条，全长45千米，完成土方7.8万立方米，保护耕地18 250亩、荒原13 620亩。国家为此补助投资2万元。

1970年，修建了乐业公社太平排干12千米，人民河排干11.5千米，同江东门外排干5千米。

1971年，水利建设出现高潮，全县挖排水干渠27条，总长度48千米，完成土方22.36万立方米，建筑物20座。这27条排水干渠，保护耕地18 255亩，荒原4.2万亩，国家补助投资3万元。

1975—1980年，农田基本建设共完成土方量257.7万立方米，总排涝面积达29万亩，国家补助投资16.7万元。

灌溉工程建设

同江境内水系众多，水资源丰富。为了有效地开发利用这些资源，自1965年开始，先后创建了三个较大的抽水站，以解决农田缺水的问题。

兴中抽水站。1966年10月，由合江专署水利局勘测设计队帮助规划、勘测、设计，由合江地区投资5万元，在同江镇西郊兴中大队开工建设一座蔬菜灌溉站，1967年6月竣工。该灌溉站泵房可装6BA-12A水泵4台。因当时资金不足和设备较差只装3台，装机容量30砝，最高效益可灌溉蔬菜240亩，水稻150亩。

前进抽水站。前进抽水站位于乐业公社前进村北1千米、万发后河入口处，属于边设计、边施工、边受益的三边工程。1976年10月开始施工，由受益区社队和县直机关及各企事业单位按职工人数分担土方工程任务，仅半月时间内，4.2千米的输水干渠基本成形，完成土方15.27万立方米。1978年，开始施工渠道枢纽建筑物，当年完成主厂房的沉井工程，1980年达到使用状态。泵房内安装2台28FVB-70轴流泵，口径700毫米，扬程为10.3米，秒流量为1.6立方米，配150千瓦电机2台。还安装SB离心泵4台，口径300毫米，扬程为4米，秒流量为0.2立方米，配40千瓦电机4台。到1980年，国家对灌区共投资79.5万元，地方财政补助12万元，乐业公社自筹13万元，总耗资达104.5万元。

前进灌区设计灌溉面积2.26万亩，1980年有一个大队受益，1981年有6个大队受益，面积为3 000亩。

新发抽水站。新发灌区位于"三江口"下游0.6千米处，始建于1977年秋。1978年，完成前池及干渠2千米；1978年9月末，完成渠首泵房压水池工程；1980年，修筑两座桥、一座混凝土渡槽；1983年，修建两座分水闸、3支灌溉渠；1985年，修2支灌溉渠。抽水站安装4台20CH–28型水泵，配套电机115千瓦，总装机460千瓦，每台扬程12.8米，秒流量为0.56立方米。设计灌溉面积1.5万亩，有效灌溉面积为3 000亩，共有5个村受益。

该灌区属于民办公助项目，总投资35万元，其中：国家补助投资17万元，小型农田水利费投资10万元，地方财政补助6.3万元，公社自筹1.7万元。

第三节　林业资源开发与保护

新中国成立以后，同江县建立了林业行政管理机构，先后颁布了一系列植树造林、护林的政策、法令。成立了一处林场，一处苗圃，设立了林业站，对天然次生林采取了抚育管护、封山育林等一系列措施，使天然次生林得以休养生息。同时开展群众性的植树造林运动，使森林资源逐步得到恢复和发展。

20世纪70年代初期，开荒建点，林源日趋退缩，森林面积越来越少，林分质量越来越差，有17.28万亩的次生林成了疏林地和采伐迹地。特别是同江西部，生态平衡遭到严重破坏，风、涝、旱灾频繁发生。

1978年，中共十一届三中全会后，特别是《森林法》的颁布，乱砍滥伐之风得到了有效的纠正。在县委、县政府的重视下，实行了采伐育林与管理相结合的政策，对挽救森林资源起到了一定的作用。为切实保护好森林资源，县政府专门成立了护林防火指挥部，县委、县政府把护林防火工作纳入了县政府的重要工作日程。

植树造林

同江建县以后，成立了县绿化委员会。每年春季都召开植树造林工作会议，落实造林任务，制定规章制度和奖惩措施。林业科每年春季都举办植树造林技术学习班，培训农村造林技术员。造林面积累计已达85 268万亩，其中国营造林32 554万亩，人民公社集体造林52 714万亩。造林树种多为落叶松、樟子松、水曲柳、杨树、柳树等。用材林占林地总面积的89%，经济林、农田防护林等占11%。

森林保护及经营

中共同江县委、县政府历来对同江县的森林保护工作极为重视，历任县长都亲自颁发森林保护布告。

县林业科下设的林政股，专职负责全县林业政策的贯彻和检查。每年冬季在通往林区的道口均设置林政检查站，检查是否有违背政策的乱砍滥伐和偷运木材现象。各公社林业工作站负责辖区内森林保护工作，如发现乱砍滥伐和偷运木材者，轻者没收木材、罚款，重者追究刑事责任。

1966年11月10日，县林业科根据中共同江县委《关于调整林业管理体制的决定》，撤销勤得利、三村、向阳、乐业林场，成立边境林场，营造边境林。同时成立勤得利、三村、向阳、街津口、八岔等7处林业工作站，全县有12处林业工作站，人员编制18人。

1969年，在三村乡四屯建边境林场1处，1975年迁址街津口，对街津口的天然次生林进行了抚育改造和利用。全县林业工作站、护林站13处，林政检查站1处，宣传党和国家林业方针、政策、法令，开展林业技术指导，有力地促进了林业工作的全面发展。

为加强木材运输管理工作，1976年，经省营林局4月20日通知批准，建立了合江地区东部（即黑龙江、松花江、乌苏里江水域）的木材运输检查站，设在三江口。

第四节　畜牧业

畜牧饲养

1966年，全县年末猪的存栏数量为4 441头，其中社员养猪4 037头。大牲畜饲养量2 373头（匹），其中牛1 126头，马1 247匹，社员养羊216只。

1967年，全县农村社员饲养猪只有4 854头，羊330只。

1969年，全县养猪5 125头，其中社员养猪4 509头，集体养猪616头，比1966年有所增长；大牲畜3 221头（匹），比1966年增长35.7%；羊的饲养量猛增到1 086只，比1966年增长5倍。

集体队办百头养猪场（新富、胜利、万发大队）三座。三村公社丰乐大队养猪265头，全村106口人，平均每口人2.5头猪。他们采取了队繁户养，以户养为主的做法，所以丰乐大队养猪事业发展很快，成为本县养猪典型队。乐业公社前进大队养羊300只，是本县发展养羊事业较快的生产队。三村公社建华大队建立了百头牛群，为同江县黄牛生产树立了榜样。

1970年，县成立了畜牧生产委员会，办公室设在农林科。各公社、大队、小队都相应地成立了畜牧业生产领导班子。当年全县畜牧业有较快的发展，年末生猪存栏数为6 416头，比1966年增长45.5%；大牲畜饲养量3 455头（匹），比1966年增长45.5%；养羊1 314只，比1966年增长6倍。

1975年，认真贯彻、落实发展畜牧业的各项政策，畜牧业发展很快。全县饲养大牲畜4 452头（匹），其中牛2 081头、马2 322匹，羊发展到3 116只。全年生猪饲养量达13 924头，年末存栏达9 691头，交售商品猪3 279头，自食1 663头。这一年的政策是可以大力发展队繁户养，每户可养羊15只，养牛1头，养马1匹，可以放母还犊。集体养猪可以留足饲料粮，社员养猪和大牲畜分给饲料地。大牲畜半亩地，1头猪3分地，公、母猪给半亩地。交售肥猪可得双份饲料粮，投肥给生产队，不仅记工分，还可以得投肥粮，当时兑现。由于这些政策落实，极大地调动了集体和个人发展畜牧业的积极性，这一年在生猪饲养上创历史最好水平，有6个生产大队（三村的新富，乐业的曙光、赤卫、光明，向阳的胜利、燎原）成为生猪饲养先进队。

畜禽改良

1959年以前，同江的家畜、家禽繁育改良基本处于原始状态。各种畜禽都是本地之间杂交，结果造成畜禽个体之间逐渐退化，使役能力逐渐下降。猪只是本地民猪，个体小、生长周期长，出栏率低、出肉率低。鸡是单一的农家品种，群众叫作本地鸡，每只年产蛋仅百枚左右。

1959年以后，县畜牧局建立了第一个人工授精站，由1名负责人、1名人工授精员、2名饲养员组成。人工授精站先后饲养种马有奥洛夫、卡巴金、阿尔登、苏重税等4匹4个品种，有黑白花种牛两头。每年人工授精马140匹。种牛基本参加使役，没有利用配种。人工授精站从成立到1963年之前，一切费用都由财政拨款，1964年之后经费由"授精站"自筹，1965年末停办。

1970年，同江县新建砖瓦结构人工授精站120平方米，第二次建立人工授精站。由勃利种马场引进苏重税种马2匹。有站长1人，人工授精技术员2名，两年共配种500匹，后因种马患三号病被迫将种马杀掉。1973年停办。

1976年，县畜牧科成立了家畜繁育指导站，由省家畜繁育站统一供精，各公社建立了人工冻配授精点，全县共建冻配人工授精点10处，每年冻配黄牛、奶牛、马匹、猪、羊等1 000余头（匹）。

疫病防治

为了保证同江县畜牧业的发展，防疫部门积极预防和治疗，每年春秋两季对牲畜及家禽进行预防接种，减少疾病的发生和蔓延。

1972年，乐业公社东风大队有马25匹，因流脑发病4匹，经积极抢救，治愈1匹，死亡3匹。

1973年，三村公社部分生产队，发生以共济失调为主症的同江马匹地方病，县良种场爆发了"马三号"病，死亡20多匹，占总数的一半左右。有关部门外请专家教授研究诊治，经过精心治疗并采取隔离措施，才防止疫情蔓延。

1976年秋，乐业公社一庄大队暴发猪瘟，死亡200余头，占全队猪总数的60%。向阳公社朝阳大队因猪瘟死亡100余头。主要原因是预防接种不彻底而造成疫病流行。

第五节 工业经济

1949年1月至1959年，因同江撤县为区，工业没有大的发展，仅有一些私营的油厂、酒厂、小火磨，小酱醋房、小铁匠炉等几家手工业。1956年社会主义改造时，将几家个体形式铁匠炉和木匠铺合并为集体性质的铁工社、木器社。

1959年—1966年1月，同江改区为镇，成为抚远县政府所在地，这一时期的工业有所发展。先后建起了发电厂、农机修配厂、粮油加工厂、印刷厂、糕点厂和铁木、制砖、服装、皮革等生产合作社。

1960—1962年的国民经济调整时期，根据国家提出的调整方针，把一部分工业企业转为集体所有制，共恢复了8个工业生产合作社，精简了217名职工，清理积压物资1.8万元，使一些长期亏损的企业转亏为盈。

这一时期，县政府采取了"三就、四为"的地方工业发展方针（就地取材、就地生产、就地销售，为当前政治服务、为农业生产服务、为人民生活服务、为战备服务），建立了一批适应边境小县镇经济发展情况的工业企业。制造土设备31台（件），创造价值13 630元，机械化程度提高了43.3%，提高劳动生产率近3倍。但是，由于同江工业基础薄弱，资金不足，技术力量匮乏，管理水平低下，工业的发展还远远满足不了生产和人民生活的需要。

1969—1970年，是同江工业发展较快的两年，这期间新建了同江县农业机械厂（后改为同江县机械厂），乐业、三村农机修理厂，同江县制瓦厂以及乐业、三村公社综合厂，还有一部分农村小电站等工业企业。1969年，工业总产值达到174.3万元，比1968年增长40%；发电量比1968年增长40%；白酒产量增长近1倍；农机修造厂、酱菜厂、农具厂和鞋帽、被服等生产合作社产值分别提高12%—31%。

1972—1976年，全县开展了技术革新和技术革命运动，并建立了"技术革新、技术改造"领导小组。这一运动，共完成技术革新和改造项目97项，革新设47项，新工艺2项，新产品9项，其他26项，其中重大成果11项。

1978年，是同江工业发展进程中的重要时期，按照发展三级农机修造网的要求，坚决做到3个要上（农业机械化需要的产品要上，国家急需短线缺门产品要上，全县卡脖子、配套原材料和生产上的薄弱环节要上），坚持走"以粮为纲，多种经营"和"以轻保重，以重支农，以副养机，以机促农"的发展同江工业的路子。全县工业企业由1976年的24个发展到31个。其中全民所有制企业12个，集体所有制企业19个，新建同江县汽车修配厂、同江县水暖器材厂、双河苇场等。街津口、八岔、平原、临江等也相继成立公社综合厂。1978年，全县工业总产值达到580万元，劳动生产率提高到4 229元，职工人数增至2 103人。同年11月，同江成立了工交政治部。这个机构既是县委的参谋部，又是工业部门的工作指挥部。

所有制变化

从清光绪三十一年（1905年）开始，同江的面粉、榨油等行业，均属个体私营工业，由自给自足的自然经济逐渐变成了商品性生产，出现了私营手工业。到1930年，已发展到8家粮油加工业作坊。

民国年间，县城、二屯、二龙山成为商业集中区域。以粮油加工为主的私人手工业发展到5个品种，计21户，不仅满足了当地供给，还远销富锦、抚远，饶河等地。

伪满统治时期，殖民者实行野蛮的经济独裁，严重地压制了民族工业的发展，致使同江的一些民族工业相继破产停业，幸存下来的也勉力维持，手工业发展十分缓慢。伪满后期，仅有12种25户手工业主还在继续营业。

1946年6月县政府成立后，原已停产的几家私营手工业厂、社，都先后恢复生产。1949年，同江作为富锦县的一个区，有铁木、农具、被服3个生产合作社，共有社员25人。1956年，同江社会主义改造后，原有的几家手工业，合并为4个手工业合作社，有职工53人，产值达14万元。

1958年4月，同江作为公社，将铁木、农具、被服3个生产合作社变为公社的社办工业。1959年，同江作为镇，根据中共中央国务院"手工业35条"规定，把4个手工业合作社转为地方国营工业企业。

1962年1月，对镇内手工业又进行了调整，将地方国营木器厂、农具厂，恢复为2个集体所有制的手工业生产合作社。7月，又将商业系统的国营服装鞋帽加工厂，分别转为集体所有制的2个手工业生产合作社。原地方国营的砖瓦厂、铁木厂也同时改为集体所有制的砖瓦、铁木2个生产合作社。商业服务的修鞋、白铁两个合作小组及修表刻字等，也归入合作社，组成合作小组。

1964年，同江镇共有6个合作社，3个合作组，102名职工，3个个体手工业者。

1965年，镇内各手工业生产合作社和手工业合作小组，组成手工业合作联合社。1969年，同江县原农具社、木器社、白铁社合并为联合厂，转为地方国营工业、更名为农具厂。

1976年，同江县地方手工业各生产合作社改为同江被服厂、同江白铁厂、同江砖瓦厂、同江皮帽厂、同江农具厂。

电力工业

同江县的电力工业，始于1939年，由私人开设的"信成涌"油房，用榨油的锅驼机为动力，带动1.2千瓦的直流发电机发电，供油厂和伪宪兵队、伪县公署使用。余下的供商店及附近少数居民点照明。

1945年底，县政府接管了"信成涌"油房，改称"大众油房"，继续供电。1949年，大众油房停产，供电也随之中断。

1959年3月，同江成为抚远县政府所在地后，因无力建发电厂，在油米加工厂内，由锅驼机另支一吊杠为动力，带动12.5千瓦的发电机发电，为厂内生产和县政府、广播站及部分居民提供间歇性用电。由于设备陈旧，运行不正常，电力供应时断时续。

建材工业

国家第一个五年计划初期，同江县的建材行业主要是红砖生产，唯一的1家建材工业企业为同江县砖瓦厂，其产品主要解决本县基本建设原材料缺乏的问题。

同江县砖瓦厂始建于1958年，当时为同江公社的社办厂，1959年移交给县建设局经营。1962年归手工业科管理，是同江镇内规模较大的厂家。

同江砖瓦厂原有一座小窑，5个扣坯场地，工艺技术落后，红砖质量差，群众把它比喻成食品店里的"核桃酥"。1962年，恢复集体所有制，有工人11名，年产红砖17万块。1965年，购买两台日产3万块的制砖机和1台54型东方红拖拉机，但制砖机性能不稳，投产后达不到计划要求。砖厂发动职工大搞技术革新和设备改造，先后试制了皮带输送机、自动切坯机、高压自动供水装署、自动抬板装车机和自动断条机等20余种机械和半机械化设备，使砖厂自1970年开始连续6年提前完成国家计划。到1976年，年产红砖1 200万块，产值增至36万元。职工人数增加到77人，环形窑变成了24门轮窑，厂房面积由建厂初期的150平方米发展到2 700平方米。

食品工业

同江的食品工业是1959年发展起来的，食品工业企业主要有同江县食品加工厂、同江县酱醋加工厂、同江县油米加工厂、同江县制酒厂、同江县乳品厂、同江县饮料厂，另外还有一些乡镇和个体的小型食品工业。不仅满足全县人民生活的需要，而且还远销省内外。

同江县食品加工厂。该厂始建于1959年，最初叫制果厂，归服务公司经营，后由烟酒公司管理，隶属于商业科。后和酱醋厂合并在一起，主要生产糕点、糖果、酱醋等。

1962年，职工人数16人，生产糕点16吨、糖果10吨、酱油20吨、醋11吨，总产值4.88万元。1966年，食品加工厂改称为同江县糕点酱菜厂，当年产值达5.7万元。

1968年，与酱厂分开，到1971年，食品厂职工人数增加到32人，主要产品数量也不断增多，年产糕点87吨、糖果37吨、冰棍3万支，生产设备有电动机7台、电炉1台、冷冻机1台。

同江县酱醋加工厂。该厂是1958年由个体户合营过来的，归同江镇供销社经营，1959年3月，交给县商业系统经营，并和制果厂（即同江县食品加工厂）合并在一起。1968年，与食品厂分开，独立经营，有职工5人。除生产酱醋外，还生产过面碱，每年生产酱油30吨、醋20吨、面碱70吨。1971年，酱菜厂在同江镇西南新建厂房450平方米，正式工人发展到7人。同江开始生产豆腐、豆瓣酱、咸菜等，且产品产量逐年增加。

同江县制酒厂。该厂于1958年建立，1966年隶属同江县工业科领导。制酒厂建厂初期，利用同江三法寺旧址，经过翻修后作厂房投入使用。生产产品有白酒、糖稀。1960年，停止糖稀生产，只酿制白酒，当年生产白酒27吨，产值5万元，纯利润8 000元。制酒原料是玉米糠，每年只生产两三个月。1974年开始，以粮食为原料制酒。

同江县油米加工厂。伪满时期，有"东顺祥"火磨和"信成涌"油房，1952年8月停产，油厂的主要设备转到二龙山油厂，其余零星的设备与厂房留在同江。

1958年，同江县油米加工厂利用原有厂房和剩余设备投入生产。当时的加工机器为25马力锅驼机，厂房面积500平方米，土草结构。油米加工厂共有职工35人，主要设备有油榨12台，石磨2台，立式磨米机2台，日产豆油3吨、面粉4吨。

由于设备老化，产量不高，满足不了人民群众生活的需要，大部分社队都到富锦、绥滨去加工。1961年，将省水产基地——蜿蜒河养殖场的180马力锅驼机调到同江，对油米加工厂进行改装。改装后，拥有2吨锅炉1台，75马力汽机1台，职工人数增加到48人，全年生产面粉62.4吨、杂粮米20.7吨、杂粮粉135吨、豆油25.7吨、豆饼221.5吨，总产值达到8.57万元。这一时期的小麦出粉率为82%，玉米出粉率为95%，大豆出油率为9.6%，玉米出米率为54%。

1966年，油米加工厂新购置了面粉机，建设砖瓦结构厂房1 000平方米，国家给予投资25万元。制粉车间增设复式800面粉机1台，职工增到62人。年产面粉453吨、杂粮米粉595吨、豆油148吨、豆饼1 039吨，油脂品率达到12.5%，小米达到68%。加工1吨大豆的费用为428.04元，生产总值是35.8万元。

1967—1969年，同江油米加工厂曾和同江县粮库合并又分开。

1970年，油米加工厂生产豆油214吨、面粉2 241吨，工业总产值达97.4万元，利润总额1.8万元，职工人数增至73人，固定资产原值33万元。

1972年2月24日下午，制米车间发生火灾，烧毁全部制米车间厂房和机械设备，烧毁原粮800余斤、面粉400余斤，共损失113 956元，造成制米车间停产一年多。

1978年，由合江地区粮食局拨款16万元，新建1 000平方米榨油车间，增加90型油榨16台，日产量达15吨。

印刷工业

新中国成立初期，同江的印刷行业比较单一，印刷工业企业只有同江县印刷厂1家，到80年代后期，才能印刷成册的书本。

同江县印刷厂始建于1959年，建厂初期只有3名职工，1台印刷机，厂房面积100平方米，土草结构。产品只能印刷一些简单的表格，年产1 200千印，产值几百元。到1961年，印刷厂职工增加到8名，年产值增加到千元。由于当时缺乏电力，印刷厂职工采取人拉脚蹬运输，用手工切纸来维持生产，工厂效益与产品质量低下。

1962—1964年，印刷厂人员增加到13名，新购进了1台印刷机、4台裁纸刀和1台铸字机，产量增加到5 654千印，年产值5.6万元。

1965—1968年，同江县印刷厂人员增加到26人，产品产量达10 059千印（1968年），工业产值增加到10万元。

1974年开始，同江印刷工业发展较快，工厂设备已有6台印刷机、2台裁纸机、3台铸字机，已经能够承揽大中型印刷业务，曾经为佳木斯市印刷《中国哲学史》7万册，为同江党校印刷《马列主义常识问答》6万册。

机修制造工业

新中国建立初期，同江机修制造业主要是为各公社修理农机具，后来逐渐发展到能制造一些简易的农具，到70年代，开始制造小型农机具和进行汽车修理。主要企业有同江县农机修造厂、同江县农具厂、同江县机械厂和同江县汽车修理厂4家。

同江县农机修造厂原为"同江公社农业机械修理厂"，1960年又改为"地方国营抚远县农业机械修配厂"，隶属于工业科，后归农机科管理。1966年，称"同江县农机修造厂"。

建厂初期，农机修造厂有职工20余名，厂房是几间简陋的土草结构平房，生产设备只有两台旧式车床，主要负责农机具修理任务，此外还承担镇内主要机关、企事业单位及部分居民区的供电工作。

1961年，农机修造厂因生产设备落后，不能承担拖拉机大修任务，产值只有2.46万元。1966年，农机修造厂迁入在城南的新建厂房后，与发电厂分开，专门承担农机修造任务。

1970年，农机修造厂进行大幅度设备改造更新，已有切削机床8台，锻压设备4台（其中，锻锤2台、剪断机2台）。职工人数增加到74人，当年工业总产值达到9.5万元，固定资产净值38.1万元，产品销售收入9.4万元，生产了机械化农具配件3万件，机引配件1.2万件。

1972年，农机修造厂认真贯彻国务院"农机修造厂以修为主，又修又造"的方针，不仅承担了全县农机具修配任务，还承担了部分省、地配件任务。同时，农机修造厂在开展技术革新运动中，也有一定的突破。如老工人李贺龙，为解决生产螺栓下料问题，采用砂轮片切割，经实验，切割直径20厘米的圆钢只用30秒，提高工效近10倍。

同江县农具厂。该厂是1956年在社会主义改造中由个体小烘炉组建的，当时叫铁木社，1959年曾一度转制为抚远县铁木社制造厂。1962年，铁、木分开，改称为农具生产合作社和木器生产合作社。当时设备简单，技术陈旧，大部分是体力劳动，只能生产小型农具。

1963年，农具社建土草结构厂房一栋，面积180平方米，造价6 000元。固定资产原值7 000元。1964年，产值为2.7万元。主要产品有锄板、镰刀、菜刀等。其出厂价为：锄板每把0.94元，镰刀每把0.79元。

随农业生产发展的需要，农具社逐步扩大。到1967年，厂房扩建到450平方米。有烘炉3台，扁担锤2台。职工人数发展到35人，总产值达8.7万元，年产锄板3 830块、锄钩2 220个、镰刀10 220把。

同江县农具社曾于1969年和木器社、白铁社联合转为国营农具厂。1970年1月，又恢复为原来的农具、术器、白铁3个生产合作社。

1970年，当年新建砖瓦结构厂房400平方米。1975年，农具社改称为"同江县农具厂"，并在该厂新设"同江县水暖器材厂"。一套领导班子，统一核算。

同江县机械厂。该厂始建于1970年，初名"农业机械厂"后改名为"同江县机械厂"，是同江县第一个机械制造厂家。

建厂初期，主要产品有扬场机、粉碎机、脱谷机、农用拖车等，后来又承担了C6-132、C6-136车床生产任务。

同江县汽车修理厂。该厂是原同江县机械厂的一个车间，1978年9月与机械厂分开，单独建厂，实行独立核算。全厂共有职工36人，厂房面积400平方米。厂内共有发动机、夜幕盘、电工、钣金机加、电焊、风焊、修水箱、喷漆、烘炉、打气、镗缸机、磨缸机等12个班组，主要承担全县汽车的大中修及一、二、三级保养和检修任务。

汽车修理厂的主要生产设备有金属切削机床4台、台钻1台、砂轮机1台、机械压力机1台，动力设备有电动机2台、121千瓦。

木材加工业

1966年以前，同江的木材加工业只有几处木匠铺和手工业系统所属的木器社。产品主要有木制门窗、大车棚、箱柜、桌凳等。全靠手工操作进行生产。

1966年，同江县建立起了木材加工厂，除了锯材、原木加工外，还可加工制造农业用具、炊具等。从1969年开始，同江镇和农村各社队也先后办起了铁木加工厂，加工生活用木材和生产铁木工具，以供应市场。各乡、镇、村屯基本上都有圆盘锯。个体木匠也很多，方便了人民群众的生产和生活。

同江县木材加工厂。该厂成立于1965年，是同江第一个木材加工企业。建厂初期，只有一个圆盘锯，没有厂房，在物资公司内露天作业，有7名工人，木材年加工量900立方米，产值9万元。

1974年，木材加工厂搬迁到同江镇西北处新建厂房，厂房面积315平方米。加工机械由原来的轮锯改为两条带锯，动力设备有50千瓦的电动机5台。

同江县木器厂。该厂是原同江公社经营的铁木社的一部分，1962年根据中央颁发的"关于城乡手工业若干政策问题的规定试行草案"精神，将地方国营铁木制造厂分为农具、木器两个生产合作社。

木器社规定在社员入社的时候，把主要的生产资料折价转为合作社集体所有，除了抵缴本人应缴纳的股金外，多余的部分可以作为存款，定期付息，分期分批还本。折价后的工具，仍归原主使用。木器社共有19名社员，总投资金8 361元，基本上满足了生产资金需要。木器社主要生产日用木制品和维修木制农渔具，如大车、渔船等，因全部生产过程都是手工操作，劳动效率较低，1962年，全年产值仅3 380元。后来木器社在全县开展的技术革新运动中，发动全厂职工搞技术革新，其中用木旋床削刀把、旋面杆，效率比原手工操作提高5倍；木钻床钻孔，工效也提高很快，4个工可以做1个衣柜、2个工做一张办公桌。

到了1968年，木器社有了更大发展，主要设备有圆盘锯、自动刨、手压刨、卧式开榫机、扣铆机、打眼机各1台，机械化程度达80%。主要生产项目是给胶轮大车上棚，胶轮手推车上棚及生产木制家具、木制炊事用具等，总产值达9.7万元。

1975年，木器社和其他生产合作社一样，改称"同江县木器厂"，归第二轻工业科领导。

缝纫工业

1949年，同江的缝纫业只有一个被服社，1958年转为国营所有制，有25名社员。1962年转为服装、皮革制鞋两个集体所有制的手工业生产合作社，1975年改为同江县被服厂和同江县鞋帽厂。

同江县被服厂。1962年，被服厂有职工18人，车间是30多年的民用老房，主要加工服装。1963年，加工布制服装7 507件，总产值9 340元，1967年总产值达9.2万元，而1969年降为1.2万元，生产很不稳定。

同江县鞋帽厂。1962年为皮革、制鞋手工业生产合作社，有7名工人，主要生产车马挽具和便枷鞋。1975年正式命名同江县鞋帽厂。

1962年，鞋帽厂生产布鞋800双。由于经验不足，生产效率低，产品成本高，价格高于外地同类产品。当时，生产的男五眼鞋出厂价为9.58元，坤拖拉鞋出厂价为4.12元，因销路不好，暂时停止了生产。后以熟皮张为主。1965年开始生产车马挽具和皮帽子，工人减至2人。

1969年后有了较快的发展，人员猛增到22人，年产值达到4.9万元，生产车马挽具2 445件、皮帽子2 150顶。

乡镇工业

1958年，同江、乐业、三村3个公社随着大跃进的兴起，办起了铁木、米面加工、农具修理、被服、编织等厂。

同江镇人民公社经营的铁木厂，共有人员25名，主要从事小农具、日用木制家具等生产，年产值6万多元。乐业公社铁木、米面加工厂，共有人员14人，主要从事小农具、米面加工、日用木制家具、发电等生产，年产值3万元。三村公社铁木厂，人员7名，从事小农具、日用木制家具生产，年产值2万元。

1959年，同江镇先后办起过饭店、小砖窑、理发店和制酒、农具修造等工厂。

当时的乡镇工业，本着农闲多办、农忙少办、亦工亦农的原则办厂。各企业实行独立核算、自负盈亏。受人民公社的领导管理，向人民公社交纳一定数量的公积金。对分散的公社手工业工人，可参加生产大队和生产队的手工业生产，进行独立劳动，劳动报酬可以按件计工，也可以按产值计工或自产自销、自负盈亏。在不妨碍集体经济发展的条件下，发展家庭手工业生产，可以自产自销，可以加工订货，收入归己。

1969年，在"以粮为纲"、多种经营的发展经济方针指导下，同江镇、乐业、三村等社镇，相继办起了小电厂、农机修理、制砖、榨油、粮食加工、铁木加工等综合厂。同江镇街道办起了综合服务部（服务项目有修车、被服、修鞋等）以及编织厂、打棉厂、"小车队"、美术社等工业，均为独立核算、自负盈亏，每月按比例提取公积金和公益金管理费等。1972年向阳公社也成立了综合厂，4个公社和1个街道工业产值达10.2万元，成为同江地方工业的一部分。

1973年以后，同江县开始在东部、东南地区建设新的村社，同时，镇社工业也随之迅速发展。1975年，同江镇街道办的制瓦厂转为同江县建设科所属企业，定名为同江县制瓦厂，共有人员16人，固定资产4万元。同年，同江镇街道维修队也转为同江镇人民公社建筑队，工资分配形式是月薪日记的办法，人员编制定为50人。

随着社队企业的发展，原来的管理体系已不能适应需要，1977年，同江县增设了社队企业科，管理全县的社队企业工作。有的公社还成立了企业管理站，负责社队企业的管理。这一年，全县已有9个公社、76个大队办起了工业企业，其中有农机修配厂、砖厂、油厂、烘炉车间、建筑工程队、砂石场、被服厂、米面加工厂等近70个企业。

1977年，全县社队企业总产值达99.5万元，从业人员945人。到1979年，社队企业发展到77个，从业人员达1 217人，各种设备165台（件），厂房面积达7 599平方米，总产值达140万元。

第六节　交通运输

干线公路建设

1959年，哈尔滨至同江公路同江路段开始修筑路基，拉开了同江公路干线建设的序幕。同江路段全程23.5千米，当年完成了70%，至1960年全部竣工。1961年4月，哈同公路同江至富锦段全线通车。1964年，国家又拨款将普通路基改筑为国家标准五级路，同时改建永久性桥梁两座、涵洞14道。1968年，国家又投资6万元将过渡式的路面全部铺装碎石，达到晴雨通车的程度。

县级公路建设

同江县的县级公路建设，国家十分重视，1960年，国家投资75万元修建同勤公路的路基，开始了县级公路的建设。

同勤公路原以同江经三村、街津口至勤得利划定路线，结合江堤而修建。由于公路穿越河流重湿地，泡沼较多，多年修而未成。沿途村民，夏季靠水运维持交通，冬季则在荒野中开辟临时道路，特别是每逢化冻、封江的春秋之时，水旱都不能通行，给人民群众的生产生活带来很大的不便。

为解决这一困难，1966年2月，县委组成勘查组，7天的时间行程300余里进行实地勘测，最终选定了由同江经青龙山（勤得利农场九队）至勤得利的较为合理而耗资又少的路线。后经省委批准，省军区拨边境费用款，修建了同勤公路的同江至青龙山路段。此段全长37.267千米，由县里和农场联合修筑。同江县抽调强壮劳力500多人，组成常年筑路队，于1966年7月动工修筑路基；农场也先后出动300劳力和6台推土机，进行突击抢修。至12月中旬，完成全程的70%多。1967年，县里和农场又续建路基工程，先后建了莲花河、青龙河2座百米简易木桥，同江至红卫段22千米也于当年铺装了路面。

1975年，省边防公路投资维修红卫以下路段，提高路基15.5千米。1976年，交通部将该路段列入边防公路建设计划之中，工程由地区组织六县筑路民兵团施工，改建标准路基8.5米，路面宽5.5米，铺装泥结碎石路面22.1千米。

同年，由省机械化施工队和绥化地区组织民工修建勤得利至八岔58千米的路基，1975年铺设路面，1976年交付使用，1979年整修路基、加高路面，至1980年才全部完工。但该路面地形复杂，沼泽遍布，尤其靠近黑龙江，地势低洼，每年春夏两季节，常因道路"翻浆"而阻碍交通。

1974年，国家拨款修建同江至三江口专用公路7千米、八连至街津口公路14.5千米，当年就铺完了两条路的泥结碎石路面。

1977年，省批准同江至二村边防公路修建工程，全长13千米，1978年11月竣工。同二公路原定为同江经丰乐、头屯至二村，后改为同江经头屯至二村，虽然改线比原定路线多2.5千米，但可利用老路基，联结沿江2个大队，又可达到边境社队有迂回路。

乡路建设

新中国成立初期，同江区域内的陆路交通依赖于日伪统治时期遗留下来的几条简易公路，因年久失修，基本上不能使用，后来虽然经过多次复修，但仅能走些牛、马车，机动车辆仍不能通行，四乡的居民到同江办事，只好沿着人行小路通行。

抚远县城迁至同江后，地方道路开始建设，到两县分开后，建设规模逐渐扩大。1964年5月，省下拨5.98万元维修费补贴同江至三村段地方道路1.7千米。1965年11月，全县动员民工9 272人、民车41台，突击修建4条总计长22千米的路基工程，全年新筑路基4.55千米，加高路基21千米，改建涵道14处。1967—1970年的4年间，新建路基19条，长78.5千米；提高路基3条，长23千米。1976年以后，省、地边境道路补贴费逐年增加，当年拨款2.5万元修建同江至前卫地方公路。1977年，乐业、向阳两个公社实行山、水、林、田路一体化，设立了常年修路专业队。

公路客货运输

客运。同江县第一台有棚客车是1959年秋场县合并后，从水利部门抽调了一部解放机器，后由农场出车架，技术人员自己动手拼装起来的。当年冬天，开辟了同江至富锦不定期客运班车。

1960年，调入1台日本制造的"小金刚"客车。1961年4月，同江至富锦的客运班车正式运行，每日往返一次，但如遇大雨，客车常常就地"抛锚"，不能按时返回。1961年11月，同江经三村、街津口至勤得利的客运班车开通，班次不定。1962年10月，用省交通局拨入的1台"解放"牌汽车从哈尔滨工业大学换回了1台40座位的"和平"牌客车，缓解了抚远、勤得利至同江及同江到富锦的客运紧张局面。

1967年冬，因同江至勤得利运输路线改变和车辆缺少，沿江的三村、街津口两个公社至同江的客运时断时续，没有固定班次。

1969年以后，由于大量开荒建点、知识青年插队落户以及兵团的建设发展，同江客运量急剧增加，到1969年冬季全县已开通了4条客运干线，而客车却只有两台，仅能维持2条干线的客运，至于短途客运更是无法安排。4月份，地区调拨36座位的"660"型客车1台，客运站调整了客运路线，增加了客运班次，使客流阻塞的现象稍有缓解。

1975年，同江经二村、三村、街津口至八岔的班车冬季改为5天一趟，同江经富锦至福利的班车每日往返。由于同江南部几个公社发展较快，客运量加大，后来又增加了同江经乐业至二十五米桥的短途班车。到1976年，客车已达6台。1977年，又新接回"661"型客车4台，改同江至街津口、同江至八岔的直达班车为逢双日一趟。

货运。1959年，八五六农场和同江县合并后，从农场调来苏联造的"吉斯王"小型货车5台，成立了汽车队。县交通局自筹经费购买了马车7台、马21匹，组成了马车队，承担短途运输和筑路任务。1962年场县分家，原农场的汽车又调回一部分，10月，省交通局拨入"解放牌"汽车4台。1969年，增加了6台挂车，车辆载重由4吨提高到8吨，解决了一些民用物资和战备物资的运输。1975年省拨新解放汽车5台，进行了车辆更新。1976年，货车达12台，挂车达9辆。

除了运输公司外，同江县交通运输社也是一支民间运输力量。其人员全部来自宾县和平渔场。1967年，迁至同江镇公社，成立新立渔业队，1970年改为同江镇新立生产队，1971年正式成立运输社。1972年12月，根据国家对运输装卸"三统"的政策，运输社归属交通科，称为同江县交通运输社，1974年，运输社由工分制变为固定工资制，有工人36人。

水路运输

新中国成立以前，同江的交通运输大部分依赖于松花江和黑龙江的水运和冬运，民国时期曾有哈尔滨至黑河客船航班往返于松花江、黑龙江航道，同江是这趟水运航线中的关键节点。伪满时期，同江水运有客、货船只可达佳木斯、虎林、黑河等地。

新中国成立初期，由于同江县境内公路状况较差，通行率较低，特别是东部地区地势低洼，雨季基本不通车，只能走水路，因此水路运输仍旧显得格外重要，县城周围的三个码头发挥了很大的作用。

同江码头。同江码头位于松花江支流，同江县城北部，是松花江、黑龙江、乌苏里江航线的连接点。1957年，合江航道公司在同江码头修建房舍，设工作人员管理航道事宜。1958—1959年，同江设立商易站，使用日伪时期遗留下来的旧码头，吞吐量甚微。1959年5月，建同江航运站。1960—1963年，码头修建护坡2 000余米。70年代以后，同江码头因航道逐年淤塞，枯水期船只进港困难，遂将码头迁至横江口，原有码头仅供一些小型机船停靠。

横江口码头。横江口码头始建于1970年，有160平方米的船站一座。码头距同江县城2千米，位于松花江主航道，有2个千吨泊位。水运上通可达哈尔滨、佳木斯、富锦等，下可抵抚远、饶河两县，北上还能到达萝北、黑河等地。客运量年约4 000人次，货运量约为2.3万吨。因码头是一个天然的土码头，岸壁常年被激流冲刷，不断塌方，每年大约被江水吞掉20—30米，严重影响了航运。1982年，同江开始在原址筹建新码头，1986年完工。新码头拥有4个千吨级泊位和立式船台，可同时停靠4艘千吨级泊船作业，港区拥有周转场地7万平方米，年吞吐能力可达150万吨。

三江口码头。三江口码头北距同江市区4千米，为黑龙江、松花江汇合处，因两江汇合，水势骤增，江面开阔，水深、流稳，是很好的天然良港。

同江县的小型机船在水路运输中占有重要地位。

1950年，有5吨位的木帆船两只，来往于富锦、萝北、抚远之间。1958年，同江乡建造80马力的内燃机船一只，建造40吨位的木驳船一只，同江地区首次有了自己的机船参加航运，但1963年机船烧毁。1959年，场县合一成立的航运公司，有"江峰"等机船3只、452马力，有380吨位驳船4只。1960年，货运量8 630吨，周转量94.6万吨千米。1962年，船只相继增加"江涌""江涛""江波"等7只，驳船500多吨位，人员达60余名。1965年，货运量达1.52万吨。

1972年，自己建造150马力、20吨位的木质自动驳船1只，后又建造240马力、70吨位的自动驳船1只，1974年，又造44马力、5吨位的木质自动驳船一只，命名为"水产四号"，后改"1210号"。1977年，造300马力的内燃机船1只，命名为"同水拖2321"；造200吨位的驳船一只，命名"同水驳2211"；将原来240马力、70吨位的自动驳改装为100吨，命名"同粮货1211"。

1981年，建造200吨位的驳船1只，命名"同粮驳2205"。1970年，全县机动船7只，驳船4只，木帆船18只。

1966年，街津口公社造机船1只，命名"繁荣号"，后转让八岔公社。1975年又造120马力、40吨位的自动驳船一只，仍为"繁荣号"，后改为"同津货1212"。

1968年，外事办公室造24马力内燃机船1只，命名"险峰04号"，后改为"长城215"。1974—1975年，木材公司分别造480马力内燃机船1只、300吨位的驳船2只。

1975年，林业科造240马力的内燃机船1只，命名"同林拖243"。造110吨位的驳船1只。同年，县知青农场造150马力内燃机船一只，1977年，转卖八岔公社，命名"团结号"。

到1975年底，全县有机船8只，驳船6只，木帆船135只。

第七节　商业经营管理

1972年，同江县商业固定资金占用为43万元。县商业固定资金大部分来源于上级拨款，其中一少部分属于自筹。

县商业的流动资金主要依靠银行贷款。每年根据商品库存量，销售能力，预计资金周转次数，确定贷款指标，并且随着购销业务变化情况，临时调整确定贷款指标的增减。1972年为178万元，1976年为250万元，1980年为410万元，1985年达到462.6万元，1986年达到513.2万元。商业的自有资金只占全部流动资金的15%左右，1972年为38万元，1985年为30万元。资金周转次数历年都在2.5次左右，最好水平是1981年，资金周转次数提高到3.87次。

20世纪70年代同江第一百货商店　市档案馆提供

1966年以后，一直把降低商品流通费用作为改善经营管理的主要事项，并把流通费用与商品销售总额比重的大小，作为衡量、考核企业经营管理水平的标准。1966年，商业的商品流通费诸如直接用于商品流转开支的运杂费、人员工资、银行利息、设施修理、差旅办公费等等，费用率为14.07%，以后历年的费用率始终保持在11%~12%之间，其中最好的年份是1979年，费用率下降到8.57%。

由于商业经营分工和经营管理水平高低不同，实现的利润也不一样，有的年份甚至出现亏损。1966年，全系统纯商业亏损13.4万元，饮食服务行业亏损9 000元。历年中，除1981年受严重水灾影响，亏损17.3万元外，其他各个年份，每年汇总后，盈亏相抵，都略有盈余，其中1977年、1978年两个年份，全系统无亏损单位。

第八节　社会事业

新中国建立初期，受经济形式单一和基础设施建设规模等因素的限制，同江县社会事业发展比较缓慢，但县委、县政府对全县社会事业发展非常重视，意识比较超前，曾采取因陋就简、因地制宜和招聘外来人才等措施，重点发展教育、卫生和文化事业。这些招聘来的各类人才，为同江后期的社会事业发展打下了坚实的基础。

教育

学前教育。同江学前教育始于1958年。农村实现人民公社化后，各社队建立了幼儿园、托儿所。当时，同江镇公社幼儿园、所，入园幼儿208人；三村公社中心校办幼儿班1个。

1959年，县直机关设立托儿所1处，入托幼儿30余人，后发展到50余人。分大、中、小3个班；大班幼儿教育也相当简单，只是唱唱歌，跳跳舞，教几个简单的汉字。

1960年，同江有幼儿园28处，入园幼儿763人，保教员66人。县妇幼保健站举办了3期保教员学习班，学习内容主要是普通科学育儿常识和一般常见传染病的预防。

1964年，县城（同江镇为抚远县所在地）内设幼儿园1处，2个班，在班幼儿50人，保教人员4人，其中有一名专职幼儿教师。后因条件限制停办，幼儿多数归并县机关托儿所。

1969年3月，同江县成立了儿童保教委员会。

1976年，全县常年性幼儿园、托儿所共12处，入班幼儿346人。向阳公社奋斗大队、乐业公社万发大队、同江镇公社新光大队办起了幼儿班3处，入班幼儿计103人。

初等教育。1949年2月，同江撤销县治，归属为富锦第十区。当时，全区有初级小学15所（其中民办小学2所）、完全小学1所，总计16所、27个教学班（包括初级复式17个，高级复式2个），有学生804人；教职工39人（包括民办教师2人）。

1950年，有初级小学毕业生115人，高级小学毕业生110人。招新生一年级175人，五年级96人。

1958年，学校曾一度停课，高年级学生和教职工都去参加改良土壤、深翻地，学校正常教育活动受到影响。

1959年，学校进行了教学制度改革，学生实行考试、列榜、升降级制度。由于各级政府重视教育，全区基本上普及了小学教育。

1960年同江县第一小学　中共同江市委宣传部提供

1962年，根据"调整、巩固、充实、提高"的方针，各级学校进行了调整，处理了超龄生，中学下放了26人，小学处理了22人，大部分超龄生参加了农业生产。同时继续执行"双轨制"，同江民办小学发展到4所，94个教学班，共有学生180人，教师9人。此后，每个大队皆有1—2名民办教师。

1964年，开始试办耕读小学，有头屯、朝阳、南甸3所，3个班，学生77人。

1965年，有13所学校成立耕读组，学生290人。一、二年级学习耕读课本，三年级以上学生学全日制教材。耕读小学一般由大队自办，因设备简陋，又称简易小学。耕读小学的办学原则是因地制宜、合理布局、小型分散、方便走读，教学方式则采取农闲整日学，农忙半日学或早、午、晚班及送学上门等。允许学生晚来早走，随来随教，允许带弟弟妹妹上学，允劳动假，允许年龄大、智力发展好的学生多学，智力差的少学。这样，使那些生活困难的农民子女有了受教育的机会，使学龄儿童入学率由过去的75%提高到91.4%，基本上普及了小学教育。

中等教育。1952年下半年，同江开始设初级中学班，当时仅有1个教学班，64名学生，3名教师。

1959年，同江正式建立初级中学。因当时同江归属抚远县，名为抚远县第二初级中学，1962年更名为抚远县中学。有3个教学班，其中一年级2个班、二年级1个班，共有学生120人、教师10人。有校舍10多间，都是破旧草房。当年省拨经费8万元，筹建砖瓦校舍1 053平方米。

1962年，有高中一、二、三年级3个高中班，在校生达80余人。同江完全中学的创立，结束了同江、勤得利、抚远等地区的中学生特别是高中生远至富锦、佳木斯求学的历史。

1963年，首届高中毕业生25人，除为上级大专院校输送4名学员外，余者大部分充实到教育部门。

1966年，这所中学更名为同江县中学，有初中9个班、高中2个班，在校生465人，教职员工32人。校舍面积达到1 453平方米。

1977年，全国恢复高等学校招生考试制度，同江参加统考89人，被录取10人，参加中专统考486人，录取39人。

1978年5月，同江县文教科举办了高中、初中、小学毕业生语文、数学竞赛，提高了学生学习文化课的积极性。全县中小学开始贯彻教育部重新颁发的《中小学教育工作条例》，使学校工作有规可蹈、有章可循。

是年7月，同江中学教育一律改为5年制（初中3年、高中2年），县政府确定同江县第二中学、三村大队学校为县、公社合办的重点学校。重点学校招收新生一律通过统一考试，择优录取（农村也占一定比例），重点学校又确定重点班，普通学校也开设重点班，因材施教。

专业教育。1958年，同江区设农业中学1所，有2个教学班、82名学生、3名教师。

1962年7月，同江、乐业、三村3个公社分别设立了农业中学。三村、乐业两所学校于1963年3月停办。

1965年8月，头村小学附设农中班1个，学生7人。1966年8月停办。

1962年7月，设同江镇农中，是一所以镇办为主、县办为辅的半耕半读的农业中学，校址在当时物资公司道南。学生来源主要是同江镇没有考上普通中学的小学毕业生。建校初，招收学生32人，第二年招生40人，第三年已有3个班，学生120余人，教职员工11人。1965年，毕业一期，为上级中等专业学校输送学员12人，剩余学生大部分参加农业生产，成为生产第一线的骨干力量。

1974年5月，将五七大学改建成同江县农民技术学校，无固定校址。原名同江县农村建设学校，后改为农民初等技术学校。

少数民族教育。街津口、八岔两个少数民族乡，先后于1950年、1952年设立民族联合小学校。据1953年统计，两所学校有学生60余人，其中赫哲族学生约占学生总数的1/3。

1958年，场县合一，街津口、八岔两所学校由国家办学转为企业办学，1963年又恢复国家办学。两所小学皆为初级小学4年制，采用三组乃至四组复式教学，学生的课本则使用一至四年级普通汉语教材。初小毕业后，学生很少到抚远、勤得利、同江等地升学。

1961年，街津口出现一批高小毕业生。

1963年，两所小学教学班6个，学生117人。其中赫哲族学生28人，入学率达93%。

1969年，街津口、八岔两个公社都建立了初中班。1971年，又增设高中班。

1966年之前，赫哲族只有1名医学院毕业的大学生和1名中师毕业生。

国家非常重视少数民族地区的文化教育，每年都拨大批款项兴办民族教育，而且经费逐年增加，办学条件不断得到改善。1960年，两校有土草房200平方米。1972—1980年，政府相继拨款30余万元，修建砖瓦结构的教室2 242平方米。教育局又先后拨给这两个少数民族学校的学生课桌椅150套。学校逐步实现园林化和花园化，教学设备和体育器材也逐年增加。

特种教育。1977年8月，同江县创办聋哑学校。当年，在全县范围内招收聋哑学生29名，分两个教学班，教职员工8人。

1978年，建砖瓦结构校舍350平方米。

师资队伍。土改时期，原有的旧知识分子基本留用，民主政府又培训了一批进步的青年参加了教育工作。新中国成立之后，又从有一定文化程度的工农中选拔充实了教师队伍。

1950年，同江区有小学教师37人，其中民办教师2人。

1961年，同江县中学附设一个师范班，从过去高小毕业生中招收学员30人，后撤销，学生部分插入中学班。由于民办小学、耕读小学兴办，各地先后推荐和选用了一批民办教师。

1962年，同江西部几个公社有民办教师16人，占全县小学教师的13%，国家逐年分配了一些简师、初师、中师和高等师范毕业生，充实了教师队伍。

1965年，同江中学有专任教师30人，其中大专以上程度的教师占授课教师的80%。全县小学教师172人，具有中专程度的教师占全县小学教师的29%。

1968—1970年，分配到同江县的高等师范毕业生28人。全县中学教师88人，大专以上程度的教师占全县中学教师的63.3%。县中学大专程度的教师占全校教职员的90%；公社中学大专程度的教师占公社中学教师的44%；大队中学大专程度的教师占大队中学教师的25%。小学教师173人。其中民办教师47人，代课18人，具有中师程度的教师占全县小学教师的32%。

1970—1978年，各单位从教育系统抽调教育干部和教师198人，特别是大中专毕业的骨干教师提调较多，造成中学合格教师极度缺乏。

1978年初，同江县在五七大学开办了"师资培训班"和"俄语专业班"两个速成普通师资班，以缓解城乡的教师短缺。两班学员均为"统一考试、择优录取"的城乡适龄青年，学习期间享受8元/月津贴，学制一年。这些学员毕业后绝大部分分配到了中小学，身份为"顶编代课"，后陆续转正。这些人中，后来有很多成为行业骨干，如张春林（市政）、黄文霞（电大）、曹守金（职教中心）、田墨龙（作家协会）等。

教师待遇。1947年，在同江第一完全小学校工作的教职工实行工薪制，即每人每月工薪20~30元，乡村学校每人每年由农会代耕粮田两垧，至少保证6石粮（高粱、苞米、谷子均可）作为教员的薪水。

1950年评薪一次，全区教师全部实行工薪制。其工薪金额每月仍为20~30元。

1956年工资改革，全区小学教师按照当时职务、工作经历、文化业务水平等，分别评定工资级别。工资改革后，平均月工薪可达40元，比改革前平均每人增加6元。

1963年，全县中小学教职工有40%增薪，小学平均每人增长3~5元；中学平均每人增长5~8元。

1972年，对全县中小学代课教师及低工资教师进行调整，转正、定级。1977—1979年，连续三年调整工资，中小学教师工资平均有较大幅度提高。

体育

体育场地。1974年，在原同江中学南侧修建了同江县第一个专业体育场地，占地约2万平方米。场内设有水泥篮球场一个，足球场一个，因地势低洼，1977年废弃（水泥篮球场仍然使用）。

1978年，在农机大修厂东侧的空地上（日伪统治时期飞机场）重建体育场，命名为"人民体育场"。占地约6万平方米，可容纳观众4 000多人，是全县人民体育活动的中心，全县大型体育运动会、庆祝活动或集会都在这里举行。场内设有标准足球、篮球、排球场地，及跳远、跳高、投掷比赛场地，并在体育场地北侧建460平方米少年儿童业余体校楼1座。

50、60年代，同江各学校体育场地比较少，1978年之后，全县各中小学的体育场地逐渐增多。

竞赛活动。1949—1960年，同江各小学校每年都召开一次田径运动会（农村学校以中心校为单位），因学生人数少，规模不大。

1961—1966年，同江中学和镇内小学及各公社中心校于每年"六一"前后召开运动会。1967年，运动会停办。1972年6月，在同江县体委、县文教科倡议下，同江县中小学第一届田径运动会召开，有10个代表队193名运动员参加大会。从1973—1975年，田径运动会每年召开一次。1975年后，改为每两年召开一次。

1962年，同江中学首次组织学生滑冰活动后，县城乡各小学也相继开始。自1962年开始，县中学和公社中心校每年举行一次冰上运动会。

1976年2月，同江县首届冰上运动会召开。以后每年于1—2月间举行1次。

1978年，为响应上级号召，同江县体委、县文教科、团县委联合组织青少年冰雪活动，自此同江县学校的冰上活动广泛开展。

群众体育。新中国成立后，群众性体育活动比较普遍，特别是恢复县制后，体育项目逐渐增多，有球类、田径、游泳、冰上、棋类等项目。随着社会的发展，城镇中练长跑、气功、太极拳者也逐渐增多。

职工体育。1960年以前，同江的职工体育由区文教助埋负责，体育项目主要有篮球、乒乓球、象棋等。球类比赛活动比较普及，特别是篮球比赛普遍开展，单位系统之间经常进行比赛。

1961年，县女子篮球代表队获农垦系统女子篮球赛第6名。

少数民族体育。同江县少数民族以赫哲族、朝鲜族为多。全县赫哲族居民多数聚居住在街津口、八岔两个赫哲族乡，朝鲜族居民主要分布在同江镇和临江乡。

赫哲族的体育活动具有浓厚的民族色彩。他们历来喜于游泳、滑雪、射击、划船、叉鱼等传统项目。

1950年，建立了赫哲族篮球队和滑雪队。

1958年，在吉林举行的全国滑雪运动会上，县代表队有3名赫哲族运动员分别获得5千米、10千米的第三、四、五、七名。

少儿体育。1975年9月，经省体委批准，成立同江县少年儿童业余体校。建校初期，开办田径、速滑两个班共有20名学员。体校坚持"从小培养，多年训练，打好基础，积极提高"的方针，运动员成绩逐年提高。

文化

同江文化事业发展，其本身带有一定的特殊性。由于同江县是我国人口较少民族赫哲族的主要聚居地，赫哲族文化的传承与发展，得到了党和国家政策的特殊扶持，并带动了全县的文化事业的健康发展，取得了较好的成果。

文化场馆及组织。同江县文化场馆建设于1966年恢复县制之后，由于县财政的资金支持，所建设的场馆功能齐全，管理专业，有效地推动了全县文化事业的发展，人民群众的业余文化生活得到保障。

同江县图书馆于1966年建立。馆内藏书400余册，图书馆面积100平方米，与文化馆合署办公。1968年11月，因图书馆遭火灾，馆内藏书全部烧毁而停办。1973年1月，图书馆恢复。

同江县文化馆于1966年建立。设美术组，负责辅导城乡业余美术活动，开展美术展览与创作，举办美术训练班等；文艺辅导组，负责组织辅导城乡业余文化活动，开展各种形式文艺演出活动，组织巡回演出、节假日演出、歌咏比赛，举办各种类型的学习班。

县新华书店于1959年从抚远迁至同江镇。初期有工作人员3人，草房2间。1962年，县人委将原农业展览馆拨给新华书店和文化馆合署办公，营业室面积50平方米。

1963年7月，设专职农村流动图书供应员，开展了勤得利等边远地区书刊销售工作。半年间供应图书4 900余册，销售额1 785元，占全年销售总额的6.9%。根据同江镇当地实际情况开展古旧书收售工作，又试办了一处租、借、卖小组，方便了城镇广大读者。

1964年，开辟了农村供销社代销图书渠道。1965年开始，80%的供销社代售图书。截至1966年，销售额达6 161元，占书店全年销售额的21%。发行量达33 583册，以农村人口计算，每人平均近2册。

1970年，在同江大直街道南建起一幢390平方米的书店。

同江县档案馆于1966年1月建立，馆址设在海关旧址。"文化大革命"初期档案机构被撤销，1969年档案工作得以恢复，并搬迁到县革委会。

1969年战备期间，同江、富锦、抚远3县，在桦南共建1个300平方米的战备档案库，其中同江占80平方米。

1970年，为了保护档案不受损失，将档案转移到桦南战备库存放。

1972年，档案从桦南运回同江县档案馆。

1975年冬，根据上级关于"边境县不准存放档案"的指示精神，将档案转移到富锦县档案馆暂时存放。

1979年，中越边境自卫反击战时，又将档案转移到集贤县存放。

同江县电影院于1965年建成，建筑面积750平方米，座席783个，工作人员12人，设备有16mmF1-54型放映机一台，35mm550型松花江座机一台。

同江县青年剧团于1945年11月组建，团长吴景顺，导演吴越。

文化艺术。同江县文化资源丰厚独特，文学艺术人才济济，曾创作出大量优秀作品。

1972年以来，同江县业余文学爱好者，在省、地级以上出版的报刊上共发表小说8篇、散文14篇、寓言12篇、民间故事45

篇、诗歌集一册69篇。

时任黑龙江省民研会理事、地区民研会副主席、地区新闻协会常务理事、全国民研会会员黄任远，时任省民研会、国家民研会会员尤金良等人，收集整理了大量赫哲族民间文学资料，并利用业余时间积极创作。他们的作品先后在全国、省、地级刊物上发表，并多次获奖。为同江民间文学的研究和发展做出了很大贡献。

谢广富创作的《山水醉了咱赫哲人》，获黑龙江省音乐创作三等奖，在中央、省电视台播放，人民音乐出版社发表；《龙娃之歌》参加了全国少数民族声乐大奖赛，中央人民广播电台播放；《祖国的窗口——同江港》《我心中的诗行》两首歌曲分别获佳木斯市音乐创作比赛二等奖和三等奖；《同江，我可爱的家乡》黑龙江省电台播放，地（市）级刊物上发表。此外还创作其他歌曲30余首。

同江县文化馆馆员佟九志，1983年被吸收为黑龙江省美术家协会会员。经过多年的刻苦学习和不断地总结经验，在国画、水粉画、美术字等方面有较深的造诣。后开辟了版画新领域，创作的版画《街津口钓鱼台》《冬钓》《打冻网》等作品分别在省、地（市）级刊物上发表。

先后师从佟九志、刘开强等的卢云亭，在国画、篆刻、书法方面很有成就。

赫哲族渔民画家尤永贵创作的《江上溜钓》《冬猎露宿》《赫哲族结婚仪式》等，以赫哲族的风俗人情、渔猎生活为题材；《街津口中心校》《赫哲乡客运站》等作品，真实地记载了赫哲族人民在党的关怀下幸福生活的情景。他的作品曾多次参加了国家、省、地（市）、县级举办的画展。1983年，作品《冰上人家》获中华人民共和国文化部、中国美术家协会联合举办的全国农民画展二等奖；1985年10月，作品《富裕起来了》获黑龙江省首届农民书法绘画展览特别奖。

赫哲族文化。赫哲族渔猎文化以伊玛堪、特仑固、说胡力、嫁令阔为代表，是赫哲族先人流传下来的宝贵遗产，有着很高的艺术价值，是了解赫哲族的历史、经济、文化、生产、生活、风俗习惯等多方面情况的重要资料。同江赫哲人对此进行了很好的传承，特别是在民间舞蹈、图案艺术和鱼皮艺术等方面更是卓有建树。

伊玛堪是赫哲族在生产生活中独创的一种口耳相授、世代传承的古老口头文学样式，它全面、鲜活地记录了这一中国北方渔猎民族的起源、生存环境、生产生活、民族风情、宗教信仰和历史发展，是赫哲族的历史记忆和文化象征，在赫哲族精神文化生活中占有特殊的地位，深受广大赫哲族民众喜爱。

伊玛堪说唱，由一人表演，无伴奏。歌手先拉长声调说个"啊郎——"，然后用散文体说白，对故事发生的时间、地点、人物作一番交代，接着徒口唱"赫哩勒调"。一般来讲，主要的对话都是唱，主要人物的思想感情发生转折变化时，也都以唱来表达。如主人公遇难、作战求救、苦诉衷肠、欢庆胜利等都要起唱。使用的腔调也时有转换。男有男腔，女有女调。有老头调、老妇调、小伙调、少女调。得胜有高兴调，败阵有悲伤调，绝望有凄苦调，各种腔调随时随着故事的情节和说唱的需要而有所变化。由唱转为说白，一般用"啊郎——"，也有以"额乞合希安切阿日纳——"来结束唱段的，意为"我的话你记住了没有？"就这样，说一段、唱一段地往复交替，间或有听众发出"克！……克！……"的应和声，直到把一部完整演绎莫日根传奇人生的故事讲（唱）完。

20世纪70年代吴连贵伊玛堪说唱　尤俊生提供

伊玛堪是赫哲族传统的有说有唱的叙事文学，大量作品都是歌颂古代英雄的，常以"某某莫日根"为名。多是赞美英雄、颂扬神力，叙述部落之间征战、联盟，反映纯真爱情、社会生活和表现渔猎生产技能及原始宗教的流传等。大多有强烈的英雄色彩，反映了赫哲族崇尚英雄的习俗。

赫哲族的伊玛堪至少有四五十部，内容比较完整的有30余部。

赫哲族当代著名的伊玛堪说唱人有莫特额、古托力、葛德胜、葛长胜、芦升、芦明、吴进才、吴连贵、尤树林等。其中，吴进才、吴连贵是当时众多伊玛堪说唱人中的佼佼者。

2006年5月，伊玛堪被列入国家第一批非物质文化遗产保护名录。2011年11月，被联合国教科文组织批准列入"急需保护的非物质文化遗产名录"。

"特仑固"为赫哲语，意为传说，题材广泛，篇幅短小，是口头叙事文学。被称为赫哲族历史生活的"百科全书"。有远古传说、祖先传说、历史传说、山水传说、渔猎传说、生活传说、民俗传说、物产传说、莫日根传说、萨满传说等。

特仑固讲述人以吴连贵、吴进才为代表。他们讲述的特仑固涉及天文地理、渔猎生产、社会生活、宗教信仰等方方面面。目前，赫哲族的特仑固已被列入省级非物质文化遗产保护名录。

"说胡力"为赫哲语，意为故事，也是赫哲族民间的口头文学。它篇幅短小，想象丰富，幽默风趣，深受人民群众的喜爱。常以物喻人，或者通过动物及各类故事的简明释义，让人从中悟出做人做事的道理。主要有渔猎故事、生活故事、动物故事、英雄故事、萨满故事、爱情故事，以及滑稽故事等。

代表性讲述人有吴连贵、吴进才等。目前，赫哲族的说胡力已被列入省级非物质文化遗产保护名录。

嫁令阔，赫哲族民歌的总称，是一种音乐、文学结合抒发内心情感的歌唱艺术样式。多以个人演唱为主，也有对唱和齐唱。可分为古歌、萨满歌、渔歌、猎歌、悲歌、喜歌、节令歌、礼俗歌、情歌、叙事歌、摇篮歌、新民歌等。2006年，嫁令阔被列入省级非物质文化遗产保护名录。

鱼皮制作技艺曾是赫哲人一种十分重要的生存技能，有着非常悠久的历史。它的创造与发展，代表了赫哲族渔猎文化的主要特征。2006年6月，赫哲族鱼皮制作技艺被列入第一批国家级非物质文化遗产名录。

赫哲族舞蹈有狩猎舞、捕鱼舞、生活舞、萨满舞、篝火舞等，代表作品主要有《天鹅舞》和萨满舞。2010年，赫哲族《天鹅舞》被列入黑龙江省非物质文化遗产保护名录；同年，赫哲族萨满舞被列入黑龙江省非物质文化遗产保护名录。

报纸。1948年10月15日，同江县创办《同江小报》。主编张同全，编辑曲悦林、张伟振，版面为8开两版，每逢周三、六出版。新中国成立后未办县级报纸。

广播。1959年2月，同江广播站从抚远县广播站分出来，建起占地面积为50平方米的机房兼办公室，工作人员8人，设备有功率500瓦扩大机1架、前置增音机1台、钟声录音机1台、哥伦比亚电唱机1台，每天定时向居民转播中央人民广播电台节目。利用电话线路33千米，将广播讯号输送到乐业、三村两个公社，安装了舌簧喇叭200多只，农村开始有线广播。

1961年，每周除转播中央台节目外，还自办了地方新闻节目，每日一次。广播讯号通过电话线继续延伸，有500余户安装了喇叭。

1962年，财政拨款购进扩大机2架，增设20瓦高音喇叭两只。城镇居民可定时听到中央台节目和地方新闻节目。

1964年，县广播站购进250马力10千瓦的汽轮发电机组一套。同年，建简易土草发电机房20平方米，砖瓦结构的办公室、机械室150平方米，架设了同江至乐业公社广播专用线路16.5千米，解决了长途电话与广播讯号串音、干扰问题。县城利用电灯零线安装喇叭，既一线多用，又使街道网路简化，市容美观。农村安装喇叭近千只，广播人员14人。

1966年，县广播站改称同江县广播站。转播中央、黑龙江省人民广播电台节目。广播站自办节目为"边疆生活"。

1967年，架设了同江至三村广播专用线路16千米。

1968年，黑龙江政府拨20马力12千瓦发电机组一套，广播站播音主要内容为"两报一刊"（人民日报、解放军报、红旗杂志）文章和红色造反团采写的稿件。

1969年，县财政筹款建砖瓦结构动力室60平方米，增添200瓦组合扬声器1只。

1970年，架设了乐业至平安、丰乐至红光、红光至红卫广播专用线路41千米，同时建起了乐业公社广播站。

1971年下半年，相继设向阳、三村公社广播站，街津口、八岔公社放大站。至年末，全县6个公社、10个大队建起放大站，喇叭由原来的200余只增加到4 382只，90%以上的农户安装了喇叭，基本上完成了农村广播网普及工作。

1972年，广播站改称同江县广播事业管理科。同年，广播事业管理科和县革委会通讯组合办四期通讯员学习班，培训120人次，编写稿件200余篇，丰富了《红色边疆》节目内容。

1973年，黑龙江省政府拨款1万余元更新同江至乐业至三村线路。

1976年，购进30千瓦的变压器1台，25瓦高音喇叭8只。

1977年6—7月，架设平原、前卫公社广播专用线23千米。10月，建前卫、平原公社两个放大站。年末，有县级广播站1个，公社放大站7个，大队放大站30个。一个以县广播站为中心，公社放大站为基础的独立转输系统基本形成。

电视。同江电视台前身为同江县转播台，原名为同江实验台。1976年2月，黑龙江省广播电视厅拨三边铁塔一座，宽0.5米、高76米，6月立起一座74米高圆钢管铁塔，位于同江镇南部，海拔高度55米，机房和办公室面积为290平方米。

微波。1984年8月，建同江县微波站。1985年9月开机。微波站设于同江县广播电视大楼6楼，机房面积为34.85平方米。同江微波站通过绥化到摩天岭东部干线至富锦微波站传送到同江终端站，同江微波站把接收的微波信号用75Ω传输到电视机房，并用9频道Ⅰ–Ⅲ–Ⅰ单通道彩色电视发射机转播中央电视台第一套节目。3频道Ⅰ–Ⅲ–Ⅰ单通道彩色电视机发射机转黑龙江省电视节目和本台电视自办节目。

文物古迹。同江现存历史遗址2处，文化遗迹5处。

团结古城位于乐业公社西南15千米，西北距团结大队3里，距图斯克粮库12里。西濒松花江汊，城址呈长方形，南北长400米，东西宽323米，面积约为13万平方米。城门地址于南垣中央，墙基宽6米，高3米，上宽1~2米。城内发现大量金代陶器残片，瓷器残片，青铜器熨斗残片。

勤得利古城位置在勤得利西山南坡，东北距勤得利码头4千米，北距鱼亮子1千米，东北距离畜牧队1千米，西南临勤得利河湾。古城沿山坡而筑，周长1 928米，墙基6米，高3米，上宽1米，城门位于南垣中央，仅余3米的豁口，两侧各堆一土丘。古城依山傍水，地势险要，易守难攻。城内分布大量纹饰灰陶片，初步断定为金代女真人遗址。该城址对研究黑龙江下游的女真族历史具有重要价值。

原始文化遗迹有街津口、寒葱沟、尼尔固、五家店后河岸、青龙山等。发现文物有夹砂陶片、陶网坠、骨箭头、石斧、石核、石片、刮削器之类。

古建筑。同江县有代表性的古建筑2处。

三法寺建于1926年，1934年扩建，改名为三法寺。位于同江老城西北（原白酒厂院内，现已被开发）有正殿5间，供吕祖、关帝、南海大士塑像，东殿供诸神牌位，及本城逝者名讳，西殿是僧人居处。四周砖墙围护，并有门楼一座，院内置铁鼎一尊，神堂阶下，皆种奇花异草，靠西南、东南角，设钟鼓二楼，每逢初一、十五或佛节，寺院钟鼓齐鸣，声闻数里。门外有旗杆、铁狮各一对，威镇寺门。

云霞观位于县城西之临江沿（现发电厂旧址西侧），1922年同江县县民王姓施舍所建，观内有土草结构正房3间、东厢房3间，正殿供奉关帝、火神虫王等神位。1929年，云霞观被炮火击坏，1937年，同江县民又筹资重修，正殿3间为青砖瓦房，内供五圣公全身塑像，高5尺余，栩栩如生，东壁画封神演义之神像，西壁绘18层地狱图像，令人望之悚然。

卫生

同江县虽然恢复县制较晚，但县委、县政府对卫生事业发展很重视，各种卫生事业机构齐全，医药管理和医疗水平也得到相应提高，医疗科技人才有一定的储备。

医疗单位。1966年，同江县恢复县制时，县属国营主要的医疗机构有3家，还有5家人民公社卫生院。

同江县人民医院，1966年1月，原县中心医院改名为同江县人民医院，院址在三江路中段路北，房屋面积1 290平方米。

1970年同江县人民医院　中共同江市委宣传部提供

1968年8月，与卫生防疫站、妇幼保健站合并成立"同江县卫生服务站革命委员会"。

1970年6月，撤销原卫生服务站，分出"卫生保健站"，恢复"同江县人民医院革命委员会"。

同江县卫生防疫站，前身是抚远县卫生防疫站，于1966年1月改名为同江县卫生防疫站。

1968年8月，合并到人民医院。1970年6月，从县医院分出，与县妇幼保健站合并称"卫生保健站"。

1972年5月，卫生防疫站独立。

同江县妇幼保健站，1966年1月建立。1968年8月，妇幼保健站合并到县人民医院。1970年6月，由县医院分出，与卫生防疫站合并成立"卫生保健站"，设1名副站长主抓妇幼保健工作。

1972年5月，卫生防疫站和妇幼保健站两站独立。11月，卫生科决定将同江镇卫生院并入妇幼保健站，成立综合门诊。1973年7月，开设了计划生育指导门诊及妇产科门诊。同年10月，与同江镇卫生院分开，重新组建了妇幼保健站。

此外，有乡卫生所5个，均为国营事业单位，1969年改称"卫生院"。

20世纪60年代同江县街津口乡卫生院　中共同江市委宣传部提供

预防接种。1966年开始"脊髓灰质炎减毒活疫苗"的推行工作，仅1966年，第Ⅰ型服1 588人份，第Ⅱ型服1 592人份，服用率达90%。

1975年，为了预防、控制天花、霍乱等烈性传染病，按照中央人民政府的规定，对易感人群进行"牛痘疫苗""霍乱菌苗"

接种，扩大"牛痘疫苗"的接种范围，对3个月至55周岁的易感人群普遍施行接种。

1966年6月，组织各医院、公社卫生所、卫生人员进行"白喉疫苗"的接种。第一次接种5 454人份；第二次接种5 154人份。全程接种率达94.5%。后改用"百白破三联疫苗"接种，同时开始"麻疹疫苗"的预防接种。1979年，全县共接种伤寒菌苗8 561人份。

食品卫生。1966—1978年，防疫站设有兼职防疫人员进行食品卫生监督工作，对城镇饮食服务行业进行防疫检查。

防疫站还积极开展农村肉食品检验工作，切实执行农村肉品"三就地"（就地收购、就地屠宰、就地销售）的指示。在饮食行业中培养了不脱产卫生监督员，建立了卫生档案。

疾病防治。赫哲族有吃生鱼的习惯，因而八岔、街津口两个乡是肝吸虫病高发地。1974年，卫生防疫站采用便检肝吸虫卵的方法，在八岔地区抽查渔民、学生、机关干部等86人，肝吸虫阳性26人，发病率30%。在街津口乡抽查45人，肝吸虫卵阳性10人，发病率22%。针对上述情况，对这两个乡的居民进行卫生宣传，努力戒除吃生鱼的不卫生习惯，并对已患肝吸虫病者进行积极治疗。

地方性甲状腺肿是同江县地方病（地甲病、大骨节病、克山病）之首，建县以来，在这方面做了很多工作。

20世纪60年代，卫生防疫站曾利用"6.81"治疗大骨节病人。

农村医疗服务。自建县开始医疗工作始终坚持"面向农村，服务于农"的方向，不断加强农村合作医疗工作基础建设，增设医疗网点，培训医务人员，扩大农村合作医疗范围，初步形成了防治相结合农村合作医疗网络。

1965年，社教后期，各生产大队自办农村卫生室（所），当时设备简陋，医治率较低。

1968年，建大队卫生所15处，1975年，增至71处。

1981年以前，农村卫生员统称为"赤脚医生"。早期"赤脚医生"从有一定医药卫生知识且群众拥护的社员或下乡知识青年中选拔，经公社卫生院批准，报呈县卫生科备案。"赤脚医生"在参加集体劳动的同时，利用早、午、晚时间为社员防治疾病，宣传卫生知识。待遇以工分为主，相等或略高一般社员，国家按级给予适当补助。当时，县卫生局采取多种形式，加强了对赤脚医生的培训工作，使他们的政治思想觉悟和业务技术水平不断提高。

1968年，全县有"赤脚医生"38人。

1970年12月，县革委会生产部在东边防（20世纪80年代为农干校）开办首届赤脚医生战地训练班，学期6个月，学员44人。学习内容主要是结合本县各种疾病的发生和流行情况，防治常见病、多发病、地方病的业务课，以及战地救护、"三防"知识、军事战备等课程。

1976年6月，五七大学又举办了为期3个月的赤脚医生培训班。

合作医疗。1968年2月开始，以大队为单位建立合作医疗，当年实行合作医疗的大队有15个。1975年，建合作医疗的大队有44个，占大队总数的62%。全县参加合作医疗的有18 604人，占全县农业人口总数的72.8%。

爱国卫生运动。1966年，同江县爱国卫生运动委员会成立后，组织群众大力开展爱国卫生运动。夏季，同江县爱国卫生运动委员会组织9个单位，以饮食服务行业卫生管理"五环四制"为标准，以防蝇灭蝇工作检查为中心内容进行了全面检查。国庆节前夕，全县又开展了以搞好室内外环境卫生、严防食物中毒、结合积肥、兴建"五有"为内容的爱国卫生突击周活动，使卫生面貌有所改观。

1973年，同江县对城镇卫生和市容建设加强管理工作。爱卫会规定在每年元旦、春节、五一国际劳动节、国庆节四大节日，以春秋二季，开展突击爱国卫生运动。

妇幼保健。县妇幼保健站成立初期，设备比较简陋，只能开展上、取节育环，人工流产和女结扎术等项目。1966年恢复县建制，为提高妇女健康水平，保护妇女劳动力，发挥妇女在社会主义建设中的作用，对妇女两病进行普查防治工作。对患子宫脱垂妇女，采取中药治疗或上托矫治，并基本控制了新患。

1975年，在全县农村普查妇女病，应查4 902人，实查1 321人，普查率26.9%，换药治疗148人，治愈率11.2%。根据省文件精神，对农村患有两病患者实行免费手术治疗。县保健站查出45名子宫脱垂患者，1度子宫脱垂6人，均进行子宫脱垂切除手术，5人已治愈。1度以下采取用药、上托治疗，至1978年未发现新患。

当时，全县共3例尿瘘病人，其中2例去佳木斯市手术治疗。

儿童保健。1966年，同江县开始对城镇集居的4个托儿所儿童进行每年一度的健康检查。建立健康卡，严密传染病报告制度，并规定了儿童毛巾、手帕两专用制度。

计划免疫。自1966年开始，妇幼保健站就承担了计划免疫任务。1977年后，建立了预防接种卡，使之做到全程足量免疫。对7周岁以下儿童，以白喉、百日咳、破伤风联合制剂，痘苗、卡介苗、脊髓灰质炎疫苗、麻疹疫苗等为儿童基础免疫制品，实行儿童计划免疫，保障了儿童健康苗壮地成长。

第六章　改革开放时期的同江发展

第一节　农业和农村经济改革

农业经济全面发展

党的十一届三中全会后，同江也启动了农村改革的进程，家庭联产承包责任制的施行极大地调动了同江全县农民生产积极性，促进了农业的恢复发展。

20世纪90年代中后期，同江农业连续丰收，出现买方市场，全市进行了产业结构调整。

2003年以来，同江农业突出绿色、特色农业，依托基地带动生态农业发展，在蔬菜、粮食和畜产品出口基地上做文章，抢占俄罗斯市场，力争建成俄远东地区的"菜篮子、米袋子"和肉禽产品基地。

建立出口蔬菜基地。引进并扶持了在俄罗斯有多年种植出口经验的隆枫公司，租赁本市农民5 000亩土地，建设了高标准的对俄蔬菜出口基地。拉动全市出口蔬菜种植面积3万亩，实现对俄出口本地蔬菜1.3万吨，使农民增收460万元。2006年，全市对俄出口蔬菜种植达到3.5万亩。为了延伸产、储、运、销产业化链条，全市还建成了6 000平方米的对俄出口蔬菜保鲜库，冬储能力达到1万吨。

建立水稻和大豆生产基地。2005年，同江被全省确定为24个（含农场）无公害区域环评及认定整体推进重点县（市）之一，完成了无公害区域环评和产地认定工作，全市环评面积达158.5万亩。2006年，全市绿色水稻种植面积20万亩，绿色大豆种植面积70万亩，有机大豆种植面积5万亩。中草药、艾碧斯瓜、薄荷、甜叶菊、饲料饲草等特色经济作物种植面积10万亩。

建立畜牧生产基地。以扶贫开发为切入点，大力实施了"放母还犊"工程，全市肉牛饲养总量达到6万头。同时，本着"品种多样化、产品优势化、效益最大化"的原则，推动畜牧经济的多元化发展，全市肉羊、生猪、禽类养殖量达到130多万头（只），创历史最好水平。

1981年，从6月下旬到9月中旬，共降雨70余次，降雨量达850余毫米，是历年中降雨量较大年份的两倍。降雨次数之多、雨量之大、时间之长都是历史上罕见的，加之黑、松两江水势猛涨，江河倒灌，造成全县大面积农田受灾。受灾特别严重的是临江、金川、八岔、银川、青河、秀山等公社，大部分村屯、农田处于一片汪洋之中。全县农田受灾面积近74万亩，占总播种面积的96%，其中绝产面积55.8万亩，占总播种面积的72%，全县有93个生产队绝产，占生产队总数的53.7%，遭到绝产的户数为5 115户，受灾人口达25 575人，占农村人口的53.3%。特别是1979年以来相继建立的21个机械化大队受灾最重，使34万亩农田几乎全部绝产。

1982年，全县播种面积50万亩，亩产113斤，总产达5 544万斤。这一年全县上下在大修水利上下了功夫，各社队修了排水干渠，堵住了鸭绿河的倒灌口子，水利工程建设取得了可喜的成效。

1983年，全县落实家庭联产承包责任制，全县播种面积达

569 984亩，亩产182斤，总产量达10 350万斤，建县以来，第一次突破亿斤大关。

1984年与1985年，连续两年洪水侵袭，使农作物播种面积和单产、总产下降。

1986年，全县播种面积581 124亩，其中粮豆薯面积568 344亩，亩产234斤，总产13 319.8万斤。

同江经济作物种植始于20世纪50年代初，分为五大类：油料作物、麻类作物、甜菜、烟叶、药材。

油料作物分为葵花籽、线麻籽、苏子、花生、蓖麻籽、油菜籽。花生主要是乐业公社个别生产队试种，面积小，产量及经济效益低，种植中断。油菜籽在同江试种只有4年，由于产量低，各生产队也不再种植。

麻类作物主要有亚麻、苘麻、线麻。苘麻、线麻主要是各生产队根据需要自种，用于生产队车马绳套。亚麻主要是三村公社种植，因该公社综合厂有一个小型亚麻厂，属原料生产。

甜菜，建县以来每年都种了一些，但面积少，加之销路、运输都较困难，所以始终没有大的发展。

烟叶，同江烟叶生产主要是晒烟（农民称为旱烟），种植面积较少。

1982年后，出现了个人饲养奶牛，总数达576头，家禽达15万只，养殖业发展迅速。

1983年后，农村实行家庭联产承包责任制，农村养殖业有了更大的发展。1984年末，生猪存栏达11 702头，养奶牛727头。

1986年，生猪存栏数发展到16 390头，比建国初期增长4倍多。养牛生产自1972年以来，发展速度更快，牛从1 100头，发展到5 277头，增长了5倍。奶牛从无到有，到1986年，发展到1 837头。马发展到2 295匹，增长了5.4倍。社员家庭养禽发展到12万只。

同江养羊始于1959年，当时存栏数仅100只，到1986年底，已达到1 659只，增长15.6倍。

全县的畜禽品种改良也有一定进展。黄牛改良从1978年开始人工授精。1979年，搞牛冷冻精液配种已初见成效，先后引进国外优良肉牛种"利木赞""海福特""夏洛来""西门达尔"牛冻精改良本地黄牛，改良率占黄牛总数的40%，改良纯繁率占改良头数37.5%。家畜及家禽在疫病防治方面，已经形成县、乡、村三级防治网。

2005年，全市播种面积158.5万亩，比2000年增长60.8%，五年平均增长10%。全市农业总产值完成66 000万元，农民人均纯收入3 423元。种植结构进一步优化，粮经饲种植结构比例由2000年的196：3：1调整到93.7：4.5：1.8。全市农作物优质品种普及率达到95%以上。农业先进技术推广率达到85%以上，科技贡献率达到40%以上。

2009年，争取粮补资金2 317万元、良种补贴资金1 315万元、购机补贴资金1 160万元、其他农补资金7 070万元，实现农作物播种面积220万亩，粮食总产8.61亿斤，做到了灾年不减收。畜禽养殖177.3万头（只），实现产值2.1亿元；水产养殖7万亩，实现产值5 500万元。购置大中型农机具184台（套）；实现土地流转68.6万亩，场市共建作业40万亩。新组建各类专业合作经济组织43个。投入造林资金960万元，造林1.93万亩，连续23年无森林火灾。

2012年，水稻和玉米面积分别调增到81万亩和85万亩，粮食总产达到22.1亿斤，实现"九连增"。新建绿色生态种养殖基地10个，水产养殖面积达到8.8万亩，百千米精品造林工程竣工，农林牧渔总产值达到32.8亿元，同比增长22.1%。完成临江灌区骨干工程，开工建设三村灌区渠首泵站，实施鸭绿河堤防和临江、金临排干清淤工程。完成土地整理6.1万亩，改造中低产田4万亩。建设高标准种植示范带4条、示范园区12个，向阳现代农业综合示范园区达到省级标准。新购置各类机械630台（套），组建千万元农机专业合作社5个。同江市被评为国家级农业标准化示范县和全国粮食生产先进县。

2017年，土地整理12.5万亩，建设生态高标准农田1.26万亩和节水增粮喷灌工程23处。实施"一减一稳五增"种植结构调整，粮食总产量实现12亿斤。依托农村经济与资源管理中心，办理农业贷款7.14亿元，带动土地流转80余万亩，实现规模经营130万亩。全市新增合作社27家，认证家庭农场247家，规范新型经营主体29个。结合"国家农产品质量安全县"创建，推广新型生物技术应用，打造示范基地13个，实现"三减"示范面积35万亩。完善农产品质量安全追溯体系，建设"互联网+农业"高标准示范基地17个，三江口等3个生产基地被评为全省高标准示范样板基地，同江市被批准为全国大豆绿色高产高效创建示范县。

新建6个人民公社

1976—1979年间，同江先后以开荒建点的形式组建了6个人民公社，当时由于开垦了大量耕地，不仅有效地解决了全县人民的口粮问题，还有力地支援了国家建设。

前卫公社建于1976年9月，位于同江西南部，距县城17千米。南部是平原，北部是丘陵，东部及东南沿寒冬河与富锦县为邻，西以莲花河支流与向阳乡、乐业镇相连，北同秀山乡接壤，因地处同江最南端与富锦交界处，故起名"前卫"，总面积89.36平方千米。

平原公社于1976年9月建立，位于县城东26.4千米处。东北部傍依青龙河，西靠莲花河，南与秀山乡接壤。1981年地名普查中，改为青河公社，因青龙河流经其境而得名。总面积149平方千米。

秀山公社建于1978年春，因山水秀丽，景色宜人，遂以"秀山"为名，西北距县城21千米，东靠青龙河，南同富锦接壤，西隔莲花河、寒冬河与三村、前卫两乡为邻，北与青河乡相连，总面积140平方千米。

临江公社建于1979年1月，位于同江县东部，南与金川乡毗邻，西和勤得利农场接壤，北临黑龙江。因其紧靠黑龙江而得名。总面积218.5平方千米。

金川公社建于1979年，位于同江县东南，距县城97.5千米，东与银川乡为邻，南与抚远县隔鸭绿河相望，西与勤得利农场友邻，北同临江乡接壤。曾产金砂，建点初期，垦荒者出于吉利，遂取名"金川"。总面积217.4平方千米。

银川公社建于1979年10月，取其富贵之意。位于同江县最东部，距县城126.9千米，东南部同抚远县交界，西与金川乡接壤，北傍黑龙河与八岔乡为邻，总面积224.56平方千米。

农村体制和种植结构调整

1978年12月以后，同江县进入了农村体制改革的关键期，广大农民获得了土地使用权，极大地调动了他们的综合利用土地而获取利益的积极性，同江县农业加快了发展步伐。

同江县第一份农村土地联产承包合同。1980年春，同江县乐业公社庆丰大队党支部书记李训京在回山东省曹县老家时，顺便考察了当地农村的家庭联产承包责任制的实施情况，他发现老家乡邻们的生产和生活条件在土地大包干后，发生了很大的变化。

回来后，李训京立即召集大队领导班子成员和部分村民骨干商量当年大队的生产问题。经过数次研究，大队召开了社员大会，决定将全村264口人按个人意愿分成三个生产小组，对大家都不太愿意要的就由大队领导做工作，硬性分到各小组，年终按粮食产量记工分。当时庆丰大队共有耕地300多垧，按人口平均分配；马车5挂，马14匹，牛20头，采取抓阄的办法，作价分配；拖拉机、收割机等大型农机具直接作价处理。年终分配时，全大队不仅全部抹平了三角债，而且每户还平均分到近2 000元，是上一年的近三倍。这是解放后，同江市农村第一次以分产承包的形式组织生产。

当时，他们的做法几乎全部是在地下进行的，大队定的原则是瞒上不瞒下，县里和公社领导也不时地来大队看，但都不表态，基本上都是默认的态度。

到了1983年，经过三年的实验，社员们都尝到了甜头，大家就又在一起商量，以一种书面的形式固定下来，防止以后再有变化。大队就和社员们用几张小纸手写了个类似合同的纸条，这就是同江第一份家庭联产承包责任制合同。

据统计，1979年庆丰大队大豆亩产只有200斤左右、小麦亩产只有300斤左右，而1980年分组承包后，大豆亩产达到400多斤，小麦亩产达到600多斤，效益是显而易见的。

1985年，同江县正式下发文件，在全县农村铺开家庭联产承包责任制。这年的年底，

李训京的奖牌　李训京家人提供

合江地区行署为同江县乐业乡庆丰村党支部书记李训京家送来了

一块大匾，上面写着"创业有功"四个大字。

如今的庆丰村，民风淳朴，政风清廉，无论是村民政治思想进步还是村域经济社会发展都达到了较高的水平。大的不说，村里长年实现了"四无"：一是全村80户280口人没有一对离婚的；二是全村无外债；三是全村在银行没有呆死账；四是村域内无酗酒和赌博现象发生。全村80户中，有45户在县城里买了房。

1991年至1995年，全市农业生产调整种植结构，积极扩大水稻面积，大力推广水稻旱育稀植、盘育机插，大豆垄体深松、分层施肥、精量播种，玉米和小麦标准化栽培，农作物化学除草技术等，全市水稻品种以龙粳8号为主，大豆品种以绥农11号为主，水稻单产和总产稳步提高。

1995年以后，全市农业生产不断调整种植结构，水稻、大豆、玉米成为同江市三大主栽农作物，大力推广了水稻旱育稀植生产技术、水稻旱育苗超稀植生产技术、水稻优质米种植技术、水稻集中浸种催芽技术、水稻大棚育秧技术、水稻机械化插秧技术、大豆综合高产技术、大豆垄三栽培技术、大豆窄行密植栽培技术、玉米综合增产技术、玉米通透密植栽培技术、农作物病虫草鼠害综合防治技术、测土配方施肥技术等重大技术项目，水稻品种以空育131和龙粳系列品种为主，大豆品种以黑河38号和合丰（农）系列品种为主，玉米品种以绥玉7号、绿单1号和绿单2号等为主。同江市分别于2010年、2012年、2014年三次获得全国粮食生产先进县称号。

刘东林成功试种水稻。刘东林，男，1961年12月出生，1984年佳木斯农业学校农学专业毕业。他运用所学农业科技知识，为同江水稻种植、品种改良及产量提高等做出较大贡献。

1984年至1985年，县农牧渔业局农业技术总站在同江镇新光村、胜利村和三村镇头村、金川乡金川村推广水稻旱育稀植技术。刘东林在新光村蹲点，在全市率先推广应用了水稻盘育机插技术，水稻品种以合江19号为主，彻底改变了同江市水稻生产漫撒籽的状态，产量大幅度提高。刘东林还根据同江县当时洪涝灾害的实际，提出了"因地制宜发展井灌种稻，扩大水田面积"的建议，获得同江县科技二等奖。

1985年至1991年，刘东林在金川乡农业技术推广站任站长，针对同江市东部耕地低洼易涝的现状，提出"旱路不通走水路，发展水稻生产"的建议，大力推广水稻旱育稀植、盘育机插、抛秧技术和大豆精量播种技术。

1985年，刘东林在金川乡开始进行柳条地膜开闭式小棚水稻旱育稀植早插技术试验，试验田30亩，亩产456.3公斤，实现了在同江市东部低平原涝区实行水稻插秧。他还结合同江市白浆土面积较大，种旱田单产不高、总产不稳的实际，与同行一起研究推广了"寒地白浆土井灌种稻大面积高产综合栽培技术"，为改造低产田找到了一条有效途径。1986年金川乡发展水稻达到10 643.5亩，使金川乡在特大洪水灾害后恢复发展农业生产，改变贫穷面貌，与向阳、临江同时建设成为当时少有的万亩稻乡之一，全市粮食单产和总产全面提升，当时职工供应粮大米由每月2市斤改为敞开供应，从此满足了城乡居民消费。

金昌辉采用"六统一分"生产管理模式。金昌辉，男，河北省唐山市人，1948年1月出生，高小学历，同江市三村镇四村农民。金昌辉以实干精神为农民致富奔小康起到了示范带头作用。积极发挥农村科技示范户的带头作用，率先引进、应用、示范、推广农业新技术，从而带动辐射周围村屯农民提早应用新技术，提高粮食产量，增加农民收入。

2002年，金昌辉承包耕地4 200亩，其中大豆种植面积4 000亩，采用了全省成功的"六统一分"生产管理模式，栽培方式上除应用大豆垄三栽培方式外，还应用大豆窄行密植栽培新技术，年平均亩产达180公斤以上，比全市平均亩增产50公斤，亩增效130元，全年产量达750吨，商品率达95%以上，年收入达190万元。

金昌辉创建农机联合作业协会，拥有机械总动力750马力的大型联合收割机、拖拉机及各种配套农机具，实行农机联合作业，为村民和周边农民代耕种植面积10 000多亩，保证了高标准、高质量、高速度地完成农业生产的各项作业。同时，利用当地大豆资源，发展农产品精深加工。

2002年，金昌辉创办了膨化饲料加工厂，购置先进大豆加工设备生产线一套，年加工大豆3万吨，产品以膨化饲料为主，产值达9 000万元。并成立养殖协会，发展畜牧养殖业。共计黄牛存栏18头，生猪存栏56头，羊存栏231只，为协会收入4万元，收到很好的经济效益。

2003年，金昌辉荣获农业部颁发的全国种粮大户荣誉称号；2004年荣获黑龙江省劳动模范称号；2005年荣获全国劳动模范称号。

开发粮食自给工程

粮食自给工程，是经国务院批准，由国家财政投资，为解决我国粮食地区供求平衡问题不惜牺牲部分生态环境而采取的重要举措。从大局讲，是解决人类生存与发展的大问题；从同江局部讲，是为国家贡献粮食、提高农民收入、培植地方财源、振兴县域经济、建设农业强市打基础。

从1995年开始，同江市主要领导多次到省财政厅汇报工作，介绍同江的土地资源优势、农业发展形势、财政的经济状况及干部的信心和决心。通过辛勤工作，黑龙江省财政厅派工作组来同江实地考察，认为同江的条件确实可行，准备工作十分到位。各项工作得到了省厅工作组的肯定，因而立项申请得到了上级的审批。

1996年，同江市委三届四次、五次全会上提出的建设农业强市，实现"四个翻番、四个升位"的战略目标。根据当时同江的经济现状是农业发展较快，但财政收入却比较低的实际情况，市委、市政府紧紧抓住国家和黑龙江省实施粮食自给工程的机遇，大力开发同江市的国有宜农土地资源，形成新的经济增长点。

1996年4月9日，同江市委、市政府召开了紧急动员大会，并成立了项目推进领导小组，市委书记亲任组长，政府市长及主管农业工作的副书记、副市长任副组长，成员有财政局、农业局、水利局、农机局、国土局、林业局、广播电视局及有关乡（镇）的主要负责人。办公室设在同江市财政局，办公室又下设工程、综合、资金、招商四个专项推进组，层层落实责任，分工负责，密切协作。同江市委组织部发文，成立了"同江市粮食自给工程驻地指挥部"（工程组），从有关部门抽调副科级以上、有一定经验、懂业务的领导干部和专业技术人员到指挥部工作，明确了具体的工作职责，吃住在离城区150千米以外的开发现场。

同江市委、市政府把粮食自给工程确定为同江的"一号工程"和"两个一把手工程"，列为全市重点推进项目之一。市委主要领导多次组织召开市委常委会及工程领导小组会研究工程开发工作，市政府主要领导带领有关部门负责人多次深入现场调研，召开市长办公会、工程现场会，现场解决工程施工、土地发包、土地清查等一系列问题，其他市领导和部门负责人也多次到前线检查指导工作，慰问开发建设者，开展调查研究，解决施工中存在的问题，并对下步工作及时做出安排部署。市委、市政府专门研究制定了招商引资优惠政策，分别由市领导牵头组成两个招商工作组到省内外各地招商引资。市人大、市政协分别组织视察团对工程进展情况进行视察，对工程的规模、成效及发展前景给予了充分肯定，提出了"开发与收效同步，抓好当前与搞好规划同步"等一些原则，对招商引资、生态保护、科学有效开发等方面提出了宝贵的意见和建议。黑龙江省及佳木斯市财政部门领导多次到工程开发现场检查指导工作；佳木斯市委、市政府组织全市各县（市、区）的领导拉练视察，现场指导。

同江市粮食自给工程开发区位置图　市档案馆提供

工程开发区位于同江市东部金川、银川、八岔三个乡境内，距市区150千米，距同抚公路11千米。区内含新宏、永华、育华、银丰四个自然屯，总控制面积21万亩。工程实施的主要内容为挖渠、开荒、打井、修路、建桥涵等综合性治理，在"鸭北"涝区开发出基础设施配套的方田，为土地资本经营创造条件，实现经济效益、社会效益和生态效益的同步发展。

工程开发从1996年4月开始至1998年10月结束，参与开发建设的施工队18个，开发建设者400多人，施工机械70多台。共挖排水渠675条，连接总长748千米，土方493万立方米；修建主干路10条、农田路205条，连接总长239千米；开荒7.5万亩，修建桥涵182座，打水田灌溉井33眼；建综合办公楼1座（1 200平方米）；架电10千米。工程开发总投资3 300万元。

据不完全统计，建后20年，开发区为国家贡献粮豆24万吨；为农民增加收入2.4亿元，为地方财政创收超过1亿元。同时为同江修建公路、铁路占地补偿划拨出耕地5 760亩，为地方财政节约了大量的征地补偿资金。目前，开发区种植的作物主要是大豆和玉米。

2018年，大豆种植面积1.4万亩、平均亩产约125公斤；玉米种植面积5.9万亩、平均亩产约530公斤；其余为水稻、杂粮和经济林等。由于受地理条件、低温早霜等气候条件影响，产量不是很高。

抗洪抢险

据同江当地史料记载，仅最近600多年的时间里，有关水患的记录有9次。

道光二十六年（1846年），松花江下游洪水成灾，拉哈苏苏田舍被淹。

同治二年（1863年），松花江大水泛滥成灾，拉哈苏苏被淹。

宣统元年（1909年）8月，松花江下游大水成灾。

次年，松花江再发特大水灾。

1914年，同江发生水灾。

次年，同江水灾。

1928年8月8日，同江大雨成灾，江水暴涨，横江口、三江口两处决堤，县署水深七八米，持续5日方退。

1931年6月，松花江大水成灾，黑龙江沿岸水淹5个村屯。

1932年，松花江大水，近万人受灾。

新中国成立之以来，同江共发生3次特大洪水，平均约23年一次。

1984年7月下旬，黑龙江上游连降暴雨，江水急剧上涨，至8月24日，洪峰到达时，已超出警戒水位1.98米，比平均海拔高度高8.98米。在人力无法抗御的情况下，黑龙江大堤多处决口，同江全县12个乡镇全部遭受洪水侵袭，水深处达2.5米，有6个乡的耕地和村屯全部被水淹没，绝产达52.8万亩，冲毁房屋19 051间，受灾人数32 263人，损失农机具近260万元，牲畜死亡10 791头。冲毁公路46千米、桥梁4座、涵洞24个，冲毁江堤44千米、排灌渠道7千米、桥涵闸52座、中小型抽水站31处、机电井51眼，邮电线路全部中断。全县受灾直接损失达7 214万元，间接损失3 671万元，共计10 885万元。其受灾面积之广，损失之惨是同江县历史上少有的一次。

1998年7月，松花江主要受上游来水影响，发生了有史料记载以来最大洪水。8月30日，横江口最高洪水位达56.01米，超警戒水位2.01米，相应黑龙江三江口水位达到54.83米，超警戒水位1.33米，为有史料记载以来黑龙江第二大洪水。松花江超警戒水位运行39天，黑龙江超警戒水位运行26天。

在同江全市人民和救援单位的共同努力下，同江全线没有发生决口和人员伤亡事件，成功地防御了洪水的袭击。这次抗洪抢险，全市共组织抢险队18支，抢险人员6 600人，抗洪抢险资金支出446万元，物资支出1 280万元，其中购编织袋120万条，彩条布8万平方米，铁线5吨，木杆5万根，砂石1 000立方米，油料418吨，抢险费用800万元。征用车辆76 475车次，征用船只176艘次，制定堤防工程消险方案七套。

2013年，由于松花江和黑龙江水同时上涨，同江市遭遇了超百年一遇的特大洪灾。

8月23日上午，八岔村段桩号44+650处发生垮坝，截至9月17日，垮坝宽度达540米。

　　这次抗洪抢险全市累计出动22.5万人次，其中，部队官兵12.19万人次、地方人员8.74万人次、机动抢险队员1.54万人次，累计动用土方和砂石料76.4万立方米，出动机械设备11 760台次，抢险舟（船）74 625舟次，运输设备571 202班次。灾后，所有受灾群众都得到了妥善安置。

2013年，同江遭遇超百年一遇的洪涝灾害　市档案馆提供
李克强总理亲临八岔赫哲族乡看望赫哲族受灾群众。

　　中共同江市委、市政府于2013年在三江口风景区设立抗洪纪念馆，永久留存同江人民英勇不屈的抗洪精神。

第二节　20世纪90年代同江国有工业经济

　　20世纪80年代末至90年代中期，同江市国有工业经济发展较好，市委、市政府全面规划，整体部署，提出了科学的发展思路，工业招商引资项目涉及食品、建材、化工、农资、机械制造等多个领域，同港啤酒、同江白酒、三江乳粉、三江豆粉等工业品牌产品畅销全国，并远销俄罗斯远东地区市场，成为同江国有工业的名片。

工业发展思路

工业概况。中共十一届三中全会以来，同江全市以经济建设为中心，以改革开放为动力，充分发挥口岸优势，全市工业经济取得较好成绩。1994年，全市工业总产值6 352万元，比上年增长16.8%。其中轻工业产值4 854万元，重工业1 490万元；国有企业6 098万元，非国有企业1 902万元。实现利税864万元。当时，共有工业企业34家，啤酒厂、乳品厂、白酒厂、精细化工有限公司、三星建材厂、制油厂是同江市六大支柱企业，白酒、啤酒、乳粉、水泥、大豆油、豆粕、专用化肥、水泥石棉瓦、红砖、普通钢材并称同江十大工业产品。其中同港牌啤酒、三江牌奶粉、双欢牌系列白酒、三星牌水泥瓦、同建牌红砖并称同江五大工业品牌，产品享誉三江，远销外埠，部分出口俄罗斯。

工业发展优势。同江市1986年被列为国家一类口岸，港口基础设施完备，属江海联运深水始发港，货物年吞吐量20万吨。中俄双边贸易互补性强，具有很大潜力。同江市兴办了向阳工业小区和城郊工业技术开发区，投资环境宽松，经济政策优惠，设施正在逐渐完善并初具规模。市委、市政府制定了若干关于促进经济发展的政策和奖励办法，将对招商引资、引进人才、新建项目、新办企业提供优惠政策，从客观环境上，为发展工业经济给予可靠的保证。

1994年，同江市制定了为期三年的工业发展战略及奋斗目标。目标要求到1996年，依托资源和口岸优势，形成六大支柱产业：一是开发以粮副产品为主要原料的药用系列保健品，三年内形成亿元产值、千万元利税的经营规模；二是开发以农产品、野生资源为主要原料的天然滋补系列饮品，三年内达到5千万吨生产能力；三是发展畜产品综合加工业；四是开发饲料和饲料添加剂系列产品；五是开发米面油精加工系列产品；六是开发建筑材料系列产品。在此基础上，要逐渐形成集团化规模经营。

工业招商项目

1994年，同江市国有工业企业在全国大气候的影响下，面临体制改革和产业升级、产品开发的重大考验，为了进一步提升国有工业企业在改革中的竞争实力，同江市委、市政府出台了一系列优惠政策，并将全市工业企业待开发项目进行了科学整合，共整理出27个经济技术合作项目，统一对外发布招商合作信息，其中有些项目成功配对，得到落实，另一些项目由于时机、企业实力、地方财力、市场选择等因素没有成功引资。

同江市啤酒厂矿泉啤酒项目。为了满足广大消费者的需求，同江市啤酒厂拟将啤酒生产能力扩建到5万吨，并兴建万吨易拉罐饮料生产线，工程总投资2 800万元，其中固定资产2 000万元，流动资产800万元。该项投产后，可新增利税1 300万元，投资回收期2年3个月。

同江市热电厂电熔氧化镁项目。为了开发利用水镁石资源，拟合资兴办一座年生产1万吨电熔氧化镁的工厂，主要产品有99%、98%、97%、95%的电熔氧化镁，热电厂已有成熟的生产经验和独特的工艺技术。合营期限可由双方商定。该项目总投资约810万元。其中，固定资产投资210万元，流动资金600万元。合营双方的投资比例由双方确定。

同江市热电厂绿色磁化肥项目。为了充分利用同江市的草碳、粉煤灰资源，尽快实现同江绿色食品的迅速发展，拟合资兴办一座万吨绿色磁化肥的工厂。项目投产后，可实现年销售收入1 200万元，经营成本848万元，每年可实现利润320万元。该项目总投资275万元，其中固定资产投资125万元，流动资产投资150万元。热电厂可投入140万元，需合作方投资135万元。

同江市精细化工有限公司年加工3万吨大豆项目。目前，同江市精细化工有限公司已有丰富的生产经验和独特的工艺技术。工程总投资4 092万元，其中，固定资产投资1 092万元，流动资金3 000万元，年收入7 307万元，经营成本6 293万元，年可创利润817万元。投资回收期2年3个月。同江市精细化工公司可投资2 300万元，合作方投资1 800万元。

同江市白酒厂野生动物养殖场项目。为扩大熊胆酒的生产能力，同江市白酒厂拟合资兴办规模为300头鹿、200头熊的养殖场。项目总投资984.6万元。其中，固定资产投资464.6万元、流动资金530万元，年产熊胆粉237公斤、鹿茸180公斤，年收入487.2万元，产品总成本341万元，年可实现利润115万元，固定资产投资回收期3年6个月。该厂已有成熟的取胆技术和先进的饲养方法。投资比例由合作双方协商确定。

同江市乳品厂西门达尔牛养殖场项目。为了扩大冬青奶粉、全脂奶粉的产量，拟合资兴建饲养能力为1 000头的西门达尔牛养殖场。该项目投产后，年可生产鲜牛奶70万公斤，年出栏350头牛，年可实现年销售收入672万元，创利润80万元。项目投资回收期2年6个月。该项目总投资385.2万元。其中，固定资产投资274.2万元，流动资产投资310万元。乳品厂拟寻求合资伙伴，投资比例双方协商确定。

同江市经济委员会金属镁项目。为了开发利用水镁石资源，同江拟合资兴办一座年加工1 000吨金属镁的工厂，生产工艺采用硅还原法，工程总投资300万美元。生产金属镁吨成本18 537.2元，吨销售收入34 500元，每吨可创利润11 483.2元，税后盈亏平点21.4%，投资回收期为2年3个月。该项目总投资300万美元。其中，固定资产投资192万美元，流动资金108万美元。同江市以设备、土地、技术、现汇投资，双方投资比例可协商确定。

同江市经济委员会高岭土、褐煤、石灰石、钾长石资源开发项目。同江地下埋藏着高岭土和褐煤。高岭土矿体顶板距地表173.95米，矿体真厚度15.08米，褐煤矿体顶板分别距地表290~296米，煤体真厚度分别为2~0.98米。

同江境内有两处石灰石和一处钾长石矿体，经化验石灰石成分中CaO的含量大于55%，钾长石成分中K_2O的含量大于16%。拟寻求合作伙伴，开发利用同江境内的矿产资源，合作方最好有利用高岭土、钾长石的定型产品，且产品技术含量高。合作方可以技术、设备、现汇出资。出资比例由双方协商确定。

同江市机械厂家庭精制米机项目。为了满足广大农民的生活需要，拟生产家庭精制米机5 000台，项目总投资260万元。其中固定资产投资80万元，流动资金180万元。每台家庭精制米机的经营成本760元，年可实现销售收入600万元，创利润160万元，投资回收期1年6个月。同江市机械厂可投入技术、厂房、资金100万元。

同江市砖瓦厂空心砖项目拟建一条空心砖生产线，年生产能力800万块，项目总投资290万元。其中，固定资产投资242万元，流动资金50万元。该工程投产后，年生产成本242.07万元，年销售收入610万元，销售税金72.59万元，年可创利259.34万元，投资回收期1年。同江市砖瓦厂可投资180万元。

同江市经济委员会卫生筷子、食品棒项目。年生产方便卫生筷4万箱（2亿双），食品棒2万箱，工程总投资222万元。其中，固定资产投资97万元，流动资金125万元。该项目投产后，年可实现销售收入484万元，利润109万元，盈亏平衡点为44%，投资回收期1年2个月。同江方可投资122万元，拟寻求合作方投资100

万元。

同江市制油厂大豆色拉油工程项目。同江市制油厂拟对现有精炼车间实施技术改造，筹建年生产5 000吨大豆色拉油生产线工程。该项目投产后，每年可增创效益150万元。该项目技改总投资204万元，主要用于购置脱色设备。制油厂自筹50万元，尚短缺154万元。

同江市粮食局食用酒精工程项目。利用玉米做原料，采用传统工艺生产优级食用酒精、DDGS饲料以及玉米油、玉米粕等副产品。项目拟建规模为年生产食用酒精3万吨，DDGS3万吨。正常生产年份年生产总成本为23 087.82万元，年可以实现销售收入26 442.5万元，利税3 354.68万元。工程总投资2 510万元。其中固定资产投资5 190万元，流动资金年占用额7 320万元。本项目为同江市粮食局与意大利龙马公司补偿贸易合作项目，固定资产投资来源于意方龙马公司投资4 150万元，同江市粮食局自筹400万元，招商引资640万元。流动资金来源于意方龙马公司投资1 660万元，企业向银行贷款2 000万元，招商引资3 660万元。

华江果蔬产品开发有限公司酱菜食品工程项目。为充分发挥当地山、水、地产资源优势，利用山野菜、江鱼、泥鳅鱼、大豆等原料，开发生产风味酱制方便佐餐菜和优质酱、醋，满足居民生活需要。本项目总投资139万元，其中固定资产投资89万元，流动资金50万元。年生产酱菜食品500吨，酱、醋570吨。年可实现产值342万元，税金52万元，利润30万元。投资回收期为3年。企业自筹79万元，拟利用外资60万元，具体合作事宜可协商确定。

同江啤酒厂易拉罐饮料生产线工程项目。本项目拟建规模为年生产黑加仑易拉罐饮料2 000吨，工程总投资359万元。其中，固定资产投资89万元，流动资金270万元。达产后年可实现销售收入600万元，税金123万元，利润225.12万元，年生产总成本为1 241.68万元。其中，固定总成本48万元，变动总成本1 093.16万元。啤酒厂自筹资金59万元，其中已经投入36万元，其余300万元拟通过招商引资解决。

同江市啤酒厂万吨精制小包装啤酒工程项目。万吨小包装啤酒生产线工程可作为实施生产能力从2万吨到5万吨扩建工程的一期工程。正常年份生产总成本为1 976.14万元。其中，固定总成本534.78万元，变动总成本1 441.36万元，达产后年可实现销售收入3 387.6万元，税金597.08万元，利润764.38万元。项目投资利润率为43.58%，投资利税率为77.62%，税后盈亏平衡点为39.64%，投资回收期为2年3个月。本工程总投资1 600万元，其中固定资产投资1 000万元，流动资金600万元。资金筹措：啤酒厂自筹200万元，银行贷款400万元，拟招商引资600万元，条件可面议。

同江市乳品厂DHA健脑豆粉工程年生产DHA健脑豆粉1 000吨。正常年份生产总成本1 788万元，达产后年可实现销售收入2 800万元，税金196万元，利润815万元。产品主要技术指标：水分≤3.0，碳水化合物≤70%，蛋白质≥18%，脂肪≥7%，DHA含量≥0.3%。工程总投资452万元。其中，固定资产投资32万元，流动资金420万元。资金筹措：企业自筹42万元，申请银行贷款200万元，拟以合资、合作方式引用外部资金21万元。

乳品厂、中医院鲑鱼白保健口服液生产项目年生产鲑鱼白保健口服液30吨。正常年份生产总成本为66万元，达产后年可实现销售收入450万元，税金32万元，利润352万元。工程总投资72万元。其中，固定资产投资47万元，流动资金25万元。资金筹措：企业自筹12万元，拟利用合资、合作方资金60万元。

同江市中医院鳅粉营养保健药品工程。利用当地野生资源泥鳅鱼为主要基料,添加人参、鹿茸、五味子等名贵中药生产滋补性保健药品——鳅粉,以满足广大的病患者需求。正常年份生产总成本为1 096.38万元。其中,固定总成本为493.37万元,变动总成本为603.01万元。达产后年可实现销售收入2 250万元,税金314.41万元,利润739.12万元。投资利润率为43.87%,投资利税率为62.53%,税后盈亏平衡点为37.02%。工程总投资1 500万元,其中固定资产投资200万元,流动资产300万元。资金筹措:企业自筹600万元,银行贷款300万元,拟以合资、合作方式利用外部资金600万元。

同江市机械厂多功能无压微型锅炉改建项目。多功能无压微型锅炉根据汽液焓熵变化和压力平衡理论,采用新的设计思路,改传统锅炉垂直管路换热结构为螺旋曲线换热结构,实现了锅炉的微型化、家庭化和多功能化。这个项目设计能力为年生产30 000KcaL/h产品1 000台,15 000KcaL/h产品2 500台,10 000KcaL/h产品500台。达产后年可实现销售收入2 485万元,利税总额1 334.76万元。工程总投资245万元。其中固定资产投资30万元,流动资金215万元。资金筹措:企业自筹45万元,银行贷款100万元,拟招商引资100万元。

同江市乳品厂高蛋白系列保鲜肠工程项目年生产高蛋白保鲜肠1 000吨,正常年份生产总成本为1 003.48万元。其中固定总成本65.88万元,变动总成本937万元。达产后年可实现销售收入1 300万元,税金71.8万元,利润224.72万元,投资利润率为65.75%,投资利税率为129.48%,税后盈亏平衡点为22.67%。工程总投资229万元。其中,固定资产投资162万元,流动资金67万元。资金筹措:企业自筹20万元,银行贷款47万元,拟以合资、合作方式利用外资120万元。本项目可利用现有厂房、设备折合资金42万元。

　　同江市乳品厂蜂巢豆腐工程项目年生产蜂巢豆腐120吨。正常年份生产总成本115.1万元。其中，固定总成本24.69万元，变动总成本90.46万元，达产后年可实现销售收入240万元，税金34.87万元，利润81.89万元。工程总投资160万元。其中固定资产投资110万元，流动资金50万元。资金筹措：企业自筹40万元，招商引资120万元。

　　同江精细化工有限公司肌醇粉、谷维素粉车间扩建工程项目。肌醇扩建规模为年生产能力60吨，谷维素扩建规模为年生产能力10吨。正常年份生产总成本为993.92万元，达产后年可实现销售收入2 120万元，税金290万元，利润836万元，肌醇粉项目投资利税率为88.23%，谷维素粉项目投资利税率为221%。肌醇、谷维素车间扩建工程总投资需要470万元。其中固定资产投资300万元，流动资金170万元，另外年加工10 000吨米糖需要流动资金480万元。资金筹措：企业自筹50万元，流动资金贷款600万元，招商引资300万元。

　　同江市经委、农业局、乡企局玉米、大豆深加工项目。同江市玉米、大豆资源丰富，为提高玉米、大豆等农产品附加值，增创社会、经济效益，同江市政府鼓励国外及外埠客商在同江以独资、合资、合作等方式兴办发展大豆、玉米等粮食深加工企业。对来同江投资办企的客商给予充分享受《同江市招商引资、引进人才优惠政策》。

　　玉米综合开发项目。以玉米为原料开发工业甘油，开发玉米油，以玉米为原料开发高蛋白复合饲料。

　　大豆系列深加工项目。大豆肌纹蛋白及其系列产品开发；大豆蛋白凝胶及其系列方便食品开发；大豆组织蛋白和大豆分离蛋白食品开发；大豆脑黄金系列增智健脑食品开发。

工业主要产品

20世纪80年代末至90年代初期，同江工业产品形成品牌优势，特别是"同港"牌啤酒、"双欢"牌白酒（同江白）、熊胆酒、黑加仑饮料、"三江"牌乳粉、豆粉等成为远近闻名的抢手货，有的需要市长批条才能买到。当时曾有句民谣，叫作"同江白赛茅台"。

"同港"牌啤酒（同江市啤酒厂）"矿泉啤酒"其制酒用水经有关部门鉴定达到矿泉水标准，微量元素丰富，对人体有一定的天然保护功效。

"同港"牌系列啤酒主要有普通12°、精制12°、精制11°和清爽型10°等，有640mL和350mL大小两种包装。

"月亮神"天然矿泉水（同江市啤酒厂）源于同江市街津山山泉第四水系，为深层微承压水，品质符合国家GB8537—87"饮用天然矿泉水"的标准，可以严格命名为含锶的硅酸型饮用天然矿泉水，其中有机矿质蕴含丰富，偏硅酸含量为31.2~43.43mg/L，锶含量为0.147 8~0.171mg/L，此外还含有Li、Br、I、Zn、Se、Cu、CO、V、MO、Ni、Al、Ba、B等多种人体必需微量元素，这些元素对于维护人体生理平衡和调节生理机能有着显著的功效。

"月亮神"天然矿泉水色度为0°~2°，浊度为0°，无臭无色，感观指标良好。矿泉水pH为6.54~7.60，矿化度为211.07~218.75mg/L，游离CO_2为16.22~45.42mg/L，属于中性低矿化度、重碳酸钙化学类型淡水，非常适合人体需要。

黑加仑天然原汁饮料（同江市啤酒厂）采用黑龙江省大兴安岭地区特有的山产品黑加仑为主要原料，在生产过程中不添加任何防腐剂，纯系天然饮品。黑加仑天然原汁饮料的问世，符合发展绿色食品工程的潮流，并且物美价廉，能够满足广大消费者的需求。

黑加仑广布于中国北方大兴安岭地区，是一种丰富的山地资源，营养成分高，尤其是矿物质微量元素、多种人体需要的氢基酸以及维生素C含量高。现代医学证实：黑加仑在降低人体胆固醇、预防动脉硬化、高血压以及增强人体免疫力、调节新陈代谢等方面有显著功效。

该产品有三个品种：普通瓶装黑加仑原汁饮料、塑料瓶装黑加仑原汁饮料、黑加仑易拉罐天然原汁饮料。

冬青酒（同江天然保健品集团公司）。冬青是神奇的寄生植物，酷暑中枝繁叶茂，寒冬里生机盎然，白雪、绿叶展示了冬青的强大生命力，为狍、鹿的主要食物之一，被誉为"北国不衰之灵物"。现代科学证明，冬青含有总黄酮、齐墩果酸等多种有效成分，具有抗衰防老、补肝益肾、强筋壮骨、通经益血的独特功效。

冬青酒以冬青为主要原料，以纯粮酒为酒基，用现代科学方法精制而成，集冬青成分之功能，荟植物不衰之灵气，融强身健体之根本，实为保健佳品。

冬青酒风味独特，色泽黄绿相间晶莹透明，酒香与野生植物清香融为一体，饮后余香满口，回味绵长。

熊胆酒（同江市白酒厂）。熊胆始载于唐《本草纲目》和《东医宝鉴》等中外医籍，千年前即有记载，本草"求真"中称：熊胆味苦性寒无毒，有清热解毒、平肝明目、镇静、解痉、降血压多种功效。现代医学证实，熊胆能提高人体的免疫机能，加速体内疲劳物质的排泄；降低血清中胆固醇的含量，控制胆固醇在血管壁沉积，防止动脉硬化；对心血管系统、肝、胆及内分泌系统、呼吸系统、眼科、外科等疾病有良好的预防作用。

熊胆酒主要成分为胆汁酸，并含有多种氨基酸、无机盐和微量元素，可增强维生素B_1、B_2吸收率，预防维生素B_1、B_2缺乏症。

同江养熊场积累了一整套驯养棕熊、黑熊的宝贵经验，熊胆酒开发集团公司经长期研制开发，采用熊胆鲜汁，配以纯粮白酒等原料，经科学加工制成的特殊营养饮品。经国家食品卫生部门检验，各项指标全部合格。该酒口感纯正，酒香郁雅，诸味谐调，口味绵长，具有多种保健功能，是理想的保健饮品，深受国内外人士的青睐。

"双欢"白酒（同江市白酒厂）。"双欢"白酒系列是以玉米、高粱为原料，采用传统清蒸、清烧工艺，通过固体发酵而成的纯粮酿酒。该酒各项理化及卫生指标均达到国家标准，并以其醇甜爽净、口味绵长特点，享誉三江平原。"双欢"白酒系列有：32°精制白酒、30°精制白酒、42°营养白酒、40°白酒、60°罗汉乐、53°优质龙酒、55°清蒸白酒、50°双欢酒、50°大口杯双欢酒、50°小口杯双欢酒等十个品种，其中50°同江白酒在1991年佳木斯地区评酒会曾荣获金奖。

冬青保健豆粉（同江市乳品厂）。冬青保健豆粉是以冬青液及优质大豆为基料，采用现代先进设备、先进工艺经科学方法精制而成。有特殊的降糖、降压、降脂作用，是糖尿病、肝病、风湿病、心脑血管疾病患者特殊保健佳品。

冬青豆粉配料有大豆、营养糖、冬青提取液，其中脂肪>7%，蛋白质>18%，碳水化合物>70%，黄酮>0.25%，水分<3%。

三江牌多维速溶全脂奶粉（同江市乳品厂）。该产品以新鲜的牛乳汁添加营养蛋白粉、维生素、微量元素、适量蔗糖等，采用高温瞬间杀菌、真空浓缩、喷雾干燥的科学方法精制而成，奶香味浓、溶解速度快、营养丰富。

婴儿奶粉（同江市乳品厂）。该产品是婴儿最理想的母乳替代食品，在母乳不足或无乳时使用。

采用三江平原不受污染的优质天然牛乳，调配了蛋白质、脂肪、碳水化合物，添加了维生素、微量元素等，用最先进的科学技术精制而成。该产品是根据母乳营养成分配制而成，它可以有效地预防婴儿佝偻病、贫血及缺锌症。营养成分：蛋白质>18%，维生素$A_1$250~2 500Iu%，脂肪>17%，维生素D200~400Iu%，碳水化合物<56%，维生素E>0.004%，矿物质<5.0%，钙>0.5%，水分<2.5%，锌0.002 5%~0.007%，铁0.006%~0.01%。

强化锌全脂奶粉（同江市乳品厂）。该产品采用新鲜的牛乳为原料，添加食品营养强化剂葡萄糖酸锌，具有提高机体素质、促进智力发育功能。长期食用可提高免疫力，增强体质，是儿童、老人、孕妇不可缺少的最佳营养品。

该产品能保持鲜牛奶所含有的多种维生素，营养极为丰富，各种水温均可迅速溶解。营养成分：蛋白质26%~29%，总糖50%~55%，脂肪20%~25%，无机盐0.7%，蔗糖19%~20%，锌0.004%~0.006%。

全脂奶粉（同江市乳品厂）。该产品采用纯净鲜牛奶，加适量蔗糖，经高温瞬间杀菌、真空浓缩、喷雾干燥的科学方法精制而成，具有奶香味浓、溶解速度快、营养丰富等优点。主要成分：脂肪20%~25%，蛋白质25%~28%，蔗糖<20%，水分<25%，乳糖29%~30%，无机盐3%~4%。

三江牌豆粉（同江市乳品厂）。三江牌速溶豆粉系选用三江平原无污染的优质大豆、白砂糖，采用先进设备、先进工艺，经科学方法精制而成。本品无豆腥味，保留大豆原有的多种氨基酸、脂肪、碳水化合物和铁、锌、钙、无机盐及多种维生素。该产品系天然大豆制品，无添加剂，是高蛋白低脂肪的全价营养佳品，豆香味纯正、速溶效果好。主要营养成分：蛋白质>18%，脂肪<7%，碳水化合物<70%，水分<3%。

20世纪90年代同江工业啤酒、白酒、乳粉等品牌产品　李文湘提供

　　肌醇（同江市精细化工有限公司）。肌醇属维生素B族物质，它以游离状态存在于动物肌肉、心脏、肝脏，哺乳动物的脑部和禽类的蛋黄中以及米糠、小麦的胚芽中。主要应用于医药、食品、化工等方面。在医药上肌醇作为抗脂肪肝药物，用于治疗肝病、早期肝硬化等，并且具有促进人体发育和防衰老等作用。在食品行业中，肌醇可作为高级滋补型添加剂，有促进新陈代谢、增进食欲、恢复体力等作用。在化工业肌醇可作为生产高级化妆品的原料，并在印刷行业中起到减酶剂作用。质量指标：肌醇净含量97%以上，比重1.752，熔点224℃~227℃，水分0.5%以下，氯化物<0.005%，硫酸盐<0.006%，钙盐<0.005%，铁盐<0.005%，重金属<0.0025%，外观呈白色，溶于水。

　　谷维素（同江市精细化工有限公司）。谷维素是环木菠萝醇类阿魏酸酯和甾醇类阿魏酸酯的混合物。存在于米糠毛油中。谷维素原粉在医药、食品、抗氧化及化妆品行业中有着广泛的应用。

　　谷维素对治疗周期性精神病、脑震荡后遗症以及消化器官疾病等有着较好的作用。谷维素还有降低血清胆固醇和促进动物生长的作用。并且还能作为防晒涂敷剂，可以有效地阻止红斑和黑

色素沉着。谷维素质量标准：含量95%以上，色泽类白，挥发物
1%以下，灰分0.3%以下。

第三节　国有企业改革

21世纪初，受全国国有工业体制改革大气候的影响，同江国
有企业相继进行了全面体制改革，主要改革形式有整体出售、股
份制改造、并购、破产、关停等。

整体出售

实施整体出售有4户，分别为同江市热电厂、同江市农机修
造厂、同江市机械厂和同江市白酒厂。

同江市热电厂建于1965年，原为全民所有制企业，正科级单
位，隶属同江市经济委员会。2003年9月，同江市热电厂实行改
制，将厂房和设备内部租赁，出资者共计21人，资金123万元，
租赁厂房设备，并将热电厂更名为同江市双兴热电有限责任公
司。成立了董事会、监理会。机构人员设置：董事长1人，总经
理1人，副总经理3人。两个分公司及综合业务科、财务科、收费
科、保卫科、总工办。两个分公司：即发电公司，下设生产办、
汽化车间、锅炉车间、电气车间、燃料车间、4个运行站；供热
公司，下设供热站、供热安装队。

改制后，所有制形式不变，工作管理人员仍为原厂职工，有
职工224人。

2008年，双兴热电有限公司以1 700万元整体出售给社会自然
人，改制为民营企业，企业更名为同江市长恒热电有限公司。

同江市农机修造厂为全民所有制，正股级单位，隶属市农机

局。1992年，由于企业亏损严重，亏损额47.6万元，扭亏无望，10月份被解体，69名职工被分别安排到其他国营企业，企业的债权、债务由市政府进行了妥善处理。

1994年3月23日，对企业所遗留的债权、债务问题进行了第二次处理，账面收入29.4万元，账面应付欠款38.6万元，欠据9万元的债权，所收欠款用于偿还债务和费用。对呆账、死账进行认定，认定后冲账，原企业下属独立核算的汽车队、远红外线厂的债权、债务由其法人独自处理。

同江市机械厂为全民所有制企业，正股级，隶属同江市经济委员会。1987年，企业推行承包责任制，因没有自己的定型产品，逐渐失去了市场的竞争力，产值和效益逐年下滑，企业总产值由1986年的109万元下降到1990年的35万元，企业亏损数额逐年扩大。

1992年，从富锦市聘请了4位技术人员实行集体租赁承包，企业当年亏损23万元。

1993年，亏损31万元。

1994年6月18日，企业扭亏无望，停产整顿剥离经营，将企业有市场活力部分剥离出来，实行母体裂变改造，采取新投入与老包袱剥离，新项目与老产品剥离，车间与老厂剥离，把企业的有机部分组成一个或几个新的经济实体，以独立的一级或二级法人身份出现，宜股则股，宜租则租，宜包则包，一企多制，转换经营机制。

1998年，拥有70名职工的机械厂，实现工业总产值220万元，固定资产89.3万元，实现产品销售收入14.2万元，累计负债70.9万元。

1999年，企业因亏损严重，负债过多，被整体出售，出售的款额全部用于偿还外欠债务和企业职工的补偿金。

同江市白酒厂始建于1958年11月，位于海关路西侧，全民所有制企业。初建时股级单位，1987年，升格为副科级企业，隶属同江市经济委员会。

同江市白酒厂曾是同江市的台柱企业，在地方财政收入中占有极为重要位置，本市上缴利税超百万元的企业只有两户，白酒厂是其中之一。

白酒厂初始阶段只生产散装白酒，年生产能力100吨左右。后发展到瓶装。由初始的单一品种发展到十几个品牌，"同江白""罗汉乐""熊胆酒"等品牌在市场上赢得很高的声誉。

1995年7月19日，实施产权制度改革，市白酒厂改组为同江市康达股份有限责任公司。改组后，企业共有注册资金192万元，其中国有控股134万元，职工投股58万元，原职工为企业的全体股东。股东以其认缴的股份对企业承担有限责任，企业成立股东会、董事会、监事会三级管理。

面对酒类市场放开后的激烈竞争，该厂缺乏战略定力，对自己优势掌握不牢，特别是新产品开发研究论证不够，在丢失老客户的同时，又没有开拓新市场，特别是同江本地市场的丢失，使企业经营日趋艰难。同江市委、市政府采取股份制、聘任制等一系列改革，但难改其日渐亏损局面。

1999年，同江市白酒厂变卖资产，用以偿还拖欠的100余名职工的工资。

并轨

实施并轨企业1户，为同江市建筑材料厂。

同江市建筑材料厂始建于1988年9月22日，属于国家扶贫项目，由国家贫困地区开发服务中心扶贫投资450万元兴建。全民所有制企业，隶属于同江市物资局，股级单位。1991年9月16

日，升格为副科级单位。

1995年4月16日，企业实施产权制度改革，实行剥离经营，组建"三星建材厂"，行业管理隶属市经济委员会。12月5日，三星建材厂在集贤县组建同福三星瓦厂，组建的企业为独立法人企业，独立承担民事责任，实行独立核算，自负盈亏。

1996年9月，企业更名为同江市三星建筑材料股份有限公司。2004年9月，企业并轨。

破产清算

实施破产清算的有2户，分别为同江市水泥厂和同江市塑料厂。

同江市水泥厂于1992年7月开始筹建，8月动工，1993年8月12日竣工试产，是同江市唯一未见达产就宣布破产的企业。全民所有制，正科级企业，隶属同江市物资局，1994年归属同江市经济委员会。

同江市水泥厂立项筹建时，正处于边贸热时的基本建设高峰，到了1994年，边贸回落，基建工作全部停止。由于缺乏资金，原材料购不进来，生产前后不配套，企业没进入实质性生产。

企业从筹备到建设、管理、经营机制基本上沿袭计划经济的模式，财务制度不健全，管理混乱，工程增加了不合理支出。从1992年开工至1994年，欠外债已达900万元，欠银行利息107万元，欠职工工资30万元。1994年，企业一年亏损额达115.4万元，到1995年7月，企业实际负债1 020.6万元，企业形成资产（产权）仅为789.6万元，资产账面损失了231万元。欠银行贷款419.6万元，欠职工集资款68.7万元，欠电厂电费50万元，其他各种应付欠款419.7万元。

1995年7月26日，水泥厂因资不抵债向企业主管部门申请关闭。同年9月20日，上级主管部门批准了企业关闭的申请报告。

1996年，企业破产。

同江市塑料厂始建于1983年，全民所有制企业，股级单位。初建时隶属同江市二轻工业局，1985年隶属同江市经济委员会。1987年，企业产值、利税等经济指标还能保持平稳。1988年，原材料价格突然暴涨，而且短缺，加之企业出现了资金运转的问题，各项经济指标均没有完成。

1994年，企业已完全停产，同年7月，企业宣告破产。破产后企业的财产、债权，主要用于职工的失业保险金、退休金、偿还银行贷款等。

股份制改造

实施股份制改造的有2户，分别为同江市制砖厂和同江市印刷厂。

1987年，同江市制砖厂升格为副科级，职工79名，隶属同江市二轻工业局。1991年，企业升格为正科级，隶属同江市经济委员会。2001年，隶属同江市工业总公司。

1993年后，由于受市场影响，企业生产陷入困境。1994年，实现产值84.2万元，销售收入100.8万元，企业亏损23.6万元。1997年，企业实现总产值152.4万元，销售收入156.2万元，亏损0.3万元。

为改变企业生产现状，1998年，制砖厂承包给个人经营，2005年，进一步加大改革力度，45名砖瓦厂职工集资入股成立利达新型建筑材料厂，与制砖厂分离。新企业利用制砖厂的厂房、设备进行生产经营，与制砖厂每年签订一次租用合同。制砖厂仅负责固定资产的保值升值，收取租金，支付退休职工社会保险、医疗保险。

至2018年，仍延续原有体制运行。

同江市印刷厂始建于1959年，位于通江街中段，全民所有制性质，股级单位，隶属同江市经济委员会。

1994年，固定资产评估总资产57万元，银行贷款56.2万元，欠银行利息8.141万元，其他借款4.3万元，加上各项亏损，累计80.9万元，已是资不抵债。企业本年度实施了产权改革，进行剥离经营，印刷厂一分为三。彩印车间设备7.8万元，门市房140平方米，职工12人，退休职工6人，由市啤酒厂兼并，组建同江市啤酒厂彩印分厂，成为实行独立核算，自负盈亏的二级法人。纸箱车间职工14人，由乳品厂兼并，组建乳品厂纸箱分厂，债权、债务各负15.7万元的债务。主体车间、铅印车间职工23人，车间设备、产权转卖给内部职工，每股1 000元，组建同江市印刷股份合作公司。公司实行董事会、监事会的管理机制。退休和停薪留职的职工也作了安置，固定资产的剩余部分、债权、债务由上级主管部门代管。

1995年1月5日，完成了登记注册，原印刷厂铅印车间改称同江市宏达印刷股份合作公司，公司股权设置只设个人股，股资总额为5.5万元，实行民有民营。

关闭停产

实施关闭停产的有2户，分别为同江市植物油脂化工厂和同江市乳品厂。

同江市植物油脂化工厂始建于1991年5月18日，为全民所有制，正科级企业，隶属同江市经济委员会，位于大直路东端与乳品厂相邻。

同江市植物油化工厂从立项到筹建，存在着一定的盲目性和随意性，对本地区的资源缺乏科学性考察和论证，对市场的分析也缺乏科学性。因而，企业建立以后与原设计达产计划相距甚远，没有形成规模生产。

1993年，企业重点实施了分配制度上的改革，采取岗位技能、劳动效率、产品质量与绩效工资相挂钩的分配形式。全脂奶粉第一次进入俄罗斯市场。全脂速溶奶粉、豆乳粉在常德全国星火计划成果展销会上双获金奖，并被轻工部评为国家A级产品和消费者推荐产品，同时被黑龙江省爱卫会授予爱国卫生先进单位称号。

1994年9月6日，实施产权制度改革，对原属国有性质的企业实行了剥离经营，成立了同江市精细化工有限责任公司。1995年春，开始筹建谷维素产品的研制生产。

1995年8月8日，企业终因资金、管理、市场等因素，难以维持生产，宣告关闭。

同江市乳品厂属全民所有制，正科级企业，隶属同江市经济委员会。位于大直路东端，东外环路南端。主要生产全脂速溶奶粉、维他奶粉、强化锌奶粉、豆乳粉、婴儿奶粉等，产品销往黑龙江、辽宁、山东、河南、安徽、广东、北京等地，外销俄罗斯。同江乳粉曾为全国紧俏商品。

1995—1998年，由于企业资金短缺，债务增多，不能及时兑现养牛户奶款，导致奶牛数量连年下降，奶源逐渐枯竭。

1998年，企业年产量下降至450吨，实现工业总产值128.4万元，企业亏损24.9万元，欠税达15.7万元，企业被迫停产。

并购

实施并购的有1户，为同江市啤酒厂。

同江市啤酒厂始建于1985年。厂址位于东北郊，全民所有制，正科级企业（按副处级管理），隶属同江市经济委员会。

1987年，当年投产，生产啤酒1 817吨，销售收入30万元，总产值82万元，亏损24万元。同港特制12°啤酒获国家农牧渔业部金质奖，同港普通12°啤酒获佳木斯市优质产品奖。

1989年，年产量达到9 000吨，销售收入921万元，总产值954万元，利税300万元。同港特制10°啤酒在行业评比中获第一名，全面质量管理达到了3级标准，计量检查达到了2级标准。产品打入俄罗斯市场，至1993年累计出口啤酒上千吨，获利近70多万元。

1995年，同江全市工业企业滑入低谷，市属企业唯独市啤酒厂一家盈利90万元，年产量16 726吨，实现产值2 562万元，销售收入1 908.7万元，利税253万元。

1996年，同港啤酒被评为"黑龙江省用户满意产品"，获得第三届中外名优产品国际博览会金奖。

2000年5月，企业转为股份制，当年亏损300万元。2002年5月转为私营企业。

2005年，香港润兴集团并购了同江市啤酒厂。

出售变现

实施出售变现的主要是食品企业，共3户，分别为同江市食品加工厂、同江市饮料厂、同江市酱厂。

这3家企业均归属同江市商业局，独立核算，自负盈亏，是同江最早的食品工业。主要产品有各种糕点、糖果、清凉饮料、酱油、食醋等50多个品种。

1990年，3家企业效益急剧下滑，年产值仅为10万元，出现亏损，1994年亏损达6万元。当年食品厂与饮料厂合并，实行经营承包，维持了一年时间，由于厂房陈旧，设备老化，生产工艺落后，资金短缺，新产品生产不出来，传统产品缺乏市场竞争力。

1991年12月21日，酱厂西北侧的部分厂房及土地出售给同江市建设银行建住宅楼，售价17.6万元。剩余的厂房、设备，土地于1992年9月10日转让给泰国通达公司，转让期限60年，转让费60万元。酱厂关闭停产。

1995年，食品厂和饮料厂关闭停产。

1996年12月30日，食品加工厂实行破产。

1998年6月26日，同江市人民法院以同法执字〔1998〕45号裁定，食品厂和饮料厂因拖欠同江市工商银行的贷款，除位于通江街临街的130平方米的商店和56平方米的仓库留作退休职工生活外，所剩余的厂房和其他资产抵偿银行贷款。

2003—2005年，食品厂部分资产出售变现，变现资金偿还拖欠的失业养老保险金，没能出售变现的资产，全部移交市社保部门，抵押失业养老保险金，企业职工与企业分离，得到妥善安置。

第四节　民营经济的崛起

21世纪初，同江市民营经济开始复苏，中共同江市委、市政府主动为民营的发展搭建平台，并通过招商引资，引进大量民营资本，为同江经济发展奠定了基础。

储备管理人才

同江市乡镇企业管理机构几经改革，2002年之前一直为乡镇企业管理局。2002年改称乡镇企业管理总站，2005年改称民营经济管理服务局，2007年改称中小企业局，2010年改称工业和信息化局，2019年4月因机构改革与同江市科学技术局合并改称同江市工业信息科技局至今。

1996年，为了推动同江全市乡镇企业加快发展，提升基层乡镇企业管理机构能力，中共同江市委、市政府决定在当时的12个乡镇成立乡镇企业管理总站，面向社会公开招聘选拔乡企总站站长、副站长，任期三年。站长级别设定的原则是：两人以上报名竞聘的乡镇，站长按正科级管理。一人报名竞聘的乡镇，站长按副科级管理。三年期满考核合格后，组织部门给予确定级别。中共同江市委组织部、同江市人事局、财政局、工商局、乡企局等相关部门组成了考评组，参加竞聘的人员现场进行竞聘演讲，考评组成员现场打分。除金川乡和前卫乡一人报名，其余10乡镇都是两人以上报名竞聘。最后选出10名正科级乡企站长和2名副科级乡企站长。同时，为了充实基层力量，乡企局也派出2名同志参加竞聘，分别到街津口赫哲族乡和向阳乡任副科级副站长。通过这次公开招聘选拔，使一批有管理经验，有经营头脑的人才走上了基础乡镇企业管理岗位。在三年任期内，他们通过招商引资、内引外联等多种方式上项目、办企业，使同江市乡镇企业在短期内有了较快的发展。

搭建交流平台

2008年7月22—23日，同江市政府承办了由农业部乡镇企业局、中国乡镇企业协会、黑龙江省中小企业局主办的"2008中国（同江）乡镇企业（中小企业、民营企业）对俄贸易和经济合作推介会"，共有来自全国20个省（区、市）和俄罗斯的860多名代表参加（不包括会议机关方阵730人和会务工作人员）。大会设有旅游文化展区、机械产品展区等6个展区，展区内共设60个展位68块展板，中外200多家企业展出了机械、电子、食品、农产品等十大类300多种产品。经过2天的宣传、推介、展销、展示、洽谈，会议取得丰硕成果。中俄双方企业和国内各地区企业间共达成37项合作意向，协议金额达233 400万元人民币，其中，中俄企业协议总额11 180万美元。有11个涉及木材加工、产品出口、基础设施建设、农产品加工的项目合作合同在会议上正式签约，总额98亿元人民币，其中与俄罗斯签约项目6个，签约额6 181万美元。

开发新能源项目

同江风电场建设由华能同江风力发电有限公司承建和经营，该公司于2009年5月成立，注册资本33 000万元，主要产品为风力发电。

同江风力发电有限公司位于街津口赫哲族乡街津山上，平均海拔150—250米，西距同江城区45千米，北隔黑龙江与俄罗斯犹太自治州相望，隶属于华能黑龙江发电有限公司，是中国华能集团公司批准成立的三级产业公司。公司现有员工50人。年平均风速5.69m/s。经营范围：风力发电、风力发电场运营、规划、设计及风电咨询服务、风电设备设施检修、调试、运行维护、电力物资供应。

风电场分两期建设完成，总建设规模198兆瓦。一期工程于2009年6月13日开工建设，2010年3月15日投入生产运营，共安装66台1.5兆瓦华锐风力发电机组；二期工程于2014年9月30日开工建设，2015年11月25日投入生产运营，共安装66台1.5兆瓦远景风力发电机组，两期公用一座升压站和一条220千伏建街线送出并入电网，先后获得"中国电力优质工程"奖、"国家优质工程"银质奖以及集团公司"达标创优先进单位"等荣誉。

2017年，同江街津山风电场　冰城馨子摄

作为华能集团在黑龙江省内首座并网的风电场，该工程投产后，年上网量约4亿千瓦时，每年可减少向大气排放二氧化碳44.25万吨、二氧化硫2 576吨。既符合国家节能减排的政策要求，又带动地区经济发展，具有十分重要的意义。

开发粮食存储加工业项目

同江市北绿米业有限公司注册资金3 600万元，投资近1 900万元，建造年加工水稻15万吨生产线两条，建设日处理潮粮800吨的烘干设备一套，以及建设钢板储粮仓4座，10 000平方米地面硬化，水稻储存能力达到5万吨。

公司生产"九绿""三江湿地""莲花河"三种品牌的大米，色泽晶莹剔透，口感松软留香，营养价值丰富，符合国家一等大米标准。产品畅销国内广东、四川、河南、陕西、山东等省，并出口到俄罗斯。

2017年，加工大米5 930吨，实现产值2 350万元；2018年上半年加工大米5 663吨，实现产值2 046万元。产量稳中有升。

同江市高丽米业有限公司位于同江市同三路东侧南段。公司成立于2007年3月，注册资金1 180万元，是集粮食收购、加工销售等多种业务于一体的私营股份制企业。

2008年4月，在国家工商行政管理局注册了"高丽王"牌商标。"高丽王"牌系列大米销售到全国各大城市，销售网络遍布全国各地。

2017年，生产大米1 411吨，实现销售收入548万元。

同江市浩源米业有限责任公司成立于2004年9月，位于同江市同三路南段，注册资本为3 285万元。企业建有固定仓容6万吨、露天存储能力6万吨大米生产线一条，日产量180吨大米，年生产能力10万吨（成米）。建设烘干塔一座，烘干能力达到600吨原粮；钢板仓5座，可容纳原粮3 000余吨等。

公司经营粮食收购、加工销售、仓储服务、租赁服务，主产品为大米，副产品为油糠、青粒、色选粒、碎米等。

公司已经注册"皖雪""浩健"两个品牌，产品畅销全国，在天津、河北、山东、贵州等地建立了客户群，产量逐年递增。

2017年，加工大米3 871吨，实现产值1 541万元。

同江市丰顺农业发展有限公司位于黑龙江省同江市经济开发区，公司成立于2007年2月7日，注册资金7 600万元，公司总资产1.6亿元，其中固定资产1.5亿元，流动资产1 000万元。仓储占地8万平方米，可储粮20万吨，现为中储库代储玉米、水稻14.8万吨。公司拥有国内一流的玉米、油脂两大加工生产线，可年加工玉米20万吨、油脂3万吨。有烘干塔两座，日可烘粮1 100吨。

2017年，完成玉米加工3 238吨，完成代储14.8万吨，实现销售收入2 100万元，利润105万元。

开发木材加工项目

同江市宏利木业公司主要产品以刨光板、实木门为主，企业注册资金50万元。公司位于加工区主干路南侧，占地面积

29 880平方米，项目总投资1 000万元，设计年加工能力3.5万立方米，建设期为2年。公司于2004年9月开工建设，完成生活及办公用房400平方米，生产用房260平方米，厂区道路320延长米，地面硬化185平方米，围墙760延长米，安装设备6台套，烘干窑2座。

企业成立之后，由于市场行情疲软一直处于停产状态。2018年木材市场行情回暖，为盘活企业，又对企业进行改造升级，新建生产用房1.5万平方米，业务用房1 500平方米，铺设道路2 000平方米，场地硬化1万平方米。

同江市宏森木业公司主要产品以地板、实木门、细木工板为主，企业注册资金1 600万元。公司位于同江木材加工区主干路北侧，占地面积211 500平方米，项目总投资3 000万元，设计年加工能力50万立方米，建设期为2年。

2017年加工木材5.5万立方米，实现产值4 910万元。

同江市佳昱木业经贸有限公司主要产品为木制百叶窗，产品出口韩国、日本等地。总投资3 000万元，建设办公生活用房600平方米，钢构生产车间2 880平方米，购置安装木制百叶窗生产线3条，生产能力为年加工木材2万立方米。2017年，企业加工木材1 800立方米，产品销往天津等地。现企业已由百叶窗单一产品加工成功转型升级为家具组件产品加工。

同江市龙腾木业经贸有限公司主要产品为板方材，产品主要销往山东等地，总投资3 000万元。

2013年3月正式投产，购置设备6台（套），年加工木材3万立方米。

2017年，新建2 000平方米和4 000平方米的成品库，购置设备4台（套），总投资350万元。其中，基础设施投资300万元，设备投资50万元。项目建成后年加工能力达5万立方米。

2017年，累计加工木材2万立方米，实现产值1 600万元，产品销往山东、天津等地。

同江市润泓木业贸易有限公司是集采购、加工及销售于一体的木材加工企业。主要产品有建筑板材、家具、装饰木龙骨、家具床板、家具床母、家具床子等，注册资金500万元。总投资1 500万元，年加工能力5万立方米。公司主要经营俄产原木及建筑工程和民用板方材，原木直接从俄罗斯进口，采取了原木与板方材依据客户订单加工与销售模式，深受北京大兴区木材市场、天津东丽区木材市场、山西晋城市、河南洛阳市等地客商信任，国内交易十分活跃，销售网络不断扩宽。

2017年，加工木材4万立方米，实现销售收入2 861万元；2018年上半年加工木材0.8万立方米，实现产值704.8万元。

同江市祥伟木业贸易有限公司主要加工产品为刨光材，兼营粗加工，总投资1 200万元，设计年加工能力3万立方米。2017年投资500万左右，建设6 486平方米生产车间，购置设备10台（套）。现已购进设备7台（套），完成投资60万元，使企业年加工能力达到20万立方米。

2017年加工木材2.5万立方米，实现产值2 300万元。

黑龙江龙兴广发木业有限公司是以从事木屋加工生产为主的股份制企业，注册资本金为2 981万元，2009年木屋项目总投资1.83亿元，从德国引进年生产原木结构木屋300套的木屋加工生产线，处于国内领先地位。

2009年开工建设，2011年5月18日完成全部土建和生产线设备安装调试，正式投产。

2017年，加工木屋0.2万平方米，实现了产品首次销往俄罗斯，为下一步扩大出口俄罗斯奠定了基础。

开发绿色环保项目

同江丰林达进出口贸易有限公司成立于2011年5月，注册资金6 200万元，为同江市重点招商引资企业，2012年和2014年为省重点企业。经营范围包括：废旧塑料及物资回收、加工、利用，塑料制品加工；自营和代理各类商品和技术的进出口，通过边境小额贸易方式向毗邻国家开展各类商品及技术的进出口业务；粮食收购，国内仓储业务，进出口货物仓储、传输运抵报告、理货报告等海关电子数据。已在同江和青岛设立进货口岸，开展进口俄罗斯废塑料等贸易往来。

公司经营的有利条件是，股东万源通公司在俄罗斯远东地区已经投资8 000万元成立鑫泰公司，建立了4个固体废物回收分拣中心，其中哈巴罗夫斯克2个、共青城1个、赤塔1个，初步形成塑料颗粒、塑料瓶片、塑料破碎等年加工2万吨的生产能力，为确保再生物资的稳定供应奠定了基础。生产原料主要在俄罗斯远东地区回收，经过加工后进口。国家质量监督检验检疫总局对鑫泰公司定期进行境外预检，不会产生二次污染，安全系数高。

2016年，公司决定分三期建设益生菌新材料高科技机插秧盘项目，总投资2.21亿元，总产能5.4万吨。一期已于2016年9月初正式投产。

2017年，生产塑料颗粒1 000吨，实现销售收入920万元，税收98万元。生产水稻益生菌育秧托盘15 478箱，共计200吨。

开发当地资源加工项目

黑龙江江渔源食品有限公司，是集研发、生产、销售为一体的大型鱼类食品现代化加工企业。主要产品有大马哈熏鱼系列，大马哈鱼子系列，鲟鳇鱼子、鱼罐头、鱼松系列，即食鱼系列等几十个品种。注册资金900万元。

2013年，投资鱼类制品加工项目，总投资7 000万元。年可形成年加工特色淡水鱼6 950吨、特色优质鱼制品5 000吨（鱼罐头3 000吨、鱼肉肠类1 500吨、传统鱼肉制品500吨）的生产能力。

2016年，企业通过"互联网+"，改变传统销售模式，与大庆卓创合作，利用大庆卓创销售宝合作改版江渔源鱼类线上产品设计和包装，重点打造同江市鱼类资源品牌。

2017年，加工大马哈鱼360吨、淡水鱼80吨，实现产值1 300万元。企业还通过京东众筹平台上线同江市大马哈鱼块、鱼子进行线上销售，突破传统销售渠道，成功众筹4.3万元。

开发粮食深加工项目

同江市金醛生物有限公司主要从事糠醛生产、加工、销售等业务，总投资1.13亿元。年可加工玉米芯14.4万吨，生产糠醛1.2万吨。糠醛生产车间、设备安装及附属设施建设，已于2014年10月建成投产。

2017年，生产糠醛1 965吨，实现产值2 065万元。

2018年上半年，金醛生物收储原材料5万吨，完成设备调试，进行糠醛生产加工，已生产糠醛343吨。

利用玉米芯为原材料进行生产加工项目，填补了同江市粮食精细深加工项目的空白，有较大的发展空间。

开发有机食品加工项目

黑龙江凯滋食品有限公司创立于2013年3月，是同江市唯一一家以有机食品加工为主的企业，由哈尔滨凯滋食品有限公司、贝滋特（新西兰）乳业有限公司出资兴建。有机食品加工制造项目总投资2亿元。生产"凯滋""倍优倍爱"品牌系列豆粉、米粉、膨化食品及有机谷物食品，行销多个省市，受到广大消费者喜爱。

2017年，生产玉米粉211吨，实现产值1 478万元。

开发拓展规模外贸综合性业务

同江市新远东公司是集进出口贸易、国际货运代理、运输、仓储、餐饮、食品生产加工、俄罗斯清关服务为一体的综合性企业，2008年成立，总占地面积5.7万平方米，目前拥有员工50人。

公司投资5 397万元建设了"新远东物流园区项目"，分为一期国际物流园区和二期国内物流园区。拥有自营和挂靠国际运输车辆20台，从事对俄货物运输。重点建设了海关监管仓库、公用型保税仓库等，其中保税仓库是佳木斯地区第一家公用型保税仓库，可为企业提供保税仓储、清关服务、物流配送、商品展示等服务。

公司主营对俄罗斯出口水果蔬菜、干调食品、建材、建筑机械、农机等，拓展了进口大豆、水产品、面粉、蜂蜜等业务。自成立以来，已累计实现货物吞吐量17.68万吨，其中出口果蔬6万余吨，进口大豆8.2万吨，为促进同江口岸外经贸发展作出了贡献。

组建大型公益型企业

同江市长恒热电有限公司，2008年企业改制组建，前身为始建于1965年的原同江市电厂。是目前同江最大的民营企业，企业注册资金6 543万元。

公司主营产品为供热。企业现有五炉，两台75t/h蒸汽锅炉、三台58兆瓦热水锅炉。2017—2018年采暖期，实现供热面积315万平方米，供热平均温度达22摄氏度，同江是全省供热温度最佳的城市之一，深受用户的好评。

第五节　对俄贸易和经济合作

对俄经贸合作，是同江市经济发展的重要动力源，也是中共同江市委、市政府历年专项推进项目的大户，为同江经济发展作出了重要贡献。

设立同江口岸

同江市作为通商口岸历史悠久，曾三度开放。最早可追溯到1904年，当时就有商号与俄国商人进行贸易活动。

八国联军侵华以后，清政府以海关关税为抵押，偿还《辛丑条约》赔款。

宣统元年（1909年）7月1日，哈尔滨税务局发表通告，自即日起于拉哈苏苏（现在同江市区）设立关卡，稽查关税。

宣统二年（1910年），英国在同江设立海关分局（时称拉哈苏苏分卡），查验黑、松两江过往船只，收取关税。这是我国在丧失主权情况下，同江作为国家贸易口岸对外国第一次开放，历时21年。

1958年5月12日，在中苏友好的大气候下，中苏两国外贸部换文达成广泛开展边境贸易的协定。

是年8月，合江行署牵头组团，抚远县政府参加，在同江、伯力两地与苏方会谈签约，开展边境贸易，这是同江口岸第二次开放。当时出口的货物主要有大豆、副食品、日用百货等；进口的货物主要有汽车、钢材、铁锹、化肥、役马、汽油、木材、机械，曾一度出现了对苏国贸、省贸和边贸同步进行的活跃局面。50年代末，同江对苏贸易额累计达到74万元人民币。至60年代初，由于中苏关系紧张而中断。

1958—1959年，同江设立商易站，使用日伪时期遗留下来的旧码头。

1959年5月，建设同江航运站。

1960—1963年，码头进行修建，修护坡2 000余米。

20世纪70年代，同江码头因航道逐年淤塞，枯水期船只进港困难，遂将码头迁至横江口，建设160平方米的船站一座。

1982年开始筹建新码头，建设了4个千吨级泊位和立式船台，可同时停靠4艘千吨级泊船作业，拥有港区周转场地7万平方米。

20世纪90年代同江江海联运第一船——同江至日本酒田港
货船正在装船　市档案馆提供

1986年3月18日，国务院正式批准恢复同江为国家一类口岸对外开放。

1988年，省政府批准同江为"通贸兴边"试验区。是年，开通了对俄冰上汽车运输。

1989年，经国家口岸办批准开通对俄冰上汽车运输，同江口岸由一个港口分为东、西两个作业区。

1993年，同江至日本酒田港江海联运首航成功，从而确立了同江成为黑龙江省江海联运始发港的地位。

1994年，同江口岸被外交部批准为国际客货运输口岸，可以通过第三国人员和货物。

1995年6月，经国家批准开通了俄罗斯汽车轮渡运输，实现了俄比罗比詹水陆直达联运，成为黑龙江省东北部重要的对俄水陆联运国际大通道。

1999年12月，同江至俄下列港气垫船航线正式通航，使同江口岸成为我省东北部地区唯一的一个从事气垫船运营的口岸，同江口岸实现全年通关。

2018年同江东港国门　市档案馆提供

2000年，省政府重新界定同江市中俄边民互市贸易区区址，决定将其建在哈鱼岛上，并将原东部作业区移至哈鱼岛，形成一条同江口岸恢复对外开放以来最短的国际航线。

2001年1月6日，佳木斯经同江至比罗比詹国际大通道正式开通，同年还开通了佳木斯市经同江口岸至俄罗斯比罗比詹市国际汽车运输路线。2002年11月26日，恢复开通东港至比罗比詹的气垫船航线。

2003年，完成了东港至哈巴罗夫斯克货运航线的审批工作。

2004年，正式开通了"佳木斯至同江——下列宁斯阔耶至比罗比詹"汽车客货运输线路。

2005年12月，同江铁路大通道开通，结束了同江口岸不通火车的历史，实现了同江几代人的梦想。

2006年开通了对俄集装箱运输。

2007年开通了对俄冬季浮箱固冰通道汽车运输，实现全年通关。

2008年10月28日，中俄跨江铁路大桥项目在中俄两国总理第十三次会晤上正式签署。

2011年11月，开通了双鸭山经同江口岸至俄罗斯比罗比詹国际道路客货运输线路。

2014年2月26日，中俄双方举行大桥开工奠基仪式。同年，中方开工建设。

2014年10月，第一辆俄籍危货运输车辆经同江口岸进入中方，同江口岸作为危货运输试点正式开通危货运输，后因2015年"8·12"天津港特重大火灾事故停运。

2018年为了配合国家能源战略，解决同江口岸汽车运力不足，国际运输企业增至9家，货运车辆增至145台。

口岸经济发展

同江口岸的经济发展，可以分为以下几个阶段：

起步时期。20世纪80年代中期，中苏关系解冻，全国出现了沿边开放的新局面。

1984年，国家"恢复中苏外贸口岸"调查组到同江考察，同江市成立了口岸恢复工作领导小组，积极争取国家对同江恢复口岸工作的支持，开展了横江口外贸港口码头建设和口岸恢复基础性准备工作。

1986年3月18日，国务院正式批准恢复同江对外开放。6月10日，苏联第一艘货轮驶入同江港，从而揭开了同江口岸对外开放的新篇章。当年，国家海关、商检、动植检、卫检、边检全部在同江口岸设置了办公机关单位。

是年，国家下拨400万元用于同江口岸检查检验单位的办公楼和职工住宅楼建设，此后各机关基础设施建筑总面积达到了11 500平方米。

1986年，同江口岸对苏出口大豆2.57万吨，实现了当年恢复过货。

1987年，同江边境经济贸易公司成立。

1987年6月7日，中国粮油进出口总公司在同江口岸开始对苏联出口大豆，共计出口5.6万吨。是年，中国土特产进出口总公司在同江口岸进口苏联木材，共计11.7万立方米。

1987年10月，同江市政府发给哈巴边区政府的信函得到答复，邀请中方赴列宁区举行贸易洽谈。黑龙江省经贸厅与同江市外贸局及口岸办组成代表团，赴俄罗斯列宁区与哈巴渔业消费合作社洽谈，签署了用600吨土豆换苏方7 000立方米造纸木材的合同，并于当月完成了出口600吨土豆任务，成为中苏关系恢复友好后黑龙江省第一笔对苏联的边境贸易，拉开了在同江建设国际贸易大通道，进入国际大市场的序幕。同时出现了边境小额贸易，使地方边境贸易出现了一个突破性进展。

1988年9月1日，黑龙江航运管理局所属"龙推603"推船从苏联下列宁斯阔耶港运回纸浆材1 257.43立方米，实现了苏方开始兑现同江边贸公司与苏联哈巴罗夫斯克纸业合作社在1987年10月11日签订的易货贸易合同，这次接运木材是中断20多年的地方贸易得到恢复后的第一次进口苏联货物，标志着同江市地方边境贸易进入了一个新的里程。

1988年2月，获国家经贸部批准，有直接对外贸易签约和委托代理权。

1989年，口岸基础设施初具规模，拥有5个机械化作业的蹲台式泊位和三个坡式码头，港区实现了机械化装卸，明水期作业180天可吞吐货物45万吨。

高峰时期。为迅速打开对俄贸易局面，80年代末90年代初，同江市实行了"为全国各地利用同江口岸发展边境贸易提供优质服务，与内地携手并进扩大北开"的方针，在同江举办了十多次中俄经贸洽谈会、展销会、多次邀请俄客商共同参加佳木斯三江旅游节、哈洽会，开展对俄"一日游""三日游""七日游"，为外地客商在同江口岸过货、开办企业简化办事手续，减少收费，终于在短期内打开了对俄贸易的局面。到1993年，同江口岸的经济发展形成高潮，实现进出口货物21.3万吨，进出口贸易额2.08亿美元。

1985—1996年，为适应口岸城市建设的需要，同江市从各个渠道筹集资金2亿多元投入到港口、码头、通讯、交通、能源、市场餐旅等配套设施建设上。在外经贸发展高峰期，同江市与各有关业务部门共同投资1 000多万元建设口岸基础设施，在西港、东港各开始建设象征国门的口岸联检大楼。建设完成了西港2 000平方米联检大楼和东港1 980平方米联检大楼及附属建筑800平方米主体工程。全国各地在同江开办和联办的经贸企业达930多家，同江对俄贸易伙伴遍布俄18个州区、共和国，与俄1 000多家企业、部门建立了经贸关系。同江成为发展国际区域经济合作的热点地区，先后有俄罗斯、日本、澳大利亚、泰国、韩国以及港、澳、台等20多个国家和地区的官员、客商到同江考察，洽谈经贸合作。

口岸外经贸发展，带动了同江边地贸易业务和同江市域经济的发展，充分体现了中俄两国资源、经济结构的互补性，有力地推动了同江市经济向外向型的转化，使同江出现了啤酒、白酒、红砖、水泥、石棉瓦、乳粉、混合饲料、蔬菜、瓜果、粮食等20多种地产商品对俄出口，总量达10多万吨。从俄进口的化肥、钢材、机械、水泥、木材等商品补充了同江及国内市场的不足。同江海关收取关税和代征增值税收1 200多万元，企业获退税2 000多万元，地方财政获得税收1 000多万元。

调整、整顿时期从1993年下半年开始，由于俄罗斯外贸政策和我国金融政策的调整，使得一些外经贸企业业绩下滑，地方边境贸易因多种因素冷却下来。随着"边贸热"的降温，口岸过货量也进入了低谷徘徊阶段，到1995年，口岸过货降到了恢复同江口岸开放以来的最低点，仅有1.2万多吨，贸易额仅有2 454万美元。

针对口岸经贸下滑的严峻形势，中共同江市委、市政府没有放弃口岸外经贸工作，一方面全面总结口岸恢复开放以来外经贸的成功经验，深刻吸取了造成外经贸急剧降温的教训，一方面采取积极稳妥的整顿工作，加强对外交往，千方百计壮大贸易主体，开展合资合作。

1994年6月8日，日本酒田市市长早召一行19人到同江进行经贸合作考察。

1995年，同江对俄远东地区的经贸合作取得重大进展，合资合作项目已达50多项，同江的引资合作也初见成效，派出劳务项目10项，劳务人员3 079人；啤酒厂与港商合作，成立了"同乐啤酒有限公司"；粮食部门与港商合资建设开办了"大成酒店"；全国各地先后有300多家企业、客商在同江投资开办了经贸、商服企业；中外合资的哈尔滨国际城房地产开发公司在同江投资

1 600多万元开办了国际城公寓、中俄边贸市场。同江有直接对俄及独联体国家经贸权的公司4家，在黑龙江省取得委托代理证书的经贸企业有280多家，从业人员3 000多人。

1995年开始，同江边境经济贸易公司实行委托经营，继边贸公司之后，同江外贸公司、国际经济技术合作公司、长城公司也先后获得直接对外贸易签约权，成为同江边地贸易的骨干企业。

持续回升、加快发展时期。1998年，中共同江市委、市政府领导班子认真分析总结了边境贸易的形势和发展外向型经济的经验，统一了思想认识，抓住中俄两国建立"面向21世纪战略协作伙伴关系"和俄政局趋稳、经济日渐复苏的机遇，提出了"打优势牌，走特色路，构建具有同江特色的经济新格局"的战略构想，实施了以口岸外经贸为支撑的外经贸牵动战略，使同江口岸外经贸的发展逐渐趋于平衡回升。这一期间，加强了港口基础设施和配套设施建设，提高了港口吞吐能力，完善了港口功能，壮大了外经贸主体，谋划建设了对俄进出口基地，建设完成了我国南北公路交通大动脉"同三"公路，为外经贸的长足发展奠定了基础。

1999年，实现进出口贸易5 610万美元，同比增长14.75%。其中，进口3 960万美元，出口1 650万美元。

2001年，口岸货运量达到15.32万吨。其中进口14.1万吨，出口1.2万吨。

1998—2001年的4年间，共实现进出口贸易额2.6亿美元，口岸货运量42万吨，完成合资合作项目67项，外派劳务2 100人。从2000年至2004年，进出口贸易额年均增长40%。

21世纪初，中共同江市委、市政府按照中央提出的"掌握对外开放主动权，全面提高对外开放水平"的总要求，围绕打造东北亚国际物流中转及贸易加工中心，提出了"做大口岸物流业，发展外向型经济"的总体思路，充分发挥口岸这一大优势，以开辟大通道、建设大口岸、发展大经贸为启动点和突破口，实施以港兴市、外贸牵动、南联北开、网络延伸"四大战略"，坚持"引进来"和"走出去"相结合，利用好国际国内两个市场、两种资源，注重发挥比较优势，既立足于国内需求又大力开拓国际市场，既充分用好内资又有效利用外资，坚持引进先进技术和消化、吸收、创新相结合，走出一条以口岸经济为牵动，加快市域经济跨越发展的特色之路。

在这一战略思路的指引下，同江市围绕"做大口岸物流业、发展外向型经济"，举全市之力畅通口岸通道，完善口岸基础设施，建设进出口基地，加强对外技术合作，推动口岸经济步入了快速发展轨道。

2002年，同江口岸进出口贸易额又恢复到1亿美元以上。

2003年，进出口贸易额突破2亿美元大关，口岸货运量突破20万吨大关。

2004年，进出口贸易额突破3亿美元。

2006年，进出口贸易额突破6亿美元，达到6.3亿美元。

2009年，同江市积极应对国际金融危机，外经贸企业发展到265户，实现进出口贸易额12亿美元，口岸货运量28万吨，居全省边境口岸第二位。

2012年，实体贸易企业发展到82家，其中超千万美元12家，实体贸易额达到7.5亿美元。全年口岸货运量实现47.5万吨，位居全省口岸第二位。

2015年，全年进出口货运量实现35.3万吨，进出口贸易额实现7.85亿美元。

2018年，实施对俄合资合作项目27项，总额2.01亿美元。落实支持外贸企业发展补贴资金3 095万元。全市新增外贸企业25

户。全年完成进出口货运量28.4万吨，客运量4.5万人次，贸易额2.3亿美元。

建立口岸大通道

水路大通道。1986年经国务院批准恢复为国家一类口岸，开通了水上船舶运输。1993年，同江至日本酒田港江海联运首航成功，从而确立了同江成为我省江海联运始发港的地位。由同江起始，通过黑龙江，经俄罗斯哈巴罗夫斯克、鞑靼海峡到达日本、韩国、朝鲜等东北亚国家的水运，比绕经大连港运程减少1/3，运费减少1/4，耗时减少1/2，是黑龙江省东北部货物出口的黄金水道，日本人称之为"东方海上丝绸之路"。

1988年开通了对俄冬季冰上汽车运输。

1995年开通了对俄汽车轮渡运输。

1999年开通了对俄气垫船运输。

2007年开通了对俄冬季浮箱固冰通道汽车运输，实现了全年开关。

公路大通道。2000年建成的同三公路，打通了同江与内地相连的陆路通道。

2004年，投资5 000多万元，完成了同江市至哈鱼岛（东港）38千米通港公路。通过哈鱼岛港汽车轮渡码头，公路运输可延伸到俄远东各大城市，对内与同三公路相接，辐射全国，从而形成一条我省对外开放新的公路大通道。

铁路大通道。铁路进同江既是同江人民群众梦寐以求的夙愿，也是口岸发展的客观要求。向阳川至同江西港、同江东港地方铁路，全长82.4千米，总投资3.5亿元，工程于2003年10月开工建设。经过积极推进，同江铁路第一阶段向阳川至横江口（西港）段，于2005年12月11日正式投入运营，第二阶段同江至哈鱼岛（东港）段于2006年7月正式运营通车。铁路通车后，向南可通过国铁福前线连接全国各大城市，跨江铁路大桥通车后向北可达俄犹太自治州，向东至俄哈巴、罗夫斯克、共青城、苏维埃港，向西经西伯利亚大铁路通达欧洲。

2008年10月28日，中俄跨江铁路大桥项目在中俄两国总理第十三次会晤上正式签约。中俄同江铁路界河桥项目于2014年2月举行双方开工奠基仪式，中方于2014年6月动工，俄方于2016年6月动工。目前，中方工程已全部完工，并通过验收；俄方主体工程已完工，附属工程正在建设中。

2017年，开通"同江—哈巴—莫斯科"集装箱港铁联运航线。

完善口岸基础设施

1957年合江航运局（现佳木斯船务公司，隶属于原交通部黑龙江航运管理局），在同江拉哈苏苏海关遗址北侧松花江支流设立了合江航运局同江航运站。海关办公地址：现在的海关博物馆（公事房）550平方米，东200米处展览馆（结关房）322平方米，验货场建筑面积178平方米，监管场地4.7公顷。

1958年，国务院批准同江对苏联开展贸易，所有外贸运输和装卸都是通过同江航运站来完成的，1962年随着中苏关系紧张而中断。

1970年，因松花江航道逐年淤积，船舶进入同江航运站困难，同江航运站迁移至松花江主航道南岸685#标处，即现在的横江口处。

1986年，同江被国务院批准为国家首批一类开放口岸，同江航运站更名为合江航运局同江港，开始装卸进出口货物。

1993年，为扩大对俄贸易，开展江海联运，原交通部黑龙江航运管理局将合江航运局同江港建制划出，成立同江港务局（以下简称同江港）。当时，同江港只有两个梁板工泊位和一个滚装码头，场地硬化面积约1万平方米，机械设备有2台浮吊、两台装载机，其他场地均为深约2米的大坑，年货物吞吐能力不足20万吨。

2000年，黑龙江航运管理局投资800余万元建设了东港联检楼、业务用房、斜坡码头、气垫船通道和堆场道路，东港客运全面启动。

2001年，原交通部黑龙江航运管理局实施政企分开，成立了黑龙江海事局、黑龙江航务管理局、黑龙江航运集团有限公司，分别隶属于交通运输部、黑龙江省交通厅和黑龙江省政府（省国资委），自此，同江港隶属于黑龙江航运集团有限公司。

2004年，黑龙江航运集团投资1 400多万元，建设了东港客运码头、滚装码头和堆场道路；投资500万元建造了黑龙江水运第一艘滚装船，从事同江东港至俄罗斯下列之间车辆旅客运输；投资800万元，建设了西港3号千吨级件杂泊位。

2005年市政府投资1 500万元，建设了同江东港联检大楼及附属用房。同江港投资建设的原东港联检楼和业务用房闲置。

2006年，黑龙江航运集团有限公司投资1.16亿元，对同江港西港实施了改扩建。改扩建后的西港，码头泊位增加到8个，场地硬化面积增加到21万平方米，港机设备增加到30余台套，港口吞吐能力增加到320万吨。同年10月，西港至俄罗斯哈巴罗夫斯克国际集装箱运输航线开通。

2006年，德通贸易公司投资1.2亿元人民币，建设完成了2个三千吨级泊位及附属设施。

2007年12月，同江东辉公司投资8 000万元建设了东港至俄罗斯下列港冬季浮箱固冰通道。

　　2008年，市政府和港务局投资700万元建设了建筑面积3 669平方米的西港货检综合业务用房，实现了报关、报检、纳税等"一站式"服务功能。

　　2010年初，同江港兼并重组了黑龙江省最大的水运企业——佳木斯船务公司，从此，同江口岸改变了有港无船的历史，成为集港口装卸、客货运输、仓储物流、水公铁联运为一体的综合性企业。同年，同江港与同江德通木业贸易有限公司合资成立了同江港务有限公司。至此，同江东西两港码头泊位达到12个，年货物吞吐能力达到460万吨。

同江港至下列港浮箱固冰通道　中共同江市委宣传部提供

　　2011年以来，同江港每年都筹措资金进行港口基础设施建设和维护，包括回填硬化场地、建设查验码头、配套建设粮食仓储库房、维修客运码头、升级改造船舶和港机设备等，开展集装箱铁公海联运等业务，提升了港口功能。

　　2014年，同江市政府与同江港务有限公司共同出资建设了同江西港查验平台建设项目，进一步改善查验环境，提升查验能力。

　　2015—2016年，同江港先后启动了东港货车货物查验通道和口岸联检查验业务用房建设项目，其中东港货检通道占地10.2万平方米，建筑面积1.05万平方米，目前该项目一期工程已投入使用，客货查验实现了分开进行，提升了口岸通关效率；口岸联检查验业务用房占地6 000平方米，建筑面积近7 000平方米，该项目计划2019年建成投入使用，该项目投入使用后，口岸查验能力及服务功能将得到极大的提升。

2017年，完成西港保税仓库主体工程，建设佳木斯市首家新远东公用型保税仓库，有效推进了东港查验业务用房建设和油气码头改造工程。推进电子口岸建设，实现关检数据同步共享、企业一次性报关报验。开展国际航船联合登临和一次性"无侵入式"查验，H986检测设备投入运行，中俄海关监管互认商品品类进一步扩大。

同江西港码头　市档案馆提供

构建国内对外贸易企业群

建立木材加工园区。依托俄罗斯木材资源，建立了占地面积2平方千米的进口木材加工园区。年加工能力100万立方米，已入驻企业28户，是黑龙江省16个重点扶持园区之一，已成为俄罗斯进口木材重要集散地和加工基地。

设立互市贸易区。1997年底，经省政府批准设立互市贸易区，2004年核准保留，2014年7月5日正式启动运行，为中俄边民提供商品交易、查验运输、存储装卸和结算代理等服务。

晓龙公司。将晓龙公司总经理刘晓龙从满洲里招引到同江，投资2 000万元建设了占地8万平方米、建筑面积1万平方米的对俄物流基地，集专业运输、仓储、零担、货代为一体。促成同江到下列轮渡实现了果蔬从同江口岸直接出口下列口岸，结束了同江口岸不能通行大型运输车辆的历史。由此促成果蔬出口的热潮，同江市连续几年出口量达万吨，出口额达2 000美元左右。至2008年，晓龙公司已经发展成集货代、房地产开发、贸易、小额贷款、易菌柳种植为一体的综合性企业，为对俄贸易发展和口岸物流发展、新兴绿色产业发展做出了贡献。

同鑫经贸有限公司。2004年，招引河北鑫丰集团公司在同江建立了同江市同鑫经贸有限公司，投资3 500万元，建设了占地3.5万平方米、建筑面积3.2万平方米的同鑫对俄轻工产品批发市场，从此开启了俄居民来同江采购的热潮，最高峰时节，每天达1 600人次。该公司为同江对俄轻纺产品出口作出了突出贡献。

越达公司。2005年，招引越达公司落户同江出口高科技电子产品，投资1 000万元，建设了高科技出口基地。该公司连续两年对俄高科技产品出口达2 000万美元。目前该公司在为对俄贸易企业提供物流仓储。

新远东公司。2008年，通过招商引资，使新远东公司落户同江，投资建设了12 000平方米库房，硬化场地6 000平方米，2009年开始运营。累计完成投资3 000多万元，对俄果蔬出口3 000多万美元。2013年开始，同江市获得干调出口资质，该公司组织出口干调1 000多万美元。公司一度发展成对俄果蔬出口基地、干调出口基地。现在成为同江市最大的大豆进口企业和同江市最大的物流企业。

华鸿经贸有限公司。2009年开始，积极利用俄罗斯远东着力改造居民居住条件的有利时机，促成河北鑫丰集团公司建设对俄国际家居装饰材料集散中心，建立了同江市华鸿经贸有限公司，投资2.5亿元，建设了占地面积8.6万平方米，规划建筑面积16万平方米的华鸿家居装饰城和家具城。家具城于2010年6月26日宏张营业，家居装饰城于2010年投入使用，2011年7月份营业。2012年，华鸿经贸有限公司在俄远东哈巴罗夫斯克市投资建设了900平方米的展销中心，试图扩大对俄出口。2013年6月开始营业，后又调整经营地点，该公司也为此投入了大量的资金。

嘉润公司。2013年，嘉润公司总投资5 000多万元，建设了占地2.5万平方米、建筑面积1.48万平方米的对俄进出口包装加工项目。2014年10月开始生产，主要建设了厂房、仓储库、业务用房，购置了设备4台套，新上纸箱包装，薄膜塑料包装及塑料编织袋包装生产线3条。以俄罗斯蜂蜜、松子加工为主。目前是集宾馆、办公、生产厂为一体的基地型企业。

丰林达公司。招引丰林达公司在同江经济开发区建设了循环经济园区，主要利用俄罗斯废旧塑料加工颗粒制作成品，产品在国内销售。

北方水泥公司。引进中国建材集团北方水泥公司入驻同江，建设30万吨粉末生产基地，产品出口俄罗斯。

水产品批发市场。2015年，获批国家进口粮食和冰鲜水产品指定口岸。2016年7月，省商务厅正式批准同江建立全省首家进口俄罗斯水产品批发市场，依托晶都水产冷链产业园同步建设。

构建境外园区

俄罗斯阿穆尔综合园区项目下有阿穆尔工业责任公司和物流公司两家公司。该园区位于俄罗斯犹太自治州列宁区，距离同江中俄跨江铁路大桥6.7千米。阿穆尔综合园区整体运营采取"园区+基地+运营"模式，是"一园多区"综合经济体。加工区部分占地面积189公顷，计划投资7.9亿元人民币，主要从事农牧业产品加工、工业产品加工、农机展销、仓储物流及生活服务项目。种养殖基地部分占地面积2.2万公顷，计划投资3亿元人民币，主要从事有机农牧业开发，着力打造俄罗斯远东区域最大的农牧业种养殖基地。依托园区的生产加工能力，园区成立了《农牧业产业联盟》，对犹太自治州农牧业产品统一订单、统一生产、统一销售。并形成了"种养加"的农牧业产业循环经济链条。园区利用"互联网+"的物联模式，线上宣传、线下集散。并以阿穆尔超前发展区的整体形象在全球进行品牌推广及品牌建设。

2016年，园区项目下的两家公司被俄罗斯联邦政府批复为"社会经济跨越式超前发展区"。

俄罗斯下列农业示范园区。2015年，俄下列农业示范园区面积发展到10万亩，在俄农业开发总面积达50万亩。加快发展以大豆回运为重点的农产品进出口贸易，2017年实现回运大豆6.4万吨。

俄罗斯比罗比詹钢结构园区。2012年，同江市的今日贸易有限公司在俄注册成立了比罗比詹钢结构厂有限责任公司，并投资500万美元建设了"比罗比詹钢结构园区"。2013年建成投产，可年产钢结构6 000吨，复合板20万平方米。

2015年，随着俄远东大开发战略的逐步实施，为响应我国一带一路和全省龙江丝路带经济发展战略，也为满足俄罗斯远东建筑市场需求，公司又抓住机遇，计划投资2 500万美元建设"比罗比詹钢结构新厂"，建成后年产钢结构2万吨，复合板30万平方米，预计实现年产值2亿人民币，解决俄罗斯当地200人就业。

2016年8月27日，同江市比罗比詹钢结构厂有限责任公司被俄罗斯联邦政府批准列入"阿穆尔—兴港"跨越发展区。连续多年被评为犹太自治州纳税大户，明星企业，屡获政府嘉奖。2016年8月27日，犹太自治州州长视察"比罗比詹钢结构新厂"时，给予公司高度赞扬。2017年新厂第一车间已经投入使用，2018年6月第二车间建设进度过半，厂房封顶及地面部分已经完工，第三车间已完成地桩施工。

2018年，同江市注册外贸企业503户，主要经营模式有：进出口贸易型，经营模式为进口国外商品分销给国内需要的企业，采购国内商品出口给国外的客户，以祥龙、金林、恒泰、起点、思达、天海润等公司为代表；加工生产贸易型，经营模式为在同江建设生产加工基地，利用国内外原材料进行生产加工后，产品在境内外销售，以新远东、丰林达、鑫祥木业等企业为代表；境外投资型，经营模式为企业在国外投资建厂、劳务输出等方式，开展经贸合作，主要以今日、吉蒙斯、赫祥等企业为代表。

口岸发展效益

1986—2005年末，同江口岸累计完成进出口货运量261万吨。2005年，完成货运量52万吨，20年年均增长24.5%。进出口商品有13类60多个品种，进口以化工原料、化肥、木材、钢材、成品油等为主；出口以轻工产品、农副产品、机电产品、大米等为主。口岸出入境人员6.5万人次，同比增长155%，其中入境3.3万人次，同比增长166%；出境3.2万人次，同比增长144%。

1986—2005年末，同江市累计完成进出口贸易额18.9亿美元，进出口贸易额始终位居黑龙江省各县（市）前列。2005年，完成进出口贸易额5亿美元，占1986—2005年进出口贸易总额的26.5％，执行经济技术合作项目200项。同江外贸企业已达211户，贸易国由过去的只对俄罗斯一家发展到今天的四大洲十几个国家；以"走出去"到俄罗斯经营为主的民间贸易十分活跃，经商及劳务人员足迹遍布俄远东及腹地的20多个城市，年交易额高达15亿多元。贸易方式由最初的易货贸易向现汇贸易、劳务输出和对外经济技术合作等多领域发展。进出口商品也由过去的几个品种发展到现在的50多类1 000多个品种。外经贸对地方财政的贡献率日益显现，外贸税收已从1997年的不足20万元发展到2004年的400万元。2005年，外贸企业税收高达3 000多万元，是1997年的150倍。外经贸企业已经成为同江市财源建设的重要经济增长点。

自1986年经国务院批准恢复对外开放，截止到2017年，累计实现出入境人员158万人次，累计完成口岸货运量799万吨，贸易额完成1.3亿美元。目前，同江市共有贸易企业400多家，其中实体企业40多家。进口商品主要以铁矿砂及其精矿、木材、成品油、大豆、鱼类、合成橡胶和初级形状塑料为主，出口商品主要以轻工产品、机械设备、机电产品、建材家具、食品果蔬为主。

2018年，同江市实施对俄合资合作项目27项，总额2.01亿美元。落实支持外贸企业发展补贴资金3 095万元。全市新增外贸企业25户。全年完成进出口货运量28.4万吨、客运量4.5万人次，贸易额2.3亿美元。全市进出口总值位列全省边境县（市）第二位，占佳木斯地区贸易额的28.72％。同江市外贸企业对外贸易国别涉及五大洲32个国家和地区。进口商品主要以大宗资源类商品为主，有木材、铁矿砂、大豆、初级形状的塑料、成品油、冻鱼等，其中铁矿砂进口43.78万吨，同比增长18.57％，占全省进口铁矿砂数量的20.16%。出口商品以机电产品、农副产品、高新技术产品、蔬菜、水果、钢材、家用或装饰用木制品、黏土及其他耐火矿物等。

第六节 新兴的旅游业

改革开放初期，同江地处边境，交通可进入性差，人民整体生产生活水平较低，无法发展旅游产业。改革开放初期至20世纪90年代末期，同江旅游业呈现空白期。

1997年7月，同江市旅游事业管理局成立，核定事业编制5人，各旅行社改为旅游局隶属的企业单位。2002年1月，批准内设机构3个，办公室、景区开发管理办公室、综合业务办公室，编制10人。

2000年9月，成立同江市街津口赫哲旅游度假区管理办公室，副科级事业单位，核定事业编制6人，由旅游局管理。2000年9月，成立同江市三江口生态旅游区开发管理办公室，副科级事业单位，核定事业编制6人，由旅游局管理。2011年2月，成立同江市旅游质量监督所，副科级事业单位，核定事业编制6人，由旅游局管理。

中共同江市委、市政府于1999年明确提出了"开发特色旅游资源，建设生态旅游国际口岸城市，拉动地方经济增长"的经济发展战略，把2000年定为"外经贸旅游发展年"，把2001年定为"生态旅游年"，并把每年的8月8日至8月9日定为中国同江赫哲族旅游节。为统一思想，一方面利用媒体向全社会宣传发展旅游产业的优势、潜力和重要意义。另一方面，采取动态教育方法，通过专项推进、典型引路、跟踪报道等多种形式进行宣传，广大干部群众也受到了教育。

2018年，全年接待国内外游客超100万人次，实现旅游综合收入3.1亿元，同比增长分别为25%和26%。

旅游资源开发

同江位于我国对俄开放扇形格局的中间地段，是黑龙江省沿边开放带的三大节点口岸之一，与俄罗斯下列港直线距离仅1千米，对外可辐射哈巴罗夫斯克、犹太自治州等俄罗斯远东地区八个联邦主体。铁路、公路、水路、航空立体交通网络正在形成。"同三"高速公路和中俄界江首座固冰浮桥南连国内各大城市，北接俄远东公路网；同江铁路已并入东北铁路网，中俄跨江铁路大桥中方主体工程基本完工，俄方段正在建设中，建成后可与欧亚铁路大动脉连通，通往欧洲各国，成为黑龙江省陆海丝绸之路经济带的黄金通道。同江至佳木斯市、哈尔滨市铁路客运已经开通，并正在提档升级；水路上行可达萝北、嘉荫、逊克、黑河等6个对俄口岸，下行可经鞑靼海峡过海到达日、韩、朝等东北亚国家，此航线被称为东方"水上丝绸之路"；同江距佳木斯机场210千米，距抚远机场190千米，距建三江湿地机场仅有50千米，佳木斯现已开通至北京、上海、广州、哈尔滨等多条国内航线及至俄罗斯哈巴罗夫斯克、韩国首尔等国际航班。

口岸资源。同江口岸开放已有百年历史，形成了集口岸水运、江海联运、汽车轮渡、气垫船、浮箱固冰通道为一体的现代化运输方式，实现了全年通关。口岸货运量位居黑龙江省边境口岸第二位，进出境人数位居全省边境口岸前列，已成为黑龙江省重要的对俄运输通道。口岸基础设施配套完备，服务功能日趋完善，实现了24小时查验放行、受理报关报验和装卸，开通了俄入境人员落地签证业务，恢复了出境人员异地办照业务，进一步优化了通关条件，为发展旅游服务业奠定了坚实基础。同江拥有170千米大界江，沿江而下异国风光尽收眼底。漫步同江小城，俄式风格建筑随处可见。游人足不出国门就可以体验到浓郁的边境情调。

民族资源。同江是我国六个人口较少民族赫哲族的发祥地和主要聚居区，境内现有赫哲族人口1 500余人，占全国赫哲族总人数的三分之一；全国仅有三个赫哲民族乡，同江占街津口和八岔两个，其中街津口乡是国家级特色景观旅游名镇，是赫哲民俗文化保存最为丰富、最为集中、最为精彩的赫哲族聚居地，已经在国家工商总局注册"赫哲故里""赫哲第一乡"品牌。赫哲族独特而丰富的食鱼文化、居住文化、渔猎文化、说唱文化、体育文化、民间传说等都对广大游客产生强大的吸引力，是同江市开发旅游产业的灵魂和核心。伊玛堪已被联合国教科文组织列入"急需保护非物质文化遗产名录"，说胡力、特伦固、嫁令阔、萨满舞、口弦琴、鱼皮画等也都充分展示了赫哲民族文化特色。

2016年，同江赫哲族群众表演萨满舞

同江市八岔赫哲族乡政府提供

生态资源。同江是国家级生态示范区，有着优越的自然生态景观。境内松黑两江汇流，形成黑龙江沿线独一无二的"双色水"壮丽奇观。地处三江平原湿地生态功能区，湿地面积占全市总面积的1/6，辖区内有洪河、三江口和八岔岛三个国家级自然保护区和街津口国家级森林公园。洪河、三江口自然保护区已列入《国际重要湿地名录》；八岔岛国家级自然保护区保留着一百年前的原始风貌，是难以见到的岛屿森林景观。境内汇集了大口岸、大界江、大湿地、大农业、大冰雪等生态旅游资源，是休闲度假的好去处，适宜发展休闲养生度假旅游产品。

文化资源。同江是贯穿祖国南北公路大动脉"同三公路"的起点，"起点文化"是一个重要的旅游新品牌。农垦文化和北大荒文化源远流长，境内有洪河、鸭绿河、浓江、青龙山、勤得利、前进6个国营农场，当年十余万农垦官兵和百万知青在这里生产、生活，"北大荒精神"在这里孕育生根，传播弘扬，对中国的几代人均产生了深远影响。洪河农场是目前我国农业生产现代化水平最高的作业区，采用国际先进农机、农艺技术和灌溉技术，是中外游客体验富饶"北大仓"的好地方。建三江农场的"万亩大地号"是国家领导人视察黑龙江省农业必去的地方。此外，还有以海关遗址、烈士陵园等为核心的红色文化旅游资源。丰富多彩的特色文化，汇聚出了水乳交融的多元格局，为旅游业发展赋予了深厚的文化积淀。

政策资源。《黑龙江和内蒙古东北部地区沿边开发开放规划》已上升为国家战略，中俄两国相继出台了《东北地区振兴规划纲要》和《俄远东及后贝加尔地区发展纲要》，国务院还制定了《中国东北地区老工业基地与俄远东地区合作规划纲要》，同时黑龙江省实施"五大规划"、发展"十大重点产业"和建设"龙江陆海丝绸之路经济带""沿黑龙江旅游产业带"为同江市发展旅游业提供了难得的机遇。在国家、省的高度关注下，同江市与俄远东地区各州、区建立了良好的合作关系，在经贸、旅游、文化、体育、教育等方面实现了宽领域、深层次的交流交往，为今后招引资金、技术、人才互利共赢共同发展打下了坚实基础。

旅游景点开发

景点升级。1999年，建设了街津口赫哲族旅游度假区，首先推出赫哲民族文化品牌，初步建成了赫哲民族文化村、钓鱼台两个景点。完成了赫哲民族文化村大门、赫哲展览馆、组合雕塑（钓鱼翁、猎熊、猎归、山魂）、木雕天神、神偶、传统民居、钓鱼台景区大门、双层琉璃瓦凉亭等精品工程。文化村内成立了文化村艺术团定时为游客演出。同时，通过向上争取资金在三江口建设了同三公路标志性建筑——三江口广场，以此为基础建设了三江口旅游区。完成了赫哲族博物馆、商服区、十二生肖、商亭、景观碑、水利泵站及拱桥等建设工程。招商引资建设了荷花鱼塘、水上乐园等娱乐项目。完成景区植树绿化，共植云杉1 700棵、白桦2 600棵、垂柳57棵、丁香40棵、樱桃40棵、榆树墙500延长米、草坪16 000平方米。

2000年8月8日，街津口赫哲民族文化村正式对外开放。2000年10月，三江口生态旅游区对外开放。

AAAA景区创建。聘请哈尔滨城市规划勘测院就景区道路、游客中心、生态停车场、景区公厕等设施进行规划设计。街津口景区完成游客中心、红色沥青及木栈道游览路、2处生态停车场、3处公厕、景区大门、验票房等基础设施建设；三江口景区完成停车场、游客中心、起点广场和2处公厕等基础设施建设。制作并安装了三江口、街津口两景区全景图、指示牌、说明牌、警示牌等标识牌144个，增加垃圾筒60个，座椅33个。实现两景区标准化导向信息系统全面覆盖。

2016年12月，三江口景区成功晋升为AAAA级景区。

建设新景观景点。三江口景区以"起点"为灵魂，打造起点文化旅游核心品牌。围绕人生、事业、爱情等主题，开工建设爱情海、观星台、成年礼广场、2组雕塑、欧式桥等新景点；建设了耀邦纪念公园。

街津口景区已建设完成了景区形象大门、壁画小镇等景观。壁画小镇项目是同江市打造赫哲文化旅游品牌的重点项目，共改造房屋41栋，壁画172幅，绘制总面积达1 525平方米。建设完成了赫哲民俗馆、天鹅广场、鱼鳇广场、观景平台、鱼骨广场、祈福广场、婚礼广场、寻神之路、森林之路、图腾柱、浮雕墙、表演舞台、男

2016年，同三公路起点广场
同江市文体广电和旅游局提供

女婚房、祭江台、萨满小屋、伊玛堪小院等景点设施。其中改造赫哲民俗馆404平方米，其总体布局分远古先民展区、古代赫哲族展区、原始人家展区和赫哲文化、艺术、习俗展区四个部分。

2018年，街津口景区启动的游客中心和售票亭，已实现WiFi全覆盖、监控全覆盖。三江口景区游客服务中心安装了LED电子屏，循环播放同江旅游产品及特色旅游资源。购置了智能讲解器，实现了"游客走到哪里，自动讲解到哪里"。增设同江市区、街津口、八岔三区域旅游地图宣传栏，实现全域旅游发展需求。街津口赫哲民族文化村内文艺演出突破传统观赏模式，游客参与互动成为景区新亮点。

旅游线路开拓

大力开拓国内国际两个旅游客源市场，对俄相继开通了同江至下列、哈巴、比罗比詹、莫斯科、圣彼得堡、海参崴等9条旅游线路，市内陆续开通了"邂逅江城"三日游、"起点观光"游线、"欢畅文化村"游线、"畅游江城"游线、"嬉雪江城"游线、"湿地体验"游线、"界江观光"游线、"红色教育"游线、"赫哲故里"游线、"跟着习总书记的脚步走"游线、"跨国观光"游线。2018年，在原有11条线路的基础上，又推出全新"赫哲故里"游线，将别亚湾公园、鱼展馆、赫哲民俗一条街、徐国收藏馆、德勒乞休闲度假区等新增景点串联成线，丰富了线路构成；推出了同江7天6夜研学游线路，全面体验同江市传统文化、红色文化、赫哲文化、知青文化和海关文化等。

第七节　城市基础设施建设

城市建设成果

2001—2005年，全市动员各单位力量，共投资756万元，铺装砖巷道197条（段），总长度29.5千米，总面积20.4万平方米，解决了市民出行难的问题。重点规划建设了"四园""四场"，"四园"即中心公园、沿江公园、体育公园、人民公园；"四场"即铁路站前广场、政府广场、东北亚广场、三江口广场。

2000年开始，市委、市政府逐年加大对城市绿化投入，先后改建了占地面积2.3万平方米的沿江公园，新建了占地8 600平方米的繁荣绿地和占地8 700平方米的中心广场。总面积6.3万平方米的中心公园、铁路站前广场及人民公园也开始规划建设。

2002年开始，房地产开发进入了市场化阶段，到2005年末，市区房屋总建筑面积达到166.76万平方米，其中住宅建筑面积104.6万平方米，人均建筑面积达到19平方米。但随着房地产开发规模的逐渐扩大，烂尾情况也逐渐增多，个别小区问题十余年未能彻底解决。

同江确定2005年为城市绿化年，全面实施了拆墙透绿、见缝插绿、扒违增绿、腾地造绿工程。到2005年末，城区绿化面积已达到120公顷，人均绿地面积达13平方米，绿化覆盖率达到了30.2%，极大地提升了同江的城市形象和品位。

2005年，全市农村砖瓦化率达到43%，人均建筑面积23平方米，自来水普及率达到41%，道路铺装率达到98.66%，绿化覆盖率达到12%，农村居住环境脏、乱、差的面貌得到了根本改变。

2009年，市区完成通江街、连港路等11条15万平方米道路新建和改造工程，铺设路缘石21千米，人行道板4.5万平方米，安装路灯1 323杆，铺设给水管道6.12千米，封闭排污总干渠3.24千米，新建污水处理厂。

栽植各类树木花卉68万棵（株），新增绿地28万平方米，城区绿化覆盖率达39.5%。房地产开发面积44万平方米。实施了供热外网改造和换热站增建工程，铺设供热管网8.5千米，供热质量普遍满意。投资1 346万元，实施了城市景观亮化工程。小城镇建设步伐加快，农村砖瓦化率达55.1%，自来水普及率达38.1%，道路铺装率达85.7%，村屯绿化覆盖率达12.6%。

2007—2011年，城乡建设五年累计投入37.6亿元，编制了城市发展总体规划，实施了城市"北拓"和建筑风貌改造工程，完成了城市裸土地面集中整治任务，改造了城市给排水、供热和城乡电网，建设了沿江公园，推进了城市"净化、绿化、亮化、美化"工程，被评为省级园林城市。建设和改造了29条城市主次干道，修建了连港路、滨江路、哈街路和334.9千米的通村公路，构建了畅通高效的城乡路网格局，全市通村公路硬化率达100%，省级试点示范乡村自来水入户率达到100%，住房砖瓦化率达到78%，被评为全省新农村建设先进市。

2016年，改造后的通江街　中共同江市委宣传部提供

2012—2016年，科学编制城市总体规划等多项发展规划，被列入全国"多规合一"和新型城镇化试点城市。建设沿江公园、俄罗斯风情园、中华文化园等城市公园绿地广场18处，建成区绿化覆盖率达41%，成功创建了"三江口国家湿地公园"和"国家园林城市"。新建和改造主次道路63条，重点打造了平安大道、沿江大道和通江街等城市精品景观路，形成"六纵六横"路网格局。完成一批重点棚户区、泥草（危）房和既有建筑节能改造，推进"三供三治"工程，开通了城市公交线路，城市功能逐步完善。加强城市管理，深入开展"美丽乡村"建设，加大基础设施改造和绿化、美化、净化工作力度，城乡环境明显改善。完成4个国家级生态乡镇创建工作，连续三年位列国家重点生态功能区质量考核全省第一位。

2018年，改扩建城区道路5条，铺设给排水管网12.6千米、供热管网9.6千米、燃气管网13.9千米。完成污水处理设备升级并投入使用，平均日处理量达1.2万吨；生活垃圾实现日产日清，无害化处理率达到100%。棚户区改造项目全面开工，完成房屋征收703户，建设5个高品质住宅小区，维修老旧楼房7栋。农村危房改造810户、农村室内改厕1 025户。加强了公园、广场、道路和绿地的养护、维修，亮化维修楼体31栋。

美化城市环境

20世纪七八十年代，同江市几乎没有标准化的公园广场，人们休闲时去体育场或是北江边，那时的北江边是沙土地，满是蒿草。后来，逐渐地建设了几个广场，但功能缺乏，形式单一，缺少符合现代城市居民休闲、体育健身、科普教育、活动参与等功能。绿地分布不合理、不均衡，居住区绿地偏少，难以满足居民日常休闲需要。

1982年，同江市城建管理委员会下设绿化办公室，城市园林绿化开始建设。

1985年，同江市园林管理处独立。

2005年，同江市建设局编制《同江市城市绿地系统规划编制（2005—2020）》。

2011年6月，由同江市住房和城乡建设局组织由东北林业大学工程咨询设计研究院有限公司编制《同江市城市绿地系统规划（2011—2030）》，2014年8月，由东北林业大学工程咨询设计研究院有限公司重新修编制《同江市城市绿地系统规划（2014—2030）》。结合同江市实际，利用各种立地条件，采取多种方式，建立多种绿地类型，公园绿地、生产绿地、防护绿地、附属绿地、其他绿地。

2000年，为了打造园林城市，开始注重绿化建设。

2011年，同江市晋升为省级园林城市。

同江市绿化建设规划已经做到了2030年，即确立中心城区"一带（滨水景观生态廊道。依托松花江、黑龙江，由江水、江岛、湿地及游憩绿地共同构成）、两轴（为依托和同三、同抚公路构筑的生态保护带）、五区（同江重要的生态环境保护区，包括自然保护区、风景名胜区、林地保护区、湿地等）"的绿化框架布局，并根据同江总体发展战略及目标，确定同江城市绿地总体结构为一核——以江心岛公园为代表的城市绿色生态核心，两环——滨江沿堤生态保护绿环和平安大道以南"哈—佳—同"城际铁路沿线的环城生态防护绿环，三带——同三公路—滨江路景观带、同三高速至三江大街景观带、同秀路景观带，五园——俄罗斯风情园、沿江公园、中华文化园、青龙公园、同秀公园，多节点——结合居住区、工业区布置的社区公园、小游园、公共设施而建的游憩广场、街旁绿地、多种类型绿地星罗棋布分布在城市中的城市绿化思路。

规划市城区公园绿地面积达到316.93公顷，建成3个综合公园、14处社区公园、1个专类公园、1条带状公园，建成防护绿地72.19公顷，附属绿地4处。通过大力开展绿化建设，特别是公园绿地、景观绿地、道路绿化等建设步伐进一步加快。建成公园广场绿地20处，道路绿化35条，城市绿地总面积达到385.99公顷，建成区绿化覆盖率达到39.91%，绿地率35.74%，人均公园绿地面积19.22平方米。

2000年，建设中心广场，位于市邮政局南侧，总面积为6 900平方米，绿化面积为1 139平方米，作为城市文化传承的物质载体，是节日庆典、公共聚会、艺术活动等活动场地，是聊天、遛鸟、下棋等规模恰当的交际场所，是游戏、玩耍及健身等运动场所，可以满足各类活动的需要。

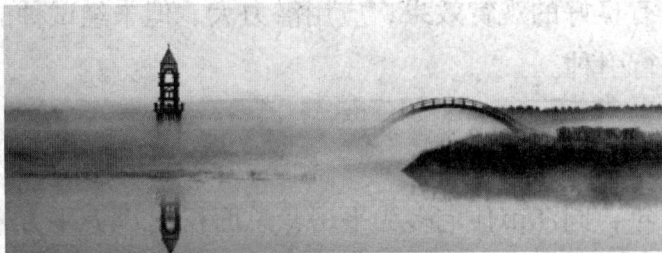

同江三江口国家湿地公园　市文体广电和旅游局提供

绿化资源开发。根据选种原则和依据，如下树种应成为同江市绿化的主要树种：基调树种（4种），包括云杉、柳树、蒙古栎、榆叶梅。这些树种能很好地表现同江市植被特色和城市风格，可作为城市绿化景观重要标志的应用树种。

骨干树种（21种），包括落叶乔木8种：杨树、旱柳、旱垂柳、白桦、紫椴、糠椴、花曲柳、山梨，常绿乔木2种：红皮云杉、青仟，灌木类7种：紫丁香、小叶丁香、粉刺玫、山丁子、木绣球、金老梅、银老梅等。上述树种适合同江市的生态环境，能够丰富季相景观，具有观花、观姿、观干、观果的直观效果，特别是五六月间，大多鲜花盛开，万紫千红，芳香四溢，给人以美感。另有藤本类4种：三叶地锦、五叶地锦、南蛇藤、山葡萄。这些植物适应同江市的生态环境，攀爬、吸附能力强，可用其进行垂直绿化，来丰富绿化空间景观，提高绿视率。

绿地苗圃管理。乔木苗的生产可分成小苗、中苗和大苗。小苗生产用地约占乔木苗圃总面积的55%，以营养袋苗为主；中苗生产用地约占乔木苗圃总面积的30%，全部为地苗种植；大苗生产用地约占乔木苗圃总面积的15%。

为了提高城市绿化树种种类多样性，近中期发展的园林绿化树种在传统绿化树种的基础上，重点培育以下三类：经个别地段试种，已正常开花结果，景观效果和生长表现良好的新品种；在单位附属绿地种植多年，景观效果和生长表现良好的新品种；远期发展具有良好的观赏效果，应用潜力大、但未经试种的野生地带树种进行引种。

住宅小区建设

1987年，同江市住宅多为平房，总面积28.64万平方米。1991年后，住宅建设由平房逐步向楼房发展，每年建成住宅楼5至8栋，建筑面积3.4万平方米左右。住宅楼主要集中在长安路、大直路、通江街。1995年后，楼房建设进入高速发展阶段，特别是大直路、友谊路、同三路、通江街等白色路面建成投入使用后，道路两侧相继建成一批1至2层为商服或办公用房、2层或3层以上为住宅的综合住宅楼。

1999年，市内房屋总建筑面积为102万平方米，其中楼房面积38万平方米，住宅主要集中在通江街。

这一年，中共同江市委、市政府把经济适用住房建设项目列为重点推进项目，成立了经济适用住房专项推进组，由主管城建副市长任组长，项目名称定为"幸福小区"。之前，同江市区没有规模化的小区建筑，物业管理也不规范。该项目的提出和建设是对同江市民居住条件和环境的根本性革命。

小区建设项目计划占地18 000平方米，总投资1 600万元，其中，总动迁房屋面积2 970.89平方米，拆迁补偿按照《黑龙江省拆动迁管理条例》执行，由于是同江市第一次大规模拆迁老百姓的房屋，大家们都没有经验，只能在干中摸索。首先请市房产局评估所进行评估，总补偿金额为178.34万元；之后运用各种手段进行广泛宣传，工作人员逐个对动迁户进行讲解《条例》及经济适用住房建设意义和相关政策，利用广播电视发布动迁公告，对拆迁界址和搬迁时限进行公告。由于工作积极性高，政策掌握到位，到3月末就搬迁完毕，对个别没有按时限搬迁的，中共同江市委、市政府组织公安、法院、电业等15个部门60多人参与拆迁动员，最终全部搬迁。之后，又完成了对佳木斯建筑设计院、双鸭山市金利建筑有限公司的设计和施工招投标。为了缩短工期，此工程采用了同江建筑史上从未用过的桩基础工艺。

是年4月26日，在施工现场举行了幸福小区经济适用住房建设工程奠基仪式，整个工程于当年11月竣工。

2000年初，动迁户逐渐搬入新居。从此同江市区开始了大面积居民住宅小区建设，市民的居住条件得到了根本改善，老百姓真正过上了城里人的生活。

2001年总建筑面积108万平方米，其中住宅面积69万平方米。

2000至2003年，同江市住宅楼建设达到高峰，新增综合住宅楼35栋，建筑面积19万平方米。2001年后，住宅楼建设以年均6万平方米速度增加，形成了以通江街为中心，大直路、同三路为外缘的商业服务业网络。2005年末，同江市内住宅楼总数达160栋，房屋总建筑面积138万平方米。

2019年，同江市共有住宅小区165个，建筑面积达270万平方米。

第八节　交通基础设施建设

建设成果

1987年，同江成为对外开放的口岸城市，边境贸易迅速兴起，交通运输发展进入快车道。市委、市政府通过各种渠道、各种方式，争取国家重视和投资，争得民营资本进入同江的交通建设市场，通过国家、地方、民营多种方式筹措资金，投入交通道路建设。是年，开通了对苏水上运输。1990年，开通了对苏冬季冰上运输。1993年，开通了同江港至俄罗斯下列斯阔耶高速客船航线和同港至俄罗斯哈巴罗夫斯克客运航线。

1999年，同江至三亚国道全线贯通，大大地缩短了同江与内地的距离。

2000—2003年，实施"383"工程（即乡、村公路对接连通）的兴建，在同江市域内真正实现了市乡通、乡村通、村村通。

2004年，同江至抚远省道由砂土路改建为白色水泥路，结束了雨天不能通行的历史，缩短了1/2的营运时间。同江所属10个乡（镇）中的7个位于同抚路两侧，全市的粮食主产区集中在东部，绝大部分粮食由同抚路运往内地，同抚路的建成从根本上解决了农民卖粮难、运粮难的状况。为广大农民兴建了一条奔向小康的富裕之路。

1986—1996年，同江境内公路达460千米。建设了同抚国防公路，新建了通向东港对俄贸易轮渡码头冬季过货点的专用公路。

1997—2006年10年间，共投资1亿多元，新建和改建公路27条，总长608.8千米，先后建设了同三公路同江出口段、同江至哈鱼岛公路、街津口旅游公路等重点工程，全市实现了县县、乡乡和村村全天候通车。

1987年，同江市有地方公路45条，总长423.38千米。其中，县级公路5条，全长181.6千米；乡级以上公路12条，全长127.9千米；村（屯）公路28条，长109.9千米；永久性桥梁18座，涵洞54个。

1995年，同江市公路总里程达到492.021千米。其中，国省公路195.42千米，县乡级公路143.61千米，村级公路152.991千米，专用公路32千米，桥梁24座，涵洞98个。

2001年，同江市公路总里程达到621.8千米。其中，国省公路

141.414千米，县乡级公路318.91千米，村级公路161.476千米，桥梁37座，涵洞145个。

2005年，全市新建改建公路102条，全长785.138千米。其中，县级公路3条，长54.904千米；乡级公路31条，长446.888千米。晴雨通车里程为292.784千米，重复路1.417千米，三级标准路为23.618千米，四级路为290.476千米，等外路119.567千米，水泥混凝土路面332.512千米，桥梁46座、851.60米，涵洞183个。

2009年，完成集同高速公路同江段24.6千米基础工程，连港公路、街津口到哈鱼岛公路建成通车。

截至2018年6月末，同江全市公路总里程1 008.24千米。其中，国省干线公路310.558千米，县级公路26.245千米，乡村公路377.366千米，专用公路18.453千米。硬化公路706.677千米、4 233 264.9平方米，占总里程70.1%。

同三公路同江段（同江至三亚国道G10）、哈同高速同江段（哈尔滨至同江G1011）北起零点同江市三江口，南至海南省三亚市。在同江市过境路段全长为29.014千米。同三公路是国家"九五"计划中两纵两横重点公路交通工程之一。在同江市过境路段为二级白色路面，总投资为1.3亿元。

工程分两期建成，第一期工程21.348千米，于1998年动工，1999年7月竣工投入运营，零点标志设在原同江市外事处。

1998年7月22—23日，中共黑龙江省委书记徐有芳视察同江，建议同三公路的零千米标志最好移至同江市三江口旅游区，成为同江市区的一个旅游景观。

第二期工程于1999年3月28日动工，当年8月20日竣工投入运营。自同江市外事处至同江市三江口，全长7.7千米，二级白色路面。14米宽的路面3.35千米，9米宽的路面4.35千米，工程造价2 310万元，国家投资1 510万元，同江市财政投资800万元。工程竣工后，经黑龙江省公路管理局验收后被评为优质工程。

同三公路的贯通，从根本上改变了同江对外交通状况，提高了城市基础建设的水平和城市建设的品位，架起了同江至三亚之间合作和往来的桥梁，缩短了与内地发达地区的距离，为国内外客商投资创造了良好的外部环境，极大地推动了本地区的经济发展。

2010年，同三公路同江至集贤段建成高速公路，与集贤至哈尔滨高速公路连接，之后同三公路同江至哈尔滨段改称"哈同高速公路"，上行起点位于同江市三江口原同三公路零千米标志，终点为黑龙江省会哈尔滨，代号也由原来的G10改为G1011。

同抚公路（同江至抚远省道S313）、丹阿公路（丹东至阿勒泰G331）下行起点位于同江市哈同高速公路与幸福路交汇处东侧，同江过境路段全长110.568千米。同抚路横穿本市三村镇、青河镇、街津口赫哲族乡、临江镇、金川乡、八岔赫哲族乡、银川乡七个乡镇和勤得利国营农场，是同江市最重要的交通干线。

同抚公路沿黑龙江顺势走向，沿途多河流沼泽，每到春季开冻，路面翻浆达到34.67千米，占整个路程的三分之一。1990年以前，路面属于沙土结构，标准低，通车能力差，晴天还可以通车，雨天就关闭，每年都进行修补，但始终没有从根本上改变现状。1990年，对主线进行了重大改造。1991年，改造工程竣工，改造后的路面达到了三级标准，晴天雨天都可以通车运营。

2001年，开始对主线重建，这次重建工程量很大，很多路段要取直，重新改建路基，涉及占用耕地、房屋、电杆、光缆等许多复杂问题，为此，同江市政府成立了同抚工程建设指挥部，并专门下发了同政发〔2002〕3号文件，制定了6条倾斜性优惠政策，解决因修路而产生的各类问题。是年，完成了勘测设计任务，并通过了黑龙江省勘测设计院的验收。

2002年，全线开始施工，当年完成征用土地69公顷，拆迁通讯光缆84.065千米，移动电杆40根，拆房屋282平方米，新增堤路39.45千米，征地89.2千米，完成土方量4 500万立方米，完成了全部计划的69.56%。2003年10月1日竣工，总投资3.3亿元，总里程110.568千米。

2017年，同抚公路升级为国道，更名为丹阿公路（丹东至阿勒泰）代号G331。

公路客运企业建设

1962年4月，成立同江运输公司，隶属于抚远县交通科。

20世纪80年代客运站市　运输公司提供

1978年，黑龙江省交通厅给同江县运输公司拨款8万元，购买林业科下属苗圃8万平方米建设同江县第一座规模化客运站，建设资金全部由黑龙江省交通厅拨付，建筑面积1万多平方米。其中客运站房800平方米，其余面积为附属用房、客货车车库、锅炉房、修理车间、供应材料库、站前旅社、办公用房、加油站、门卫等。

当时，客运站为同江县运输公司的一个下属单位，由同江县运输公司统一核算。同江县运输公司下设政工股、人秘股、财会股、安全股、供应股、机务股、客运站、货运站、保养厂、服务站等。当时，企业共有客运线路15条，客车16台，货车15台。

1984年7月，同江县运输公司由省属企业下放到地方，全部财产移交给地方，隶属同江县交通科，为正科级单位。1985年，企业共有客运线路22条，客车20台，货车19台，在册职工162人。

1987年2月24日，改为同江市运输公司。

1994年，企业转制，原有客货车辆优先转卖给本单位职工经营，客运线路经营权仍归公司所有，货运站、供应股解散。

20世纪90年代客运站　市运输公司提供

是年10月，同江市客运站选址于老机械厂道南、原站前旅社西侧、老客运站北侧，总用地面积约1万平方米，总建筑面积1 300平方米，黑龙江省政府运输管理局投资300万元，不足部分由地方匹配。

1995年，开始动工建设，1996年8月25日，工程竣工并投入使用，并更名为同江国际客运站。主建筑为三层楼，主楼外观漂亮大方，院内场地宽敞，是现在东北亚广场大部分面积。东至育才街，南至建设路，西至南农贸市场，北至同三路。东侧沿育才街由同江市政府建设一排门市房，大多都租给了从事烧烤行业的个体户，因此当时被称为"烧烤一条街"，生意兴隆红火，好不热闹。南侧沿建设路北侧中间是运输公司南大门，运管站借用大门东侧平房作为货车停车场；大门西侧平房原为运输公司办公室，后租给个体经营开饭店，当时比较有名的是"香香饭店"。1996年，企业共有29条客运线路，车辆27台，在册职工253人。

2004年，企业下岗人员参加并轨75人，解除劳动关系17人，在册职工161人（在职73人，离退休88人）。

2005年10月，同江国际客运站选址原消防队和市政工程处旧址，为了加快建设速度，当时采取了一系列超常规措施，自2006年3月，开始办理前期手续，7月20日就开始动工建设。

2007年客运站　市运输公司提供

2005年12月，市委、市政府决定将运输公司剩余的土地5.3万平方米及地上建筑物1.5万平方米整体拆迁，用于置换市政工程处和消防队旧址1.76万平方米土地，重建同江国际客运站。至此，同江市运输公司原有固定资产全部由市国资办进行销账处理。

2007年10月20日，同江国际客运站建设工程竣工并投入使用。黑龙江省发改委立项审批，同江市政府负责征地拆迁，同江市建设局验收。工程总投资1 100万元。其中黑龙江省道路运输管理局投资600万元，同江市财政匹配500万元。

新建同江国际客运站占地1.76万平方米，总建筑面积4 369.17平方米。其中客运站主体建筑及附属用房2 671.92平方米，车库31个共1 600平方米，短途候车室77平方米，门卫房20.25平方米；停车场、站前广场地面硬化11 950.8平方米。

2010年5月，同江市道路运输管理站下属顺达公司所有客车及营运线路合并到同江市运输公司，企业经营客运线路增至45条，营运客车68台。经黑龙江省道路运输管理局对企业规模进行审核，批准为三级运输企业。

2016年7月，同江至佳木斯铁路客运开通，加之网约车、私家车的迅速增加，同江市运输公司的客流量急剧下降，营运客车减少到35台，企业效益受到严重影响，职工工资不能正常发放，经同江市市长办公会研究决定由同江市财政每月给同江市运输公司公益性职能补贴15.75万元。

2020年即将投入使用的客运站效果图　市运输公司提供

2018年4月，中共同江市委、市政府决定同江国际客运站重新选址，新址位于原第二水源及市政水泥板厂。是年4月至9月，办理前期手续，10月10日开始动工，计划2019年末竣工。

同江市发展和改革局立项审批，由中嘉城建设计有限公司设计，同江市政府负责征地拆迁。项目总投资5 470.8万元。其中，中央投资1 000万元，黑龙江省道路运输管理局投资1 500万元，不足部分由地方匹配。项目总用地面积38 786.74平方米，总建筑面积6 878.24平方米。其中，站房3 334.77平方米，车库及附属用房3 543.5平方米。建成后的同江国际客运站将成为同江市区的又一靓丽建筑景观。

建设同江至向阳川地方铁路

同江地方铁路设计全长82.484千米，其中富锦向阳川至横江口港区工程42.48千米，同江至哈鱼岛工程40.004千米，总投资3.4亿元。1992年，开始运作前期各项筹建工作，成立了大项目领导小组，组建了同江地方铁路建设指挥部，同时成立了同江地方铁路开发公司，办理了营业执照等相关手续。

1992年12月12日，富锦向阳川至同江段铁路工程，由黑龙江省地方铁路局以龙铁办字〔1992〕31号文件作了批复，同意兴建富锦向阳川至同江地方铁路。

1993年2月10日，黑龙江省计划委员会经研究以黑计交字〔1993〕115号文批准同江地方铁路立项。

1993年9月21日，哈尔滨铁路局以哈铁总函〔1993〕118号文件同意从国铁福前线富锦向阳川站接轨，修建富锦向阳川至同江地方铁路。

1993年4月，《富锦向阳川至同江地方铁路新建工程可行性研究报告》由哈尔滨铁路局勘测设计院完成。

1994年3月31日，黑龙江省计划委员会以黑计建字〔1994〕165号文件，对富锦向阳川至同江地方铁路新建工程初步设计进行批复。

1994年春，富锦段征地工作在中共富锦市委、市政府和市土管局及向阳川镇政府的大力支持和帮助下进展顺利。同江地方铁路指挥部仅用一个月时间就和当地农户划定被征用地界，办完了征地手续。同江段征地工作在各相关部门的支持下也顺利完成。

至此，同江地方铁路建设项目前期各项准备工作基本完成。由于铁路建设资金一直未能到位，建设工程一直搁置。

2002年，中共同江市委、市政府抓住中俄贸易升温的良好势头，重新启动了同江地方铁路建设项目。2003年底，同江地方铁路建设工程正式开始建设。

是年10月，同江市政府与哈尔滨铁路局勘测设计院签订了《建设工程设计合同书》；11月，哈铁设计院受同江市政府委托，根据接轨协议和有关文件赴同江实地调查勘测，于2003年3月编制了预可行性研究并报审。

2003年4月，黑龙江省发展计划委员会以黑计交字〔2003〕406号文件对富锦向阳川至同江铁路进行批复。

2017年，航拍中俄跨江铁路同江北换装站　市大桥办提供

2003年9月中旬，哈铁设计院完成了路基和桥涵设计图纸；土地征用和拆迁工作通过行政手段和经济补偿并举的方式得以落实解决。

2003年10月20日，第一阶段工程——富锦向阳川至同江段开工建设。2004年11月全线贯通，2005年9月，顺利通过哈尔滨铁路局验收，2005年12月11日，该段正式开通运营。

2004年10月20日，第二阶段工程——同江至哈鱼岛段开工建设。2005年11月17日，同江地方铁路同江至哈鱼岛段铺轨至哈鱼岛港区，完成铺轨40.4千米。

同江地方铁路的建设，结束了同江市通商口岸没有铁路的历史，打破了制约同江市经济发展的瓶颈，从而形成了同江经济、贸易、交通运输共同发展的新格局，为同江市经济大发展夯实了基础。

2016年7月15日，晴空万里，这注定是一个值得纪念的日子，同江火车站前广场人山人海，同江人又实现了"坐着火车去旅行"的梦想，开通了同江至佳木斯的铁路客运班车，从此同江到富锦只用一小时，票价6元钱，比公路快了半小时，省了10多元；到佳木斯票价22.50元，大大节省了同江人出行的成本。

2018年，哈鱼岛火车站　中共同江市委宣传部提供

2016年11月，开通直达哈尔滨的铁路客运班车。

2018年10月5日，同江至哈尔滨铁路客运班车开始更换新空调车，同江地方铁路正在与全国铁路联网。

建设街津口公路大桥

1999年5月10日，同江市政府作为建设单位负责修建街津口公路大桥，5月20日正式开工建设。由黑龙江省交通厅科研所负责设计，黑龙江省公路管理局指派绥化市路桥公司负责施工。

2000年9月，大桥竣工通车，9月8日同江市政府作为建设单位，与施工单位进行交工验收，被确定为优良工程。

大桥总长为258.14米，桥宽为净7+2×1.25米（人行道），跨径为30米的预应力钢筋混凝土箱梁式桥，上部为预应力箱梁，下部基础为钢筋混凝土钻孔桩，其中，桥台基础为双排式桥台，策略式桥墩破冰体，引道为正级沙石路，长931米，工程总造价为1 669万元。其中，国家投资1 369万元，地方财政投资300万元。

街津口公路大桥是同江行政区域内建筑规模最大的桥梁。它的建成，解决了集中居住在街津口乡的赫哲族村民划船过江种地的农业生产问题，从根本上为赫哲族人由渔业向农业转产创造了条件。

第九节　教育和体育事业

九年义务教育成就

工作成果。1994年6月，同江市"扫盲"工作国检合格；1999年5月，同江市"两基"工作国检合格，进入"两基"巩固提高阶段；2003年10月，同江市"两基"巩固提高工作国检合格，获得"全省'两基'巩固提高工作先进单位"称号，进入了"双高普九"阶段；2007年11月，同江市通过黑龙江省对县级政府教育工作的评估验收，荣获省"县（市）政府教育工作先进单位"荣誉称号；2009年9月，同江市"双高普九"国家验收合格，进入义务教育均衡发展阶段；2017年10月，同江市义务教育发展基本均衡工作国检合格，全市基础教育工作进入教育现代化快速推进的新阶段。

经费投入。2007年以来，同江市教育投入保持了"三个增长"。全市义务教育全面纳入公共财政保障范围，并将义务教育经费单列，保证足额拨付农村教育经费。中小学预算内生均公用经费拨款达到省定标准上限，并逐年提高。市财政每年承担所有学校供热费430万元，设立教育培训经费190万元、大学生圆梦助学基金50万元、农村教师通勤补助20万元。用于新建和改扩建校舍的资金投入达到了3亿元。2018年，生均事业经费和生均共用经费分别达到中学7 737.00元、小学4 292.00元和中学813.00元、小学877.00元。

基础设施建设。进入20世纪90年代，农村学校网点布局得到了进一步优化调整，乡镇初中全部合并到市区。农村小学早已消灭了土草房和危房，实现了砖瓦化。乡镇学校和市区中小学一样，实现了楼房化和标准化。1995年以来，先后完成了同江市职业技术教育中心教学楼、第一中学第二教学楼、体育馆、青少年活动中心、第三中学教学楼、第三小学教学楼、第二小学教学楼、街津口赫哲族乡中心校教学楼、八岔赫哲族乡中心校教学楼、银川乡中心校教学楼、第二幼儿园教学楼、特教学校教学楼、第一中学体育场、实验幼儿园教学楼、第一小学第二教学楼、第四小学第二教学楼和体育场、第五小学教学楼、第一中学综合实验楼等项目工程建设，涉及15所中小学校和16个教学点，累计新建和改造校舍31 854平方米，使全市小学、初中、职中和普通高中生均校舍面积分别达到了10.8平方米、7.99平方米、30平方米和12.8平方米，基本消除了大班额。

同江全市义务教育学校教育信息化工程建设成效显著，基本实现了宽带网络校校通、多媒体设备班班通、网络学习空间人人通的目标。

教育队伍建设。同江全市中小学教师由1978年的788人增加到2018年的1 228人。2018年，小学、初中和高中教师学历达标率全部达到了100%。2009年以来，先后公开招聘教师321人，其中

227名特岗教师，新任教师招聘率达100%。

近5年来，完善了校长、教师流动机制，完成校长交流12人次，教师交流100人次。加强了师德师风建设，严格执行教师十项禁令和教职工请假暂行规定，树立了40个名师典型；加强教师研培工作，增加了教师培训专项经费，构建了"上下互动、研训一体、学段衔接、重心下沉"的工作格局；实施了国培计划，开展了送培到校、送课下乡活动，校长和教师培训，在内容、时间和质量上，达到了黑龙江省培训面100%的规定标准。通过小课题研究、教学视导、网络研培、名师工作室等工作，推动了教师的专业化进程。2014年以来，组织教师参加各级各类教学竞赛1 547人次，其中获省、市级奖励800人次。教育科研工作总成绩排名佳木斯市第一，菊花杯、创新杯、艺体课坛和心理健康教育等教学竞赛成绩保持佳木斯市先进水平。

"控辍"工作。同江市坚持依法、依情、合力"控辍"，实施了"控辍"工作的报告制度、奖惩制度和会战月活动制度，采取宣传教育法律法规、帮助贫困生和问题生、做辍学生的返校动员工作、搞好软件资料建设和"依法就读公证"等措施，把"控辍"工作与"减负"、师德师风建设及学校德育工作结合起来，取得良好效果。2018年，学前一年幼儿入园率达到了99.9%，学前三年幼儿入园率达到了99.9%，适龄儿童入学率达到了100%，初中阶段入学率达到了100%，小学在校生年辍学率为0，初等教育完成率达到了100%，普通高中毛入学率达到了57%，职业高中毛入学率达到了99.9%，高中教育阶段毛入学率达到了75.83%。

德育工作。构建学校、家庭、社会三结合德育体系，加强学校文化建设，推进学生文体活动开展。落实三级课程，全面推进课程改革，优化课堂教学。共建设省、市、县三级教科研示范基地19个。第三中学被批准为省级教育科研基地，第四小学被评为

"国家级示范性家长学校"，第二小学被评为"全国语文教改示范校"。

学校教育成果。1995年到2018年，初中和小学毕业生合格率均达到100%。2019年，同江市第一中学被评为省级示范性普通高中，建校41年来，高考成绩始终排名佳木斯所属县（市）前列，改革开放40年来，共向社会培养了2万余名高中毕业生，1万多名大学生，向全国重点大学输送大学生约3 000名，其中，清华大学6名，北京大学7名。

体育事业发展

1966年，同江县制恢复后，体育活动得到普及和发展，体育场地不断增加。1974年，在原同江中学南侧修建了同江县第一个专业体育场地，占地约2万平方米。场内设有水泥篮球场一个，足球场一个，因地势低洼，1977年废弃（水泥篮球场仍然使用）。

1978年，在农机大修厂东侧的空地上（日伪统治时期飞机场）重建体育场，命名为"人民体育场"。占地约6万平方米，可容纳观众4 000余人，是同江县人民体育活动的中心，全县大型体育运动会、庆祝活动或集会活动都在这里举行。场内设有标准足球、篮球、排球场地，及跳远、跳高、投掷比赛场地，并在体育场南侧建设460平方米少年儿童业余体校楼1座。

1979年，同江县组建了少年业余体校。学校设有田径、篮球、速滑训练队，向黑龙江省和佳木斯市输送了大批青少年优秀运动员，并多次派运动队代表同江县在黑龙江省和佳木斯市中小学田径运动会上取得好成绩。

1986年，在体育场南侧，建一座1 697平方米的灯光体育场，设有看台，可纳观众3 000人。

2005年4月，为加快同江市第一中学省级示范高中建设，提高同江市体育运动水平，经中共同江市委、市政府批准，同江市经济计划局立项，在同江市第一中学校园东侧运动区内建一个体育馆，主要承载学校的教学、运动训练、同江市大型比赛、会议、中俄文化交流及全民健身的复合型功能。

体育馆总投资1 497万元，总建筑面积7 065平方米，占地4 318平方米，看台共有座席2 848席，其中固定看台1 728个，活动看台1 120个。总建筑高度20.5米，采用钢结构及钢筋混凝土结构，使用年限为50年，抗震设防为6度，耐火等级为二级，主场地由3个篮球场地、1个乒乓球室、2个器械室和相应的库房、办公室、琴房、更衣室等组成。

中共同江市委、市政府高度重视第一中学体育馆建设，把其列为2005年重点推进项目，成立专门的推进小组，由市委主管教育的副书记、市政府副市长为正副组长，由同江市经济规划局、建设局、教育局、文体局、财政局等为具体责任单位，建设期为2年。该馆设计、施工、监理都是通过公开招标方式进行确定相应公司。由哈尔滨工业大学建筑设计研究院进行施工设计，佳木斯第一建筑有限公司负责土建施工，徐州飞虹网架（集团）公司负责钢网架建设，黑龙江省大洋建设监理有限公司负责工程监理。2005年8月，同江市第一中学体育馆工程开工建设，2006年8月竣工并交付使用。

第一中学体育馆建成以后，极大地提高了同江的城市品位，增强了城市功能，促进了文化教育和体育事业的全面发展，对促进社会风气好转、满足人民群众需要、更好地培养青少年健康的体魄、促进他们的全面发展等，都具有深远的意义。同时，对中俄间国际文化交流和增强中俄两国人民的友谊，也起到至关重要的作用。

第十节 文化广电事业

文化事业发展综述

1985年，同江市文化楼落成，内设有群众艺术馆、图书馆。

2005年底，同江市宣传文化中心建成启用，建筑面积3 200平方米，文体局、文工团、群众艺术馆、图书馆、文化市场处迁入办公。

1981年，同江市少数民族文工团成立，后更名为同江市赫哲族文工团。20多年来，该团编排反映赫哲族和边境地区人民生产生活的节目百余个。多次参加全国少数民族文艺会演、调演。多次参加全国和黑龙江省歌手大奖赛，有10多个自创舞蹈、歌曲节目获国家、省级奖励。演员赵景春、于秋颖、张翠兰、付亚秋、齐艳华等多次在黑龙江省和国家文化部会演、调演比赛中获奖。1986年以来，市群众艺术馆组织群众文艺会演、比赛50多场次。

在文化研究领域，赫哲族民族文化研究成果显著。出版了《简明赫哲族语、汉语对照读本》《赫哲族伊玛堪选》等研究著作以及赫哲族文学《赫哲族民间故事选》等文学作品。

艺术创作领域百花争艳。在声乐表演上，赵景春在全国民间音乐舞蹈比赛中获独唱三等奖；1986年，于秋颖在"北京歌唱节"获独唱二等奖；1986年，张翠兰在黑龙江省民歌通俗歌曲演唱会获二等奖。

2009年，市赫哲族文工团改制更名为"同江市民族歌舞团"，并探索文艺演出市场化新路。组建农家书屋38个，举办文体活动100余场，群众性文体活动得到有效开展。第八届乌日贡大会获得团体总分第一名。

2015年，建成老干部活动中心，推进了老年大学规范化建设。赫哲族文化中心完成主体工程，创办了赫哲文化和口岸生活主题电视频道，完成了图书馆维修改造和智能应急广播系统验收。成功举办首届"中俄文化周"系列活动，赫哲艺术团参加"迷人的哈尔滨音乐之夏"专场演出，促进了赫哲文化的传承保护和国际交流。启动"国家级赫哲文化产业示范园区"创意策划工作，"赫哲族文化辐射带"项目通过国家文化部评审，列入"国家公共文化服务体系示范项目县"。

2018年，赫哲族民俗剧《赫哲婚礼》成功首演，《赫哲神舞》荣获金鸡百花电影节电影剧本提名奖，《我的中国年之"鱼皮部落"》在春节期间通过央视中文国际频道全球播出，赫哲鱼皮作品荣获第二届中国国际现代渔业暨渔业科技博览会"创新奖"。知青博物馆、脱贫攻坚纪实馆、赫哲民俗餐饮博物馆、赫哲族鱼皮文化产业基地和抗洪精神教育基地建成开放，市图书馆、赫哲族博物馆被评为国家二级馆和三级馆。同江市被命名为全国民族团结进步创建示范区和国家级、省级公共文化服务体系示范项目县（区）。

突出的文化艺术成就

《乌苏里船歌》1962年秋，著名作曲家汪云才到八岔村采风，边体验生活，边收集整理赫哲族民歌素材，并结交了很多当地赫哲族渔民朋友，与他们结下了深深的情谊。是年9月，汪云才随八岔村捕鱼队到乌苏里江畔八岔村赫哲族渔民捕捞大马哈鱼的网滩白灯滩（位于抚远县抓吉镇境内）。一天，应汪云才之请，赫哲族歌手吴连贵即兴用箫吹奏了一曲赫哲族民歌《想情郎》。听了这首优美流畅、情意缠绵的民歌小调，汪云才被深深地感染并灵感大发。他以此为基调，并借鉴了其他几个地方赫哲族传统音乐元素，完成了民歌《乌苏里船歌》主旋律音乐的编创。这首民歌的诞生让赫哲族人走向了全国，走向了世界，对赫哲族文化的传播和发展发挥了重要作用。八岔村也因此成了这首歌的主要编创地之一。

　　1962年，为了筹备第二届哈尔滨之夏音乐会，著名词作家胡小石先后在同江的街津口赫哲族乡、八岔村、饶河的四排村等地实地体验生活。在八岔村，胡小石与赫哲族人同吃同住，吃着赫哲族美食，大碗喝着烈酒，与赫哲族艺人一起哼着民歌小调，一起下江打鱼，一起分享渔猎收获，积累了大量的赫哲族民歌素材，一首反映新中国成立后，赫哲族在中国共产党的领导下幸福生活的赞歌就这样诞生了。胡小石的词作与汪云才在白灯滩编创的主旋律音乐不谋而合。经过多次推敲琢磨，传世之作《乌苏里船歌》应运而生。

汪云才　　　　　　郭颂　　　　　　胡小石

　　20世纪60年代，著名男高音歌唱家、民歌演唱家郭颂曾先后多次到同江的街津口赫哲族乡、八岔村及饶河的四排村采风。郭颂曾先后3次到八岔村，时间最长的一次在村里待了半年多。在八岔村期间，《想情郎》《乌苏里芒莫》《渔歌》等一些赫哲族小调深受郭颂喜爱，为他日后的音乐创作积累了丰富的素材。

《乌苏里船歌》借鉴了赫哲族民歌《想情郎》的曲调，后随着郭颂的演唱迅速红遍祖国各地，而且在国际上引起轰动。

1980年，《乌苏里船歌》被联合国教科文组织选为亚太地区音乐教材，并把它送入太空。

获得巨大荣誉的郭颂，从未忘记与赫哲族人的情意，多次返回八岔村看望慰问村民。鉴于郭颂与八岔赫哲族人的深厚友谊，以及对赫哲族文化发展传承做出的巨大贡献，1996年，在八岔赫哲族建立乡级政权40周年之际，郭颂受到八岔村全体村民的诚挚邀请，在同江市社会各界的见证下，正式成为八岔村"荣誉村民"。

《山水醉了咱赫哲人》1982年，谢广富调到同江市少数民族文工团任团长。为培养文工团骨干人才，经文化局同意每年3月至5月派声乐演员赵景春赴黑龙江省歌舞团培训学习。

1982年秋，五县音乐会期间，鹤岗市群众艺术馆毛撬馆长在汇演期间先后到同江市八岔、街津口赫哲族乡采风。创作了"山水醉了咱赫哲人"歌词，并请谢广富谱曲。

1983年春，谱曲完成，并让同江文工团赵景春多次演唱。1983年4月，在黑龙江省歌舞团，赵景春练声演唱"山水醉了咱赫哲人"，被著名歌唱家郭颂老师发现。郭颂认为此歌在继承赫哲族音乐基础上有创新，便专程赴同江会见谢广富，一起到八岔、街津口走访、座谈，探讨这首歌的修改。在征得谢广富同意后，将作品带回哈尔滨与王德推敲研究修改，使"山水醉了咱赫哲人"歌曲创作完成。

1984年，中央春节联欢晚会上，郭颂演唱的《山水醉了咱赫哲人》，在全国观众中引起强烈反响，不久这首歌红遍了大江南北，并列入沈阳音乐学院四年级的声乐教材，由国家民委向联合国教科文组织申报世界非物质文化遗产名录。

群众文化设施建设

1966年，同江县图书馆成立，这是同江唯一较早的公益事业图书馆。建馆初期，馆舍面积100平方米，与文化馆合署办公，馆内藏书436册，编制2人。

1986年，由省文化厅、地方政府联合投资拨款18万元，新建1 000平方米的文化大楼，其一楼600平方米为图书馆。馆内设有采编室、借阅室、阅览室、辅导部。总藏书246种。

1978年至1996年，图书馆内服务窗口分设为采编部、综合外借室、期刊阅览室、儿童借阅室、城乡辅导部、参考咨询处、地方文献收藏室等。馆藏图书7 185种，共计23 870册，馆内持证读者2 387人。图书馆事业编8人。

2006年，同江市在同三路附近投资建设了文化活动中心大楼，将一楼划给图书馆，馆舍面积1 200平方米，馆内设有采编室、综合外借室、儿童借阅室、综合阅览室、电子咨询室、参考咨询处、城乡辅导部、科技跟题服务处、赫哲族地方文献特藏室等10处服务窗口。馆内藏书14 998种、41 521册，期刊4 718册，报纸177册，持证读者有2 925人。图书馆编制8人。

2014年8月，为了满足同江市广大人民群众日益增长的文化需求，促进同江市精神文明建设发展，在中共同江市委、市政府的大力支持下，将文化活动中心大楼全部划拨给图书馆使用，并对大楼整体进行了维修改造。2015年底，图书馆大楼外部主体工程完工后，图书馆使用面积增至3 200平方米，馆内增设了多个服务窗口，同时投入资金120万元增加正品书籍。

2016年5月，新馆正式投入使用，面向全市接待到馆读者。

2017年5月，同江市图书馆参加了全国公共图书馆第六次评估工作，经过3个月的努力，馆自评估得分为基本分928分，加分201分，总分1 129分。成功晋升为国家二级图书馆。

2018年末，新增图书6万册，馆藏图书总量达155 572万册。

高质量发展广播电视事业

同江的广播事业始于1959年2月。同江电视台筹建于1982年9月，同年12月28日正式开播。初期为电视转播台，没有自己办节目的权力。

1984年和1985年，同江连续两年涨大水，广播电视事业局录制了多期军民抗洪抢险的专题片，记录了同江军民战天斗地的光荣经历，并以此片为基础材料去国家和省相关部门争取到很多资金和优惠政策。通过这些工作，增强了同江对自己办节目的信心。后来又去黑龙江省广播电视厅争取批准成立同江电视台项目，经过多次的努力，终于在1986年，黑龙江省广播电视厅批准同江成立电视台，这是黑龙江省第一家县级电视台。同时，在这一年同江县还争取到无线广播站的项目，这也是黑龙江省县级第一家。

1986年以前，同江的电视节目，是由双鸭山电视台帮助录制当天的中央和黑龙江省新闻节目，第二天再用客车捎到同江，同江电视台通过录播的形式播出，因此，同江百姓当时看到的中央和黑龙江省新闻都是前一天的。

当时，佳木斯电视台有两套日本进口编辑机和录放机，非常先进。同江县争取到一套。此后，同江电视台的节目制作质量有了质的飞跃。

1998年1月15日，全国广播电视先进（市）县表彰大会在北京举行，同江属于全国受表彰的59家电视台之一，时任中共同江市委副书记姜钟晓代表同江市上台领取奖牌，并与孙家正部长合影留念。当日下午三时，与会代表在北京人民大会堂北大厅受到党和国家领导人的亲切接见，江泽民总书记与全体代表合影留念。

第十一节　医疗卫生事业

推动农村医疗卫生事业进步

乡村医疗机构发展。1978年以后，随着新建乡镇的建立，由原有同江镇、三村、乐业、向阳、街津口、八岔六个卫生院，又增加了临江镇、平原乡（1981年改称青河乡）、金川乡、银川乡、秀山乡、前卫乡六个卫生院，但当时医院条件比较简陋。

以平原乡为例，1975年，平原乡卫生院随乡而建，当时只有一名医务人员，卫生院没有房屋借养路段一间房办公。1976年，建设75平方米的草房，人员增加到5人。村屯道路难行，个别村屯需蹚漂筏甸子才能到达。没有电，没有自来水，晚间照明由乡政府自己发电，供电两三个小时。1977年，建设220平方米砖瓦结构卫生院。1978年以后，乡卫生院和村卫生所发展较快。2006年，新建486平方米楼房。2015—2016年，新建七所标准化卫生所，每个所面积为62平方米，配备了诊床、诊椅、诊桌、诊柜等。2015年，建大学生周转房115平方米，从而使乡、村工作条件得到极大的改善。

医疗设备由原来听诊器、体温计、血压计、小型消毒锅（现已淘汰）等发展到X光机、彩超、心电、血球半自动生化仪、呼吸机、诊断一体机等20多台件。

如今的青河镇医院设有内、外、妇、儿、中医科、X光、化验室、B超室、手术室等科室，每年为3 500人就诊，住院患者达1 500人次。2003年，还在抗击非典战役中荣获先进集体光荣称号，在公共卫生管理方面列全市前3名。

乡（镇）医疗设备设施发展。1978年之前，乡村卫生院医疗设备基本上没有大型医疗设备，只有消毒锅，血压计等小型设备。而今乡镇卫生院，普遍拥有X光机、黑白B超、彩超、半自动生化仪、血球计数仪、呼吸机、尿自动分析仪、心电图机等，并拥有救护车。乡镇卫生院配备了中医中药五件套（针灸包、神灯、煎药罐、中频治疗仪和拔罐器），还为青河镇、三村镇、临江镇、街津口赫哲族乡、八岔赫哲族乡卫生院配备了中医馆所。

2018年，同江全市10个乡镇卫生院全部砖瓦化，其中同江镇、乐业镇、三村镇、青河镇、向阳镇、街津口赫哲族乡、八岔赫哲族乡等都是2—3层楼房，面积达4 875平方米，113个村屯卫生所全部砖瓦化、标准化，每所面积60平方米，10个乡镇大学生周转房1 050平方米。

乡（镇）医疗技术人才储备。2018年，同江全市各乡镇卫生院有卫生技术人员150人，113个村屯乡村医生都达到了省要求技术标准，获得乡村医生证书，形成市、乡、村三级医疗网，使农民的医疗身心健康起到了可靠的保障。

乡（镇）公共卫生事业发展。2007年1月，成立了同江市新型农村合作医疗管理委员会办公室，编制7人，设主任1人、副主任2人，审核3人、财会1人，当年农村常住人口55 980人，有50 435人参入合作医疗，参合率90.1%。2011年以来，参合人数达100%。有效地缓解了农民因病致贫，因病返贫的现象。并按照《补偿方案》及《定点医疗机构管理办法》的规定，严格管理，开展市、乡级定点医疗机构现场直报工作，参合农民在哪住院在哪报销，当时出院，当时结算，方便了参合农民审核补偿，使参合农民一次报账达98%以上。

建立市级、乡镇级新农合信息系统，通过管理系统实现参合人员网上报销，并为参合农民提供快捷的服务。为参合农民营造一个良好的医疗氛围。

2018年，同江全市10所乡镇卫生所、113个自然村全部实行一体化管理，开展儿童计划免疫，传染病、地方病、慢性病监测防控报告，农村合作医疗门诊直报，规范常见病初级诊治巡诊转诊等工作。

同江市人民医院、同江市中医院及社区医院，帮扶乡镇卫生院、村卫生所不断提高。帮扶采取市级医疗、临床护理、公共卫生组成的签约服务团队包村指导卫生所，乡村医生包户、包人等措施，建立稳定的服务关系。以村卫生所、村民家庭为签约单位主体。

同江全市加强常见病、多发病诊治与特殊人群健康管理，开展医疗技术诊疗、医疗安全等知识培训，指导乡村卫生应用适用卫生技术、实施基本药物、开展基本卫生服务。

乡村医疗不能完成的卫生服务项目，如0—6岁儿童的计划免疫和孕产妇妊娠体检健康管理、糖尿病、高血压、65岁以上老年人体检、重症精神病筛查等，建立分工协作机制，做好工作衔接，确保基本卫生服务项目更好开展。

截至2015年12月31日，全市农村常住人口59 533人，已有55 528人建立健康档案，建档率达93.26%。65岁以上3 795人，60—65岁之间3 398人都达100%建档管理。

同江市各乡（镇）普遍建起了污水垃圾处理房场，配备处理设备，改善农村脏、乱、差的生活环境。

同江市人民医院形成规模

机构沿革。1962年，人民医院位于同江镇北大院，四合院砖瓦结构建筑，当时有20余间平房，有医务人员60余人，有管理人员5人，有病床40余张；主要的医疗设备有血、尿分析仪，X光机，心电机四台套；主要治疗的病症为内科常见病、多发病，外科阑尾炎和外伤的急诊急救。

1985年，同江县政府投资在大直路东段，建设了约4 000平方米四层大楼，内设内科、外科、五官科、检验科，医务人员发展到127人，有病床80余张，主要的医疗设备有血、尿分析仪、X光机、心电机等增加至40多台套，主要治疗病症为心脏、刀伤手术，抢救成功2例，横结肠系膜巨大恶性肿瘤手术成功1例。

2003年，同江市人民医院建设传染病房809平方米；2009年，同江市政府投资2 000余万元，将原来四层楼拆除新建设七层13 560平方米综合楼。

2014年，新建三层615平方米急救中心。

2018年，国家投资2 836万元，新建六层8 100平方米内儿科住院处项目。医院现有职工317人，卫生技术人员260人，其中高级职称71人、中级职称38人、初级职称140人。设有临床科室17个，即内科、血液内分泌科、骨外科、普外科、脑外科、妇科、产科、儿科、五官科、急诊科、感染科、手术室、口腔科、皮肤科、肛肠科、中医科、理疗科；辅助科室22个，即放射科、CT室、MRI、检验科、病理科、药局、供应室、功能检查等。

2018年，同江市人民医院主楼　中共同江市委宣传部提供

医疗设备设施配备。同江市人民医院医疗设备由2012年100多台套增加到2018年的130多台套。为满足临床需要，市医院积极筹措资金，引进了DR、彩超、全自动生化分析仪、血管造影机等设备，成为佳木斯东部地区设备先进县（市、区）之一。

新技术开发。2012—2018年，先后开发新技术新项目30余项，如肿瘤化疗技术、肿瘤穿刺技术、脊柱手术、骨关节置换术、腹腔镜手术、前列腺镜技术、鼻内窥镜手术、宫腔镜手术、青光眼手术、白内障手术、消化内镜微创治疗、胰岛素泵治疗、医学美容治疗、新生儿治疗、普外肾囊肿腹腔镜开窗、胰腺炎超声引导穿刺加透析技术、妇科腹腔镜微创技术、内镜下微创治疗息肉、H型高血压治疗技术、孕产妇血清维生素AE监测、造血干细胞储存、肝病治疗、神经内科物理治疗、肿瘤新式化疗、骨外科骨病治疗技术等。

科学管理建立完善相关规章制度。其中有医疗质量管理制度、护理质量管理制度、绩效考核制度、绩效工资分配制度、员工手册（院规院纪、处罚规定等）、医德医风考评制度、党务工作制度、药品采购制度、器械采购制度等。

2012—2018年，同江市人民医院始终坚持"外引内培"发展战略，3年共派往上级医院进修人员90余人，发表论文30余篇，院内采取集中技术技能培训，全面提升了医疗技术水平和服务质量。先后获得了市"行风测评第二名""全国500家重点支持县级医院""全省医改考核第一名"等荣誉称号。

2012年1月，申请报批创建"二级甲等综合医院"，5月，在佳木斯市地区率先晋级"二甲"医院。

是年，被确定为全省第一批、国家第二批县级公立医院改革试点医院。

2012年5月和10月，先后在同江全市进行了公开选聘院长、副院长，2013年又分别对全院科主任、护士长和中层干部到普通员工的全员竞聘，并根据岗位职责签订了三年聘用合同，至此实现了真正意义上的"单位人"向"岗位人"转变的过程。

2012年7月1日，开始实行了基本药物零差率销售，零差率销售造成的政策性亏损由市财政给予补助，实现了基本药物全年使用金额达到全部药品销售额的35%以上。

2013年7月1日，开始实行了对所有药品零差率销售，仅此一项医院每年就为患者减轻医药费负担约240多万元。同时，大力推行基本药物使用、严格抗生素专项整治，继续实行药品零差率销售。

同江市中医医院走出困境

机构沿革及技术更新。1984年4月，同江市中医医院成立，医务人员22人，

门诊借用同江镇医院的200平方米房屋，住院处租住在100多平方米的草房内。

1986年12月，政府拨付30万资金新建了3层中医院综合楼，医疗用房总面积为3 000平方米，其中门诊医疗800平方米、住

院用房600平方米、医技用房800平方米、行政办公用房800平方米。

20世纪90年代开始，随着社会的发展，医院医疗技术水平不断提高，医生的人数也在逐渐增多，招收了一批新毕业的大专生，服务能力得到了一定提升，医疗设备不断更新引进，医院的硬件设施配备明显优化。科室由原来的几个发展到的10余个，临床、医技和职能科室较为全面。诊疗范围由原来普通的内科、外科延伸为内科、外科、妇科、中医科、针灸科、预防保健科、五官科等，可以收治普外、骨科、剖宫产等大型手术病人。

2018年，同江市中医医院主楼　中共同江市委宣传部提供

2000年，经多方努力筹措资金，在修缮了医院小楼、改善了医疗环境后，引进了CT、彩超、大生化等大型设备，并千方百计引进高层次人才，请进来知名内科医生2名，送出去一大批本院骨干医生外出进修，整体形象不断提升。医院现有职工117人，开放床位65张，设有临床和医技科室19个。

经过20多年的发展，中医医院实现了科室、设备、功能齐全完善，能够承担社会各项医疗服务和急诊急救工作，并引进了多项新技术、新疗法。外科成功开展了多例坏死性胰腺炎、胃癌根治术、颅脑损伤、重症创伤、人工髋关节置换、四肢骨折等高难手术；内科对心、脑血管疾病及糖尿病诊疗居全市领先地位；妇产科开展各种子宫全切、子宫肌瘤、无痛人流、新式剖宫术等手术。同时医院还突出中医特色，发挥中医中药优势，脾胃病、肾病、肝病、风湿病、妇科病等中西医结合治疗有独到经验。

2012年，新建同江市中医医院综合大楼，占地6 984平方米，建筑面积10 550平方米，各类基础设施和医疗设备完备，开放床位120张，有在岗职工102人，其中专业技术人员95人。设有内科、外科、妇产科、儿科、针灸科、肛肠科、五官科、皮肤科等临床科室和CT室、放射线科、检验科、功能检查科等辅助检查科室共22个科室，其中心病科、针灸科为佳木斯市级重点专科。

2014年，同江市中医医院顺利晋升为国家二级甲等医院。医院有全身螺旋CT机、CT干式热敏洗片机、彩色多普勒诊断仪、彩色经颅多普勒、全自动生化分析仪、血球分析仪、血凝仪、尿自动分析仪、电脑自动控制X光机、心电工作站、运动平板、电脑自动分析心电机、多功能监护仪、心脏除颤起搏器、B超、胃肠镜、多功能麻醉机、彩色超声多普勒诊断仪、电子胃镜机、全自动流式尿沉渣分析仪、微量元素检测仪、24小时动态心脏监护仪等大量设备，还先后引进了电脑自动控制腰椎牵引床、骨密度仪、盆底康复设备、中医体质辨识、人体成分分析仪等中医康复设备，这些设备的引进，使医院总体实力大幅提升。同时加强对重点专科的建设，心病科在治疗心血管病方面，运用中医辨证施治结合现代医学技术，对胸痹心痛、心悸、真心痛、心衰病等疾病的治疗居全市领先水平；针灸科开展熏洗、针灸、推拿、穴位帖、艾灸、拔罐、埋线等中医特色服务项目67种，有效地治疗了腰椎间盘突出综合征、颈椎病和面瘫等一些疑难杂症；康复科为全市康复定点医院，对脑梗死、脑出血缓解期、后遗症期和截瘫、骨折术后的康复治疗取得满意的效果。

医院发生的巨大变化。医院门急诊人次数由1985年的数百人增长到2018年的5万余人次；住院人次数由原来的数十人增长到2018年的2 432人次；手术例数从无到有，2017年完成1 000余例；职工总数增加到2018年的156人；床位数增长到2018年的120张；固定资产由1985年的180万元增长到2018年的4 400余万元。

第十二节　建立社会保障系统

同江的社会保障系统工程启动较早。刚解放时，国家就针对赫哲族实行过供应粮政策，以确保其正常的生产生活，体现了党和国家对人口较少民族的关怀和温暖。2000年，同江是佳木斯地区第一个启动城镇职工基本医疗保险的县（市、区）。2012年，同江市的社会保障体系实现全覆盖，比国家规定的2020年目标提前了8年。

医疗保障

2000年，同江市在佳木斯地区率先启动了城镇职工基本医疗保险。

2008年，同江市被黑龙江省确定为第一批启动城镇居民医疗保险制度的试点县。

2017年，根据国家、黑龙江省、佳木斯市的规定将城镇居民基本医疗保险和新型农村合作医疗整合为城乡居民基本医疗保险，理顺了管理体制，节约了管理成本，提升了保障水平，缩小了待遇差距，方便了群众就医。

2018年，同江市城乡参保人员达到89 574人，参保率达96%以上。

同江市的医疗保险制度。按照"全覆盖、保基本、多层次、可持续"的方针，陆续建立了基本医疗、大病医疗、意外伤害、工伤生育等医疗保险制度，基本建立了医疗保障覆盖全民的体系。

城镇职工基本医疗保险年度内最高支付限额由过去的3.3万元提高到32万元，城乡居民医疗保险年度内最高支付限额由过去的1.5万元提高到8万元，城乡居民大病医疗保险最高支付限额提高到20万元。城镇职工基本医疗保险在职职工报销比例由过去的75%提高到87%，退休人员报销比例由过去的78%提高到92%。城镇居民医疗保险由过去的55%提高到75%。同江市医疗保险已实现佳木斯市级统筹，实现了"五统一"（政策统一、筹资标准统一、待遇水平统一、经办规程统一、信息系统统一）；并开展了异地居住或转诊转院就医直接结算，异地居住或转诊转院参保人员在全国各省、市实现异地就医无障碍直接结算，切实解决了异地就医参保人员的"多次跑腿"和"医疗费垫资"问题。

工资制度改革

同江市机关事业单位工资收入分配制度先后经历1985年、1993年和2006年三次大的改革，每一次改革都与当时的经济政治形势相适应，都有特定的历史背景和特点。

1985年，将机关事业单位工资制度与企业工资制度分离，机关事业单位由职务等级工资制改为以职务工资为主的结构工资制，工资构成分为基础工资、职务工资、工龄津贴和奖励工资四部分。

1993年的工资改革主要有四个方面的内容：一是机关事业单位建立不同的工资制度。机关行政人员实行以职务工资和级别工资为主体的职务级别工资（职级工资）制。基本工资由职务工资、级别工资、基础工资和工龄工资四部分构成。事业单位专业技术人员分为五大类实行不同类型的工资制度。二是建立正常增资机制。结合年度考核定期晋升工资档次，随着职务、级别的晋升等相应增加工资，国家根据国民经济发展等情况适时调整工资标准。三是建立地区津贴制度。取消工资区类别制度，改为实行艰苦边远地区津贴制度和地区附加津贴制度。四是改革奖金制度。在严格考核的基础上，对称职（合格）以上人员发放年终一次性奖金。奖金标准为本人当年12月份的基本工资。

这次工资制度改革，总的运行比较平稳，实现了工资的正常晋升，实施艰苦边远地区津贴制度，兑现了年终一次性奖金政策，适时调整了基本工资标准，取得了比较明显的成效，对加强机关事业单位队伍建设、实施人才战略、维护社会稳定等起到了积极作用。

2006年改革的主要内容：一是改革公务员职级工资制，将基本工资构成由职务工资、级别工资、基础工资、工龄工资四项简化为职务工资、级别工资两项。二是事业单位收入分配制度，建立岗位绩效工资制度，工资收入分为岗位工资、薪级工资、绩效工资和津贴补贴四部分。在制度形式、运行机制上与公务员工资制度脱钩，实行分级分类管理。三是清理规范津贴补贴，对公务员津贴补贴进行清理规范，事业单位结合规范津贴补贴实行绩效工资。四是完善地区制度，完善艰苦边远地区津贴制度，建立实施规范和津贴类别评估指标体系，适当扩大实施范围，增设津贴类别，提高津贴标准。提出在清理规范津贴补贴的基础上，实施地区附加津贴制度。

工资制度改革，贯彻了按劳分配的原则，较好地体现了职务高低和职责大小的差异，每一次改革，每位职工收入都有较大幅度的增加，提高了机关事业单位职工的生活水平，一定程度上调动了大家的积极性。

建立社会保障体系

1986年10月，同江县实行失业保险。1987年，首次发放失业保险金，标准为每人每月110元。2018年，失业保险金标准已提高到每人每月636元。

2012年7月，同江市正式启动城乡居民社会养老保险试点，同江市社会保障体系已初步实现全覆盖，较国家提出的2020年实现全覆盖提前了8年。

2018年，同江市城乡居民社会养老保险参保登记人员37 298人，领取待遇人员10 759人，参保覆盖率达89.7%。年均发放养老金800万元，基金累计结余3 458万元。

2018年9月，同江市养老金总体平均水平为每人每月1 800元（2011年至2015年，企业退休人员的基本养老金增幅均为10%，2017年增幅为6%）。

完善人民群众最低生活保障体系

机构及措施沿革。1997年7月，同江市开始实施城市低保。期间，经历了"试点、铺开、扩面、提标"四个过程，逐步走向了制度化、规范化、科学化、标准化的轨道。当时，同江城市居民低保由同江市民政局救济股代管，只有1名工作人员。

2003年底，成立同江市城市居民最低生活保障中心，副科级单位，有3名工作人员。

2006年，成立同江市最低生活保障局，正科级单位，有5名工作人员，2008年，工作人员增加到8名。

2014年5月，成立了同江市救助申请家庭经济状况核对中心，通过政府各相关部门信息数据核对申请人家庭经济状况，核对结果作为低保局作出社会救助审批决定的重要依据。7月，开通了城乡低保网上申请预受理平台，做到了网上答复和程序办理。

2015年，成立了同江市城市社会救助服务大厅，将"分散化"业务办理整合为"一站式"办理，秉承"一门受理、协同办理、求助有门、受助及时"的理念，为辖区内困难群众提供更为便利、高效的社会救助服务。有力推动了同江全市低保工作顺利开展。1997年7月，同江市在试点基础上，出台了《同江市城市居民最低生活保障实施办法》。1999年修订为《同江市城市居民最低生活保障实施细则》，进一步规范了低保操作程序和资金筹措等相关事宜，同时把工作重点从全面推广转为规范管理。

2003年5月，同江市低保工作开始利用计算机管理。

2004年，按照建立新型社会救助体系的要求，在完善低保制度的基础上，积极实施大病医疗救助等工作，出台了《城乡困难群众大病医疗救助实施方案》，救助内容进一步丰富。

2006年，同江市开始实施农村低保。在总结城市低保工作的经验基础上，以加强制度化建设为基础，相继制定完善了《同江市农村居民最低生活保障实施细则》《同江市医疗救助制度》《同江市临时救助制度》。

2010年7月，为进一步完善社会养老服务保障体系，切实解决80周岁以上贫困高龄老人的基本生活问题，制定出台了《同江市80周岁以上高龄老人生活津贴发放办法》。

12月，经同江市人民政府第五次常议会议讨论通过，正式颁布实施《同江市城乡社会救助体系建设实施方案》，确立了以低保为基础，以教育、住房、医疗、司法、就业援助等专项救助为辅助的新型社会救助体系，为同江市全面有效开展社会救助工作奠定了坚实的基础。

2011年，进一步健全和完善同江市城乡医疗救助工作，出台了《同江市城乡医疗救助"一站式"服务实施办法》。

2013年4月，正式出台了《同江市临时救助制度（试行）》。

2014年10月，进一步加强和改进最低生活保障工作，出台下发了《关于下发低保经办人员和村（居）民委员会干部近亲属享受低保备案制度的通知》。12月，出台了《同江市城市低收入家庭认定管理工作实施细则》《同江市城乡最低生活保障与城市就业、农村扶贫开发政策相互衔接制度实施方案》。

2015年1月，成立社会救助联席会议制度，构建"政府领导、民政牵头、部门协调、社会参与"的社会救助工作协调机制，并召开了第一次全体会议，财政局、人社局、民政局等31个成员单位负责人出席了会议。12月，为进一步加强同江市社会救助工作，出台了《同江市社会救助暂行办法》实施细则，分15章节计100条，涉及民政、教育、就业等9项救助政策。

2016年，陆续出台了《同江市社会救助家庭银行存款及金融资产信息核对操作办法（暂行）》《同江市全面建立困难残疾人生活补贴和重度残疾人护理补贴制度实施办法》及《同江市贫困失能半失能老年人护理补贴实施方案》，为同江市全面有效开展社会救助工作奠定了坚实的基础。

参保人数及保障标准变化。1998年同江市纳入低保人员仅288人，低保标准为80元。2006年城市低保增至3 358人，低保标准提高每人每月到160元，财政人均补助水平每人每月80元。农村低保开始实施，当年评定低保对象7 233人，补助标准为每人每月700元。随着经济和社会的发展，特别是中共同江市委、市政府高度重视民生工作，同江市低保受益人群逐年扩大，救助标准明显提升。

2009年，全市共有城乡低保对象11 102户24 176人，城市低保每月人均标准221元，财政人均补助水平每人每月162元，救助资金1 578万元；农村低保每年人均标准1 200元，财政人均补助水平每人每年800元，救助资金1 421万元。

2017年底，随着国家对社会救助工作越来越重视，社会救助工作原则由"保基本、广覆盖、重投入"向"精确施救、专业管理、科学运行"转型。城乡低保标准已提高到城市低保标准每人每月540元，财政人均补助水平每人每月344元；农村低保标准每人每年3 780元，财政人均补助水平每人每年2 021元。城乡低保对象达到4 674户7 193人，发放救助资金3 973.4万元；其中城市低保3 049户4 650人，救助资金2 373.5万元；农村低保1 625户2 543人，救助资金1 599.9万元。

2008年，为农村"五保"供养人员、农村低保对象代缴参加新型农村合作医疗个人缴费部分由每人每年10元逐渐提高到2017年的每人每年210元。在同江市定点医院治疗的，对经居民基本医疗保险（新农合）、大病保险二次补偿、商业健康保险、各类补充保险等报销后个人负担的合规医疗费用，住院报销比例由2006年的30%、报销封顶线4 000元，提高到2018年的70%、特困供养人员医疗救助报销比例提高到100%、一般疾病年封顶线1.2万元、重特大疾病年封顶线3万元；建档立卡贫困户住院报销比例达到80%，重特大疾病年报销封顶线10万元。2006年，农村医疗救助累计365人次，救助资金84万元，2017年，城乡医疗救助3 178人次，救助资金911.83万元。2013年，建立了医疗救助"一站式"结算服务平台。

是年，落实低收入家庭生活补助资金55.8万元，发放取暖费每户每年200元，发放资金373.59万元；2017年，城市取暖费每户每年1 110元，城乡发放取暖费398万元。

临时救助资金由2008年的平均200元提高到1 000元，特殊标准达到了4 000元。

2018年，同江市已建立起了"政府主导，部门负责，社会参与，共同关注"的社会救助体系。低保工作的稳步推进，不但化解了社会矛盾，还维护了社会的稳定，保障了城乡困难群体的基本生活权益，为实现同江市经济发展、民生改善和社会和谐作出了贡献。

发展社会养老事业

机构及养护费用支付办法沿革。改革开放初期，因地方财力不足，不论是单位还是个人，同江都没有专门为老人建设的养老机构。原有的敬老院因规模小、资金不足等原因，迁并到汤原县敬老院。养老以传统的养老方式为主，即子女在家赡养老人。

1987年，同江市投入45万元资金，建设了第一所公办敬老院。建设单位为民政局，地点位于大直路西侧，建筑面积2 382平方米，三层楼房，当时集中供养老人38人。后因运营经费问题，敬老院从城市转向了农村，并一分为二。

1991年，建设了同江市临江镇敬老院，建筑面积300平方米，集中供养老人23人。

1992年，建设了同江市乐业镇敬老院。地点位于东风村，占地面积1万平方米，建筑面积500平方米，设为13个房间，30张床位。

1997年和2004年，分别进行了维修改造。乐业镇敬老院最多时收住老人34人。

2007年，在省民政厅的大力支持下，同江市采取对上争取和地方匹配相结合的办法，投资550万元，在现在的丽江街东侧重新建设了敬老院，并于当年投入使用。该院占地面积6 500平方米，建筑面积2 800平方米，床位120张，是同江市特困人员集中供养的社会福利性机构，全额财政拨款事业单位。2014年，同江市敬老院被评为黑龙江省三星级敬老院。

入住敬老院老人生活费从1996年至2002年由各乡镇收缴，

2003年后由财政直接拨给敬老院。

重点养老产业项目建设。2015年，开工建设社会福利院养老护理楼项目。该项目占地面积1.5万平方米，建筑面积8 616平方米，新增床位200张，计划下达投资2 600万元。其中，争取国家投资840万元，2019年正式投入使用。同时，通过对外招商引资，建设了东极康乐国际健康养护有限公司综合楼。这是同江市第一个针对养老机构的招商引资项目，是同江市探索新形势下社会化养老产业模式的一项新举措。项目建筑面积8 723平方米，总投资约3 000万元。同江市还在社会福利院养老护理楼西侧拟建设老年公园项目，该项目占地面积24 693平方米，计划投资约3 000万元。

管理模式及成果。2018年，按照国家、省有关规定，同江市已经全面放开了养老服务市场，入住价格完全放开，民营养老机构按照市场规律和同江实际，自行定价。全市共有养老机构五家，其中民营养老机构四家。床位总数579张，千名老年人拥有养老床位32.4张。

人事管理制度改革

人事制度变革。20世纪70年代末期，当时来同江市工作的大中专毕业生每年不到20人，完全不能满足事业需要。有几年，政府用提供公房并提高待遇的方式吸引人才，享受支边各项优惠政策。当然，这些优惠政策都是针对所谓"引进"的人才，同江的本地人才并不能享受，比如那时同江的中专（特别是中师）毕业生，原则上都分配到了乡村等边远的地方，而"引进"的人才都能落户县城里。

1984年以后，政府每年有计划地和大中专院校签订培养协议，以合作办学、定向和委托的方式输送当地毕业生出去学习深造。

1989年，同江市干部调转介绍信每年开出近100人，其中7—8月毕业生分配50人左右（师范类毕业生直接到教育主管部门报道）。

1993年以后，每年回来待分配非师范毕业生持续增加，到1997年达100人以上。大专及以上学历毕业生20人左右，其余大多数为中专学历。由于单位编制逐渐紧张，分配工作慢慢变得困难，强制性的分配到各单位，有的毕业生因为所到单位没有编制遭到拒收，有的被分到企业后下岗。

1998年，同江市根据黑龙江省毕业生安置工作意见取消了毕业生分配制度，过渡到完全自主就业阶段。

人才招聘机制。自1998年开始，对未就业毕业生档案直接转到各级人才中心管理，各部门如果有用人需求，可以向人事局打报告，提出专业和学历要求，人事局负责向市领导报送招聘方案，待批准后，在当地组织招聘或到大学现场招聘。卫生和教育招聘专业技术人员要求素质高学历高，大多采取赴招聘会现场组织招聘，每次招聘20人左右，保证同江市第一中学和两家市立医院专业人才梯队建设，缓解了人才匮乏问题。

2007年以后，公开招聘形成常态化，招聘各类毕业生1 000余人（含教育特岗教师182人，卫生分三年时间为乡镇招聘医生30人，大部分已经3年服务期满，经考核合格后都落实了事业编制）。招聘的人员70%以上为本地生源，极大地缓解了同江市毕业生就业压力，吸引他们回乡参加家乡建设。

近年来，为了解决公安局警力不足等问题，经中共同江市委、市政府同意，人事部门组织招聘辅警近200人，为行政执法局招聘协管员20余人，为乡镇招聘专职消防员（含消防车驾驶员）60余人，安置20世纪90年代未安置毕业生师范类41人、非师范类69人，为二级转岗和转制安置30多人，每年为非公有制企业推荐就业毕业生200人次以上。

人才管理组织。同江市人才中心每年接收毕业生档案（应往届）600余份，档案存放量已达到4 500余份，每年为毕业生开具档案证明、调档函、政审等函件300余份，调出档案200余册，管理流动党员100余人，完成聘用合同签证（含续聘）300余份。

特殊群体保障

组织机构沿革。1989年，市编委〔1989〕25号文件批准成立同江市残疾人联合会，其前身为市聋哑协会，由民政局代管，为副科级事业单位，编制定为1名。

1997年，经市编委批准为正科级单位，编制为2名。

2011年6月，经市政府同意，市残联计划单列机构，归口市政府直接领导。成立残疾人工作委员会，并在10个乡镇9个社区全部配备了残疾人专职委员。

2012年，增加群团事业编3人，增设副理事长职数1人，调整后总编制为5人。

2014年，市编办批准成立残疾人劳动就业服务管理所，财政拨款事业单位，事业编制2人。实际在岗正式职工4人，机关残疾人公益岗位10人，大学生彩虹工程1人。同时，同江市残联的办公条件得到了逐步改善，实现了残联干部办公自动化，残疾人档案管理工作规范化，建立了残疾人文化示范站、康复示范站和残疾人综合服务中心。

2016年5月，市政府组织召开了残工委工作会议，进一步健全完善了残疾人工作组织机构，细化了责任分工，研究部署了工作任务，进一步促进了全市残疾人各项工作健康发展。

2017年12月，召开了残联第四次代表大会。

是年，同江市政府残疾人工作委员会被国务院残疾人工作委员会授予全国残疾人工作先进单位。

殡葬事业改革

1968年以前，同江没有专门的火化设施，死者全部为就近入土，形成坟墓。市区主要集中安葬地点在城区东部（龙王庙附近）。

1968年，建设了同江县火葬场，实行遗体火化。火葬场运营的最初几年，由于设施简陋、宣传力度不够等原因，遗体火化寥寥无几。

1974年，同江县革命委员会向全县人民发出通告，划定了火葬区域，加强了火化工作，遗体火化数量才有所上升。

1984年，同江县民政局发布了"关于平坟深葬"的通告，要求凡在同江境内埋葬的坟堆，限1984年7月30日前，坟主迁出或就地深埋两米以下，不留坟包，逾期不迁者按无主坟统一处理。

1992年，共清理坟包369个。

1986年，同江火葬场改为殡仪馆。

2003年，同江市以个人投资的方式，在街津口林场建设了金山公墓，为有意愿入土下葬的死者骨灰提供场所。2004年，以股份制形式，投资180万元，建设了颐仙园。12月，成立了颐仙园服务有限公司。公司按功能分为五个部分：综合服务楼业务区、祭奠区、停车场、绿化区、饭店。由于新建的殡仪馆集停放尸体、火化、寄存于一体，同江市殡葬管理工作提高到了一个新的高度。

2014年，建筑面积1.2万平方米的新殡仪馆正式投入使用。

第十三节 发展赫哲族经济社会事业

改革开放前赫哲族的历史状况

赫哲族祖祖辈辈都沿江而居，以捕鱼狩猎为主业。他们在某些方面还保留着原始生产模式，生产方式比较单一。20世纪六七十年代，同江有街津口和八岔两个赫哲族渔业村，都实行计划经济，在从事渔业生产过程中，生产队实行定人员、定船只、定网具、定滩地、定产量的"五定"方式。当时规定街津口赫哲族渔民每只船上缴150斤鱼、八岔赫哲族渔民每只船上缴90斤鱼作为集体管理，剩余的多劳多得。后来，两个赫哲族渔业村实行年终评工分制，按每个人从事劳动的强度和工种，以及表现的好坏及出勤率，年终由社员大会进行举手表决，给每个人评定工分，按照所得的工分进行资金的分配。

赫哲族鱼皮衣和饰物 李朱赫 摄

1978年，街津口赫哲族渔业村64户286人，船22只，水面12.1万亩，鱼年总产量6万斤，年人均纯收入110元。八岔赫哲族渔业村77户369人，船32只，水面16万亩，鱼年总产量10万斤，年人均纯收入260元。

改革开放中赫哲族事业的发展历程

中共十一届三中全会后，同江县各级领导深入赫哲族聚居区基层调查研究、摸清情况、理清思路、制定政策、研究措施，在资金上给予支持，短时间内对两个赫哲族渔业村现有的资源进行系统分配并分产到户。通过资源的分配到户，赫哲族村出现了一大批夫妻船、父子船、兄弟船。两个赫哲族村全面实行家庭联产承包责任制后，极大地调动了赫哲族群众的生产积极性，加之在党和国家的扶持下，为渔民更换了机动船和先进的网具，使生产力得到进一步的提高，捕鱼产量逐年增加。

1987年，街津口赫哲族渔业村68户270人，船63只，水面12.1万亩，鱼年产量10万斤，人均纯收入1 300元。八岔赫哲族渔业村77户298人，船67只，水面16万亩，鱼年产量20万斤，人均纯收入2 000元。

1990年，街津口赫哲族渔业村65户298人，船62只，水面12.1万亩，鱼年产量8万斤，总收入54万元，人均纯收入500元；八岔赫哲族渔业村70户270人，船84只，水面16万亩，鱼年产量15万斤，总收入100万元，人均纯收入650元。

1996年，两个赫哲族渔业村总收入284.8万元，比上年增长57%，种植业总收入183万元，占总收入64%，人均收入2 340元，比上年增长52%。

1997年，两个赫哲族渔业村总收入485.3万元，比上年增长70%，种植业总收入387万元，占总收入79.7%，人均收入2 875元，比上年增长22.8%。

虽然赫哲族渔民的生产生活有了明显改善，但因赫哲族渔民居住地比较低洼，经常遭受洪水的侵袭，1981年、1984年、1985

年三场洪水，都淹没了八岔赫哲族渔业村房屋及土地。由于长年涨水、水面扩大，以及过度捕捞、江水污染等，导致鱼类资源逐年锐减，赫哲族渔民人均收入逐渐减少。

赫哲族人民生活贫困状况引起了各级党委、政府和相关部门的高度重视，1995年1月6日，省政府在佳木斯市召开了全省赫哲族工作会议，明确了赫哲族乡村实施产业结构调整工作任务。

1995年春天，同江市召开了"赫哲族工作会议"，正式拉开了赫哲族转产的序幕，组织、引导、帮助赫哲族渔民走出网滩，走下渔船，利用沿江岛屿上的可垦荒原，开发耕地，发展种植业，以传统捕鱼业为主导向经营种植业过渡。为巩固和发展转产成果，培育主导产业，抓住国家更新大型农机具补贴的有利时机，为赫哲族村购置大型农机具16台（套），新建标准化机库600平方米，并成立农机合作社。两村共拥有大型农机具62台（套），大型农机具113台（套），实现耕地连片种植，机械化、标准化作业，由传统农业向现代农业转变，每年生产的高油大豆以5 000吨规模推向市场。

通过转产，赫哲族干部群众思想观念发生了深刻变化，部分渔民搞起了养鱼、养猪、蔬菜种植、旅游等多种经营和饮食服务业，多元化经济格局逐步形成。

中苏跨国大营救

1958年5月，八岔村民董贵福和妻子董尤氏的第五个儿子出生。由于董尤氏生产后胎盘没跟着一起出来，出现了大出血。

当时乡里没有正规医院，没有职业医生，交通状况也不允许把孕妇送到外地求医。两天过去了，产妇的病情没有任何好转。眼看着奄奄一息的妻子，董贵福痛不欲生。这时乡里一个会说些俄语的人提议说："如果向苏联求救，把产妇能送到苏联那边，恐怕还有救！"

董贵福抱着最后一线希望找到了当时八岔乡乡长付景贤，付景贤立即向县里汇报，县里又及时向省里请示，一场跨国营救行动开始了。

5月9日，守卫在哈巴罗夫斯克阿穆尔河（黑龙江）畔的苏联边防军得到信息后，立即通知伯力派直升机前往救护。当时的天气不好，刮着大风，按常规飞机是不能起飞的，但飞行员毅然冒险飞行。

上午9时许，一架浅蓝色写着黑色俄文字体的苏联直升机缓缓地降落在八岔村南侧距董家大约四五百米的一块空地上。一名30岁左右的苏联男医生拿着担架和一位20多岁的女医生急忙赶向董家。

男医生与董贵福握了握手，而那名女医生没有和任何人打招呼，手提棕色药箱直接走到董尤氏身边进行检查，在董尤氏的左上臂打了一针。男医生看了看孕妇已经奄奄一息的样子表示犹豫，而女医生表示经过初步检查如果抢救及时还有希望。

20多分钟后，两位苏联医生组织屋内群众将董尤氏母子抬到飞机上。傍晚时分，董尤氏被送到哈巴罗夫斯克的中央妇产院。

妇产院的医生、护士们迅速实施救治。由于长时间大量失血，再加上内部组织损伤，董尤氏病情十分严重。几位苏联妇女无偿为其献血，手术得以顺利进行，董尤氏的病情渐趋稳定。

但是由于董尤氏身体虚弱没有奶水，孩子经常饿得大声啼哭，于是同在一起住院的数名苏联妇女主动承担起喂养孩子的任务。苏联医院对董尤氏母子照顾得非常周到，医生、护士经常探望董尤氏，并给她喂饭、给孩子喂奶粉。医院的护士长还按照自己孩子的名字给董尤氏的儿子取了个俄文名字——安德烈。

在苏联治疗了一个月左右，董尤氏的身体在渐渐恢复，已经能够行动自如。苏方又用飞机将其母子送回中国。董尤氏回到村里时，穿着深蓝色的布拉吉（俄语，连衣裙），还带回来苏联医务人员和苏联朋友送的衣服、木质套娃、项链、食物等礼品。

当年，董尤氏母子被俄方救助的事轰动了全国，新华社对此事进行了报道，苏联医生跨国救援的事迹还以《黑龙江上的友谊》为题被编入当时的小学语文课本。董贵福一家人更是深切地感念救命之恩。

那个被救的孩子，后来做过八岔赫哲族乡的副乡长，叫董双森。

2006年，董双森（左）和　　　　董双森与俄罗斯救命恩人
　　克拉拉（右）　　　　　　　　阿尔谢年科夫（左一）
同江市八岔赫哲族乡提供

2006年12月12日中午，一老一小两位神秘的客人突然造访八岔村。经介绍大家才知道，这两位客人原来就是当年冒险营救董贵福妻儿的苏联飞行员阿尔谢年科夫和他的孙女亚历山德拉。

他们受到了董双森和家人及当地边防派出所官兵们的热烈欢迎。阿尔谢年科夫和董尤氏母子互相拥抱表达彼此的激动心情，并在村口合影留念。在董双森家，阿尔谢年科夫拿出了当年他救助董双森母子的报道，以及他当时送给董尤氏的照片，并回忆起当年救助他们母子的情形。董双森拿出当年包裹自己的毛毯，阿尔谢年科夫亲自为董双森披上并热情地拥抱了董双森。董双森把礼物吉祥龙送给阿尔谢年科夫作为纪念，阿尔谢年科夫非常感动，说这个吉祥物龙象征着两个家庭的友谊，更象征着中俄两国的友谊。

在哈巴罗夫斯克市普希金大街14号，住着一个直到今天才认为自己确实做过不平凡事情的老太太，她就是克拉拉·波里扬科——当年哈巴罗夫斯克航空救助站唯一一个女医师。2006年12月，65岁的她成了新闻人物，报社、电视台、老战友找她的人多了起来。俄罗斯时间16日下午3点30分，老人的孙子、17岁的谢尔盖早早就跑下楼，将远道而来的阿尔谢年科夫和中国《黑龙江日报》采访组接进了家门。

克拉拉身着黑绿相间花纹的曳地礼服，拍着董双森的肩膀，说出了两个汉字："双森！"接着她又说："那天救你的飞机很小，你母亲的身体紧挨着操纵杆，你就放在我的左胳膊上，我等于一条腿跪着，把你抱到了哈巴罗夫斯克。我没想到当年做的一件小事现在成了大事，你今天像是从天而降。"

阿尔谢年科夫告诉她："我是从中国来的，是《黑龙江日报》报业集团组织的这次董双森感恩之旅，促成了我们的见面。"克拉拉说："那我很感谢，我早已备好了点心、葡萄酒要表达谢意了。"

克拉拉说，有一次中国境内的勤得利农场着大火，她和两个男医生飞去救助。几个月后她再去勤得利农场执行任务时，有一个中国男子一把抓住了她，说，"是你在大火中救的我！"她那时最高兴了。

克拉拉感谢《黑龙江日报》报业集团做了一件让中俄两国人民都高兴的事情，她让董双森多谈谈他的事、家里的事，当他知道董双森还当过管理4 000多人的副乡长，就更高兴了。她说她家里的电视能看到中国电视台，看到中国的变化太大了，城市很繁荣，就知道董双森一家生活得很好。"中俄两国人民的感情非常深厚，我们身边好多好友的孩子当年都毕业于哈尔滨的工业大学，中俄两国关系源远流长。"

克拉拉在采访结束时非请客人品尝她家的点心不可。此时这位65岁的老太太又换上了一件薄呢子连衣裙，颈间系上了素花纱巾，就像一个可爱女人在主持家庭宴会。

临别时，克拉拉希望"从天而降"的董双森，今后要常来看望她。

举办乌日贡大会

1985年6月28日，在街津口赫哲渔村里，正在举行赫哲族首次"乌日贡大会"（"乌日贡"为赫哲语，意为欢乐、喜庆）。

乌日贡大会是赫哲族最为盛大的民间文化活动。它承载了丰富的民俗事象，代表着赫哲族创造的渔猎文化历史和现代文明，对赫哲族的历史发展与社会进步产生了积极深远的影响。大会召开之际，由赫哲族各聚居区组成的代表队参加赫哲族民间文艺表演和传统体育竞赛。

首届乌日贡大会有同江市八岔村、街津口村、饶河县四排村、佳木斯市郊区敖其村赫哲族代表队和同江市区与佳木斯市区及北京、哈尔滨、内蒙古等地组成的联合代表队，共有5支代表队参加。

男子项目有叉草球、划船、撒旋网、射击、游泳、顶杠、拉杠、登山、拔河。女子项目有叉草球、射击、拉杠、登山、游泳、拔河。大会还设有文艺表演项目。

1988年6月28—29日，第二届乌日贡大会在街津口赫哲族乡举办。同江市八岔村、街津口村，饶河县四排村，佳木斯市郊区敖其村，同江市区，佳木斯市区共6支代表队参加。男子项目有划船、游泳、叉草球、撒旋网、顶杠、射击、拔河。女子项目有游泳、拉杠、射击、拔河。大会上各代表队表演了文艺节目。

1991年6月26—27日，第三届乌日贡大会在乌苏里江畔的饶河县四排乡举办。共有同江市八岔村、街津口村、同江市区、佳木斯市郊区敖其村、佳木斯市区、饶河县饶河镇、四排村7支代表队参加。男子项目有射击、划船、游泳、摔跤、叉草球、顶杠、拉杠、射箭、杜烈其。女子项目有射击、游泳、叉草球、拉杠、射箭。大会上各代表队表演了文艺节目。

1994年6月23—24日，第四届乌日贡大会在松花江边的佳木斯市郊区敖其村举办。有同江市八岔村、街津口村、饶河县四排村、饶河镇、抚远镇、同江市区、佳木斯市区、敖其村8支代表队参加。

1997年6月19—20日，第五届乌日贡大会在同江市举办。有同江市八岔村、勤得利农场、街津口村、同江市区、佳木斯市郊区敖其村、佳木斯市区、饶河县四排村、饶河镇、抚远镇9支代表队参会。俄罗斯那乃区首次派代表团参加。比赛项目有划船、射击、射箭、摔跤、鱼王角力、叉草球、杜烈其、顶杠、拉杠。大会设文艺表演项目。

2001年7月5日，第六届乌日贡大会在饶河县饶河镇举办。参赛队伍有同江市八岔村、街津口村、同江市区、佳木斯市区、佳木斯市郊区敖其村、饶河县四排村、抚远镇、饶河镇8支代表队。俄罗斯那乃区派代表团参加。比赛设有叉草球、摔跤、射箭、叉鱼、游泳、杜烈其、顶杠、鱼王角力、打兔子9个项目。会后进行了文艺表演。

2005年6月21—22日，第七届乌日贡大会在抚远县举办。共有同江市八岔村、街津口村、勤得利农场、同江市区、饶河县四排村、饶河镇、佳木斯市郊区敖其村、佳木斯市区、抚远县抓吉村9支代表队参加。大会设有划船、鱼王角力、射箭、顶杠、叉草球、摔跤、打兔子、杜烈其8个项目。会后进行了文艺表演。

2009年6月7—8日，第八届乌日贡大会在佳木斯市郊区敖其镇举办。共有同江市八岔村、街津口村、勤得利农场、同江市区、饶河县四排村、饶河镇、抚远镇、佳木斯市郊区敖其村、佳木斯市区、北京市区10支代表队参加。大会设有杜烈其、打兔子、鱼王角力、摔跤、射箭、叉草球、顶杠、划船8个项目。大会设立文艺表演项目。

2013年6月22—23日，第九届乌日贡大会在同江市举办。共有同江市八岔村、街津口村、勤得利农场、同江市区、佳木斯市郊区敖其村、佳木斯市区、饶河县四排村、饶河镇、抚远镇、北京市区、哈尔滨市区11支代表队参加。俄罗斯那乃区派代表队参会。比赛设有狩猎、鱼王角力、射箭、叉鱼、打兔子、摔跤、顶杠、划船、叉草球、鹿毛球、掷木轮、渔具技能、杜烈其、赶鱼汛、打瓦、拔河、打杂、打马仗、背媳妇19个项目。会后进行了文艺表演。

2017年6月16—17日，第十届乌日贡大会在饶河县举办，来自同江市、八岔赫哲族乡八岔村、街津口赫哲族乡、饶河县四排赫哲族乡、北京市、俄罗斯那乃区等13个代表队参加。大会设有狩猎、鱼王角力、射箭、叉鱼、打兔子、摔跤、顶杠、划船、叉草球、杜烈其、拔河11个项目。会后进行了文艺表演。

搭建赫哲族文化传承平台

黑龙江省民族研究会赫哲族研究会成立于1993年10月13日，第一任名誉会长为曾任黑龙江省民族事务委员会主任舒景祥，会长为同江市赫哲族退休老干部尤志贤，同江籍赫哲族干部尤根深、尤秀珍（女）、孙玉森分别担任副会长和秘书长。该研究会成立后，于1995年、1997年、1999年、2004年、2008年、2009年和2015年相继召开了7次学术研讨会。迄今该学会已历五届，在赫哲族经济、文化发展和历史文明进步中，发挥了特殊的作用。

同江赫哲族博物馆位于黑龙江与松花江交汇处南岸的三江口起点广场东侧的自然林中，距同江市区7.5千米。该馆于2002年8月竣工，占地面积1万平方米，建筑面积1 470平方米，三层式结构，馆舍设计风格源于赫哲族传统住宅。有馆藏出土文物、动植物标本、渔猎生产生活用具、鱼兽皮服饰等各类展品1 800余件；馆内设有悠久历史、渔猎经济、生活习俗、宗教信仰、文化艺术、传统体育等10个陈列展览单元。还有反映赫哲族迁徙、御敌、狩猎、捕鱼、信仰、艺术6个外墙浮雕及赫哲族徽标、图腾柱等独具魅力的赫哲族文化视点。2006年8月，该馆被国家民委事务委员会评定为"全国民族团结进步教育基地"。

同江市赫哲族研究会。2006年11月，经中共同江市委批准成立，会长、副会长由组织部任命（兼职），是由会长、副会长组织协调的群众性学术团体，为省研究会的团体会员。设有民族语言、民族歌舞、传统体育、传统工艺、民族历史、民族经济、民间文学、赫哲民俗、综合技术等9个组，主要依托于同江市民宗局和文体局，归同江市政府。会长孙玉森，副会长吴玉梅、齐艳华，秘书长尤俊生。

2016年，三江口赫哲族博物馆
中共同江市委宣传部提供

中国赫哲族网站设在同江市，站长尤俊生（赫哲族）。该站筹建于2004年10月，2006年7月开始运行。网站设民族历史、民族区域、生活习俗、文化艺术、宗教信仰、民族研究、时事动态、知识百科、教育卫生、传统体育、非物质文化遗产保护、民族语言学习视频、舞蹈、音乐、综合等栏目。旨在利用网络平台，让世人对赫哲族的历史、现状及发展动态有全面的了解；扩大影响，增进交流，为赫哲族经济社会事业的全面发展建设服务。

第十四节　八岔岛自然保护区

1999年，同江筹建八岔岛自然保护区。

八岔岛是三江平原经长期开发以后，目前为数不多的尚未被破坏的原始湿地生态系统，也是我国乃至世界同等湿地类型较为齐全、保持最为完好的原始湿地之一。

2000年，经中俄双方谈判决定，俄罗斯将巴斯达克保护区原生态的二道江子岛、三道江子岛等11座岛屿，划归中方所有。加上俄方划归中方的面积，整个筹建的保护区总面积达32 014公顷。是年，由黑龙江省政府批准八岔岛自然保护区为省级自然保护区。

2018年，二道江子岛
黑龙江八岔岛国家级自然保护区管理局提供

2003年6月，经国务院批准，黑龙江八岔岛自然保护区晋升为国家级自然保护区。

黑龙江八岔岛国家级自然保护区管理局为正处级事业单位。下设办公室、保护管理、计划财务和科研宣教4个职能部门，在编人员19人，管护员18人，共计37人。

黑龙江八岔岛国家级自然保护区位于黑龙江省同江市东北部八岔赫哲族乡八岔村境内，北纬48°08′—48°18′，东经133°40′—134°01′，距市区140千米，东与抚远县接壤，西与勤得利农场临界，北与俄罗斯隔江相望。边境线长40余千米，大小岛屿50多个，岛屿面积121.58平方千米，主要有八岔岛、二道江子岛、三道江子岛、雪那洪岛、男女岛、红灯岛、青鳇鱼通岛等。保护区内泡沼、河流星罗棋布。其中核心区面积791.8平方千米，缓冲区面积64.5平方千米，实验区面积165.53平方千米，保护带面积10.93平方千米。

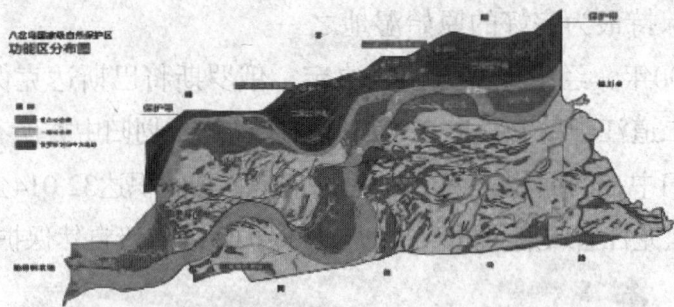

八岔岛国家级自然保护区功能区分布图
黑龙江八岔岛国家级自然保护区管理局提供

保护区湿地总面积为205.33平方千米，占保护区总面积的64.1%。保护区湿地分三大类型，包括沼泽湿地、河流湿地、湖泊湿地。河流湿地74.09平方千米，占湿地面积的36%，其中永久性河流湿地50.64平方千米，季节性或间歇性河流湿地6.68平方千米，洪泛区平原湿地16.79平方千米；沼泽湿地130.21平方千米，其中，草本沼泽77.76平方千米、灌丛沼泽34.62平方千米、森林沼泽17.83平方千米；湖泊湿地1.01平方千米。

黑龙江横贯于保护区30余千米，使区内形成大大小小的内河、湖泊和泡泽，是国内罕见的临界江、陆地、岛屿和水域相结合的湿地类型保护区，也是中国北方重要的物种基因库。它为中国的濒危水鸟迁徙、繁衍生息提供了良好生存环境，为保持生物多样性、气候调节、净化水源提供了重要保障。近几年，随着国家重点生态工程的实施，保护区内育林地被纳入了国家重点公益林生态效益补偿项目，为保护区被纳入国际重要湿地打下良好基础。

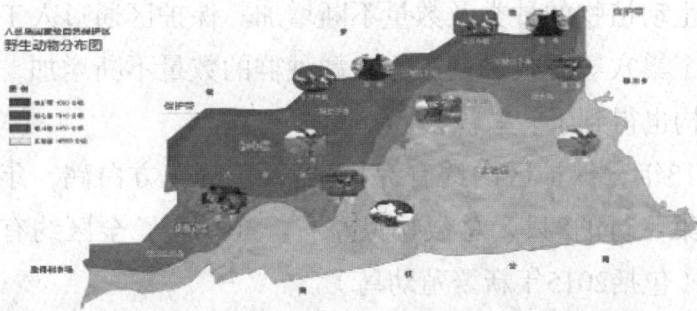

八岔岛国家级自然保护区野生动物分布图
黑龙江八岔岛国家级自然保护区管理局提供

保护区的地带性植被为温带红松针阔混交林，但因受当地条件影响，形成了大面积的非地带性植被。主要包括林地、灌丛、草甸、沼泽和水生植被。保护区野生动植物类别占黑龙江省同类动植物总数的38.24%，占三江平原同类动植物类别总数的55.35%，基因物种相对丰富度极高。保护区内904种野生动植物中蕴藏着数以万计的遗传基因。因此，这里成为中国为数不多的重要生物基因库。

据统计，保护区内共有野生动植物904种，其中，国家二级保护野生动物有黑熊、马鹿、猞猁、水獭4种。

保护区内鸟类主要以鱼类为食，除自然捕食之外，保护区设置的鸟类投食点每年投食约1 250千克。兽类主要以柞树的果实、灌木果实为食，偶尔也会捕食鱼类。保护区内的草甸湿地也是食草类动物的理想料场。

保护区组建后，认真宣传和贯彻执行国家有关林业和自然保护的法律、法规和方针政策，坚持保护好区内的自然环境和自然资源，依法查处破坏区内生物资源和自然环境的违法行为及其责任人，定期组织自然环境和自然资源调查，在做好科学研究和科普宣教工作的同时扩大对外合作交流。经过近十年的不懈努力，区内野生动植物的种类及数量不断增加。保护区通过人工投食和搭建人工巢穴等方式，使东方白鹳种群的数量不断增加，涉禽的种群结构也得到了有效恢复。

2013年，保护区内约有8只定居繁殖的东方白鹳，年繁殖存活可出巢飞行的8只，总数16只左右。2016年，全区约有25只东方白鹳（包括2015年新繁殖幼鸟）。

保护区在保护生物物种资源、改善生态环境、调节气候、保持水土、涵养水源等方面取得了巨大成效。监测结果表明，涉禽繁殖率和存活率大大提高。东方白鹳、白鹭等受到了人工保护，保护区内设置了5个投食点，共搭建人工巢穴10处，东方白鹳人工筑巢繁育数量增加。在人为促进下，繁殖率和保存率都提高了30%左右，鸟类的种群数量恢复明显。通过调查监测，在保护区内留鸟鸟类中，松鸦、喜鹊数量比较大，种群数量1 300—1 500只，主要分布在雪那洪岛、男女岛和八岔岛上，这些岛屿距村屯、耕地比较近，食物来源丰富。它们的活动范围比较小，一般为3~5千米，其他岛屿没有发现这两种留鸟。在鸥科、雁科鸟类中，海鸥数量较大，约有500只，是保护区最常见的候鸟；红嘴鸥和银鸥数量较少，不到100只。海鸥、鸿雁、绿头鸭、鸬鹚数量庞大，在候鸟迁徙季节，每个种群数量都在10 000只以上，在旅鸟种类中占优势，这三种鸟类在保护区内留居繁殖的数量很少，数量仅几百只，80%以上都在俄罗斯的巴斯达克自然保护区栖息繁殖。

第十五节　改革发展成就

同江的改革开放，是以农业和农村经济体制改革起步的。1979年12月召开的中共同江县委第三届代表大会，作出了"全县人民动员起来，为建设繁荣昌盛的新同江而努力奋斗"的动员部署，全县经济建设和社会事业发展进入了新的历史时期。

1987年2月，同江撤县建市。是年3月，召开同江市第一次党代会，会议提出了"坚持四项基本原则，坚持改革开放搞活，为建设繁荣文明的新同江而努力奋斗"的发展目标。

1988年，同江实现国内生产总值8 455万元，同比增长18.1%。

1990年7月，召开同江市第二次党代会，会议提出了"振奋精神，坚定信心，同心同德，为加快同江建设而努力奋斗"的发展目标。

是年，实现国内生产总值10 542万元，同比增长2.48%。

1993年10月，召开同江市第三次党代会，会议提出了"解放思想、创新务实、为实现同江市经济和社会发展第二步战略目标而奋斗"的发展目标。

是年，实现国内生产总值18 479万元（现价），同比增长42.80%。

1998年，召开同江市第四次党代会，确立了"发挥口岸、生态、资源和民族四大优势，构建经济发展新格局"的总体发展思路。并提出了"实现经济总量五年翻一番"的发展目标。

是年，实现国内生产总值55 734万元（现价），同比增长9.87%。

2002年，同江全市GDP实现7.54亿元，五年平均递增11%；本级财政收入实现4 709万元，比1997年增长55%；社会消费品零售总额实现了3.2亿元，比1997年增了39.3%。实现贸易额1.1亿美元，比1997年增长203%，个体工商户发展到3 908户，私营企业发展到131家，分别比1997年增长85.5%和227.5%。

2003年4月，召开同江市第五次党代会，提出了"实施五大战略，做好七项重点工作"的发展思路。

2005年，同江全市GDP实现10.4亿元，同比增长13%：财政总收入完成6 400万元，同比增长60%；城镇居民人均可支配收入6 600元，同比增长14%。实现农民人均纯收入3 600元，同比增长12%；对俄贸易保持强劲增长势头，实现口岸货运量52万吨，同比增长35%。进出口贸易额5亿美元，同比增长70%，分别位居全省口岸第二位和第三位。

2006年12月，召开同江市第六次党代会，提出了"务实创新加快发展，为把同江建设成现代化国际口岸城市而努力奋斗"的发展目标。

2011年12月，召开同江市第七次党代会，提出了"兴四业富民强市、建四城普惠民生，全面开创同江经济社会科学跨越发展新局面"的发展思路。

2011年，同江全市GDP实现68.9亿元，五年平均递增16.7%；财政一般预算收入实现1.6亿元，五年平均递增38.6%；全社会固定资产投资实现35.4亿元，五年平均递增40.1%；同江全市进出口贸易额首次突破20亿美元，五年平均递增17.8%；粮豆薯总产量突破16亿斤；工业增加值实现3.9亿元，五年平均递增37.3%；旅游综合收入实现2亿元，五年平均递增17.8%；非公有经济实现营业收入72亿元，五年平均递增44.2%。城镇居民人均可支配收入和农民人均纯收入分别达到13 020元和8 350元，五年分别递增81.5%和118.7%。

第七章 中国特色社会主义新时代同江的发展

第一节 新时代党的建设

党的十八大以后，中共同江市委为适应新形势，站位新高度，全面创新党的建设，开展了一系列具有同江特色的党建活动，为同江新时代党的建设工作增添了新亮点，并培养出一批先进典型。

发挥党员先锋模范作用

实施党员"认岗扛旗"工程。中共同江市委立足党员特长和岗位实际，以"认岗位、扛旗帜、争排头、当先锋"为主要内容，通过大力实施党员"认岗扛旗"工程，按领域分类设置党员先锋岗，引导党员主动认领岗位，切实做到"有岗有位、有位有为"，积极发挥先锋模范作用，充分展示新时代党员的新形象。

通过发放党员认岗扛旗征求意见表、召开党员大会、找党员群众代表谈话等方式，摸清党员特长，掌握群众需求，根据党员能力强弱灵活设岗，既体现行业特点，又发挥党员特长。例如：在机关事业单位重点设置热情服务岗、扶危济弱岗等10个党员先锋岗；在农村重点设置纠纷调解岗、带头致富岗等12个党员先锋岗。

以党支部为单位召开党员"认岗扛旗"专题会议，每名党员根据自身能力大小至少认领1个岗位，认领的岗位必须经党员半数以上表决同意才能通过。

党支部对党员认领的岗位要在党务公开栏公示，接受群众监督。并根据党员需要，采取集中办班、送学上门和远程教育等方式，切实提高党员履岗能力。

党支部每季度召开专题会议，及时掌握履岗情况，并填写"认岗扛旗"纪实手册，详细记录党员认领岗位完成情况，作为年度评岗授旗的重要依据。年终，党支部结合民主评议党员工作，召开党员"认岗扛旗"评议大会，通过党员述岗、领导点评、党员互评、群众参评的办法，现场打分并评出履岗优秀的党员。

2017年，全市共有认岗能力的5 732名党员认领岗位6 841个，为群众办实事2 221件。

实施"农村英才"工程。中共同江市委将40周岁以下的农村退伍军人、回村大学生和年轻党员作为培养对象，创新开展了"农村英才"工程，通过"菜单式"培训、"互动式"培养、使农村英才增能力、长才干，达到"五懂"（懂政策、懂法律、懂市场、懂科技、懂管理），成长为党在农村方针政策的宣传员、党建工作的信息员、专业技术的讲解员、健康文化的辅导员、脱贫致富的战斗员，有效解决了村党组织后继乏人问题。

指导每个村挑选2—3名有文化、有事业心、群众认可的农村英才作为村后备干部重点培养。后备干部的选拔过程，由群众和党员联合推荐，乡镇党委集体研究决定，并实行动态管理。采取组织推荐、个人自荐和考试、考核相结合的办法，由乡镇党委统一对农村英才班的学员进行政治理论和工作能力考核，对群众满意率在50%以上、党员拥护的农村英才，给他们压担子、交任务，促使他们在政治上、工作上及其他方面尽快成熟起来。

引导农村英才冲破传统观念的束缚，依靠党的富民政策和先进的科学技术，提升致富带富能力。组织英才班的学员先后到哈尔滨市阿城区红新村、黑龙江省农科院和东北农业大学等实验基地参观学习，使学员开阔了眼界，增长了见识。同时，有针对性地对学员进行法律法规培训，增强了农村英才依法办事、依法处理解决各种矛盾的意识和能力。

组织市直帮联部门和村"两委"干部与农村英才结成帮带对子，进行互动式培养，在生产经营项目等方面给予政策倾斜，确保资金、项目实现最大效益。开辟了农民党员创办专业协会"绿色通道"，鼓励农村英才以产业链为依托，积极创办各类专业协会，吸纳群众参与，通过信息互通、资源共享和交流合作，实现由"单兵"作战向联手致富转变，提高了农业生产的集约化程度和效益。

引导进城党员"聚力领航"。中共同江市委依托帮联单位和城市社区活动阵地，扎实开展进城农民党员"聚力领航"活动，全面加强进城农民党员教育管理和服务工作，不断增强农民党员的责任意识和纪律意识，自觉履行党员义务，发挥党员先锋模范作用。

深入开展"三找"活动。"三找"活动包括"党组织找党员、党员找党组织、党员找党员"，通过登门走访、主动约谈、电话联络等方式，对进城定居党员、"候鸟型"党员、流出党员等基本情况进行专项摸底，全面掌握进城党员所在社区、家庭住址、工作现状等方面情况，建立全市进城农民党员信息库，定期更新，动态管理。

严格党员日常教育和管理，利用帮联单位和社区活动阵地，以村党支部为主体，单独或联合社区和帮联单位党组织共同开展主题党日、微型党课、党员活动日等组织活动，促使每名进城农民党员经常接受党的教育，自觉为群众办实事好事，让进城党员服务群众"动"起来。

把进城农民党员基本信息与所辖社区共享，按照"群众所需，党员所长"，科学构建网格党小组和党员服务队，扎实开展进城党员"亮身份、比贡献、树形象"活动，鼓励农民党员认岗定责，承诺践诺，发挥作用，让每名进城农民党员先锋形象"树"起来。

开展"五星级"党员创建活动。中共同江市委以建立党员科学规范的评价机制为切入点，对照中央"四讲四有"合格党员标准，践行同江市"八大领域"合格党员标尺，以"五星级"党员创建活动为载体，引导广大党员立足本岗、履职尽责、担当作为，为全面开创美好同江振兴发展新局面作出积极贡献。

结合党员信息采集工作，理清党员的详细基本情况，确保符合条件的党员全部参与"五星级"党员创建活动。并针对不同领域、不同类型党员特点实行分类管理，指导每名党员对照做合格党员标尺，认真填写党员承诺书，向党组织和群众作出承诺，经支部党员大会讨论通过后组织实施。

把党员按时参加组织生活、发挥先锋模范作用、带头承诺践诺、开展民主评议等情况，纳入台账管理，建立健全考察管理制度，结合基层党建巡回督查，定期检查党员参加活动的原始记录，实行动态管理，把党员每月参加活动情况在党支部内公示一次。

通过个人自评、党员互评、群众帮评和组织评定的形式，半年初评、年终总评，一年一评定，一年一授星，评定为"五星级"的党员由中共同江市委统一表彰。并把评选结果作为党员评选先优、推荐各级"两代表一委员"、选配党组织班子成员的重要依据。

开展"双培双推"活动。2010年，中共同江市委开展了以"把党员培养成生产经营管理能手，把生产经营管理能手培养成党员；把经营管理层中的优秀党员推选为党组织负责人，把优秀党组织负责人推荐进入经营管理层"为内容的"双培双推"活动。

组织专门力量深入同江全市"两新"组织，通过发放调查问卷、个别访谈、座谈交流等多种方式，对全市"两新"党组织的建立、党员和生产经营管理骨干、出资人的思想动向及培养方式方法进行调研，广泛征求"两新"组织和党员职工的意见建议。

在调研和征求意见的基础上，科学设定培养标准。将履职尽责，本职岗位上工作成效较好；思想政治觉悟高，能起到示范带动作用；党员意识强，诚实守信；头脑灵活，市场经济意识较强作为生产经营管理骨干的培养标准。将符合党章对党员提出的条件和要求；有入党志愿、遵纪守法、企业出资人所属企业诚信记录良好、专业技术本领突出、经营管理方面有重大成效作为党员的培养标准。确定"双培养"对象，建立培养台账。

组织"两新"党组织运用多种形式搞好思想发动，营造浓厚的舆论氛围。通过简报、宣传栏等有效媒体，广泛宣传实施"双培双推"活动的必要性和重要性，调动和激发职工积极性，引导广大职工积极参与到"双培双推"活动中来。通过大力宣传典型，用先进典型的模范事迹激发广大培养对象积极参与活动的热情，通过树立典型，以点带面，推动活动深入开展。

针对不同企业培养对象的不同特点，研究制定具体培养措施，分类抓好培养。为培养对象创造学习提高、外出考察、实践锻炼的条件和机会，通过设岗定责扶持培养对象加快发展，并把"双培双推"工作与加强基层党组织班子建设、党员队伍建设及现有党建载体紧密结合起来，共同发展提高。

组织建设

农村基层党组织实行星级管理。将农村工作划分组织建设、经济发展、民主管理、村风文明、和谐稳定、年度重点工作六方面内容，按照不同分值，划分出五个星级，采取百分制考核与一票否决考核相结合的办法，动态管理，一年一评。每年制定考核细则，将星级化管理打造成为融合重点工作、紧靠热点任务的系统工程，长效推进。

组织市、乡、村三级分别成立考核小组，分级考评、逐级复核。每年年初，各乡镇党委按照考核细则与各村党支部签订目标管理责任书，实行百分制对目标任务进行量化。年终，按照"自我认星、民主议星、组织定星、挂牌亮星"四个步骤对同江全市85个村党支部进行全面考核。通过村党支部自检自评，考核小组认定所属星级；乡镇考核工作组实地考核，结合日常工作完成情况和民主测评得分，召开党委会议研究确定三星级及以下农村基层党组织；中共同江市委组织部牵头，复审四星以上村党支部的方式，合理确定85个村的所属星级，并统一为荣获"四星级"及以上村党支部挂牌，接受群众监督。

中共同江市委把村党组织获得星数多少，作为核定村干部工作补贴，确定村干部职务晋升、离职保障的重要依据，实行动态管理。通过一年一评一奖惩的方式，把星级班子创建与村党组织书记薪酬兑现，与政治待遇激励保障等挂钩，对获得一至五星的村党支部，给予支部书记工作补贴分别上浮5%至30%的奖励。对连续3年荣获四星级以上的村党支部书记，给予优先考录乡镇公务员或事业单位人员资格；对连续9年以上及累计12年以上获得四星级以上党支部的书记，待正常离职后，每年可按其离职时同职现任人员年工作补贴70%标准享受生活补贴。

"联学共建"活动。2017年初，同江市创新开展了"联学共建"活动，切实增强各驻区单位和广大干部职工"走进社区、关注社区、建设社区"的共建理念，着力实现人力、物力、财力和其他社会资源的优化、整合及利用，全力打造资源共享、优势互补、共同提高的城市党建工作新格局。

探索推行"六共"模式，通过基层组织共建、文明宣传共促、社区服务共谋、社会治安共防、资源设施共享、环境卫生共护，组织驻区单位与社区党组织联合开展学习，共同促进城市社区建设，协同推进城市党建融合发展，实现了人力、物力、财力等资源的优化整合利用。

突出双向服务、长期协作，建立社区党建协调联系机制，9个社区与147家驻区单位党组织签订了《共驻共建目标协议书》，通过组织双方党员同上党课、共过党日等，协调解决基层党建工作遇到的新情况、新问题。驻区单位与社区党组织已集中开展了中共十九大精神、黑龙江省十二次党代会精神和党员不忘初心、奋力前行等党课学习，让在职党员和社区居民党员受到了教育，实现了双方党组织互相促进、共同提升。

引导在职党员利用业余时间参与社区活动，共同培植健康、文明、和谐、有序的社会环境。积极挖掘典型，创建社区道德模范孵化基地，培育"爱心妈妈"刘海荣等道德模范，推行"文明市民"评选，利用媒体平台宣传文明道德典型。开展"美化绿化家园，共建文明小区""环境整治，我们在行动"等活动，营造了团结、互助、祥和的文明新风尚。

建立在职党员汇总台账、服务台账和报到回执"两台账一回执"制度，组建在职党员QQ、微信服务交流群，实现日常工作发布、活动信息反馈和经验交流沟通于一体的网络管理模式。组建了法律、保健、家教等党员志愿者团队，推行"三下基层联民心"制度，定期组织在职党员开展入户走访、换位体验、大型义诊等活动。

开展"安全楼院""安全文明小区""安全单位"等创建活动。社区与共建单位共同解决居民楼外墙墙皮脱落，排查清除用电安全隐患，解决了社区居民雨天内涝问题。

建立共建单位资源共享台账，实行工作日对本单位职工开放、八小时之外对驻区单位开放、节假日免费对社区居民开放的"1+3"管理使用办法，为社区居民无偿提供图书阅览室、篮球场地及文化活动场所。充分发挥部门职能优势，开展免费体检、法律咨询、技能培训、消防演练等活动。积极兴办社区文化体育事业，开展"邻里相助一家亲"活动，结合"邻居节""百家宴"，组织社区居民与共建单位互动联办文艺演出、庭院书画展、家庭趣味运动会等群众喜闻乐见的文体活动。

引导共建单位党组织与在职党员以环境绿化、亮化、净化、美化为目标，依托党员奉献日活动，积极主动建设宜居环境，营造了优美舒适的工作和生活环境。

军警地共建活动。同江市结合边境线长、赫哲族聚居、驻区军警部队多和国防建设任务重等特点，创新开展了军、警、地共建基层党组织活动。

坚持以"提升开放水平、推动和谐发展、加强基层组织、服务人民群众"为目标，通过"六共模式"，把边境地区基层组织建设成为维护稳定的坚强磐石、民族团结的坚强堡垒、科学发展的强力引擎。

组织共建开展"军警地共建联建党支部，热爱边境固守边关奉献边防"主题活动，部队和地方互派党员学习锻炼，组建联合党支部8个，互派挂职党员干部16人，在促进军警地三方感情交流的基础上，培养了一大批军地两用人才。

文化共育。着力把党建文化、军旅文化与边境地区的本土文化融合推进，结合重大庆典活动，组织召开27次联谊会、座谈会和知识讲座等学习教育活动，选派边防派出所民警担任中小学法制副校长和大队辅导员，开展法制讲座，提高了军警官兵和地方党员群众的思想道德素质，增强了中小学生的法制观念和守法意识。

边防共守。根据边境线长、农村党员发挥作用难的实际，结合党员"认岗扛旗"工程，开展了军警地党员"共守边境线"活动，增设"守卫边防岗"，组织沿边境村屯的农民党员按照岗位要求，成立31个控边协防小分队，按渔耕作业区划分责任巡防段，及时向军警部队报告紧急情况，做到"一个党支部就是一个战斗堡垒，一个党员就是一个哨兵"，提高了农民党员守边护边的使命感。

生产共抓。联合开展形式多样的生产互助活动，提高了军地收益。充分发挥军警部队分布广、信息渠道多、突击力量强的优势，积极参加地方各种急、难、险、重生产建设任务，大力支援地方经济建设。地方党组织帮助边防部队建设水稻科技园区，温室大棚和军警地共建作业区等农业生产基地，提高了部队官兵的农业技术水平。

资源共享。注重发挥军警地各方资源优势，结成科技共建对子，共同开发制作多媒体软件，培养计算机应用人才，帮助设立图书分馆和图书流动站。先后举办基础知识专业讲座、文化补习班。同时，各军警部队根据驻区地方单位的资源条件，向地方开放图书室、文化活动室、台球、乒乓球等各种文体设施，实现了真正意义上的资源共享。

责任共担。推行"四个纳入"，即把加强军警地共建基层组织工作纳入全市基层组织建设总体规划、纳入军地重要议事日程、纳入领导任期目标责任制、纳入争创双拥模范城创建，明确了地方各职能部门和军警部队的工作职责，形成了组织有领导、工作有目标、管理有制度的工作运行机制。

作风建设

2012年，中共同江市委围绕"为民、务实、清廉"主题，把"百部联百村"活动与干部队伍建设、执政能力建设和工作作风建设结合起来，开展了"千名干部下基层帮联扶、促发展"活动。

采取市级领导包乡、市直部门包村、机关党员包户的方式，组织市直85个部门1 254名党员干部下基层，深入到全市85个行政村131个自然屯一线，开展下村屯，帮五保户、帮留守老人、帮单亲学生"三帮"活动。

采取上挂下派方式，组织机关科级党员后备干部和村"两委"党员干部分别到村党支部和市直单位党组织挂职担任党支部副书记，实行年初定目标、制计划、签订责任状，年底考核评比、群众评议打分等方式，每年对互派干部进行实绩考核，确保了帮联工作有序推进。

制定下发《"千名干部下基层帮联扶、促发展"活动实施方案》，明确了"驻村不增负，帮民不扰民"原则，每名帮联下派干部每月深入村屯不少于4次，驻村居住不少于2天，上报蹲点日记不少于1篇，帮助群众解决生产生活问题不少于1项，真正实现了党员干部下基层、办实事、转作风的联动目标。

制度建设

2015年初，中共同江市委借鉴党的群众路线教育实践活动督导成功经验，建立了党建巡回督查制度。抽调组织部机关12名科室干部，成立了4个党建巡回督查组，按季度对基层党组织建设情况进行巡回督查，帮助总结经验，发现问题，分析原因，整顿提高，确保了党的各项工作落地生根。

拉网式巡查。中共同江市委组织部成立4个党建巡回督查组，深入全市32个党（工）委354个党支部开展拉网式巡查，通过实地踏查、听取汇报、座谈交流等方式全面了解同江全市基层党组织党建工作开展情况，掌握第一手资料。

点对点督查。在日常巡回督查的基础上，结合重要时间节点和重点工作，开展了随机定向督查，建立了问题清单制，实行销号办结，通过定期回访问效，帮助基层党组织集中攻坚克难，齐心协力整改提高。

常态化推进。按照立行立改的要求，现场反馈巡回督查中发现的问题，并将各巡回督查组发现的问题梳理汇总，形成情况通报，集中召开专题会议总结反馈督查情况，指导各基层党组织建立问题清单和整改台账，客观分析各基层党组织工作亮点和不足，研究解决问题的措施和方法。

典型模范人物

尤明国。中国共产党第十八、十九次代表大会代表，男，1968年3月出生，赫哲族，八岔赫哲族乡八岔村党支部书记、八岔赫哲族乡政府科员。1999年加入中国共产党，曾获全国十大杰出村官、全国村长论坛大会执委、全国少数民族旅游发展联盟副主席、黑龙江省优秀共产党员、黑龙江省劳动模范等殊荣。2019年，在第九届全国"人民满意的公务员"和"人民满意的公务员集体"表彰大会上，尤明国被评为"人民满意的公务员"并获表彰。

2012年，尤明国（右一）在北京参加中共十八大　尤明国提供

尤明国始终牢记习近平总书记到访和回信精神嘱托，带领全村赫哲族群众坚持以基础农业推动、特色产业拉动、民族旅游带动的总体思路，兴产业，强民生，从捕鱼业一柱擎天的发展模式发展到今天种植业、水产品特色养殖业、民族旅游业等多元化经济发展的格局，坚持堂堂正正做人，认认真真办事，以实际行动展示了一名全国党代表的时代风采。

尤明国坚持从自身建设抓起，以强班子、建队伍、重引领为目标，以"三会一课"、主题党日、认岗扛旗、党员包街联户等活动为抓手，按照"支部引路、党员带路、产业铺路"办法，通过"互联网+党建""党建+X+农户"几种模式，把懂经营、有实力的合作社经纪人、致富能手18人列为重点培养对象，聚集在党旗之下。党员种植大户尤红军带头调整种植结构，通过土地流转，扩大种植规模，带着21户群众种植有机芸豆8 000亩，在打鱼滩地和耕种作业点建立了送学制度，17名党员干部与2户困难户搭建帮联对子，通过带地入社、提供就业岗位等方式，带动户年均增收2 000元。在助推产业发展、坚决打赢脱贫攻坚战、率先奔小康中打造坚强堡垒。八岔村先后获得"全国文明村""全国少数民族特色村寨""全国美丽宜居村庄""中国美丽休闲村庄"等荣誉称号。

面对渔业资源的日趋匮乏、赫哲群众的家庭人均收入只有几千元的情况，尤明国创新思路和理念，结合"农村英才""四培养"工程，培育了党员李景山创办的惠民大型农机合作社等2个较大的专业合作社，带动了赫哲群众人均年增收1 400元左右。为了让渔业永续发展，他将"四泡一河"资源优势充分利用，培育了5户村民发展淡水鱼养殖，村干部带头创办淡水鱼养殖合作社，带动全村14户贫困户，每户年均增收1 000元。为了让游客享受住在赫家体验赫哲族民风民俗，尤明国与5名党员带头开办了家庭宾馆创收，目前全村家庭旅店已发展到34家。党员尤雷、尤超等5户群众开办渔家乐餐饮饭店，能够接待游客300多人。王海珠、董菊红等艺人创办"赫金虐"和"赫哲姑娘"鱼皮手工艺合作社，培训工艺匠人50多名，通过制作精品鱼皮画、鱼骨挂件等手工艺制品，加工鱼松、鱼柳等鱼制品，增加收入。全国人代会代表刘蕾向全国观众展示的图腾挂件就出自八岔村的海珠合作社。

引领八岔村赫哲群众发展规模种植、特色养殖和文化旅游业。2018年，赫哲群众人均纯收入达到21 840元，实现了小康。为了永远记住总书记的到访，精心设计了"追随习总书记脚步、赫乡民俗体验游"和"踏察生态八岔岛、湿地游江和滩地渔猎体验游"等精品旅游线路，打响"中国八岔赫哲族""中国赫哲第一村""全国名村"等旅游品牌。

以实际行动落实总书记"在致富奔小康的路上越走越稳，日子一年更比一年好"的要求。2018年，尤明国紧密结合乡村振兴战略，建设"赫乡田源"特色农产品示范基地，种植北海道山药51亩、大球盖菇和粘玉米间种60亩、绿色芸豆75亩、糯高粱30

亩；培育山药苗22.5亩。注册发展"赫乡田源"地理标识，带动八岔村198户农户发展绿色特色产业，每户年均增收500元以上。发展绿色水产养殖，组织全乡水产养殖户成立农民合作社联合社，扩大水产养殖5 600亩。率先成立了赫乡田园文化旅游有限公司，先后与北京华润金源和珠海金典科技公司签订了康老旅游协议，招引北京鑫福海工贸集团投资3 000万元旅游项目，为广大人民群众提供更多优质生态旅游产品，满足人民日益增长的美好生活需要。目前，1 000万元游艇项目已顺利实施。

八岔村党支部与中华老字号酒厂贵州九阡酒业公司签订了合作协议，开发了樲久和赫香尤酒两个上市品牌，预计年销量可达50万斤，按照5%利润收益权，村集体可实现收益20万元。在与俄罗斯那乃区那乃村建立友好村关系基础上，2018年4月11日，受邀参加澜沧江湄公河国际村社论坛，将与缅甸、泰国、柬埔寨、越南等名村建立友好村关系，推进八岔村开展国际村社交流，促进赫哲文化国际化传播。

武利民。黑龙江省全省"百名好支书"，男，1963年8月出生，汉族，大专文化，1998年12月加入中国共产党，同江市乐业镇一庄村党支部书记。

增强党组织凝聚力。党的群众路线教育实践活动期间，武利民带领党员干部走访群众217户，发放《征求意见表》和《致全体村民的一封信》340余份，听取意见建议40条，为村里建设和群众解困53项次。在"双诺双评"活动中，把"认岗承诺"的要求和内容融入实际工作，围绕这一活动载体，全村16名党员重点从帮助群众解决实际困难着手，认真履行岗位承诺，并将自己的承诺书张贴在村公示栏上，接受群众的监督，践诺率达到100%。利用资源共享开展组织生活，以"四联"活动为载体，充分利用特有资源优势，破解农村"候鸟型"党员管理难题，现进入城区居住的7名党员都已找到了"归巢"。

引领群众增收致富。武利民经常说的一句话是"要富一起富，决不落一户"。积极争取省、市政策和国家资金支持，组织成立"一庄腾达水田现代农机专业合作社"，申报并获批了500万元水田农机合作社项目。合作社实现土地流转面积4 600亩，拥有30栋大棚水稻育苗基地，固定资产630万元，各类农业生产机械装备47台套，现入社成员93户，党员11人。为适应发展要求，合作社将原村小学旧址翻建改造，建设农机库房325平方米，扩建广场面积1 040平方米。为强化对合作社工作的指导服务，武利民带头组织成立融入型党组织，村"两委"成员在其中也发挥了骨干作用，为合作社的发展壮大注入新的活力。2014年，合作社自有水田耕地亩产水稻1 066斤，总产量2 451吨，外埠作业创收45万元。几年来，组织村民先后试种了多种作物，全村实现烤烟面积140亩、大豆1 200亩、杂粮40亩、艾碧斯瓜28亩。同时，指导其他烤烟农户成立了"烤烟协会"，组织协会成员到种植规模较大的富锦市富民乡烤烟种植基地进行考察学习，并邀请了一名乐业镇烤烟技术站技术员常年跟踪指导。协会每年与市烟草公司签订烤烟种植合同，年产值达到52万元，其中纯收入28万元。带动鼓励有条件村民农闲时进城务工或创业。截至目前，进城务工、创业农民达130多人，人均年收入约1.5~2万元不等，每年为本村带回经济收入近200万元。

加快新农村建设步伐。2011年，在中共同江市委组织部的扶持下，新建村级办公活动场所120平方米，并自筹资金配齐了办公设备；2014年，积极争取文广新局建设项目，新修建1 000平方米休闲娱乐文化广场和600平方米灯光球场，并安装了体育健身器材。2015年，协调帮联单位同江市总工会为活动场所安装30米长灯箱宣传栏和2个铁艺门。大力推进农田水利基础设施建设，新打10眼电井，架设输电线路7 000延长米，可直接辐射2 000亩水田；积极协调同江市帮联单位扶持，改造修建农田路1.5千米，方便了农民春种秋收。建设美丽乡村，综合整治村容村貌，全村6.8千米巷道全部达到白色路面标准，硬化率100%。

2016年2月，黑龙江省委授予武利民全省农村"百名好支书"荣誉称号。

李长海。黑龙江省"优秀常务工作者"，男，1970年11月出生，1992年7月参加工作，1998年5月加入中国共产党，现任中共同江市委组织部副部长，分管全市基层组织建设和党员队伍建设工作。

倾情投入工作。李长海对工作认真负责、精益求精，只要是他接手的工作，不管多难多累，始终坚持高标准、零误差，干就干好，干就干出名堂。2014年2月，全市党的群众路线教育实践活动正式启动，李长海坚持对全市79家参学单位300余名主要领导的对照检查材料和问题整改严格督查，严词拒绝了个别单位放松标准的请求，连续半个多月都是到凌晨才能回家。2014年，村党组织换届选举工作时，连续加班30余天，全身心扑到换届工作中。10余次主持召开业务培训、专题调研会议，认真解答群众的来信来访，用政策来合理化解各类矛盾和问题，确保了全市85个行政村换届工作一次成功。在"两学一做"学习教育中，亲自到八岔村调研，与党员干部座谈交流，帮助制定了实施方案，指导提出符合八岔村实际的党员"五带头"标准，统筹指导全市354个党支部深入开展学习教育，其经验在全佳木斯市农村推广。

工作特色鲜明的党建载体。针对农村党支部进取意识不强问题，他分层级召开了4次座谈会，走访乡村干部群众509人次，发放调查问卷1 200余份，在广泛征集民意的基础上，全面启动了农村基层党组织星级化管理工作，把农村党支部获得星级荣誉与村干部工作补贴挂钩，对四星级以上村党支部书记给予基础补贴上浮25%的奖励，充分调动了农村党组织的争星晋位积极性。针对机关党员与农村贫困群众联系不紧密问题，创新提出了"千名干部下基层帮联扶、促发展"活动，帮联部门用真抓实干的工作态度和实实在在的帮扶成效，树立了机关党员干部的良好形象，推动了城乡党组织的联动共建，促进了农村各项事业的科学跨越发展。

2014年，结合全市开展精准扶贫和"美丽乡村"建设工作，进一步细化了"千名机关干部下基层帮联扶、促发展"活动，把党建载体与扶贫开发、新农村建设工作结合起来推进，组织1 254名机关党员干部与贫困农户结成帮带对子1 547个，下基层走访谈心，了解群众生产生活，帮助群众解决实际问题1 031件，协调生产资金4 860万元。同时，结合同江地处边境、驻军部队较多、又是赫哲族群众聚居的特点，创新开展了军警地共建基层党组织活动，通过赫哲族党员、军、警部队党员三方共上党课，同过党日等活动，促进了军警地党建融合发展，维护了边境民族地区的长治久安。此做法荣获了佳木斯市党建项目一等奖。

教育实践活动期间，创新开展了"双百工程"，分别选派100名正科级后备干部和副科级后备干部，担任基层党组织和窗口单位教育实践活动的"督查员"，驻点帮助开展工作，使教育实践活动各项任务全部贯彻到了"末梢神经"。2015年，创新推行了进城农民党员"聚力领航"活动，依托城市社区活动阵地，组织800余名进城党员开展学习活动，搭建了党员服务平台，实现了进城农民党员离村不离党。

营造忠诚奉献的党建文化。2013年，抗洪抢险中，带领工作人员发挥持续作战精神，反反复复做工作，一次劝不走就两次、三次，直到所有群众全部安全转移为止。8月18日，率领由20名组工干部组成的"党员突击队"奔赴险情最重的八岔赫哲族乡支援。每天在大坝上一待就是十七八个小时，中午基本上都是吃几口面包、喝口矿泉水。为了抢堵突然出现的滑坡、管涌，跳入汹涌的洪流中铺五彩布，一泡就是小半天。与当地人民群众一起战洪灾，渡难关。

典型模范集体

八岔村党支部。2016年，中共同江市八岔赫哲族乡八岔村支部委员会在"两学一做"学习教育中，创造性地提出了农村党员"五带头"（带头创业致富，带头服务群众，带头促进和谐，带头弘扬新风，带头遵守纪律）标准。

在开始确定农村合格党员标准时，八岔村党支部按照中共中央提出的讲政治、有信念，讲规矩、有纪律，讲道德、有品行，讲奉献、有作为"四讲四有"合格党员标准，结合党员实际，制定了"四个带头"标准。带头创业致富。明确党员要掌握一门实用农业技术或渔业养殖技术，积极挖掘八岔村自然资源和民族文化优势，带领发展特色致富项目，支持参与村集体经济发展，主动向村民传授生产经验和技能，带动贫困户共同奔小康。带头服务群众，组织党员继续深化党员"认岗扛旗工程"，引导党员带头参与服务村民的公益活动，积极带领群众建设乡村公益事业，关心群众疾苦，主动与困难农户结帮扶对子，提供力所能及的帮助。带头促进和谐，要求每名党员主动包一条街，联系这条街的所有农户，宣传党的政策，带动村民为村里发展积极建言献策；帮助调解邻里纠纷，引导村民依法有序表达诉求，不参与不支持群体上访、越级上访等非正常上访活动，维护全村和谐稳定。带头弘扬新风，每名党员主动认领一个责任区，向村民作出一句话承诺，带头参与美丽乡村建设，保持家庭清洁卫生，讲诚信，讲文明，自觉抵制私搭乱建、乱倒垃圾等不文明行为。带头移风易俗，不支持、不参与封建迷信活动，坚持抵制"黄赌毒"等社会丑恶现象。

2016年5月5日，中共黑龙江省委书记王宪魁来到八岔村视察调研"两学一做"学习教育时，充分肯定了八岔村党支部提出的党员"四带头"标准。同时提出，农村党员同样要把带头遵守纪律作为更高要求，要自觉履行党员义务，带头遵守党的纪律，按时参加党支部组织的学习活动，按时过组织生活，按时交纳党费，服从党支部领导，完成党支部交办的各项工作任务，讲政治，顾大局，不该说的话不说，不该做的事不做。做守纪律、讲规矩的"明白人"。

2016年5月，根据中共黑龙江省委组织部的建议，将"带头遵守党的纪律"作为村合格党员标准之一，补入原来的"四带头"标准中，最终形成了农村党员"五带头"标准，使农民党员合格的标准更加精准，更具思想性、理论性和可操作性。

中共同江市人民检察院支部委员会。2013年，同江市人民检察院被最高人民检察院评为"全国先进基层检察院"；2014年，被最高人民检察院荣记"集体一等功"、被省检察院荣记"集体二等功"；2015年，被省委、省政府评为"全省人民满意公务员集体"；2016年，被黑龙江省委授予"全省先进基层党组织"荣誉称号。

建立和完善了"周五学习日"等9项学习制度，成立学习管理小组，负责制定学习计划，准备学习资料，做好学习记录和会议服务等工作。按照"学习要精，要管用"的要求，围绕党的重大方针、政策和同江全市热点、难点、焦点问题，确定学习主题。2016年以来，检察院党支部已坚持开展学习80余课时，撰写心得体会90余篇，开展专题研讨交流2场次，提升了干警的思想理论素养和语言表达能力。组织党员干警开展了比学习，创一流素质；比团结，创一流团队；比干劲，创一流风貌；比服务，创一流作风；比工作，创一流业绩的"五比五创"活动，为群众解决实际问题40余件。

结合实际完善了12个程序文件、19个作业文件、26个工作流程、43个制度，进一步明确了办案职责、办案流程，使全院广大党员干部在工作生活中做到"心中有准则、行为有规范"。打造党员干部的实践平台，保证每个平台都有副科级党员干部支撑，都有党员职工填充，明确每月至少深入基层开展调研一次，撰写有针对性和指导性的调研报告等文章不少于一篇。平台搭建以来，共撰写了调研报告等文章20余篇，完成各类材料100余份、80余万字，为领导班子科学决策提供了有力依据。打造检察政务平台。先后结合检察院实际，制定了政务工作规范化、日常考勤、文件管理等10余项管理制度。打造办案保密平台。近年来，没有发生一例漏办、漏发、压误、失泄密现象。

2013年，在抗洪救灾工作期间，组织全院33名党员干警组成抗洪抢险突击队，昼夜运转，任劳任怨，较好完成了各项工作任务。在灾后重建中，协调有关部门为受灾的村屯维修2.5千米道路，保证了春耕不受影响；安排全院干警主动包联33户受灾群众，为他们送去食品、生活日用品、过冬棉衣、药品等物资，折合人民币3.5万元；安排专人负责信息收集、整理每天黑龙江省、佳木斯市相关部门下发的水文气象、民政救灾、灾情和汛情动态等信息和相关文件，并第一时间传达到给领导和村民。

在中共同江市委党校，为全市村党支部书记、村委会主任举办预防职务犯罪讲座2期，培训基层党员干部170人，增强党员干部守法意识；与社区"爱心妈妈"刘海荣结成重点帮扶对子，送去图书210本和慰问金2 000元。组织控申、自侦、公诉、侦监、民行等部门党员专业人员组成的检察官法律志愿服务队开通手机法律服务热线，当年为群众提供法律咨询10余次。组织党员干部与基层群众结对子37个，开展帮扶活动12次，帮助解决生产生活困难15件，促进了社会和谐稳定。

文采社区支部委员会。中共同江市文采社区是2009年社区体制改革中新成立的社区，位于同江市区西北部老城区，属城乡接合部。辖区面积2.18平方千米，现有居民1 634户4 088人，自管党员12人，积极分子5人。先后荣获同江市"创业、创新、创优"先进基层党组织、佳木斯市妇女之家示范点、黑龙江省第七届邻居节优秀社区、黑龙江省百个专业化社区服务实验基地、佳木斯市先进基层党组织等荣誉称号。

用身边的人、身边的事教育引导社区干部，及时掌握干部思想动态，强化对党员干部的教育、管理和监督。充分结合"社区大讲堂"活动，采取集中例会、座谈研讨和情景模拟等多种形式，开展了"如何做好社区工作者座谈会""怎样破解下户难"等10余项问题的梳理工作，重点积累社区理论学习、居民接待、下户走访、优质服务等方面的经验。积极开展党员先锋岗评比活动，每月评选1名服务标兵，年终对评比结果进行汇总，作为入党培养、推荐优先的重要指标，进一步增强了社区干部的服务意识，破解了服务群众"最后一千米"难题。

先后联合市计生局、法院、派出所、消防队、医院和兴华社区卫生服务中心等20余家职能单位，开展三八节、母亲节免费体检，举办了防灾减灾、食品药品安全、妇女维权等各方面的知识讲座36期，为社区居民送医、送法、送安全。通过支部班子成员以普通工作人员身份参与服务工作，社区干部以普通群众身份为社区居民代办一件实事，社区居民代表参与社区日常工作的"下沉式、换位式、参政式"三种换位方式，让社区居民在工作态度、办事程序、语言表述等方面对社区干部进行监督。共组织39名社区居民代表参与社区工作26项，接待群众97人，反映群众关注问题27个，提出整改意见11条。针对辖区低收入家庭累计走访调查千余次，先后开展低保听证会27次，为232户符合条件的贫困居民办理了低保；为低保户中的230人申请了廉租住房补贴，对171人实施大病救助，79户实施了临时救助；走访慰问贫困户600余次，发放慰问金近5万元、米面油4万余斤。通过召开就业招聘会14次，提供就业岗位300多个，受益居民达到246人，切实让辖区内居民感受到党组织的关爱与温暖，做到了串百家门、管百家事、知百家情、解百家难、暖百家心。

强化社区党工委"五民"服务机制，设立了民生服务大厅、警务室、党员书屋、多功能活动室、理发室等，在室外增设2 000平方米的文化大院，组建了老干部艺术团、喜洋洋文艺队、建立了儿童之家和居民活动中心。打造"民生三站"特色品牌。"民情传递站"共发放各类时事政策76份，收集好人好事158件，意见建议246条，化解矛盾纠纷26件；"爱心传递站"把每月的10、20、30号作为爱心日，共接受社会各界捐赠物资1 200余件，受助家庭214户。"文明传递站"共举办大型活动13场，参与人数1 700多人。

第二节　跨越式发展

经济综合实力持续增强

2016年12月25日，召开同江市第八次党代会，总结五年来（2012—2016）工作，提出了"把握'大桥时代'，实现小康目标，全面开创美好同江振兴发展新局面"的发展思路。

2018年，同江全市地区生产总值实现110.6亿元，同比增长6.5%；全社会固定资产投资完成16.1亿元，同比增长20.4%；公共财政预算收入实现2.4亿元，同比增长4.5%；进出口贸易额实现2.3亿美元；社会消费品零售额实现25.7亿元，同比增长9.3%；城镇居民人均可支配收入实现24 812元，同比增长6.7%；农村居民人均可支配收入实现8 057元，同比增长9.8%；居民消费价格指数同比增长2.3%。

发展内生动力日益增强

中俄首座跨江铁路大桥开工建设，中方主体工程全部完工，已经完成实车测试。俄方项目全面动工。同步推进了佳同快速铁路前期和铁路口岸申报工作。顺利实施了集同高速公路同江段、临江灌区、三村灌区和松干、黑干堤防达标工程等一批重大基础设施项目。建设了同江经济开发区，基础设施达到"五通一平"，入驻企业13家，丰顺玉米、丰林达塑料、凯滋食品、江鱼源等企业运行平稳，被省政府列为重点对俄进出口加工园区。按照"一桥跨两区"模式，完成同江经济开发区扩区规划编制工作，推动俄方阿穆尔综合园区建设，开通了同江至佳木斯、同江至哈尔滨铁路客运线路，争取到全省唯一一个俄水产品批发市场项目，同江市被列为"全国电子商务进农村综合示范县"。五年来，全市累计开复工产业项目172个，引进亿元以上项目21个。

人民群众生活水平明显改善

全市民生领域投资占财政总支出的59.8%，群众生活得到全面改善，荣获"全省民生工作十强县"。教体、卫生、文化事业蓬勃发展，逐年加大教育投入，全面改善办学环境，优化教育资源配置，义务教育学校标准化建设走在全省前列。卫生医疗基础设施建设全面完成，实施市乡村三级医药卫生体制改革，乡村卫生院所全部实行国家基本药物制度，市、中两院通过二甲医院评审，荣获"全国卫生应急综合示范县"和"全省县级公立医院改革示范县"。实行计划生育"二孩"政策，荣获"省级计划生育优质服务示范县"。加大社区建设力度，新建和改造社区办公场所7个。推进赫哲族文化中心和市两馆改扩建工程，举办"中俄文化周"和"中俄边境文化季"系列活动，建设了全省试点智能应急广播系统工程，荣获"全国文化先进县""全国服务农村服务基层文化建设先进集体"和"国家级公共文化服务体系示范项目县"。加强民族宗教工作，荣获"全国民族团结进步模范集体"。五年累计新增城镇就业2.2万人（次），城镇登记失业率控制在3.9%。城乡居民医疗救助报销比例不断提高，健全了医疗保险、养老保险、失业保险等社会保险体系。全面战胜2013年历史特大洪水，积极推进灾后重建工作，高标准完成八岔赫哲新居和银川幸福大院建设。大力实施扶贫攻坚工程，顺利完成24个村整村推进和1.36万贫困人口脱贫任务。

2018年，航拍同江沿江公园　冰城馨子摄

城乡建设水平不断提升

科学编制城市总体规划等多项发展规划，被列入全国"多规合一"和新型城镇化试点城市。建设沿江公园、俄罗斯风情园、中华文化园等城市公园绿地广场18处，建成区绿化覆盖率达41%，成功创建了"三江口国家湿地公园"和"国家园林城市"。新建和改造主次道路63条，重点打造了平安大道、沿江大道和通江街等城市精品景观路，形成"六纵六横"路网格局。完成一批重点棚户区、泥草（危）房和既有建筑节能改造，推进"三供三治"工程，开通了城市公交线路，城市功能逐步完善。加强城市管理，深入开展"美丽乡村"建设，加大基础设施改造和绿化、美化、净化工作力度，城乡环境明显改善。完成4个国家级生态乡镇创建工作，连续三年位列国家重点生态功能区质量考核全省第一位。

社会大局持续和谐稳定

民主政治建设全面推进，人大依法监督、政协民主监督、参政议政取得实效。法院、检察院依法独立行使职权得到有效保障。爱国统一战线不断发展壮大，工会、共青团、妇联、工商联、文联、科协、残联、红十字会、侨联等人民团体广泛联系群众的桥梁纽带作用充分发挥，荣获"全国残疾人工作先进单位"。老干部、老科协、老促会、关心下一代等工作取得新成绩，"六五"普法通过验收，被评为省级"普法宣传教育先进市"。党管武装和双拥共建工作进一步加强，荣获国家级"双拥模范城"四连冠和省级五连冠。创新社会治理工作，全面推行城乡网格化服务管理，社会精细化治理体系更加完善。加大矛盾纠纷排查调处力度，建成了全省远程视频接访系统并实现联网。全面落实安全生产责任，严厉打击各种违法犯罪活动，不断加强边境管控，人民群众安全感明显增强，社会大局保持和谐稳定。

党的执政能力不断加强

牢固树立抓好党建是最大政绩的理念，自觉担当全面从严治党政治责任。突出严守党的政治纪律和政治规矩，全面加强领导班子思想政治建设，建立完善党的工作制度，深入开展党的群众路线教育实践活动、"三严三实"专题教育和"两学一做"学习教育。牢牢把握正确用人导向，围绕重大改革发展任务选贤任能，不断优化各级领导班子整体功能。强化乡镇管理建设，打牢农村工作基础。创新社区、"两新"组织等领域党建模式，大力实施农村基层党组织星级化管理，党的基层基础更加牢固，社区老干部党支部被中组部评为"全国离退休干部先进集体"。认真落实党风廉政建设"两个责任"，在全省县级率先开展了"两个责任"重点巡查工作，惩治和预防腐败体系更加完善，严肃查处党员干部违纪违法案件，党政纪立结案321件，处分323人。深入推进纪检监察机关"三转"，持之以恒正风肃纪，"四风"突出问题得到有效遏制，党风政风不断好转。

第三节　建设中俄同江铁路跨江大桥

中俄同江铁路大桥作为中俄两国重要的跨境合作基础设施项目，一直备受中俄两国政府重视，同江铁路大桥项目多次纳入中俄联合声明，已连续10多次列入中俄两国总理定期会晤讨论议题。

2018年，同江中俄铁路跨江大桥　同江市大桥办提供

同江至下列宁斯阔耶铁路大桥项目是《中国东北地区同俄罗斯远东及东西伯利亚地区合作规划纲要》中的重要项目。项目建成运营后，中国同江—下列宁斯阔耶铁路口岸作为"一带一路"建设的重要节点，将使同江铁路与俄远东地区至西伯利亚铁路运输大动脉相连，极大地改善中俄两国贸易运输条件，对于扩大中俄经贸合作和促进科技文化交流将发挥重大作用，也可以通过俄罗斯拓展中国与欧洲的经贸合作。

项目内容

同江至下列宁斯阔耶铁路大桥项目中方线路全长31.613千米，沿线设边检站场和换装站。主桥跨越黑龙江，位于黑龙江省同江市哈鱼岛至俄罗斯下列宁斯阔耶港之间的下游处，全长2 215.02米，中方境内17孔，长1 886.45米；俄方境内3孔，长328.57米。主桥采用钢桁梁结构，分上下行两个通航孔，孔跨宽度采用132米+144米，通航净空高度为15米。中方引桥152孔，每孔32米，长4 978.69米。引线起始处在既有哈鱼岛站东南侧约2.5千米处配套建设边检站场（投资0.68亿元），边检场主要设置了守桥中队综合楼、瞭望塔、边检场综合楼、钻60采集中心与检测中心、消杀灭房屋与海关检查检疫查验室、给水所等设施和人行天桥3座。在同江三村镇头村至二村之间设铁路换装站（投资5亿元），占地2 147.1亩。换装站由准轨场、换装场、宽轨场三部分组成，其中准轨场有准轨线路16条，换装场有准轨线路6条、宽轨线路6条，宽轨场有宽轨线路16条，准轨线路1条。换装站配套建有联检大楼、铁路调度站、职工宿舍楼等相关设施，建筑面积26 382平方米。考虑未来发展需要，在车场外侧预留物流园的设置条件。主桥和引桥采用宽、准轨套轨，边检站至换装站间采用宽轨、准轨双单线。中方设计概算25.84亿元，由铁路总公司和黑龙江省共同出资。项目资本金为50%，另50%为贷款。在项目资本金中，铁路总公司出资60%，黑龙江省出资40%。在黑龙江省的40%出资中，地方政府出资25%，黑龙江省建龙钢铁有限公司参股15%。在地方政府出资中，由同江市负责征地拆迁，其余为省政府出资。项目设计年过货能力2 100万吨，其中出口335万吨，进口1 765万吨。

项目前期工作

按照项目程序，中方大桥项目前期工作主要有四个阶段。

立项、签约阶段。2003年10月，同江市开始修建铁路，该铁路终点同江哈鱼岛港与俄罗斯下列宁斯阔耶港仅一江之隔。

2004年初，为连通同江哈鱼岛—俄下列宁斯阔耶铁路，促进中俄经贸发展，同江市正式提出建设铁路大桥项目，这一设想得到俄方赞成，并得到黑龙江省委、省政府及国家相关部委的高度重视和大力支持。

2004年9月，国家发改委向铁道部等五部委征求意见后，于2005年3月正式委托铁道部和黑龙江省政府共同进行项目前期工作。

2008年3月，国家发改委对同江铁路大桥项目正式立项。

是年10月28日，中俄两国政府签署了建桥协定。

技术会谈、可研阶段。由于中俄两国桥梁建筑规范和技术标准存在较大差异，为统一双方设计标准，中俄大桥专家组举行了10次专业技术会谈。

2010年6月，完成了全部技术层面问题的协商。

2009年，中方完成了大桥项目可研阶段涉及的所有专业性评估。

2010年4月15日，国务院常务会议研究并通过了大桥项目。2010年6月3日，国家发改委下发了大桥项目可研批复文件。

设计阶段。2012年4月28日，中俄两国政府签署了建桥协定修订议定书，将主桥建设、使用、管理和维护责任界限由主桥中间线调整至国界线。

2012年12月，国家发改委下发了调整大桥项目工程范围和投资概算的批复文件。

2013年3月，铁道部批复了项目初步设计。

2013年8月上旬，中方完成施工图设计审核工作。

建设筹备阶段。2013年6月下旬，俄罗斯圣彼得堡国际经济论坛期间，黑龙江省与俄犹太自治州签署了省州间关于推动大桥项目的谅解备忘录，为加快大桥实施创造了有利条件。

2013年10月17—20日，中俄交通运输部门召开大桥建设问题临时工作组会议，双方就大桥开工建设达成了共识，商定于2014年2月同步开工建设大桥。

2013年10月20日，中方完成工程招标。

2013年底，中标企业入场，开始进行动工准备。

中方建设工程

2014年2月26日，中俄双方举行大桥项目开工奠基仪式。

2014年6月，经铁路总公司批准，中方正式动工建设大桥项目。经过5年多的努力，中方主桥、引桥、线路、换装站、边检站等工程按设计基本完成了施工，并完成了工程静态验收、动态验收、初步验收和安全评估工作。

2018年10月13日，中方完成主桥最后一孔钢桁梁（跨度144米）钢梁安装，标志着中方主体工程基本结束。

2019年末，中方累计完成投资25.7 095亿元，为设计概算的98%。主要工程量已经全部完成。路基填筑完成654万立方米，完成100%；主桥已完成架设钢梁17孔，累计完成14 380吨。引桥架设箱梁152孔，为总量的100%。三村特大桥架设T梁124片，为设计总量100%。同抚大堤大桥完成连续梁3孔，为设计总量100%；完成涵洞32座，为设计总量的100%；建筑房屋面积33 008平方米，完成设计总量100%；完成浆砌护坡18 250米，为总量的100%；浆砌水沟23 022米，为总量的100%；U型槽23 137米，为总量的100%；防风网基础2 220米，为总量的100%。电缆敷设139千米，为总量的100%；完成道岔132组，为总量的100%。

俄方工程建设进展

俄方工程投资估算为100亿卢布，工程包括主桥三跨（4个桥墩）、桥头至下列宁斯阔耶站线路、车站房建等工程。

2016年6月6日，俄方部分工程开工。俄方主桥部分共建4个桥墩、三跨钢梁。俄方主桥部分1号墩、2号墩均已完成施工；1号墩和2号墩之间钢桁梁（跨度为60米）架设已经完成，2号墩和3号墩（跨度为108米）之间的钢梁已架设两个钢梁节间长度约为24米的下悬梁部分；3号墩完成承台施工；4号墩完成封底承台施工，准备开始进行墩体施工。

2018年春季溜冰期割掉的钢围堰现已拼接完成，进行抽水作业，钢围堰内的水抽净后，将进行墩身施工。桥头至下列宁斯阔耶站5千米线路路基土方基本完成，联检办公用房基础施工基本完成，物流换装场地已经完成土方填筑。4号桥墩已交付中方，供中方进行主桥钢梁架设。同时，俄方进行3号桥墩和4号桥墩之间的钢梁架设。

2019年4月，完成最后一跨钢梁架设工作，大桥主体钢梁正式合龙，俄方主桥部分完成总工程量的95%。俄方桥下工程5千米线路路基铺设已完成，轨道安装完成总工程量65%；换装站场"列宁斯阔耶2号"站完成总工程量的53%；列宁斯克既有站改造完成45%。据卢比康公司提供消息，洪水后俄方工程于10月15日复工，但是因设计变更和工期延长增加部分的资金还没有拨付到建设单位，工地施工进展缓慢。10月31日，俄罗斯哈巴边境管理署向黑龙江省口岸办通报了下列宁斯阔耶铁路口岸建设进展情况，俄方施工单位正在进行土地平整、工程网络布置、建材运输等冬季土建施工准备工作。

俄方工程进度稍显滞缓，但其剩余工程量不是很大，待双方工程全部竣工后，经两国铁路、海关和外交等部门就相关事宜达成一致后即可实现通车运营。

第四节　建立美丽乡村

美丽乡村建设成果

2015年，同江市研究制定了《同江市美丽乡村建设三年行动计划实施方案（2015—2017年）》，成立了美丽乡村建设工作领导小组。是年，同江市被评为佳木斯地区美丽乡村建设先进县，同江市新农村建设领导小组办公室获得了2015—2017年全省新农村建设先进单位。中共十八大以来，同江市继续开展美丽乡村建设，同时贯彻学习推广浙江"千村示范、万村整治"经验深入推进农村人居环境整治，科学编制了《同江市农村人居环境整治三年行动实施方案（2018—2020年）》，成立了"同江市农村人居环境整治专项小组"和6个重点工作推进组，整体推进农村人居环境整治工作。经过几年的努力，同江市八岔赫哲族村获评"中国美丽休闲乡村——特色民居村"、第二批中国少数民族特色村寨、首批编修中国名村志乡村、全国文明村、全国美丽宜居村庄。街津口赫哲族乡获得全国美丽宜居小镇、渔业村被国家民委评为"中国少数民族特色村寨"、国家级最美渔村。渔业村和八岔村被佳木斯评为民族特色村，永胜村被评为休闲农业村。

在党中央大好政策的指引和基层工作人员的努力下，同江市农村基础设施与公共服务大步提升，迈向生产发展、生活宽裕、乡风文明、村容整洁和管理民主的社会主义新农村目标更加接近，农民群众对生产生活环境改变的满意度、参与建设积极性逐步提升。

2018年，全市通村路硬化达到100%，村内道路硬化403千米，整修路边沟359千米，硬化路肩96千米，铺设沙石路9千米，道路加宽约20千米，改造栅栏131千米，安装路灯4 767盏。改造泥草房3 278栋，进行危房灭迹1 730间，建设了八岔赫哲新区和八岔、银川"幸福大院"，实现340户群众喜迁新居；完成街津口赫哲族特色村寨项目2栋居民楼、共计5 967.84平方米。解决85个村饮水安全，覆盖人口8万余人，自来水入户率达到100%。修建农田路256.19千米。73个村设置农家书屋，70个村设有综合文化活动室，建设文体广场84个，并配备健身器材351件。同江全市85个行政村均建有村卫生室，农村居民养老保险参保率达90%以上，新农合参合率100%，农村低保实现应保尽保。在乡镇通信能力方面已全部实现行政村"村村通"。为135个村屯安排205名保洁员,配备保洁车56台,配备垃圾箱1 766个。全市共有1 330户建有室内卫生厕所,建设室外公厕29座。

实施名镇工程

美丽宜居小镇——街津口。街津口赫哲族乡位于黑龙江中游街津山脚下,距同江市区45千米,与俄罗斯远东犹太自治州隔江相望,边境线长39千米,是全国人口较少民族之一赫哲族的主要居住地。1963年建乡,全乡总控面积43万亩,人口3 909人,辖6个行政村(9个自然屯)。

街津口赫哲族乡现已成为黑龙江省发展特色经济、推进美丽乡村建设、开发旅游产业、打造民族品牌的重点乡,被黑龙江省政府确定为新农村建设试点乡,是黑龙江全省重点建设百强镇之一,有"赫哲故里""赫哲第一乡"的美誉。

21世纪初,街津口赫哲族乡开始打造赫哲族壁画小镇工程。小镇位于同江市街津口乡所在地,共改造房屋41栋。内容有:木贴片改造工程包括墙面、屋顶、烟囱的造型设计及施工,总面积达18 900平方米;绘制壁画172幅,总面积达1 525平方米。壁画表现内容主要从赫哲族独具特色的渔猎文化、神话传说、图腾崇拜中提炼文化符号和代表元素,其代表作品有《天河》《渔归》《马哈鱼传说》《恩都力造人》《唐王借鱼》《街津山的传说》《柳树妈妈》《鳇鱼嬉浪》《金翅鲤鱼》《莫日根捕获大鲟鱼》《浪花鱼系列》《沙伦莫日根》等。

2011年7月,街津口赫哲族乡被国家住建部和国家旅游局评为"国家特色景观旅游名镇"。

2012年,街津口赫哲族乡被国家文化部评为中华民族文化艺术之乡,被国家环保部评为国家级生态乡镇。

2015年4月,街津口赫哲族乡被省民委授予"全省民族团结进步模范集体"荣誉称号。

2015年12月，街津口赫哲族乡被国家农业部和国家旅游局认定为"全国休闲农业与乡村旅游示范点"。

2017年1月，街津口赫哲族乡被国家住建部评为全国第四批"美丽宜居小镇"。

2017年10月，街津口赫哲族乡被黑龙江省住建厅列为省级"特色小镇"培育对象。

2018年12月，街津口赫哲族乡被中国生态年会组委会评为"中国生态魅力乡"。

是年12月，街津口赫哲族乡政府消防队被省消防总队评为"全省优秀专职消防队"。

2019年5月，街津口赫哲族乡被省文明办评为省级文明乡镇。

实施名村工程

全国名村——八岔村。黑龙江省同江市八岔赫哲族乡八岔村为乡政府所在地，是我国人口较少民族赫哲族的主要聚居地之一，由老区和赫哲新区两部分组成。域内土地肥沃，自然资源存量丰厚，湿地形态保存完好。著名的黑龙江八岔岛有80%面积在八岔村。

2016年12月，根据《住房城乡建设部办公厅关于开展2016年美丽宜居小镇、美丽宜居村庄示范工作的通知》，在各地自愿申报，黑龙江省住房和城乡建设厅、黑龙江省农业委员会在择优推荐的基础上，经组织专家审查，黑龙江省同江市八岔赫哲族乡八岔村被评为全国美丽宜居村庄。2016年12月，八岔村被国家民委评为全国少数民族特色村寨。

2017年9月21日，农业部办公厅关于公布2017年中国美丽休闲乡村推介结果，黑龙江省同江市八岔赫哲族乡八岔村被推介为

"中国美丽休闲乡村"。

2017年11月，在第五届全国文明城市、文明村镇、文明单位和第一届全国文明校园评选中，黑龙江省同江市八岔赫哲族乡八岔村被评为全国文明村。2017年12月，八岔村被评为全国美丽休闲村庄。

2017年12月，黑龙江省同江市八岔赫哲族乡八岔村被评为"全国名村"，并出版全国第一批名村志《八岔村志》。

2018年，八岔赫哲新村西部　同江市八岔赫哲族乡提供

国家级最美渔村——街津口赫哲族乡渔业村。全村共有262户，总人口537人。村内辖区总面积4.2万亩，其中耕地32 256亩。村内基础设施齐备，文化阵地500平方米，并建有村文化活动室，自来水、有线电视入户率均达到100%。新建特色村寨，打造木屋壁画一条街，修建油漆路面5 000余米，新建栅栏10 000余米，安装路灯80盏，村容村貌焕然一新。

渔业村渔民用传统渔网渔船等捕鱼工具从事传统捕鱼业。主要干道"乌日贡"大街两侧，临街商铺民居的外墙壁上，用木贴片制作的展示渔业风情的壁画，如唐王捕鱼等。拥有特色鲜明、保护良好的渔村建筑人居，传统建筑得到有效保护，传统村落格局和历史风貌得到完整保持和延续。村庄景观设计与周边环境自然和谐，现代建筑与传统建筑风格统一。景色优美、环境宜人。特色街巷、环境小品、建筑立面等体现浓郁渔乡风情。

同江市街津口赫哲族乡渔业村北临黑龙江，水域生态良好，渔业产品比较丰富，有形式多样的涉渔手工制品、加工品、工艺品等，包括鱼皮画、鱼骨工艺等。拥有特色鲜明的赫哲族传统渔文化习俗，包括赫哲族特色渔业饮食文化、生产生活习俗、特色渔业节庆、特色渔业手工业品等。每年举办赫哲族特有的渔业主题节庆活动"乌日贡"节。有自己独特的赫哲族渔业传统文化资源，赫哲族说唱文学"伊玛堪"于2016年入选世界非物质文化遗产名录。有伊玛堪传习所、鱼皮技艺传习所，有国家级伊玛堪传承人1名，省级伊玛堪传承人3名，他们各自带学员学习伊玛堪。对赫哲族传统文化进行了挖掘整理、保护和展示工作，保护传承机制健全、措施完善、效果良好。

乡风淳朴，文明和谐。实施村规民约，建立安全巡视、消防安全、食品安全、环境卫生等规章制度并有效实施。有独具特色的渔家风俗习尚，有开展祭典、民谣、舞蹈、民俗技艺等民俗文化活动传统，居民具有健康、文明、生态的生活方式和行为习惯。每年举办"乌日贡"节，参与筹办"呼日堪"文化节，丰富群众的文化娱乐生活。利用"三八节"举办群众参与的文艺秧歌会演活动，评选"巧媳妇""好婆婆"活动，使真正的典范在我村产业辐射带动的效应，不仅增加了赫哲族的精神文明建设而且还增加旅游人气。

美丽家园示范村——永胜村。同江镇永胜村位于同江市区东6千米处，丹阿公路沿线南侧。全村耕地面积4 551亩，以水稻种植为主。全村现有87户286人，其中贫困户1户3人。现有党员12名，入党积极分子3名，后备干部2人。永胜村是黑龙江省"双百"工程示范村。

2014—2018年，中共同江市同江镇永胜村支部委员会连续五年被评为同江市五星级党支部。

2017年，永胜村获得省级思想政治示范村、佳木斯市文明村。

2018年，永胜村党支部获得同江市"十佳脱贫攻坚村党支部"荣誉称号。

2019年，永胜村党支部获佳木斯市级"先进基层党组织"荣誉称号；黑龙江省妇女联合会授予永胜村"美丽家园示范村"荣誉称号。

永胜村党支部在新农村建设中创新工作思路，创新乡村党务、文化和惠民设施建设，取得丰硕成果。

2015年10月以来，采取向上级争取、乡镇投入、村内出工的方式，在村内建立了党建长廊、文化长廊和休闲长廊，内容来源于干部群众的集体智慧，包括党建常识、基层党组织建设、党员风采、安全环保、惠农政策、邻里和谐、生活礼仪、乡村人文风貌和辉煌成就等。长廊以彩绘的形式将"抽象版本"变成通俗生动的"地方版本"，图文并茂，贴近百姓生活，而最受干部群众欢迎的非党建长廊莫属。

2018年，同江镇永胜村村民　　　　　漫画式文化墙
休闲长廊

永胜村提供

　　党建长廊分为东西两侧，西侧的党建长廊共分为3部分9大块，寓意着中国共产党执政长久。党的光辉历程板块，介绍了中共领导人民奋斗94年的峥嵘岁月和光辉业绩，引导党员群众坚定实现中国梦的信心；历届党代会板块，介绍了中共一大到十八大的重大贡献和深远意义，引导党员群众坚定爱党爱国的信仰；三严三实知识板块，介绍了当前党员干部的行为规范，引导党员群众明确为人做事的准则；中华民族宏伟蓝图板块，介绍了习近平系列讲话精神，四个全面战略布局和中国梦，引导党员群众开拓思维，努力奋斗；党的基本知识板块，详细介绍了党员应知应会的基础知识，引导党员不忘学习，牢记使命；中国共产党党员须知板块，介绍了党员的权利和义务、入党誓词和发展党员程序，引导群众明确加入党组织的相关知识；永胜村发展历史板块，详细介绍了永胜村综合概述和村史简介，引导群众勿忘初心，继续保持扎实肯干的作风；党建制度板块，介绍了"三会一课"、党员密切联系群众、"四议两公开"和村党支部星级化管理制度，引导党员在村党支部的带领下，做讲规矩守纪律的模范；组织机构板块，介绍村两委成员和永胜村党员公约、村规民约，用顺口溜的形式教育党员群众牢记应该遵守的法规和责任。东侧围墙上是党建长廊的文化部分，气势恢宏的万里长城延绵不绝，东方的日出充满朝气，向我们展示了大好河山的美丽画卷，寓意永胜村发展正处于破旧立新、蓬勃发展阶段，相信在村党支部的带领下永胜村一定会越来越好。

　　文化长廊内容包括梅兰竹菊"四君子"，象征着永胜村民的人格品性，同时希望永胜村民既要做"梅"一样的高洁志士，也要像"兰"一样为世上贤达；既要做"竹"一样的谦谦君子，也要像"菊"一样高雅傲霜。

　　"三个村庄"展示。开拓进取的华西村、创新思维的小岗村和立足实际的兴十四村是当代社会主义新农村的典型代表，更是永胜村学习和借鉴的典范，引导永胜村党支部发挥作用，带领农民增收致富，建设富美永胜。

"三个党员"楷模。为民无私奉献的雷锋、人民的好公仆焦裕禄、务实肯干的铁人王进喜是不同时期中共党员的典型代表，希望永胜村党员以他们为榜样，用永胜党员的精神感染全村人民，进而带动全村和谐致富。

党员荣誉榜和村民荣誉榜。为永胜村百姓树立的身边的标杆，通过身边典型的带动，树立健康向上的氛围，逐步实现自己的"永胜梦"。

以前的永胜村墙壁不是广告就是乱涂乱画，与新农村建设格格不入。现在长廊建起来了，把村里的空白墙充分利用起来，以图文并茂的形式建设党建文化长廊，既美化了农村环境，又起到了寓教于乐的效果。党建文化长廊既是永胜村一道亮丽的风景、广大党员群众学习的新阵地，同时也是激励广大党员做好表率、争当先进的"镜子"，更是创新工作的新窗口、宣传党建知识的新载体、教育党员的新阵地、建设新农村的新亮点。

第五节　改善赫哲族群众生产生活环境

鼓励转产和开发多种经营项目

中共同江市委、市政府为了促进民族乡村经济快速发展，确定了民族地区政策上重点倾斜、资金上重点投入、干部上重点培养"三个重点"原则。同时制定了《同江市加强和改进新形势下民族工作意见》等8项扶持政策，重点在改善民生、基础设施建设和产业带动等方面建立常态化的扶持机制。促进了两个赫哲族乡经济社会平稳快速发展。2013年，在街津口景区入口处树立形象大门，由同江本土作家李文湘为大门题写对联，入口面上联：出神入化肃慎沉积赫哲遗风传后裔；下联：鬼斧神工街津酝酿萨满余韵绕图腾。出口面上联：谈笑间渔猎传奇意犹未尽；下联：酒酣处赫乡小调余音绕梁。增加了旅游文化品位。

转产后大力发展种植业和养殖业，为使两个赫哲族乡村产业壮大，紧紧抓住国家实施"兴边富民"行动和扶持人口较少民族发展机遇，推动赫哲族乡村经济特色化发展。

在街津口乡增加了药用玫瑰、黑果花楸等特色经济作物，新建了八岔岛万亩大豆生产基地及街津口"乌热肯"葡萄种植基地等，组建了街津口渔业村农业合作社，实行大型农机具连片耕种，年盈利70余万元。改造了街津口名优特鱼养殖基地，建设了十里泡、黑鱼泡、莲花泡等水产养殖基地，带动赫哲族群众年人均增收1 200元。建设了赫哲民俗文化村、"得勒乞"旅游度假区、赫哲族博物馆、总书记视察留念室等一批景观设施，精心设计了"追随习总书记脚步、赫乡民俗体验游"等精品旅游线路，举办了冬捕节、图腾文化节等民族节庆活动。

2017年，街津口、八岔两个民族乡接待游客超过了50万人次，实现旅游综合收入4 200多万元。街津口、八岔两个渔业村经济总收入达到2 363万元，人均纯收入实现1.8万元。

改善居住条件

街津口赫哲族乡房屋改造于1999年，投入277万元，其中省投资100万元，市自筹50万元，个人自筹127万元，建设砖瓦结构房屋47栋、5 922平方米，并完成了供电、供水、道路等配套工程，白色路面2万平方米，砖巷道1.5万米，铺设水泥排水槽3 600米及路灯安装。赫哲族群众住房条件得到很大改善。

2003年，投入150万元修建住宅47栋，有93户喜迁新居。

2015年，投入1 060万元建设砖瓦结构房屋64户。

八岔村住上别墅式新居。2013年8月，同江市遭遇了超百年一遇的特大洪水灾害，处于低洼地带的八岔赫哲族乡八岔村民房和耕地全部被淹，赫哲族群众面临巨大的生存考验。11月4日，李克强总理亲临八岔村视察，慰问受灾群众，部署灾后重建。李总理到赫哲族群众家中，坐在炕头上和大家唠家常，嘘寒问暖，无微不至。之后，国务院决策由大庆油田公司援建八岔赫哲族新区。

2018年，街津口村民居上的壁画
同江市街津口赫哲族乡政府提供

2014年，大庆油田公司按照中共黑龙江省委、省政府指示，承担了同江市八岔赫哲族乡八岔村灾后援建工程，并将该工程列为2014年油田总公司重点项目。大庆油田公司同江救灾援建工程概算投资为16 052.03万元，工程规划用地面积17.22公顷，分为赫哲新区、小学校、幼儿园、卫生院及配套基础设施四部分，居民房建筑面积18 903.83平方米，公建及配套共计7个单体，建筑面积4 616.4平方米。

赫哲新区规划年限为20年，由居住小区、文化广场和仓储堆场构成。项目实施建设规划中的92栋、184户，每户民居围院面积285平方米，围院内住宅分为4种户型（户型内包括20平方米仓库），新区内设置1处文化广场1.36公顷（位于赫哲新区中心），配套建设图腾灯柱、题名石、健身器材、照明灯柱等广场设施。面积2公顷的仓储堆场处（位于赫哲新区西侧，临防护堤），堆场上设置库棚两栋（1 500平方米）、晒谷场等。集中建设村委会和文化站两处公建设施。同时规划建设小学校、幼儿园、卫生院、锅炉房、给水泵房等配套基础设施。

新区按八岔乡镇区总体规划，配套建设道路、给排水、消防、供热、供电、通讯及绿化工程。新区建设南、北侧城镇道路（6米宽），东、西侧城镇支路（3.5米宽），广场两侧道路（6米宽），城镇巷路（3.5米宽），穿越军事区道路（10米宽）及荷兰砖宅前路。新建混凝土道路总计3.4千米，荷兰砖宅前路总计2.8千米，主干路维修1.03千米，乡政府门前道路维修3 820米。给排水、消防及供热系统包括明渠2.1千米、钢筋混凝土管道4 880米、钢管26.93千米及各项配套设施。供电、通信系统包括变电站2座、供电线路8.2千米、电缆18千米、光缆23.5千米、路灯80套等设施。绿化工程分为宅前绿地、文化广场绿化、道路两侧绿化及防护林等内容。

2014年5月8日，项目经理部成立。优先施工住宅、给水泵房、锅炉房、小学校、幼儿园等主体建筑，确保赫哲族受灾群众入冬前入住有供暖的房子。11月15日，项目经理部与八岔赫哲族乡政府举行交钥匙仪式，新建住宅正式移交。11月21日，项目通过竣工预验收。

2015年4月9日，陆续开展绿化、军事区道路、广场设施、给水泵房扩建、锅炉房扩建等工程施工，并根据4月16日油田公司项目领导小组质量回访现场办公会议的要求及地方政府的建议，陆续对赫哲新区给水泵房和锅炉房进行相应的扩建调整，同时对大庆油田同江救灾援建工程进行全面整改、提高及完善。9月16日，工程（除尾项外）全部完成。从此八岔赫哲族人从过去的普通平房一步迈到了集中供热的花园式别墅新区，充分体现了党的温暖和社会主义制度的优越。

特殊的优惠政策扶持

粮食供应政策。1953年，八岔村赫哲族人口口粮由国家统一供给。男劳力每人每月21.5千克（其中白面4千克，大米0.5千克，杂粮17千克），妇女每人每月14千克（其中白面4千克，大米0.5千克，杂粮9.5千克），小孩每人每月9千克（其中白面4千克，大米0.5千克，杂粮4.5千克）。豆油每人每月250克。

计划生育特殊政策。自1994年7月1日起施行的《黑龙江省计划生育条例》第二章第七条规定，依法结婚的夫妻，女方年满28周岁，已生育一个子女并年满4周岁，夫妻双方均为全国一千万以下人口的少数民族或夫妻一方为鄂伦春族、鄂温克族、赫哲族、达斡尔族、柯尔克孜族的，经本人申请，县级以上计划生育行政部门批准，可再生育一个子女。

自2000年2月1日起实行的《黑龙江省计划生育条例》第二章第十条规定，依法结婚的夫妻，已生育1个子女，夫妻一方为鄂伦春族、鄂温克族、赫哲族、达斡尔族、柯尔克孜族的，经本人申请，县级以上计划生育行政部门批准，可以生育第二个子女，但生育间隔不少于4年。

自2003年1月1日起施行的《黑龙江省计划生育条例》第二章第十四条规定，少数民族也应当实行计划生育。夫妻双方均为全国一千万以下人口的少数民族，以及夫妻一方为鄂伦春族、鄂温克族、赫哲族、达斡尔族、柯尔克孜族的，依法生育一个子女后，可以再生育一胎子女，但生育间隔不得少于4年。夫妻双方均为鄂伦春族、鄂温克族、赫哲族、达斡尔族、柯尔克孜族的，依法生育两个子女后，可以再生育一胎子女。

自2016年4月21日起施行的《黑龙江省计划生育条例》第二章第十三条规定，少数民族也应当实行计划生育。夫妻双方或者一方为鄂伦春族、鄂温克族、赫哲族、达斡尔族、柯尔克孜族、锡伯族、俄罗斯族的，依法生育两个子女后，可以再生育一胎子女。

全国统一高考特殊政策。自恢复高考制度后，赫哲族考生一直享受总分加20分的优惠政策。2015年6月，黑龙江省十二届人大常委会第二十次会议通过了《关于修改〈黑龙江省民族教育条例〉的决定》，其中对少数民族高考加分政策作了进一步调整和规范。调整后规定，使用本民族文字答卷的少数民族考生，经黑龙江省民委审核确认的户籍在自治县、民族区、民族乡镇，且学籍在户籍所在县高级中等学校的少数民族考生（当地连续3年以上户籍和当地高中连续3年学籍并实际就读），报考全国院校时，在高考成绩总分的基础上增加5分投档，由高校审查决定是否录取。经黑龙江省民委审核确认的户籍在该省的鄂伦春族、赫哲族、鄂温克族、柯尔克孜族、达斡尔族、蒙古族、锡伯族、俄罗斯族考生，在报考黑龙江省属院校时，在高考成绩总分基础上增加10分投档，由高校审查决定是否录取。此外，2015年1月1日前取得本省高中学籍的散居在汉族地区的其他少数民族考生，在参加2015年、2016年高考时，在所报黑龙江省属高校投档分数线下降低5分投档，由高校审查决定是否录取。

发展教育事业投资倾斜。为全面提高赫哲族群众的整体素质，把教育放在优先发展的战略地位，努力改善赫哲族乡中心校办学条件。在赫哲族乡建设了2 000平方米的标准化学校，配备了先进教学设备，使赫哲族适龄儿童入学率、巩固率、毕业率均达

100%。开发编撰了赫哲族课本教材，开设了赫哲语言、民族舞蹈等课程。

为改善赫哲族群众防病治病条件，改建了乡卫生院，实行新农合即时结报制度，新农合参合率达到100%。建立了覆盖少数民族乡村居民的社会保障体系，将60岁以上赫哲老人全部纳入低保范围。实现了赫哲族群众病有所医、学有所教、老有所养、住有所居的幸福生活。

民族文化传承

发展非物质文化遗产事业。2006年，同江市正式组建非物质文化遗产保护中心，挂靠群众艺术馆，隶属文体局（现文体广电和旅游局），股级事业单位，编制3人。办公地点设在同江市文体广电和旅游局。经过非物质文化遗产保护中心与同江赫哲族研究分会共同参与田野普查、资源挖掘、文本编写、档案保存、图文整理等，赫哲族说唱艺术伊玛堪和赫哲族鱼皮制作技艺两项分别被国家文化部列为国家级第一批非物质文化遗产保护名录。

2007年6月，吴宝臣和尤文凤分别被文化部确立为伊玛堪和鱼皮制作技艺国家级代表性传承人。

2010年6月7日，中央政治局原常委李长春同志在赴同江考察调研时，对赫哲族传统渔猎文化的传承保护提出要建设赫哲族非物质文化遗产研究保护中心（现赫哲族文化中心），并对该项目给予了大力支持。此后，中共同江市委、市政府加大了项目的推进力度。

2015年6月，赫哲族非物质文化遗产研究保护中心（现赫哲族文化中心）项目开工建设，2017年7月竣工，目前已经全面投入使用。

2016年6月3日，经同江市第一次编委会研究决定成立同江市非物质文化遗产保护中心，全面负责同江市非物质文化遗产抢救、保护、传承和有关非遗工作。非物质文化遗产保护中心已经成功申报了国家级项目2个，省级项目4个，市级项目10个，县级项目9类44项。

2012年，增加了赫哲族传统饮食项目的挖掘，主要有塌拉哈、霍霍饭、刹生鱼、生鱼片、刨花、炒鱼毛和鱼米粥等。县级项目由9类44项增加到50项。

2014年，全年开展伊玛堪传习64节课，包括记录传承人传授内容和各项活动的文字约有3万字左右、图片1 000余张，视频内存量达150G。

2015年5月，非物质文化遗产保护中心积极申报省级项目名录《特轮固》，经过专家评审、认定，于2015年12月，由黑龙江省文化厅、黑龙江省非物质文化遗产保护中心确立为第五批省级保护名录。

2018年，国家级非物质文化遗产保护名录项目已增加到3项，省级非物质文化遗产保护名录增加到6项，佳木斯市级非物质文化遗产保护名录增加到17项，同江市县级非物质文化遗产保护名录增加到9类169项。

按照中共同江市委、市政府提出的"三区一带"规划，以同江市区赫哲族文化中心为核心，沿着街津口赫哲族乡与八岔赫哲族乡两乡分别建立了赫哲族民俗展示园和赫哲族渔猎体验区，建设民俗博物馆、赫哲族文化产业基地、赫哲族传统文化展示广场、赫哲族餐饮展示馆、民族文化村、赫哲族鱼展馆、赫哲族婚俗广场、赫哲族壁画小镇、赫哲族民俗体验区、赫哲族渔猎文化馆、赫哲族渔猎风情游览区、"伊玛堪"传习所和"鱼皮制作技艺"传习所及三江口广场等赫哲族文化旅游活动场所。举办了赫哲族旅游节、赫哲族渔猎文化节、赫哲族"呼日堪"节、大马哈洄游节、中俄边境文化季展等系列文化活动，合作创编了伊玛堪歌舞剧《拉哈苏苏》《赫哲婚礼》《天鹅舞》《打鱼的哥哥回来了》，编撰了《赫哲族语言教程》《赫哲族非物质文化遗产项目集萃》《赫哲族伊玛堪说唱》等大量艺术作品和书籍，部分作品在国家及省级获得奖项。培养出赫哲族非物质文化遗产国家级代表传承人2名、省级代表传承人9名、市级代表性传承人27名、县级代表性传承人70名。

2017年，"佳木斯·同江中俄边境文化季"第一届黑龙江省全国非物质文化遗产展在同江举办，是首次省级非遗大展在县级城市举办。本次大展以"活态传承延续发展，非遗魅力近在身边"为主题，共邀请来自全国7个省市70位省级以上工艺美术大师和国家级传承人参加，展品达4 000多件。

2017年，建成同江市赫哲族文化中心。中心坐落在同江市三江口大街与沿江大道交汇处，北邻江心岛。占地面积10 000平方米，建筑面积5 000平方米。总投资4 000万元。中心布局分A座和B座，以赫哲族原始居室木刻楞子元素构建而成，属三层多功能设施齐全的赫哲族文化大楼。A座由赫哲族非物质文化遗产展示馆、伊玛堪传习所、赫哲族综合文化艺术传承基地、多功能演出剧场构成，主要以动态展示赫哲族伊玛堪、鱼皮制作技艺、桦皮制作技艺、鱼骨工艺、赫哲族民间舞蹈、民间音乐和传统体育竞技等。B座为赫哲族鱼皮文化产业基地综合展示馆，展区分为赫哲族鱼皮文化展示区、销售区、文化创意游览区、赫哲族非遗美食体验区和大型赫哲族文化超市等，基地主要以赫哲族鱼皮为原料，进行设计、切割、染色、缝制、成品展示、展览、展销为一体的现代化流水加工产业区，将成为赫哲族文化产业集合区和文化扶贫产业基地及中外文化艺术交流汇集基地。

2018年6月26日，同江市非物质文化遗产保护中心赫哲族文化中心搬迁到赫哲族文化中心。

《全国名村志工程·八岔村志》正式出版发行。2017年12月29日，由中国地方志指导小组办公室（以下简称中指办）主办的首届中国地情论坛、首届全国名村论坛暨中国名村志丛书出版发行会在北京人民大会堂开幕。黑龙江省佳木斯市同江市八岔赫哲族乡八岔村被评为"全国名村"，《全国名村志工程·八岔村志》作为首批名村志正式出版发行。

《八岔村志》是迄今第一部赫哲民族村志，全志采用纲目体，共计13个类目30余万字，体例完备，取精存真，条分缕析，略古详今，系统描述了自然、历史、政治、经济、文化、生态等各领域内容，如实记载了八岔村60余年（1953—2018年）经济社会发展历程，是一部有别于他志的民族志、特色志。

首批名村志共出版发行27册。

2017年出版的全国名村志——《八岔村志》

赫哲族作家孙玉民获第27届中国金鸡百花电影剧本提名奖。赫哲族本土作家孙玉民，同江市街津口赫哲族乡人，1980年，高中毕业回到街津口渔业村参加捕鱼劳动。1982年，孙玉民首创发明了赫哲族鱼皮画。孙玉民的小说、诗歌、散文在《人民日报》《光明日报》《文艺报》《中国民族报》等全国报刊上发表。出版了专著《中国赫哲族》、散文集《碧绿的明冰》、诗歌集《赫哲人献你一束花》、中短篇小说集《乌苏里船歌》、电影文学剧本《赫哲神舞》等。小说、诗歌、散文分别荣获第一、三、四届黑龙江省少数民族文学奖。2008年，成为中国作家协会会员。2010年，参与国家重点图书项目"中华民族全书"丛书创作，完成了"赫哲族卷"的《中国赫哲族》一书，并于2012年正式出版。

2018年11月10日，孙玉民创作的电影剧本《赫哲神舞》荣获第27届中国金鸡百花电影剧本提名奖。

第六节　建设大型水利设施

1984年前，黑龙江东部基本没有堤防，西部只有简单的民堤，遇大水就会进入，其中1984年大水、1985年大水全市大部分乡村进水被淹，灾民撤离至抚远、勤得利、同江市区等地。

1985年，水灾之后，启动同抚堤防工程建设，西部由三江口至街津口，其中莲花河闸建在了八屯东侧，使得莲花河左回水堤长达7.6千米，右回水堤达14千米（农场境内），解决了黑龙江水倒灌的问题。

1992年，黑龙江堤防同江段基本完成。

1998年，同江市遭遇特大水灾，但由于国家投资意向调整，黑龙江堤防加高培厚项目一直没有落实。

黑龙江堤防分东西两部分，西部自三江口至街津口段，原有堤防长41.2千米，东段自卧牛河口至黑泡河口长59.8千米，其中堤路结合段长39.8千米。黑龙江堤防经过了4次大洪水的冲刷，即1984年、1985年、1998年、2013年，其中最大一次为2013年。

2013年，同江市遭受超百年一遇洪水袭击后，国家加大对水毁工程修复力度，全面启动松花江堤防修复及提高标准工程建设。主管部门领导多次会同设计单位向黑龙江省水利部门汇报，同时去北京参加工程项目审查工作会议，在国家水利规划总院的审查中及时提供各方资料，说明情况。使改线段设计得到了评审单位的认可，并经上级主管部门批准。此次的改线提高了同江市松干堤防的防洪能力，同时增加了城市建设用地面积，为今后的城市建设发展奠定了基础。松干堤防水毁修复及提高标准工程由黑龙江省三江工程建设管理局统一负责，地方政府及相关部门配合工程建设工作，工程自2014年建设至2018年基本完成。

2013年，同江市用不足20年一遇的堤防，抵御了超百年一遇的特大洪水，但由于年久失修，东部八岔段发生溃堤。在洪水没有完全回落到安全水位的情况下，黑龙江省水利厅、中共同江市委、市政府就将水毁修复工程提到了工作日程，同江市水务局多次与黑龙江省设计单位研讨工程规划、测量、勘察、征地等等。省里的审查会、方案研讨、汇报不计其数，多次进京进行项目审查。北京评审会工程组、规划组、环评组、用地组等相关审查同时进行。在各方的共同努力下，黑龙江堤防同江段改线工程及提高标准工程成功批复，这也是历次批复中少有的。黑龙江堤防同江西段街津口处由于原设计防外洪枢纽八屯闸工程位于三村镇八屯东，莲花河水还需要7.6千米才能入黑龙江。在这次黑龙江堤防提高标准工程设计中，同江市水务局将2013年大水、街津口赫哲族乡所在地部分被洪水淹没造成经济损失情况及时反映上去，并且对街津口处莲花河入黑龙江口提出改线方案，将防洪闸由八屯处改线至街津口入河口处，堤防改线长4.3千米，使7.6千米的莲花河左回水堤、14千米的莲花河右回水堤变为防内洪工程，缩短了防外洪堤防长度约17千米，减小了莲花河堤防防外洪的压力。

2013年9月中旬，黑龙江堤防八岔段溃口封堵工程在黑龙江省交通厅和水利厅的主持下，经过各方的共同努力于9月27日成功封堵。随着洪水的退去，大规模的水毁修复工程全线开工建设。

2013年末至2016年，大规模的防洪工程、水毁修复项目开工建设。松花江堤防、黑龙江堤防同江段经过5年建设基本完成，形成了完整的防洪体系，外患得到了彻底的解决，同时增加了排水出口，使内水有了出路，从根本上解决了旱灌涝排的工程布局，为今后的发展提供了保障（松花江、黑龙江堤防2013年大水后的工程建设，统一由黑龙江省三江工程建设管理局统一领导，由黑龙江省内各大水利工程处承建，地方水务部门配合协同作战方式完成了工程建设）。

同江市水利工程建设历时30多年，从零零星星的小打小闹的治理，到现在的防洪除涝联防一体化。特别是经过近5年来的不懈努力使同江的防洪能力由过去的不足20年一遇防洪标准到现在的大江大河全线达到50年一遇的防洪标准，为同江的经济发展提供充分的保障，解决了洪水威胁的后顾之忧。

第七节　完善城市配套措施

逐年改善市民生活环境

2012年，同江市编制完成沿江景观社区、人民公园、文化公园、村镇空间网点布局等多项规划，新建扩建同三高速公路延伸段、新老同三公路联络线、三江路等城市道路9.4万平方米，铺设人行道板1.87万平方米、路边石2.87万米、供水管网4842米、排水管线9623米，进一步拓展了城市发展空间。开工建设新热源、垃圾处理厂、俄罗斯风情园和文化公园等项目，推进沿江公园续建工程；改造沿街楼房13栋，新增绿化面积31.5公顷，安装景观路灯381杆，城市环境更加优美。改造棚户区16.6万平方米，建设廉租住房1.75万平方米，房地产开复工73万平方米。解决8处弃管小区的物业管理问题，新增物业管理面积21.3万平方米。

2014年，同江全市新建、改建主次干道9条，改造巷道3条；铺设排水管线1.14千米，改造供水管线10千米；安装居民住宅燃气1 500户；完善环卫保洁、市政维修、园林管护"三位一体"的市政管理模式，构建"信息化、全覆盖、全天候"的城市管理格局。大力推行小区物业"菜单式""等级化"服务。续建济美家苑、慧福小镇等7个棚户区，进一步改善城镇居民生活条件。

2015年，同江城市建成区面积达到10平方千米，改扩建城区次干巷道13条；城区巷道全部实现硬化，通乡公路全部实现白色路面化；开工建设新水源，完成了水源地保护、雨水强排站和污水污泥处置工程，城区冰雪清运机械化作业率和垃圾无害化处理率均达到100%；新建供热锅炉1台；稳步推进了浦西花园等7个棚户区改造项目，累计改造棚户区10 624户，改造农村泥草房7 174户，农村人均居住面积达到22平方米，砖瓦化率达到65%；绿化覆盖率达到41%，人均公共绿地面积达到15.87平方米，建设了沿江公园、耀邦主题公园、俄罗斯风情园、中华文化公园和廉政主题公园，被评为国家园林城市。

2016年，同江全市铺设白色及沥青路面32 225平方米、道路边石4 719米、排水管线2 517米，铺装人行道板20 495平方米，维修通江街、友谊路等14条道路。完成俄罗斯风情园、中华文化园、海关历史文化广场等公园绿化、亮化工程。新水源工程完成净水间、综合楼、清水池、排水池等土建工程主体；铺设供热管网13.6千米，新建75T/h蒸汽锅炉1台；铺设燃气管线6.8千米，入户安装706户。污水处理厂全年处理污水约为460万吨，平均日处理量为1.2~1.3万吨，出水水质稳定达标。完成882户房屋征收工作，征收完成率118%，争取中央、省保障性安居工程补助资金4 348.94万元。深入推进美丽乡村建设，改造危（泥草）房1 663户，争取中央、省农村危房改造补助资金1 836万元。

2017年，同江全市改扩建城市道路6条；铺设配套边石3 523米、彩板19 822平方米、排水管道4 108米、路灯503杆、电缆4 506米。修建农村道路和农田路71.6千米。新水源工程于10月投产试运行并完成供水运营；铺设燃气管线6.5千米，完成4 327户的管道布设；新建改建供热管网9.2千米，新建换热站1座，技改换热站40个。污水处理厂全年处理污水440万吨，出水水质稳定达标；污泥采用深度脱水技术，执行转移联单制度，有效避免了二次污染。完成棚户区改造征收2 163户，征收完成率108%；完成农村危房改造573户。

2018年，同江全市改建和扩建城区道路5条，重点打造欧式风格幸福路。铺设给排水管网12.6千米、供热管网9.6千米、燃气管网13.9千米，强力推进了三江口水源地一级保护区建设。完成瑞景华庭二期、上善俪景一期棚改项目建设，棚户区改造项目全面开工。建设5个高品质住宅小区，维修老旧楼房7栋。全面落实水、大气、土壤污染防治计划，完成生态红线划定和养殖水域滩涂规划编制，开展第二次全国污染源普查，植树造林840公顷，中俄联合增殖放流鱼苗860万尾。开展清河行动和"大棚房"问题专项清理整治，清拆两江沿线34处、277栋违法建筑，销号治理37宗、6 198平方米问题农用地。有效解决秸秆野外露天焚烧问题，推进"五化"利用和网格化管理，实现全年全域全时段零火点。推进农村厕所革命，超额完成农村室内改厕任务，完成改造1 025户。八岔村供热完成煤改电工程，八岔赫哲族群众率先告别燃煤供热历史。加强美丽乡村建设，硬化改造村内道路39.3千米，整修边沟32.3千米，建设桥涵483座。街津口乡荣获"中国生态魅力乡"称号，街津口村入选中国传统村落名录，八岔村荣获全国"百佳避暑小镇"和全省"十佳和谐村"称号。

提升市民生活品位

中共同江市委、市政府对绿地公园的规划别具匠心。自中共十八大以来，在市财政并不宽裕的情况下，先后斥资4亿多元，建设了沿江公园、俄罗斯风情园、中华文化园、廉政主题文化公园和三江口国家湿地公园，并称同江"五大公园"，使同江市成为佳木斯地区乃至黑龙江品位较高的县级城市，吸引了众多国内外游客顿足观赏。

玉项绿珠般的沿江公园建于1985年，2002年改建，2010年扩建。总面积约29公顷（含部分水面），地方财政总投资1.94亿。

沿江公园从热电厂西至松江国际总长度为6 230米，占地面积为29万平方米，其中护坡面积为4.58万平方米，广场道路硬化面积为6.67万平方米，绿化面积为5.4万平方米。碑林墙总长120米，高4.735米。浮雕墙名为《肃慎江赋图》。

沿江公园坐落于中心城区北侧，沿松花江支流西小河水脉走势而建，以带状水域为核心，以水岸绿化为特征，突出城市与自然景观相互交融，彰显同江山水文化、历史文化、民俗文化和口岸文化为特色的绿色生态公园。

2018年，俄罗斯风情园套娃广场　王雷 摄

异域情调的俄罗斯风情园位于同江市区通港路与俄罗斯大街交叉口西北处，南隔通港路与中俄同鑫大市场相对，北至沿江大道，东至滨江西路。2013年6月开工建设，一期占地面积23.75万平方米，建筑面积3 200平方米，地方财政总投资7 000万元，2015年交付使用。公园为开放式、综合型城市主题公园，在充分利用现状资源条件和用地条件下，满足同江市人民对未来高品质生活的需求，为同江市树立一个新的城市名片和标志点。以文化、生态、休闲、体验为核心，尽量满足不同年龄、不同性别、不同爱好的人群需求。遵循以人为本的原则，通过不同的功能区让同江市人民感受文化和放松。以中俄两国文化为主基调，围绕中俄两国在艺术、文学及园林艺术方面的风格特色，突出生态、休闲和体验等多方面的功能，打造成具有中俄两国风格特色的高品质综合性城市公园。公园根据用地现状和周边用地情况分成七大功能区：文化风情展示区、休闲体验区、青年儿童活动区、运动健身区、植物观赏区、俄式园林区、生态休闲区。

底蕴深厚的中华文化园位于同江市区平安大道南侧，其标志性建筑"孔子铜像"与同江市第一中学南教学主楼相对。文化园建于2013年，面积为16.8公顷，地方财政总投资4 312万元。主要是供人们停留、集散、服务的城市休闲公园。在体现地方风格的前提下，以园林景观要素为载体，将反映中国传统文化的画卷和文章烙印于园林小品中，力求将绿色融入于传统文化中，将传统文化印在人们的休闲中。创建休闲娱乐的人性化空间，完善公共服务设施，提高公共服务功能。过境铁路、交通道路处设防护林带，利用多种植物的多样式配置来创造绿色空间，弥补现代城市中绿地分布不足的缺陷，从而提高居民生活居住的环境质量。全园以儒家思想为脉络，渗透到各个主题景观。自西向东

中华文化园中的孔子铜像
文广旅局提供

分别为继承孔子大同观的同字广场区、历史文化园区和展示道德观的碑林展示区。

2018年，廉政主题文化公园　同江市文体广电和旅游局提供

　　警钟长鸣的廉政主题文化公园位于中华文化园西侧与中华文化园东西相连，既相对独立，又浑然一体。2015年建成，东西长度约275米，南北进深约262米，面积7.2公顷，地方财政总投资

3 380万元。2015年8月，对外开放。公园以"扬正气、倡勤廉、促和谐"为主题，以新时代廉政文化教育为特色，为中国历代清正廉洁楷模树碑立传，把遗臭万年的贪吏钉在耻辱柱上，通过廉政文化、历史典故作品增强说服力、感染力。此廉政公园主题思想突出，空间自由开阔，满足现代人审美与实用多元化需求，具时代特色，集文化教育、休闲、娱乐为一体的开放性城市公园。

鸟语花香的三江口国家湿地公园由同江市区沿江公园向北直至黑龙江右岸区域内的所有湿地、植被和水面。南侧以西小河为界，东侧紧邻滨江东路。2014年1月，开始筹建，规划景区总面积为1 131公顷，建筑面积3 100平方米。景区内各项建筑工程包括景观工程、道路工程、场地工程、给水工程、排水工程、供热工程、电力电信工程以及其他一般服务设施工程，园内修建了一条总长4 240米的环岛路，栽植蒙古栎361株、糖械5 000株、樟子松5 000株、柳树20余万株。经过3年的建设发展，园内修建了景观桥、观鸟塔、三塔映日广场、木栈道、游客服务中心、船坞等，已投资8 000万元。

2014年6月，国务院办公厅印发了《关于加强湿地保护管理的通知》，明确指出，湿地公园是湿地保护管理的一种重要形式。此后，国家林业局湿地保护管理中心印发了《国家湿地公园总体规划导则》和《国家湿地公园管理办法》，以"保护优先、科学修复、合理利用、持续发展"为基本原则的国家湿地公园建设已经进入了蓬勃发展阶段。湿地保护与修复、科普宣教、科研监测、合理经营和利用、生态旅游、社区共管等措施都可通过湿地公园的建设得以实现。为了更好地改善同江生态环境，满足城市建设发展的需求，中共同江市委、市政府秉承"保护湿地生态，呈现湿地环境，展示地方文化，促进人与自然和谐"的理念，提出了"建设同江三江口国家湿地公园"

的构想。湿地为三江平原东端受人为干扰较小的湿地生态系统典型代表，区内泡沼遍布，河流纵横，自然植被以沼泽化草甸和灌丛为主，均保持着原始自然状态。湿地内以禾本科和莎草科植物为主，阶地上以杨柳科灌丛为主，有高等植物50科313种，其中野大豆是国家二级保护植物。特殊的自然环境、良好的植被和水文条件，为各种野生动物提供了优越的栖息和繁衍场所，造就了丰富的湿地动物多样性，现有兽类20种、鸟类201种、爬行类4种、两栖类7种、鱼类25种，体现了丰富的生态资源和良好的生态环境。

提高市民饮水质量

2017年10月，建设同江市三江口净水厂。位于同江市区三江口大街北端东侧，三江口景区南侧。厂区占地1.65万平方米，水源日取水能力2.2万吨，设计日供水能力2万吨，水厂现有化验室能够完成42项水质化验指标，达到了国家规定的县级水质化验能力。

现全市共建成供水管线279.99千米，实现了供水管网全覆盖。水净化工艺也在不断地更新、供水量也在不断地增加，日供水能力2万吨，2017年供水量达372万吨，完全可以满足全市的供水需求，同时供水工艺从人工变成全自动化工艺。

同江全市的供水普及率也逐年增长至96.8%，实现了除部分平房居民打井取水外的全市自来水供应。且水费收取方式也在逐渐地更新，从挨家挨户入户抄表收取水费，到现在80%以上的用户以水费大厅缴费为主，水表也从最开始的普式水表变成普遍的智能卡式水表，再到逐步安装入户的无线远程水表，全市供水已实现"互联网+政务服务"模式，正在逐步向信息化迈进。

第八节 教育文化事业发展成果

人才培养的重大突破

高考成果。2018年，同江市第一中学参加高考人数610人，文科236人，理科374人。本次高考理科最高分为634分，文科最高分为583分，进重本段人数为129人，重本上线率为21.15%；高考进文科普本段人数为124人，进理科普本段人数为248人，普本上线率为60.98%。

2019年，同江市第一中学被评为省级示范性普通高中。

教师队伍建设。同江全市有教职工1 457名。其中高中179人，职高87人，初中309人，小学716人，幼儿园81人，特教学校13人，其他教育机构72人。教职工具有研究生学历13人，大学学历912人，大专学历445人，中专学历58人，高中以下学历29人。在现有教师队伍中，具有高级职称的教师261人，中级职称教师656人，初级职称教师504人。

从同江走出去的中国驻外女大使姜岩，女，1970年7月出生，黑龙江省同江市人，就读于同江市第一中学，1988年，以优异的成绩考入北京外国语学院。

2018年3月5日，中华人民共和国主席习近平根据全国人民代表大会常务委员会的决定，任命姜岩为中华人民共和国驻乌兹别克斯坦共和国特命全权大使。

2018年4月10日，驻乌兹别克斯坦大使姜岩在塔什干洲际酒店举办到任招待会。乌兹别克斯坦文化部长萨伊弗拉耶夫、外交部第一副部长阿萨多夫、参议院外委会主席库尔曼诺夫、国际关系和对外友好委员会主席库尔班诺夫等乌政府高级官员，各国驻乌大使及外交官，在乌华侨华人、中资机构、汉语教师和志愿者、留学生代表，共计400多人出席。

2018年4月10日，姜岩在到任招待会上发言

同江市档案馆提供

成功举办黑龙江省同江"促进杯"中俄篮球赛

2013年春季，为庆祝中俄青年友好文化交流年，增进友谊，促进两国大学生篮球运动交往与提高，繁荣口岸经济，经黑龙江省体育局批准，同江市开始筹划一个常态化的国际体育赛事，即黑龙江省同江"促进杯"中俄篮球赛。最初由原黑龙江省篮球队领队、男女篮党支部书记、高级教练员、赛事秘书长牟健同志与同江市政府进行协调、沟通，最终同江市政府做出批示，定于2013年8月在同江市体育馆举行。但由于同江遭遇超百年一遇的特大洪水灾害，同江全市人民都在做抗洪抢险工作，因此赛事被推至下一年举行。

2014年8月21日至25日，第30届黑龙江省同江"促进杯"中俄篮球赛在同江举行。赛事由同江市人民政府主办，佳木斯市体育局、同江市教育体育局承办。赛前，组委会作了充分的协调和准备，并做好了相关预案，力争做到万无一失。政府主管副市长多次组织相关单位召开协调会，明确分工，确保此次赛事顺利开展，并与同江市教育体育局、赛会秘书长多次研究，确定了2014年第30届黑龙江省同江"促进杯"中俄篮球赛组织委员会成员。由黑龙江省体育局副局长和中共同江市委书记任组委会名誉主席，同江市人民政府市长和黑龙江省体育竞赛管理中心主任任组委会主任，同江市人民政府主管副市长任组委会执行主任，黑龙江省、佳木斯市、同江市组织本次赛事具体事项的主要负责人为副主任，同江市各相关保障单位副职任委员，牟健任秘书长，刘克举任副秘书长。同江市教体局与俄方代表、赛会秘书长、同江市公安局、卫生局确定成立了2014年第30届黑龙江省同江"促进杯"中俄篮球赛办事机构。同江市教育体育局局长任主任，教体局相关负责人任副主任。成立了接待组、车辆组、竞赛部、安保部、医务部和场地器材部，并进行了赛前培训，全程为赛事服务，确保赛事安全有序进行。

开幕式由同江市政府主管副市长主持，同江市教育体育局领导各队领队及俄方代表参加、由牟健秘书长宣布比赛开始。赛事共邀请了中俄两国15支篮球队参加，其中男队10支、女队5支。参加比赛的球员均为中俄两国在校大学生，这些队伍来自俄罗斯哈巴罗夫斯克、海参崴、布拉戈维申斯克、比罗比詹、斯巴达克等地区的大学，国内有中国电子科技大学、山西大学、吉林大学、辽宁大学、哈尔滨工程大学等著名大学篮球队也受邀参赛，参赛总人数达到273人。其中，运动员和工作人员240人。男队分成AB两组，第一阶段进行单循环赛制，第二阶段采用两组同名次比赛决定总名次。女子组采用单循环比赛，按成绩决定名次。

比赛中，中俄两国青年同场竞技，增进了解，加深友谊，队员们表现出了顽强拼搏、奋发向上的精神。经过5天的激烈角逐，最终吉林大学获得男子组第一名，俄罗斯哈巴罗夫斯克队获得亚军，女子组第一名被武汉科技大学获得。

"促进杯"中俄篮球赛已经在黑龙江全省各地区举办了29届，第30届在同江市举行，这也是同江市首次举办的大规模国际篮球赛事。此次篮球赛正式拉开了同江"中俄边境文化季"的序幕，更好地促进中俄两国青年在教育、文化、体育等领域的交流，加深彼此友谊，推动了中俄全面战略协作伙伴关系进一步深入发展。

2015年，第31届黑龙江省同江"促进杯"中俄篮球赛成为2015中俄青年文化友好交流年和同江2015年中俄边境文化季系列活动的组成部分。本届赛事共吸引了来自中国上海、广西、吉林、辽宁、黑龙江以及俄罗斯布拉戈维申斯克、海参崴、哈巴罗夫斯克的15支男女篮球队参赛，其中不乏上海大鲨鱼这样的著名球队。参赛总人数达到300余人。其中，运动员240人。比赛于8月19日正式开幕，仍是由同江市人民政府主办，佳木斯市体育局、同江市教育体育局承办。赛事组委会和办事机构以及赛前准备工作人员也仍选用上一届的原班人马，既有经验又熟悉工作，与各队领队及俄罗斯各支球队交流更方便顺畅。

本次赛事8月24日结束，共历时5天，各支球队通过激烈角逐，最终，男篮冠军、女篮冠军均被吉林大学获得，哈巴罗夫斯克太平洋队获男子组亚军，东北财经大学获女子组亚军。

第32届黑龙江省同江"促进杯"中俄篮球赛于2016年8月16日在同江举行，本次赛事是同江中俄边境文化季的一部分，此项赛事已是连续第三年在同江举行。

此次赛事共邀请了中俄两国共8支篮球队参加，均为男子球队，比赛分为两个阶段。第一阶段8支男篮抽签分成A、B两个组，4个队为一组，采用单循环赛制；第二阶段A、B两组采用2组同名次赛制，决出一至八名。在为期4天的比赛中，他们为同江人民展示了篮球这项运动的风采，同时也展示了篮球在不同地域所特有的技术特点，上演了一场视觉盛宴。最终来自中国的上海交大获得冠军，电子科技大学获亚军，两支俄罗斯代表队分获第三名和第四名，台湾金门大学获道德风尚奖

高规格举办中俄边境文化季

2015—2019年，每年在同江举办一次中国与俄罗斯文化交流活动。通过5年系列活动的举办，进一步深化了中俄双方在文化、体育、旅游等多领域的交流与合作，充分释放出沿边城市对俄合作潜力，促进了双方地域文化及民族文化繁荣发展，成为在黑龙江省乃至在中俄两国都有一定影响力的文化活动品牌。

同江中俄文化周。2015年8月16日，首届同江中俄文化周在同江市启幕，主要载体有中俄书画艺术展、中俄民俗展览、中俄文艺专场演出、中俄篮球赛。文化周为期8天。

同江中俄边境文化季。2016年8月2日，同江中俄文化周改为中俄边境文化季，并定为第二届，为期30天。中外嘉宾将欣赏到13场中俄文化体育盛会。

2017年，赵景春、于秋颖夫妇在同江东北亚广场为家乡人民专场演出

同江市文体广电和旅游局提供

2017年6月26日，第三届中俄边境文化季在同江市东北亚广场盛大开幕。共有七大板块130余项活动，历时3个月，有丰富多彩的中俄音乐节、中国非物质文化遗产展、赫哲龙舟大赛、中俄跨境1+1马拉松、中俄美食节、中俄骑行嘉年华、"赫哲之夏·相约八岔"渔猎文化节、街津口"呼日堪"文化节、骑游嘉年华自行车大赛、中俄篮球赛和乒乓球赛等。

2018年7月4日—10月14日，2018佳木斯·第四届同江中俄边境文化季活动在同江市、俄罗斯哈巴罗夫斯克边疆区、那乃区、犹太自治州等多地同步举行，重点推出文化季宣传推介、中俄音乐节、扶贫惠民、中俄竞技比赛、中俄跨境旅游、中俄少数民族互访、中俄经贸招商、中俄艺术博览八大板块70余项活动。举办大型音乐会和赫哲鱼皮文化、赫哲族那乃族1+1文化、北方丝绸之路、俄罗斯风情等展览活动，上演赫哲族原生态剧《拉哈苏苏》和伊玛堪情景剧《赫哲婚礼》、大型龙江剧《百米河边》等大型剧目，开展了中俄电影展播和大学互访互动、中俄少数民族互访等活动。

2019年6月5日，中俄元首决定将两国关系提升为"新时代中俄全面战略协作伙伴关系"。随着同江中俄跨江铁路大桥建成在即，黑龙江（俄罗斯称"阿穆尔河"）两岸也即将迈入合作发展"大桥经济"的新起点。

2019年7月至9月，佳木斯·同江第五届中俄边境文化季活动在黑龙江省同江市隆重举办。2019年是新中国成立70周年，也是中俄建交70周年。佳木斯·同江第五届中俄边境文化季系列活动延续"友好、合作、共赢"主题，以深化中俄地方区域人文领域交流为宗旨，开展宣传推介、中俄音乐节、中俄竞技比赛、中俄跨境旅游、中俄少数民族互访、中俄经贸招商、中俄艺术博览、赫哲八大文化共8大板块100项活动。

第九节　社会主义精神文明建设

中共十八大后，我国进入中国特色社会主义新时代，精神文明建设呈现出新的特点和特色，中共同江市委及时调整思路，提出了高起点、高质量、高标准的工作原则，采取了可持续性的措施，使同江市中国特色社会精神文明建设提升到一个新的高度。

实施志愿者队伍锤炼工程

坚持长效服务，主要采取"三个三"措施。贴近实际，贴近生活，贴近群众（三个贴近）；与深化群众性精神文明创建相结合、与加强和改进未成年人思想道德建设相结合、与广泛拓展社会志愿服务领域相结合（三个结合）；党政机关、窗口行业和中小学校率先示范引领（三个率先），各相关责任单位牵头开展"三关爱"志愿服务活动。

抗洪抢险锤炼志愿者意志。在2013年抗洪抢险战斗中，共动员组织1 500志愿者参与志愿者服务活动，服务时间累计已达2 000个小时。根据抗洪防汛的需要，同江全市广大志愿者迅速行动，开展了多项志愿服务活动。组织志愿者为一线的武警官兵、公安干警、党政干部送去了矿泉水、西瓜、面包、暖壶、药品、内衣裤、爽身粉、花露水等价值达20余万元的急需物资；组织100名志愿者，分5组，进驻到第一中学、第四小学、第二中学等5个安置点，全力配合民政部门开展3 200名灾民安置、物资搬运发放、防暑降温、卫生保洁工作；在各安置点组织志愿者设立安全保卫小组，配合公安机关开展彻夜巡查工作；为安置点就餐场所冒雨搭设防雨布，购买水壶，烧开水，解决安置点无热水使用的问题；组织志愿者联系饭店，为抗洪一线人员做饭。其中，年龄最小的15周岁，最大的61周岁，他们每天凌晨4时就起床，为前线抗洪部队、武警官兵做包子、盒饭。

在活动中发展志愿者队伍。在城市社区开展的"邻里守望"活动中，全市机关志愿者组织了广场义卖志愿服务活动；在全市中小学中开展了"三关爱"暖心志愿服务活动和"小手拉大手，共圆中国梦"志愿服务活动。同时，进一步加强了志愿服务网上创建活动。按照全国网络文明传播测评体系要求，完成了省级文明单位网络文明传播志愿者网上注册工作，省级文明单位注册率达到100%。

实施道德培育工程

道德文明教育重点开展社会主义荣辱观、公民基本道德规范、文明礼仪等教育，强化媒体舆论导向作用，着力解决部分市民中存在的社会公德、职业道德、家庭美德缺失的现象，在同江全市形成知荣辱、明道德、讲礼仪、重诚信的良好风尚。通过举办社区讲堂、先进事迹报告会、座谈会等形式，深入学习黑龙江省第四届道德模范李明（同江市人民检察院）、感动龙江十大人物三村村民赵广美的先进事迹。着力在特色和质量上下功夫，努力打造具有行业特点、时代特色的"道德品牌"。

我推荐我评议身边好人活动。以勤劳节俭、诚实守信、孝老敬老、敬业奉献、见义勇为弘扬"善、敬、信、礼、孝"为主题，开展了"文明同江，寻找身边感动人物"主题宣传活动。开展身边好人推荐工作，每个单位每月至少要推荐1名身边好人，并上报事迹材料和工作、生活照片各1张。在社区村屯设立"善行义举"榜，鼓励社区居民、村民发现挖掘身边好人好事并上报义举榜，通过宣传道德模范、身边好人先进事迹，引领崇德向善的社会风尚。

道德大讲堂。充分利用市民学校、农村活动中心等阵地，围绕"富强、民主、文明、和谐、自由、平等、公正、法治、爱国、敬业、诚信、友善"社会主义核心价值观，大力弘扬道德精神、展示道德力量，把尊敬老人、关爱儿童、帮助他人等内容融入道德讲堂，培育人们孝老爱亲、友善待人。大力弘扬中华民族优秀传统美德。开展"家风家教大家谈"活动。大力倡导和弘扬夫妻和睦、尊老爱幼、科学教子、勤俭节约、邻里互助的文明家风，2018年，共举办36期道德大讲堂活动。

2014年12月，组织"同江市抗洪英雄"宣讲团，利用农闲时在10个乡镇进行巡讲，面向广大农民普及道德理念、讲述抗洪故事，着力提高广大群众文明素质。

未成年人思想道德建设。实施美德阳光建设工程，深入开展"做一个有道德的人"主题实践活动。2018年，同江市任庆丽、菅悦玖、田梓潼分别被评为省级美德阳光家长、美德阳光教师、美德阳光学生；兴旺社区、第四小学被评为省级美德阳光社区、美德阳光学校。同时，同江市以"中国梦"为主题，讲好中国故事，在全市举办了未成年人故事大赛，引导未成年人树立远大理想、培育自强不息精神。大力推进乐业镇中心校少年文化宫建设试点，对已建成的向阳中心校文化活动开展情况进行定期检验。2014年，向阳中心校的"说唱脸谱"歌舞节目被选中参加了黑龙江省少年文化宫节日会演。

培育道德模范。多年来，先后树立了谭勇、刘海荣、高庆国等多位黑龙江省、佳木斯市级道德模范。利用传统节日组织慰问道德模范，制定《同江市道德模范帮扶和礼遇道德模范实施办法》，开展文明单位与生活困难道德模范结对帮扶活动。

2015年，在电视台开办"身边的好人"栏目，播放先进典型人物事迹10期，同时把先进人物典型事迹制作活动展板在人流集中的场所进行宣传，做到家喻户晓。

2017年，同江市高庆国同志被评为2017年度省级敬业奉献道德模范，吕桂芝、窦银环分别入围中国好人、龙江好人榜。

2018年，曹辉发荣获2017年度"感动龙江"人物。

道德讲堂对开设道德讲堂的时间、环节、对象以及道德讲堂的标志作出具体安排部署，将"道德讲堂"纳入文明单位考评。组建了一支业务强、素质高、认真负责、热心的文明道德传播践行宣讲团，集体备课，统一制作各类课件，以身边人讲身边事、身边人讲自己事、身边事教育身边人的形式，不定期到各级各类道德讲堂进行宣讲。统一讲堂标识和活动背景，创设活动基本流程，其中，讲故事以市内道德模范、身边好人为素材进行宣讲。

道德文化建设以社会主义核心价值观学习宣传为载体。围绕"三个倡导"，把学习宣传践行社会主义核心价值观融入精神文明建设全过程。把践行社会主义核心价值观列入精神文明建设工作要点，并作为乡镇、市直单位年度精神文明考评的重要内容。

2015年，设置大型宣传标语30面、文化墙500多米、宣传栏16个，印发"告别不文明行为、争当文明市民""文明礼让斑马线"等市民宣传教育资料5 000份，发动各文明单位利用宣传橱窗、楼宇电视、LED电子屏播发公益广告100余条。组织开展家风家训征集活动，选送市办参评的作品中，《我爱我家》《为梦扬帆醉歌甜》《无声无言的教诲》3件作品被佳木斯市《传立家风家训凝聚道德力量》选集选中。

实施文明单位文明市民创建工程

2013年，组织召开了2012年度省级、佳木斯市级精神文明创建活动先进集体和先进个人的表彰会议，会上表彰了同江市人民法院、同江海关等在内的23个（名）先进集体和先进个人。

2017年，组织各项道德文化大讲堂60多次，受教面达2 000多人次。在电视台设立"身边人、身边事"专栏和社会主义核心价值观教育活动，向老百姓讲述身边的好人好事，传输好人有好报的正面能量，同时也提升干部群众道德素养。同时，以中小学校为重点，开展了明德守礼"六个一"活动、"争做美德少年"等主题教育活动，其中健康驿站志愿者团队利用寒暑假期组织的"青少年道德公益讲座"深受全市青少年和家长们的欢迎，增强了学生的"爱国诚信、尊老爱幼"道德观念。

制定了《同江市民文明公约》并在全市物业小区宣传栏内进行张贴推广，做到文明公约家喻户晓；与交警队、市场监督管理局、旅游局、城市行政执法局联合开展"文明礼让斑马线""餐桌文明从我做起""争当文明游客""文明祭祀"等实践活动，引导市民文明习惯养成。

在全市下发了《同江市"推动农村移风易俗树立文明乡风民风"工作实施方案》。各个乡镇选树1个典型村屯，制定符合本村实际的《村规民约》，成立了红白理事会。对婚丧喜庆事宜的宴请人数和桌数、违约处理方式等都做出了明确要求。由村党员干部或德高望重的人员担任红白理事会负责人，全面监督工作落实。其中同江镇永胜村推出的"学子宴不如学子念"的好做法得到了全市乡镇效仿和推广，真正地发挥典型引领示范作用，提升农村精神文明程度。

在全市大力宣传首届全国文明家庭获得者尤桂兰老人先进事迹，邀请尤桂兰老人的儿媳到社区道德讲堂做客，讲述尤桂兰老人两次会见国家最高领导人毛主席、习总书记的故事。

在全市各单位开展了为家庭谋幸福、为他人送温暖、为社会作贡献的"三为"文明家庭主题实践活动，将活动列入精神文明年终考核项目之一。

在新闻媒体网络上定期刊发"省级道德模范刘海荣""龙江好人吕桂芝""全国文明家庭尤桂兰"等先进事迹，积极宣传弘扬他们的优秀家庭理念和健康生活方式。同时选树了"美德之家吴淑琴""和睦之家尤婷婷""洁美之家王金荣"等12户同江市级文明家庭作为活动典型，利用身边人、身边事加强宣传教育效果。在乡村大力开展星级文明户推荐评选活动，董建峰、周长河等13户家庭被评为黑龙江省级星级文明户。

2018年，在全市开展了"自强文明感恩"主题教育实践活动。活动以"八个一"为主要活动内容，以问题为导向，精准施策，扎实推进了脱贫攻坚攻势工作。市民学校、农民学校、社区讲堂等阵地建设全面拓展，同江共组织各项道德文化大讲堂120多次。制定完善了《同江市民文明公约》《村规民约》，城乡共建文明公约展板143块。在中小学校中，开展了明德守礼"六个一"活动、"争做新时代好少年""我与国旗合影"等主题教育活动。

原同江出入境检验检疫局被评为国家级文明单位；同江市监察委员会、同江市财政局、同江市市场监督管理局、同江市电业局四个单位被评为省级文明单位。

省级文明单位标兵——同江出入境检验检疫局。1999年，由原同江商品检验局、同江卫生检疫局和同江动植物检疫局三个机构合并组建而成，是黑龙江出入境检验检疫局设在同江的下属分支局，规格为正处级，由黑龙江出入境检验检疫局垂直管理。负责同江辖区出入境卫生检疫、动植物检疫和进出口商品检验、鉴定、监督管理工作。

2013年，同江检验检疫局被命名为"省级文明单位标兵"，2017年被重新命名。同江检验检疫局曾先后被国家质检总局授予"质检直属系统先进基层党组织"，被黑龙江省总工会授予"工人先锋号"，被黑龙江检验检疫局授予全省检验检疫系统"先进基层党组织""全省检验检疫系统先锋团队"等荣誉称号，被佳木斯市委、市政府授予"改善经济发展环境先进单位"、佳木斯市"学习型组织先进单位"等荣誉称号，被中共同江市委、市政府评为"促进外贸发展突出贡献单位""先进党支部"等荣誉称号。

"全国文明家庭"尤桂兰家庭。尤桂兰，女，1933年出生在同江县八岔村，赫哲族天鹅舞的第一代传承人。尤桂兰家庭现居住在黑龙江省同江市八岔赫哲族乡八岔村。

尤桂兰年轻时特别能吃苦，特别能奉献，20岁时就任村妇联主任和获得八岔村劳动模范称号。为维护好妇女群众的根本利益，她努力挖掘八岔村环境优势，发展独具赫哲族特色的妇女事业，多年如一日，身体力行，不辞辛苦地奔波村里各户，拉家常、问冷暖，以心交心，了解村妇需求，解决村妇生活困难，是村妇心里的"及时雨"。

1956年，尤桂兰作为少数民族劳动模范代表进京，在北京中南海与其他劳模一起受到毛泽东主席、朱德委员长等党和国家领导人的接见。

2016年的5月24日，习近平总书记来到八岔村慰问赫哲族群众。习总书记来到赫哲族老人尤桂兰家看望她们全家，并与尤桂兰老人亲切交谈，嘘寒问暖。

尤桂兰两次与党和国家最高领导人面对面。两代领导人对少数民族绵延60载的牵挂丝毫没有间断。如今，相隔60年的两张合影就挂在尤桂兰老人家的墙上。

尤桂兰老人是赫哲族民间舞蹈"胡霞德克德依尼"天鹅舞的第一代传承人，也是八岔赫哲族伊玛堪传习所最为年长的成员，她会说胡力、嫁令阔等，赫哲族语言熟练纯正，为赫哲族伊玛堪数字化采集和民间传统文化艺术搜集提供了翔实珍贵的资料，为赫哲族非物质文化遗产传承作出了杰出贡献。

尤桂兰如今年事已高，但她始终不忘传承赫哲民族文化，经她指导的赫哲族村民王海珠、毕秀琴等人，与其共同创办了"赫金虐"赫哲族鱼皮制作手工坊，制作的鱼皮画深受消费者的喜爱；尤桂兰还与哈尔滨特凯德公司和哈尔滨颐园公司签订协议，注册了"尤奶奶"商标，合作发展赫哲族文化艺术。

2016年，尤桂兰"全国文明家庭"证书　尤桂兰提供

尤桂兰对子女要求非常严格，特别对儿媳的教育和影响尤为器重。她的小儿媳尹春霞聪明贤惠，善良能干，时时处处以婆婆为榜样。夫妻结婚20年以来相敬如宾，孝敬老人，善待邻里，在家中能挑重担，任劳任怨；她除了全身心地投入照顾尤桂兰老人，还对其身体不好的兄嫂也是照顾有加，她和丈夫一起勤劳治家，相夫教子，如今孩子们渐渐长大，都继承了妈妈和奶奶的优秀品质，学习上进，凡事孝顺。现在全家四世同堂，和谐和睦，幸福美满。

2016年12月，尤桂兰家庭被中央精神文明建设指导委员会授予"全国文明家庭"光荣称号。

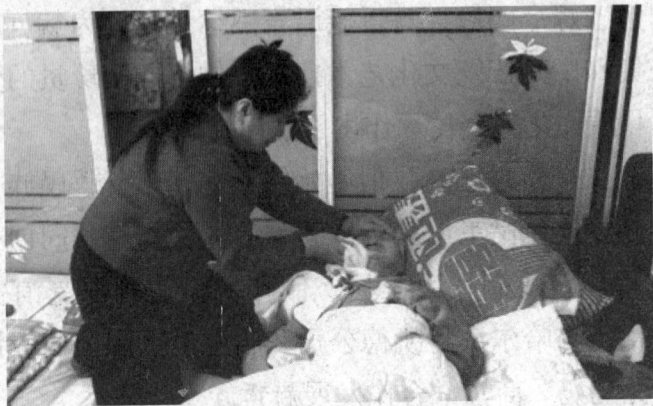

2013年，郑岚带着病痛照顾家中老人　郑岚提供

黑龙江省"最美家庭"郑岚家庭。郑岚，女，1965年10月出生，原是同江物资系统下岗工人，家庭中夫妻恩爱和睦。郑岚夫妻二人都没有正式的工作，靠丈夫打工维持生活。在她的精心料理下，家里的一切都有条不紊。2013年，同江遭受百年不遇的洪灾，尽管她已经被确诊为乳腺癌，但怀揣着捍卫家园的决心，毫不犹豫与女儿一起加入到了抗洪抢险队伍。而此时，她的家中尚有生病的老人需要照料，一边是刻不容缓的灾情，一边是家中生病卧床的老人，一边还要承受着病痛的折磨，无论是身体上还是心理上都经受着前所未有的考验。面对生活给予的磨难，她坦然面对。抗洪期间，她没有让生病的老人吃过一口凉饭，每天都按时按点地给老人准备饭菜，家务活更是一点也没耽误。

在抗洪抢险、保卫家园的日子里，郑岚每天都准时到达社区，同时担负起了抗洪志愿服务队的宣传和组织工作，动员左邻右舍也积极加入抗洪队伍。在她的广泛动员下，抗洪志愿服务队伍日益壮大。在抗洪工作接近尾声时，郑岚每天都是夜里打吊瓶，白天继续参加抗洪抢险，大家多次劝她回家静养，怕这样下去她身体会挺不住，但她却坚决要和大家一起坚持到抗洪胜利。家境并不富裕的她，在承担着昂贵医药费的同时，还积极为受灾地区捐出价值2 000多元的款物。

几年来，郑岚积极参与同江残联组织的助残活动，特别在残联举办的"自尊自强放飞梦想"残疾人专场演出中，表演了精彩节目，展现了乐观向上的精神风采。在环境卫生上，她从自家卫生做起，养成良好的生活习惯，并主动清理巷道内卫生，带动巷道内住户爱护环境。同时，她还主动承担巷道内的各种宣传工作，宣传动员居民们积极参加社区各项活动。尤其是流动人口家庭，她也不疏忽，号召他们一道参与社区各种活动，增强了社区的凝聚力和邻里之间的和谐关系。

2018年，郑岗家庭被评为黑龙江省"最美家庭"。

省级"道德模范"刘海荣。刘海荣，同江市长发社区居民。1985年毕业于依兰师范，曾为依兰县林业大顶子山林场的小学教师。20多年的时间里，她收养了40多名贫困、流浪和孤残儿童，无偿教他们读书，教他们做人的道理，对待他们就像自己的亲生孩子一样，她用慈母般的爱心呵护和影响他们，使这些孩子对生活重新燃起了希望。

刘海荣一家的生活并不宽裕，家里有3个子女需要养育，还得照顾双方的老人，但刘海荣还是毅然收养了第一个孩子刘玉荣。当看到自己所教的学生刘玉荣家庭生活较困难，刘海荣就把她接到家中吃住，还从生活费中省出一部分钱给她买衣服和鞋子，坚持悉心地照料小玉荣的生活。1993年，刘海荣随丈夫把家搬到了同江，她伟大的母爱也被带到这里。

2003年6月，一个偶然的机会，她收养了一个叫张雪明的12岁流浪男孩。这个孩子由于在外面流浪时间比较长，养成了抽烟、偷东西、说脏话等许多不好的习惯。刚到刘海荣家时，经常偷邻居的东西。虽然都不是什么值钱物件，但却给左邻右舍的生活带来了不便。因而大家对她收留这个孩子十分的不理解，家人也对这件事不支持。当时刘海荣的3个孩子都在上学，条件也挺困难。面对家庭的困难处境和周围人的不理解，刘海荣经过了复杂而艰难的思想斗争，但最后还是把张雪明留下来抚养教育了3年。刘海荣用真情、真心悉心照顾和教导，终于感化了这个从小缺少社会关爱、几乎被社会放弃的流浪儿童的内心。3年后，张雪明学会了小学三年级的全部课程，能够独立地写一些简单短小的文章，并且逐渐懂得了做人、做事的道理，改掉了小偷小摸、抽烟等坏毛病。在公安机关的帮助下，2006年他回到亲属身边，成为一个自食其力、行为规范的好青年。

2016年，刘海荣和她收养的孩子们　刘海荣提供

2007年，刘海荣收留了一个叫汪国军的小男孩。他家境比较贫困，父母有不同程度的智障，孩子缺乏基本的家庭教育，甚至连一些简单的为人处世的道理都不太懂。为了使汪国军能够再一次重返校园，刘海荣东奔西跑帮助孩子在第二中学俄语班找到了学习的机会。每天放学后，刘海荣一边辅导他功课，一边教这个孩子忠、孝、仁、义、礼、智、信和一些基本的为人处世的道理。经过一番启发、引导，终于使他懂得了一些做人的基本

礼节，知道了什么叫荣辱羞耻、知道了做人得有尊严。如今这个孩子已经20岁了，也已经凭着自己的能力在社会上谋到了一份职业，可以自食其力了。

有个叫闵祥东的孩子，因为多年来一直随外出打工的父母四处奔波，频繁转换学校，学习成绩一直不好。可家长盼他成才很着急，对他打骂，致使孩子心情总是很紧张，并出现动作迟缓、眼神发呆等现象。刘海荣知道后，告诉他的父母：望子成龙的心情大家都能理解，但这样对孩子并不能使他的成绩提高，反而会给孩子造成巨大的心理压力，影响孩子的成长。后来她还把他接到家中住下，每天帮他补习功课，同时，帮他重树信心，告诉他没有谁一出生就什么都会的，所有的知识都是一点一点积累的，只要他肯努力，就一定能够学习好。经过5个多月的辅导，终于使他的各科成绩都跟了上来，在初一学期的期末考试中，外语和数学都到达了70分以上。

2011年，刘海荣照顾了一个叫杨三亿的孩子，这个孩子父母离异，跟爷爷奶奶生活。由于从小缺少父母的爱，孩子的性格变得有些孤僻，不愿说话，甚至很少看见他笑。刘海荣让他的爷爷奶奶在每天放学后，把他送到自己家里，给他辅导功课。经过2个多月和他接触、聊天，使孩子的性格变得好多了。

刘海荣不仅免费为左邻右舍的几个孩子补课，自己还拿出700多元钱到书店买各种教辅图书。

20多年来，刘海荣陆续救助了40多个孩子，他们中有孤儿，有单亲家庭、贫困家庭的孩子。有的是通过邻居朋友介绍来的，而大部都是刘海荣主动找来的。

刘海荣先后荣获黑龙江省第五届邻居节"好邻居奖"、黑龙江省"关爱标兵"、佳木斯市级"十佳文明"市民的荣誉称号，并当选同江市第一届道德模范。黑龙江电视台新闻频道《爱在路上》节目曾对刘海荣的爱心事迹进行了直播报道。

2016年，刘海荣当选黑龙江省"道德模范"。

实施文明城创建工程

2013年，制定下发了《2013年"三优"文明城市创建方案》和《"三优"文明城环境卫生整治任务表》，先后组织开展了春季城乡环境秩序综合整治、"构建幸福城市"主题志愿服务、"秋风行动"等活动。同江全市共有120多家单位参加劳动。市行政执法局、市环卫处、市政、园林在清除、清运城市越冬积雪残冰、垃圾污物、建筑残土等方面投入了大量的人力物力，先后出动运输车辆420台次，清理运输垃圾、积雪达476吨。开展了"百日交通综合整治"活动，实行大队领导包片、中队领导包线、交通民警包段，"白天见警车，夜晚见警灯"，强化路面管控，严厉查处超速、超员、超载和酒后驾驶、随意调头等违章行为，共查处各类交通违法行为51起。坚持整治和教育相结合，开展"文明过马路、礼让斑马线"宣传教育活动，重点加强城区学校门前放学期间的交通治理，配备专职人员定点把守，有效改善了交通秩序和交通安全状况。市行政执法局重点加强了通江街、同三路、育才街占道经营与摆放等方面的管理整治，注重从源头着手改变现状，将经济处罚与批评教育相结合，将完善设施与正确疏导相结合，取缔无证摊点13处，纠正跨门营业23处，处罚占道经营26个；规范牌匾、广告设置，取缔一店多牌和违章设置的超大型牌匾。

2014年，在全市中小学校宣传普及文明礼仪知识，引导广大师生修身律己，争做文明有礼的同江人；实施文明餐桌行动。组织全市志愿者开展了文明交通志愿服务，引导人们遵守交通规则，践行公共道德，培育尊德守礼的社会风尚。实施文明旅游信用等级发布制度，旅游景区、旅行社做好文明旅游宣传教育。大力宣传倡导施行《市民文明公约》，推动景区景点进一步做好文明创建和文明旅游宣传引导工作，营造文明和谐旅游环境继续突出节约粮食、文明消费，不剩饭不剩菜这一主题，引导更多的人加入"光盘"行动，反对舌尖上的浪费，落实部分文明单位、学校、企业就餐场所设置明显的节约粮食宣传标语。

2015年，共完成30个实地测评指标督查、整改、提升工作，完成指标收集、整改、归档工作。成立创建文明城小组，以中共同江市委副书记任组长，市委宣传部长任第一副组长，市委、市政府相关分管领导任常务副组长。建立一系列工作制度，有力推进文明城创建工作。以"美丽乡村"建设工程和争创十星级文明户为示范引导推动各乡镇文明村屯创建。

2016年，完成18个测评项目实地测评指标督查、整改、提升工作，完成42个软件指标收集、整改、归档工作。成立以中共同江市委书记任组长，政府市长任第一副组长，市委、市政府相关分管领导任常务副组长，建立一系列工作制度，有力推进创建文明城工作。市委主要领导亲自主持召开创建文明城会议，市领导亲自安排部署，身体力行，靠前指挥，形成主要领导亲自抓、几套班子合力抓、条块结合共同抓、专门机构具体抓的创建文明城工作格局。实施"每周一督查、每周一通报"制度，开展了9轮的督查，组织开展路段劝导值班、志愿者公共文明引导活动。创建文明城指挥部，市领导靠前指挥，对创建工作进行周密安排部署。同江全市推荐5个省级（标兵）文明单位，1个省级（标兵）文明乡镇，2个省级文明村，12个市级（标兵）文明单位全部获得了荣誉称号，同江市被评为黑龙江省级文明城市，出入境检验检疫局荣获国家级文明单位、八岔乡八岔村荣获国家级文明村荣誉称号。

2017年，成功争创到第十八届省级文明城市，实现省级文明城市创建"三连冠"。八岔赫哲族乡八岔村获得了第五届全国文明村称号，街津口乡渔业村通过复检，再次获得全国文明村荣誉称号。出入境检验检疫局获第五届全国文明单位。中共同江市委、市政府建立了文明单位创建专项资金，按照《黑龙江省文明单位建设条例》实施细则中奖励规定，为2016年度的6家省级以上文明单位发放了2 468 632.46元奖励，极大地激发了全市文明单位创建的积极性和职工的创建热情。

2018年底，同江市向黑龙江省文明办拟推荐2018年度省级各类精神文明创建先进集体及个人13个、向佳木斯市文明办拟推荐2018年度佳木斯市级各类精神文明创建先进集体及个人95个。

实施未成年人成长关爱工程

重点开展拓宽教育渠道，推进阵地育人工程建设。广泛开展爱国主义教育、理想信念教育和社会主义荣辱观教育，培养学生良好的思想品德和行为习惯，深化"做一个有道德的人"实践活动，从未成年人思想道德建设的几个重要环节入手，扎实做好宣传教育、实践活动、环境治理和管理服务有关工作。

2018年，相继开展了以"厉行节约，反对浪费""传承美德，艰苦奋斗""节俭惜福，文明用餐""保护环境、爱我家园"等为主题的宣传教育活动。以引导未成年人"心向党、爱劳动、有礼貌"为目标，以"做一个有道德的人"为主题，集中组织开展清明"网上祭英烈"、六一期间"学习雷锋，做美德少年"、十一期间"向国旗敬礼"三项网上签名寄语活动。"中国梦""三爱三节""洒扫应对""认星争优""日行一善""节日小报""中华经典诵读"和"优秀童谣传唱"等活动常抓不懈，组织开展"美丽家园，美好生活"生态文明教育实践活动，培育未成年人良好道德素质。

聘任德望重的退休同志为青少年成长环境督导队员，加强对网吧和游戏场所的督查力度，通过开展净化社会文化环境专题调研活动，及时总结推广未成年人教育成功经验。文化、公安、工商等部门加大检查执法力度，取缔无证经营书刊、音像制品店、游商、地摊等，为未成年人健康成长创造良好社会环境。

积极争取中央彩票公益金支持乡村学校少年宫建设项目。乐业中心校、向阳中心校已被纳入此项工程，共获得建设补助资金20万元，为推动同江市打造富有地方特色的乡村学校少年宫品牌建设提供保障。

关爱特殊群体。开展"留守儿童"关爱行动，组建"留守儿童"互助小分队，对"留守儿童"的学习、生活方面给予关心帮助，广泛开展"留守儿童"与外出务工父母的"亲情通话"和"给父母的一封信"活动；召开外出务工人员返乡家庭教育座谈会，强化父母和临时监护人对未成年人的教育和保护意识；广泛开展"爱心妈妈""代理家长"结对帮扶活动，以确保"留守儿童"身心健康。

成立同江市作家协会

在中共同江市委宣传部的关怀下，经过5年多的认真筹备，2019年12月，同江市成立了作家协会。

同江市作家协会属于群众性社会团体，以繁荣同江文学创作事业为己任，其会员多次获得各个层级奖项。如会员田墨龙的散文《牧鞭上的那颗红缨》，于2019年10月在中共黑龙江省委宣传部等5单位组织的庆祝中华人民共和国成立70周年"我和我的祖国"主题征文活动中获得一等奖的殊荣（全省5人）。

第八章 国家领导人的关怀

第一节 胡耀邦视察同江并题词

1984年8月14日10时35分，在中共黑龙江省委书记李力安、中共合江地委副书记赵云成陪同下，中共中央总书记胡耀邦视察同江。中共同江县委书记刘俊波、副书记孙开纪前往乐业乡东风村迎接。

胡耀邦为81681部队题词"英雄的东方第一哨"。为同江县题词"开拓三江，兴边富民"。13时，胡耀邦接见同江县委、人大、政府、政协及部分县直机关干部，并合影留念，13时30分乘机回返。

2011年12月15日，中共同江市委、市政府在三江口边防驻军部队军营哨所后院，市委党校西侧树立纪念碑。

2018年，同江耀邦公园一角 中共同江市委宣传部提供

　　石碑南面犹如一本翻开的书页，左页为"英雄的东方第一哨"，右页为"开拓三江兴边富民"。

　　石碑背面左页刻有碑文：

　　胡耀邦总书记题词"开拓三江兴边富民"题记

　　松江之尾，北注黑水，黑水汤汤，哺润边疆。方甲子之岁（公元一九八四年八月十四日）耀邦总书记不辞辛劳，一路风尘，躬临江城；今辛卯之年，政通人和，百业俱兴，同江儿女，缅怀首长特撰此记，谨记兹事。

　　首长心系边陲，观农村改革变化而喜，感百姓生活富裕而悦，座谈兴边之得，指点富民之策；首长驻足三江口，赏两江交汇之胜景，赞北国山河之壮美，遂欣然题词："开拓三江兴边富民。"以励发展，造福于民。

　　时光流转，逝者如斯。首长之谆谆嘱托，历廿七而不敢忘，江城儿女，不负重托，同心同德，全力开拓。边陲小镇，几经嬗变，鼎新革故，发展日异，故念其恩，恩泽边疆；恩其惠，惠及民生；铭其功，功在千秋；彰其德，德耀吾邦。

　　欣逢盛世，良谋始肇，功德尽显，树碑彰颂，兼勖后人。

中共同江市委员会同江市人民政府

公元二〇一一年十二月十五日

　　石碑背面右页刻有碑文：

　　胡耀邦总书记题词"英雄的东方第一哨"题记

　　东方晨曦，光耀三江；戍边赤子，承沐光芒。方甲子之岁（公元一九八四年八月十四日）耀邦总书记心系边疆，亲临江城。首长不顾舟车劳顿，慰问守疆官兵，深入哨所，阅检部队。登塔瞭望，但见两江奔腾，烟云浩渺，深感保卫边疆之艰巨，驻守国门之重任，遂欣然题词"英雄的东方第一哨"（此题词后由边防某部四团立碑于抚远县乌苏镇），以勉励官兵。为寄深情，首长亲植青松于江畔，鼓舞振奋之意毕现，赞咏激励之情尽含。

忆往昔，峥嵘岁月，幸首长垂范，恩泽江城；看今朝，同江儿女，拥军爱民，践行嘱托；戍边官兵，爱民固边，军地携手，富民兴边，共创辉煌。值此盛世，缅怀首长，特立碑撰记，以为纪念。

中共同江市委员会同江市人民政府

公元二〇一一年十二月十五日

第二节　习近平总书记视察八岔村

2016年5月24日下午，天空中下着毛毛细雨，在黑龙江省、佳木斯市、同江市主要领导的陪同下，中共中央总书记习近平冒雨来到黑龙江省同江市八岔赫哲族乡八岔村视察，走访慰问赫哲族群众，受到乡亲们热烈欢迎。

习总书记来到八岔村文化站伊玛堪传习所，参观了赫哲族民俗展，亲耳聆听了赫哲族老艺人说唱的英雄史诗"伊玛堪"和由赫哲族歌手演唱的《乌苏里船歌》。他赞扬赫哲族历史悠久、文化丰富，特别是渔猎技能高超、图案艺术精美、伊玛堪说唱很有韵味。还详细询问了赫哲族文化传承与发展的问题。

习总书记来到曾与毛主席合影的82岁赫哲族老人尤桂兰家，询问了赫哲族人民生产、生活现状。习总书记说："在祖国大家庭里，56个民族是亲兄弟。全面建成小康社会，一个民族都不能少。各族人民齐心协力、勤劳奋斗，中华民族一定会更加兴旺发达，各族人民生活一定会更加富足美好。"

习总书记一行离开村子时，赫哲族村民身着民族盛装冒雨欢送，习总书记同他们握手告别，祝乡亲们的生活水平如东升的红日越升越高。

2017年10月18日，中国共产党第十九次全国代表大会在北京隆重召开，习近平代表第十八届中央委员会向大会作报告。习总书记在报告中再次强调"深化民族团结进步教育，铸牢中华民族共同体意识，加强各民族交往交流交融，促进各民族像石榴籽一样紧紧抱在一起，共同团结奋斗、共同繁荣发展"。

第三节　习近平总书记给八岔村村民回信

2017年9月，八岔村民感谢习近平总书记视察时对赫哲族关怀，以八岔村全体村民的名义给习近平总书记写了一封充满感恩之情的信，并由党的十九大代表、村党支部书记尤明国在参加中国共产党第十九次代表大会时，亲手交给了习近平总书记。2017年11月，习近平总书记百忙之中不忘对赫哲族群众的关心，通过中央办公厅给八岔村民回信，信中祝愿赫哲族群众在率先奔小康的道路上越走越稳，生活一年更比一年好。

2017年11月13日，省委办公厅值班和信息处向佳木斯市委办公室下发办值通字〔2017〕22号《省委领导同志指示事项通知》，《通知》转达了习总书记对八岔村干部群众的诚挚问候，祝愿八岔村在率先致富奔小康的道路上越走越稳，群众生活一年更比一年好。

第四节　李克强总理视察八岔村看望受灾群众

2013年入汛后，黑龙江沿岸多地遭受了超百年一遇特大洪水的侵袭，八岔村所处的黑龙江大堤决口处，是遭受洪灾最为严重的地区之一。洪灾过后，正值临近寒冬安置的关键时刻，党中央、国务院时刻牵挂灾区赫哲族群众能否安全、温暖过冬。

2013年11月4日，中共中央政治局常委、国务院总理李克强专程来到八岔村，查看房屋状况和越冬准备情况，并对受灾群众表示亲切慰问。李克强总理对围拢来的赫哲族群众说："你们这里洪灾发生后，党中央、国务院高度重视，习近平总书记等中央领导同志作出批示，中共黑龙江省委、黑龙江省政府带领大家奋力抢险救灾，做了大量艰苦细致的工作，取得了抗洪救灾的胜利，没有因灾死亡一个人。谢谢你们。"在总理的亲切关怀下，八岔村的重建工作得以顺利进行。

2014年，在习近平总书记和李克强总理的亲自关怀下，大庆油田同江救灾援建工程项目正式启动建设，八岔村赫哲族受灾群众得到妥善安置。

第九章　脱贫攻坚战

第一节　脱贫攻坚概况

1981年，同江县开始启动系统扶贫工作。基本政策为以治本为主，调动三方面力量的积极性（自力更生为主、集体扶助为辅、国家予以适当扶持），达到依靠自己的力量，保证基本的吃、穿、烧、住的需要。

从这一年开始，每年还从社会救济款中提出40%的资金，作为扶贫专款，集中投放到贫队中落实到贫困户搞家庭副业。1981年共扶持严重贫困户185户，一般贫困户436户。经费来源：财政部门发扶贫款5.5万元，县农业银行为贫队解决生产费用贷款1.3万元，县畜牧科为贫队发展畜牧业贷款8万元，县林业科为造扶贫林贷款11.6万元。

1982年，县扶贫领导小组，下拨扶贫款5万元，解决社员家庭副业生产。扶持的对象和标准是：贫队中的严重贫困户，家底空、房屋破、缺衣少被、年年超支、欠款较多、维持不了生活的。扶持款额，每户一般在300—350元。县救灾办公室，下拨春夏荒口粮救济款20万元，房屋维修款1.7万元，救济那些经过生产自救、集体扶助后，生活仍有困难的农户，以及贫困户盖房部分材料费。

1985年，省下拨本县扶贫款200万元，专门扶持贫困户发展奶牛生产。共购买奶牛620头，投放于7个乡、33个村、550户。到年底，奶牛收入加上农业收入，有91户脱贫，占扶持户的24.3%；生活有明显好转的88户，占扶持户的23.5%。

当时，扶贫工作中主要采取下列措施：

对没有生产经营能力和理智不全、生理缺陷的保证户，实行以民政部门为主，采取国家、集体共同负责的办法，给予生活保证。

对怕出力的懒人教育户，靠党的政策，使其解放思想，敢于致富，在此基础上，缺啥补啥。

实行科技扶贫，帮助贫困户调整产业结构，大搞经济作物和多种经营，传递信息、引进技术，帮助贫困户搞好保护性栽培，大力开展技术培训，帮助贫困户提高劳动素质。

发动社会力量，上下结合，部门配合，建立扶贫责任制。

通过实施上述措施，扶贫初见成效，已有610户脱贫。但是由于当时同江县遭受洪水灾害，仍有3 090户贫困户，15 553口人，占总农户的29.4%。

1986年，对全县贫困户进行了普查，根据不同情况开展了扶贫工作。对有经营能力的贫困户，主要是帮助他们解决生产、生活上的具体困难，使他们尽快脱贫致富。全年扶贫农贷110万元，民政下拨5.8万元，机关筹资433万元。年末已有570户脱贫，占扶持户的30.4%，致富户231户，占扶持户的12.3%。

1994年，同江市被列为国家实施"八七"扶贫重点贫困县。

2001年和2011年，先后两次被确定为国家级扶贫开发重点县。同江全市因病致贫1 618户2 812人，户占比67%；因残致贫377户708人，户占比16%；因灾致贫192户403人，户占比8%；缺资金致贫63户158人，户占比3%；缺土地致贫51户97人，户占比

2%；缺劳力致贫89户136人，户占比4%。

近年来，通过开展"回头看"、动态管理，全市共有建档立卡贫困人口2 390户4 314人，目前均达到"一达标"和"两不愁、三保障"标准，实现了全部脱贫。

2014年，脱贫484户832人；

2015年，脱贫171户324人；

2016年，脱贫230户441人；

2017年，脱贫357户695人；

2018年，脱贫822户1 455人；

2019年，脱贫326户567人。

同江全市42个贫困村均达到"三通三有"标准，并于2018年底全部脱贫出列。

2019年5月9日，经黑龙江省政府公告，同江市正式脱贫摘帽。

第二节　脱贫攻坚三年规划

2018年，市委、市政府制定了《同江市打赢脱贫攻坚战（2018—2020）三年行动工作方案》《同江市脱贫攻坚大决战实施方案》，从宏观上确立了今后三年的奋斗目标：

未来三年，是同江市决战决胜脱贫攻坚战的关键时期。

未来三年，全市决战决胜脱贫攻坚战的主要指导思想是：着力夯实贫困人口稳定脱贫基础，着力加强扶贫领域作风建设，切实提高贫困人口获得感和幸福感，确保同江市2018年末顺利实现脱贫摘帽目标，到2020年同全国一道进入全面小康社会，为实施乡村振兴战略打好基础。

未来三年，全市决战决胜脱贫攻坚战的主要目标是：到2018年末，全市实现人脱贫、村出列、县摘帽。到2020年，持续巩固和扩大脱贫成果，全面开创同江振兴发展新局面，实现全市扶贫工作迈上"基层党建工作、产业发展水平、政策保障体系、创新带贫模式、帮扶成效水平、群众内生动能、农村人居环境、典型挖掘宣传"八个新台阶。

未来三年，全市决战决胜脱贫攻坚战将分为两个时期：

2018年，为焦躁攻坚期。重点实现"两不愁""三保障""三通三有"及涉及的脱贫退出任务全部达标，完成贫困人口脱贫和建档立卡贫困村的退出工作，基本消除绝对贫困，实现同江全市脱贫摘帽。

2019—2020年，为巩固提升期。2019年计划完成剩余贫困人口贫困退出工作，持续落实医疗、教育、住房、金融、光伏等相关政策，加快水、路、电、网等农村基础设施提档升级，提升巩固各项脱贫攻坚成效水平。到2020年，实现现行标准下的贫困人口全部稳定脱贫，农村生产生活条件明显改善，公共服务和社会保障水平显著提升，并与全市人民同步进入全面小康社会。

未来三年，全市将实施产业、就业、教育、健康、农村危房改造、综合性保障、扶贫扶志、贫困残疾人脱贫、扶贫志愿帮扶、线上线下十大帮扶工程；开展交通、水利、电力、网络、生态补偿、电商、资金保障及贫困地区农村人居环境整治七大扶贫行动。

宏大的行动规划，确保全市扶贫脱贫攻坚行动持续有效推进，确保了全市决战决胜脱贫攻坚战的善始善终。

第三节　组建指挥系统

成立由中共同江市委书记、政府市长双组长的扶贫开发领导小组，制定《同江市打赢脱贫攻坚战（2018—2020）三年行动工作方案》《同江市脱贫攻坚大决战实施方案》，组建同江市脱贫攻坚大决战指挥部，辖10个专班和4个推进组，由同江市级领导牵头，集中推进教育、卫生、住房、饮水、产业项目等全面工作，在同江全市抽调36名业务骨干人员，组建综合、行业、档案、督查四大攻坚组，实行集中办公。

由中共同江市委常委、市人大常委会主任、市政协主席包扶全市10个乡镇，副处级领导干部包扶乡镇片区村，137家单位帮扶同江全市85个行政村，1 700多名帮扶干部与贫困户结对帮扶，209名驻村干部覆盖85个行政村，42个贫困村和43个非贫困村全部派驻驻村工作队或第一书记，实现85个行政村驻村帮扶全覆盖。

2018年以来，针对国家、黑龙江省、佳木斯市反馈的政策落实、资金管理使用、基层干部作风等7大类19个分项73个问题和自查发现的"三保障落实"、档案管理、政策知晓率等10个方面60个问题，分别制定问题整改方案和台账，并全部整改到位。特别是为了防止问题反弹，集中开展了三个层面"回头看"工作。

成立扶贫工作专项督察组，对同江全市处级领导、乡镇和帮扶单位集中督察督办5次，中共同江市委巡察办专项巡察2轮，集中通报住房、安全饮水等突出问题26次，对21名干部立案处理，并实行三级约谈制。针对中省直部门，实行对上一级主管部门函告机制，如实反映其帮扶工作情况。

　　中共同江市委、市政府、市人大、市政协主要领导、主管领导或是带领所联系部门单位，或是陪同上级领导视察，先后几百次深入到联系点，几十次召开专门会议，研究部署对口、对应、对路的帮扶措施。这些领导干部从自己工资中拿出上万元为帮扶对象解决燃眉之急。209名驻村干部，抛家舍业，不辞辛苦，超规定日期超负荷地驻村驻户工作，真心实意地带领贫困村屯和贫困人口通过创业、就业、开发产业、扶贫扶志等形式，脱贫出列，他们是战斗在扶贫脱贫大决战最前沿的战士。

第四节　扶贫楷模

中共佳木斯市委、佳木斯市人民政府关于开展向曹辉发同志学习活动的决定（2018年2月28日）

　　曹辉发，男，汉族，中共党员，1963年8月出生，1979年7月参加工作，历任同江市运输公司司机、修理工，同江市道路运输管理站稽查员、稽查队长、安全办主任、法制办负责人等职。

　　自2015年8月起，先后被选派到同江市向阳镇新兴村、临江镇富裕村负责帮联扶贫工作。2017年11月6日，在走访同江市临江镇富裕村贫困户途中，发生交通事故，不幸因公殉职，终年54岁。

　　参加工作38年来，曹辉发始终扎根在平凡岗位，奉献在基层一线，为扶贫攻坚事业献出了宝贵的生命。他用平凡工作中的点滴小事，集中展现了一名基层共产党员尽职尽责的工作态度、用心帮扶的大爱情怀和艰苦朴素的优秀品质。曹辉发是同江市扶贫攻坚领域涌现出来的先进楷模，是在平凡岗位作出不平凡业绩的优秀代表，是广大基层共产党员学习的典范。

为深入学习宣传曹辉发的先进事迹，市委、市政府决定，在全市广泛开展向曹辉发学习活动。

向曹辉发学习，就要学习他兢兢业业、尽职尽责的工作态度。曹辉发有强烈的事业心和责任感，对工作认真负责，兢兢业业，领导交给他干什么工作都尽职尽责。当稽查队长、安全办主任、法制办负责人，他熟练掌握各种法规法条，处罚依法依规，令人信服；做帮联扶贫工作，他对国家、省、市各项扶贫优惠政策烂熟于心，对贫困户一册五卡四账了然于胸，基础工作做得非常扎实。为做好建档立卡工作，他走遍帮扶村所有贫困户，连续加班加点完善档案，经常把所包贫困户扶贫档案带回家由自己口述，让女儿帮助进行电脑录入信息；他克服路途遥远带来的不便，仅半年时间就深入到临江镇富裕村达35次，帮助贫困户研究发展思路、解决实际困难；为做好产业扶贫工作，他起早贪黑、反复多次入户讲解小额扶贫贷款政策，帮助贫困户算经济账，消除他们的认识误区和后顾之忧，使这项政策得到很好落实。我们学习曹辉发，就要像他那样干一行、爱一行、专一行、精一行，以敢于负责的态度、迎难而上的精神和务实肯干的作风，踏踏实实地做好本职工作，让党放心，让群众满意。

向曹辉发学习，就要学习他扶危济困、用心帮扶的大爱情怀。曹辉发把帮扶村当成自己的家，把贫困户当作自己的亲人，始终带着真心、带着感情、带着责任真帮实扶。贫困户生病住院，他主动垫付医疗费用；帮扶对象去世，他第一时间赶到医院帮助料理后事；贫困户的孩子上学没有学费，他协调资金助其圆梦；他把自己结婚时所用皮箱和大量衣物捐赠给帮扶对象和贫困户，每次下乡扶贫都主动看望贫困户、送去慰问品，为贫困户打扫卫生、与贫困户促膝谈心；他发挥自身特长，积极协助村干部做贫困户的思想工作，化解矛盾、推动工作；他尽其所能帮助包扶村屯改善办公条件，解决实际困难，送去电脑、冬季取暖设备、体育健身器材和道路清扫设备等，办了大量实事好事，得到了帮扶村屯干部群众一致认可，树立了一名共产党员的光辉形象。我们学习曹辉发，就要像他那样时刻把群众的冷暖放在心上，想群众之所想，急群众之所急，帮群众之所需，始终保持同人民群众的血肉联系，竭尽全力地为百姓办实事、办好事、解难事，以真情实意赢得人民群众的信任、支持与拥戴。

向曹辉发学习，就要学习他克己奉公、艰苦朴素的优秀品质。曹辉发为人谦逊低调、生活简朴，对人慷慨、对己严格。他经常对家人说："只要有我一口吃的，就有贫困户的，不然还要我们扶贫干什么？"每次下乡，他都开自家车往返，去一趟临江镇，来回就是220千米，从来不跟单位提油钱报销的事；每次入户，他的车后备厢都装满了米面油及各式各样从亲朋好友处募集的衣物。他本人身患高血压、糖尿病、腰椎间盘突出等疾病，经常忍受病痛折磨，一边打着胰岛素，一边坚持工作。随身总是携带着药盒、大号水杯和扶贫日记"三件套"，一本记得密密麻麻的扶贫日记，直到生命最后一刻还带在身边。我们学习曹辉发，就要像他那样克己奉公、勤俭节约，始终保持艰苦朴素的优良作风，始终保持共产党人高尚的道德情操和崇高的精神追求。

市委、市政府要求，全市各级党组织和广大党员干部要把学习曹辉发的先进事迹，作为学习宣传贯彻党的十九大精神的重要内容，与推动全市脱贫攻坚工作结合起来，与推进"两学一做"学习教育常态化制度化和作风整顿工作结合起来，与做好本职工作和完成当前任务结合起来，切实加强组织领导，迅速在全市上下掀起向曹辉发学习热潮。要通过巡回宣讲、座谈讨论等多种方式，用曹辉发的高尚精神感染人、教育人、鼓舞人、激励人，最大限度地激发干事创业的积极性、主动性和创造性。

市委、市政府号召，全市上下要以曹辉发为榜样，以习近平新时代中国特色社会主义思想为指导，更加紧密地团结在以习近平为核心的党中央周围，深入贯彻落实党的十九大、省委十二届二次全会和市委十三届三次全会精神，进一步解放思想、改革创新，凝心聚力、奋发进取，扎实做好各项工作，努力为决胜全面小康社会、实现新时代佳木斯振兴发展作出新的更大贡献！

《东北网》报道曹辉发事迹摘录

曹辉发，同江市一名普通的帮联扶贫干部，在走访临江镇富裕村贫困户的途中发生交通事故，不幸因公殉职。在他生命的最后一刻，手中还紧紧抓着随身的黑色公文包，包里装着扶贫工作队台账，还有一本浸染了斑斑血迹的扶贫日记……

有的人死了，他还活着。2017年11月6日，54岁的共产党员曹辉发，永远停在了脱贫攻坚的路上。曹辉发作为2017年度"感动龙江"人物，是全省千千万万扶贫干部中的一名优秀代表，他用真心换来了贫困户的真情，用真帮实扶赢得了百姓的敬重，在平凡中见证了一名共产党员对人民群众无比热爱和对党的事业的无限忠诚。

"听说人没了，可惜了了，我和老伴儿都挺想他的。"富裕村贫困户李建刚妻子张丽珍说，自己老伴儿李建刚并不是曹辉发的帮扶对象，但曹辉发为人随和热情，没有官架子，从第二次见面李建刚就改口称曹辉发为"兄弟"。

2017年10月份，李建刚务农时被重物砸伤，造成右脚骨折。曹辉发听说后，二话不说帮助联系车辆和医院，手术前签字担保。在李建刚住院期间，曹辉发几乎天天去看望，送去饺子、牛奶和水果。为帮助李建刚减轻医疗负担，曹辉发多次往返民政局、医院等多家单位咨询协调相关医疗救助政策，最终3 600多元的医疗费用李建刚仅承担100多元。

李建刚说："真的没见过这么热心的人！在同江的时候，辉发还领我出去理发、请我下馆子。知道我是山东人爱吃面，又送来四箱挂面，听说我打粮没有袋子，又给我买来100多条。其实我也就比他年长10多岁，但我媳妇逢人便说曹辉发又认了个'妈'，他真比我们的亲儿子都强呀！""眼前总浮现他的样子，以为他还在……"李建刚哽咽着说。

"工作队员要求每月驻村7天，曹辉发有20天都在村里。"曹辉发同事黄启明说，曹辉发下乡跑得最勤，与村民联系得也最紧密。

富裕村贫困户刘永富一家是"真穷"，爱人患有小脑萎缩、脑梗后遗症，两个女儿分别在哈尔滨体育学院和临江镇中心校学习。由于没有土地，一年仅靠刘永富外出打工维持生活。曹辉发不仅给刘永富家送去米面油和衣物，还把他家当成自己家照管，每次去都把房前屋后、院里院外全都清扫一遍。为孩子入学购买新衣服和学习用品，还资助助学金、协调申请低保和临时救助等。只要是曹辉发能做的，他全都做了。

曹辉发鼓励刘永富申请5万元小额扶贫贷款，刘永富表示，他待我就像亲兄弟一样，他办的事儿我放心，他说咋办就咋办。通过这种"户贷企用"方式，近三年每年都将获得3 000元保底分红，实现零风险增收，给刘永富一家人的生活带来了保障和盼头。

当曹辉发殉职噩耗传来，刘永富无法相信，"这么好的人咋说走就走了呢？"院子里、灶台旁仿佛还有那个忙碌的身影，和一句句家常话："没事儿的时候多收拾收拾，屋里干净自己看着也舒服不是？""大姑娘在体校学习还习惯吧？等我到哈尔滨一定去看看她。"

　　驻村扶贫，对于54岁的曹辉发来说，要想应付过去很容易。"但他就是很认真地去做，夜里我要睡了，他还在桌前填写扶贫记录。"妻子眼含热泪地说。在曹辉发扶贫日记的最后一页，可以看到他生命最后的一段轨迹："11月4日，走访同江贫困户，入户宣传扶贫各项政策（逐户走访、六户）。"

　　在人们的印象中，从同江市运输公司一名普通的司机，再到同江市道路运输管理站稽查员、稽查队长、安全办主任、法制办负责人等职务，曹辉发无论在哪个岗位都尽职尽责。自2015年8月起，曹辉发先后被选派到同江市向阳镇新兴村、临江镇富裕村负责帮联扶贫工作，无论是对自己的帮扶户，还是对同事帮扶的对象他都以诚相待，向家人一样用真心真情与人交往。

　　在向阳镇新兴村帮联时，曹辉发所帮扶的贫困户郭贵新父母早逝、没成过家，亲戚中只有一个姑姑。他本人患有多种严重疾病，脾气还非常暴躁，酗酒后经常在村里闹事，村民没人愿意搭理他，村干部也拿他没办法。

　　当曹辉发第一次来到郭贵新租住的房子时，看到的一切让他心情很沉重。除了一张吃饭的破炕桌，几乎没什么家具，酒瓶子等杂物撒得满屋到处都是，没个下脚的地方。再次来时，曹辉发拎来一个大皮箱，装了满满一箱子衣服，连同新被褥一起送来。他对郭贵新说："这个皮箱是我和媳妇结婚时娘家陪送的，虽不值啥钱，样式有些过时，但质量很好，你不嫌弃就留着用吧。"

　　每次上门，曹辉发都动手帮助收拾屋子，并自掏腰包为郭贵新购买取暖用煤和新羊毛衫。郭贵新逢人就说，真是没想到这辈子还能穿上新毛衫、住上暖屋子，曹三叔对他真是够意思。

　　去年5月3日，郭贵新突患急性胰腺炎，打出的第一个求救电话不是给自己的姑姑，而是打给了曹辉发。曹辉发第一时间赶到村里把郭贵新送到医院，为他垫付住院押金。第二天郭贵新去世后，又亲自为他穿上寿衣，一直帮助料理完后事。郭贵新的姑姑郭丽杰曾哭着说，郭贵新父母就算活着又能咋样，人家曹辉发做的真是比亲人还亲啊！

2017年，曹辉发在向贫困户宣讲脱贫政策
同江市交通运输局提供（左一）

为完善扶贫档案，2017年元旦，曹辉发和女儿在村里连续加班三天。曹辉发经常一个人驾驶私家车深入到包扶村，到贫困户家中走访了解情况，与村委会工作人员共同做好建档立卡工作，对于"一册五卡四账"、贫困户的基本情况及档案顺序、逻辑关系了解得一清二楚。

直到车祸发生、曹辉发去世的最后一刻还带在身边的扶贫日记真实记录了他履职尽责的点点滴滴，所有帮扶村屯的基本情况和每名贫困户信息都记得工工整整，一段段朴实的文字还原了他真心帮扶贫困户的信心和目标。

2018年，曹辉发荣获2017年度"感动龙江"人物。

第五节　扶贫脱贫攻坚措施及经验

中共同江市委、市政府下大力气，开发所有空间，动用所有资源，调动所有智库，制定并实施了大量切实可行且可持续的帮扶措施，全力攻坚扶贫脱贫。

压实落靠责任，凝聚脱贫攻坚合力

几年来，中共同江市委、市政府坚持目标不变、靶心不散、频道不换，狠抓脱贫攻坚责任落实。

强化武装高位推进。通过中共同江市委常委会议、市政府常务会议、市委理论中心组学习会议，系统学习习总书记关于扶贫工作重要论述、重要指示批示精神9次，特别是专题学习了习总书记2019年4月16日在重庆主持召开解决"两不愁、三保障"突出问题座谈会时的讲话精神，并推动市直部门和乡村各级党组织全面学习领会习总书记讲话精神实质，结合同江工作实际，系统研究贯彻落实的具体措施和工作路径，强化理论武装和政治引领，提高推进脱贫攻坚工作的政治站位。

上下联动精准实施。成立同江市党政主要领导任组长的扶贫开发领导小组，组建脱贫攻坚大决战指挥部，下设分别由同江市级领导为组长的4个推进组和10个工作专班，明确市乡村三级工作责任，细化量化51条工作任务，确保脱贫攻坚整体高效推进。脱贫摘帽后，于2019年5月11日召开了全市千人干部大会，全面落实"四个不摘"和巩固提升工作，制定了脱贫攻坚巩固提升方案。中共同江市委、市政府坚持每月至少专题研究脱贫攻坚一次以上，先后召开扶贫开发领导小组会议10次、专项推进会议8

次，市委常委会、政府常务会常态化研究脱贫攻坚工作，第一时间学习贯彻上级会议精神，系统研究部署动态管理、问题整改、"回头看"等工作事项，确保工作精准领会、精准落实、精准见效。

配齐力量真帮实扶。细化"四级包联"责任体系，通过常委班子成员和人大、政协主要领导包扶乡镇，市级副处级领导干部包保片区，132家单位对接帮扶到村，1 736名干部结对帮扶到户，派驻工作队、第一书记以及209名干部驻村帮扶，实现同江全市85个行政村帮扶力量全覆盖。成立定点驻村扶贫办公室，制定了工作队及工作人员管理细则，实现帮扶工作科学化、制度化、规范化。对帮扶部门、乡镇和驻村干部履责情况，实行三级约谈制度，实现压力层层传导、责任跟进强化。实行中省直部门扶贫工作向上函告机制，如实反映帮扶工作成效，督导中省直部门做好工作落实。建立督查问责机制，集中开展专项巡察4轮、覆盖督查13轮，查处扶贫领域案件54件，给予党纪和政务处分54人，批评教育22人，有效强化了干部帮扶作风和工作效能。

强化政策支撑，夯实脱贫攻坚保障

坚持目标导向、结果导向，强化政策措施落实，确保脱贫攻坚工作扎实有效开展。

义务教育保障政策。出台并实施了控辍保学工作方案，实行建档立卡贫困家庭学生精准控辍，确保义务教育阶段除身体原因外无一人失学辍学。实施义务教育营养膳食计划和贫困学生"雨露计划"，改善小规模学校办学条件，落实贫困学生"两免一补"政策，近三年共发放各类补助金662万元。

基本医疗保障政策。实行"基本医疗保险、大病保险、医疗救助"三重保障线，对建档立卡贫困户基本医疗保险个人缴费部分实行全额补贴。实行乡村卫生院（室）标准化管理，落实门诊慢病统筹、慢病家庭医生签约服务等15项健康扶贫政策，三年来政策受益达67 601人次、6 542.6万元。

住房安全保障政策。采取新建、改造、置换、租赁、公租房配给等方式，解决了1 422户农户住房安全问题。解决后住房经鉴定均达到安全标准。同时，围绕房屋安全保障巩固提升，设立农村住房应急维修改造保障基金200万元。2019年，对因不可抗因素破损房屋应急维修改造49户。

饮水安全保障政策。共投资5 463.92万元，对全市127个村屯114处饮水工程进行新建和改造，并将各村屯饮水工程维护基金198万元列入财政预算，实行了24小时供水，供水保障率达到100%，水质、水量均达到饮水安全标准。脱贫摘帽后，又出台了农村饮水安全运营服务保障办法，市、乡分别成立保障服务中心和基层服务站，村级设立管水员、监水员，并安排资金1 570万元，启动饮水工艺运行稳定提升工程，全面保障了饮水安全工作质效。

产业扶贫政策。三年来，整合涉农资金1.76亿元，重点建设扶贫产业项目50个，实现了全市贫困户产业带动全覆盖，且达到户均2项以上产业带动。通过培育发展寒地棚室樱桃、智能温室草莓等特色产业，带动贫困户增收122.6万元；通过发展粮食烘干仓储、笨榨油加工、水稻精包装等小型加工产业，带动贫困户增收157.1万元。通过引导发展肉牛和水产养殖业，带动贫困户增收19.62万元，拓展了贫困群众增收途径。

就业扶贫政策。建立贫困户就业、培训、创业三项愿望台账，免费开展鱼皮画制作等实用型技能培训，实现本地就业70人、同江市外就业76人。同时，结合村屯工作实际，设立自来水管理员、村内保洁员等8大类公益性岗位402个，实现贫困户稳定就业增收。

金融扶贫政策。出台《同江市扶贫小额信贷工作实施方案》，落实政府风险补偿金1 100万元，发放小额扶贫贷款1.16亿元，政府贴息873万元。2017年12月31日前，为符合贷款条件的2 042户贫困户发放小额扶贫贷款1.02亿元，通过带资入企、带资入社，带动贫困户年均增收3 000元。通过户贷户用，为289户贫困户发放小额扶贫贷款1 417万元，用于个体发展生产，每户增收3 000~5 000元。

光伏扶贫政策。投资7 677.2万元，建设了22个村级光伏电站，制定运营维护和收益分配管理办法，在带动无劳动能力贫困户持续增收基础上，对村级收益部分面向有劳动能力贫困户按工取酬，实行差异化分配，带动贫困户平均增收375.05万元。

2017年，产业扶贫项目——同江市青河镇红星村黑果花楸育苗基地同江市扶贫办提供

生态扶贫政策。按照国家生态扶贫政策，引导贫困人口参与生态保护、生态修复工程建设和发展生态产业，设立100个生态护林员公益性岗位，每户增收3 600元。为57户退耕还林贫困户发放补贴6.57万元。

综合保障性扶贫政策。实施兜底保障精准扩面，下发了《同江市农村低保与扶贫开发有效衔接实施方案》，将符合条件的农村低保、特困供养人员、建档立卡贫困户、低收入户全部纳入困难群众范畴，三年来累计发放各类救助资金5 658.71万元。

拓展工作路径，提升脱贫攻坚质量

坚持靶向施策、精准滴灌、持续用力，补齐工作短板，夯实脱贫工作基础，巩固拓展脱贫成果。

持续巩固脱贫成效。坚持摘帽不摘政策，摘帽不摘监管，摘帽不摘帮扶，摘帽不摘责任，建立市、乡、村三级巩固提升责任体系，实施"安居保障、健康扶贫、教育扶贫、兜底保障、安全饮水、乡村建设"六项巩固提升工程，统筹做好贫困村与非贫困村、贫困户与非贫困户政策精准适用、双线帮扶，健全贫困监测预警、动态管理机制，着力阻断和防范贫困人口返贫和产生新的贫困，确保脱贫攻坚成果长效稳固。

系统做好动态管理。明确贫困对象识别退出的标准和程序，摸查出边缘户50户92人，脱贫监测户21户46人，并同步开展建档立卡数据质量核查，做到了账账相符、账实相符。

深入开展问题整改。围绕"三落实""三精准""三保障"，成立同江市级问题自查工作组10个、工作督查组5个，全面开展大排查、大体检，特别是对摸排出"两不愁、三保障"存在的84个问题，全面建立清单台账，落实整改责任，实行销号管理，确保整改取得实效。同时，对中央巡视、国家绩效考核、国家审计反馈、脱贫攻坚督查发现的问题举一反三，全面推进并完成了实效整改。

不断提升工作能力。全力抓好"基层减负年"工作，通过会议整合、文件精简，让各乡镇、各部门集中精力抓落实抓提升。

累计开展专题培训54期，培训干部15 108人次，不断提升扶贫干部业务水平和工作能力。

同时，注重扶贫干部关爱关怀，提拔重用扶贫干部72人，并为驻村干部缴纳人身意外伤害险。

典型经验

推行"六改一扶"优居模式。组建了社会扶贫推进组，统筹各行各业社会力量，对981户贫困家庭"棚、窗、墙、地、灶、院"等进行改造，有效改善居住环境，贫困群众精神面貌显著提升。

推行"孝善基金"敬老模式。成立乡村"孝善基金"理事会，统筹村集体匹配资金、子女缴纳资金、社会助贫资金，为全市183名农村老人发放孝善敬老金27万元。

推行"农贸市场"助带模式。盘活闲置资源，在同江镇和临江镇建设了2个扶贫农贸市场，解决贫困群众线下销售"庭院产品"的渠道问题，目前已有114户贫困户备案入驻。2019年实现户均增收870元左右。

推行"爱心超市"激励模式。在10个乡镇建立84个"扶贫超市"，依托爱心捐助，实施政策知晓、庭院卫生、自主脱贫等积分积累兑换模式，用积分换取生产生活用品。目前已开放兑换次数1 043次，受益人数达7 126人次。

第十章　人物与遗址遗迹

第一节　抗战英雄人物

从1932年6月日寇侵占同江，到1945年8月10日光复，苏军攻占同江，同江人民经历了13年的抗战艰辛历程，在漫长的抗日战争年代里，大批的革命先烈为争取国家独立和民族解放作出了巨大的牺牲，同江人民将永远纪念他们。

张锡侯（1891—1935年），1929年2月15日，张锡侯任吉林省同江县国民政府的第一任县长。1931年"九一八"事变后，依兰镇守使李杜，命令各县积极准备抗击日军入侵。桦川县县长唐纯礼由于准备工作不力，李杜命令其与张锡侯对调。

1932年3月28日，张锡侯接令后，来桦川县接任县长，兼棱川金矿公司监理。

张锡侯到桦川县后，坐镇佳木斯，领导全县军民积极备战。

1932年5月，日军入侵桦川县时，张锡侯率领县保卫团兵抵抗。经过几次激战，因寡不敌众，于太平川地方撤进山里。经过数天休整，又出山袭击日军数次。为联合抗日武装，他带领自卫军在宝清、同江、饶河一带坚持斗争。他曾联合奚铁牛部队攻打富锦，退出后和绥滨县刘滨部在萝北县与李杜将军汇合。汇合后由萝北过江到苏联，在苏联转至新疆。到新疆后，部队改编到盛世才部，张锡侯和李杜去上海。1935年6月中旬，病逝于迪化（现乌鲁木齐）市立医院，时年44岁。

范杰（1896—1980年），福州人，曾在黄埔水师学堂、烟台海校及吴淞海校求学。1918年11月，加入广东护法舰队任"肇和"舰实习生，后为"海圻"舰候补员，"飞鹰"舰枪炮副，1923年，到东北江防舰队，历任"利绥"舰副长、"江通"舰长等。1932年10月21日凌晨，少校舰长范杰及"利绥"舰48名官兵起义后，向街津口方向撤退，带走了舰上的4门炮、6挺机枪、52支步枪和手枪，参加了在街津口坚持抗战的李杜部队，被任命为海军江防筹备处处长，并组成炮队。1933年2月，因路永才被日伪军诱降，范杰只得带领部队进入苏联境内避难。在苏联中西伯利亚的格互斯克休整了3个月后回国。在国民党海军第三舰队司令部任参谋。抗战时，先后任总队副、参谋、"同心"舰副长等职，1947年，任葫芦岛航政处主任，1949年12月，参加中国人民海军。

张子峰（1899—1933年），吉林省延吉市人。1919年，由于家庭变故，张子峰从吉林师范学校辍学自立谋生。1926年，举家搬迁至富锦，并组织了东兴土地开发公司。1930年，张子峰应同江县长张锡侯之邀，到同江县任保安大队长。"九一八"事变后，张子峰与张锡侯筹划抗日大计。1933年农历六月，张子峰将家眷送回原籍，卖掉仅有的一点家财，拉出队伍公开反伪抗日，转战三江平原的荒山野岭。同年阴历八月十三，张子峰部队被诱入二龙山警察署长、汉奸特务佐殿云率领的"大排队"及日军在富

锦七星岗设下的重围。战斗打响后，敌人官兵被击毙多人，但终因力量悬殊及地形不利，张子峰的部队被打散，张子峰在指挥和掩护突围中身中数弹，与部下28名战士一起当场壮烈牺牲。

王汝起（1905—1940年），又名坚，山东黄县人。1905年，生于山东省黄县王家茧坡。1932年秋，王汝起在宁安西北区组织了"红枪会"。1933年，任救国军第八团团长。1935年2月，任共产党领导的东北抗日联军第五军第一师第三团团长。1935年冬，加入了中国共产党。1938年1月，任东北抗日联军第七军第一师师长。1940年春，任东北抗日联军第二军第二支队支队长。同年3月21日，王汝起率领40余名战士前往大带河袭击日伪军伐木场。战斗中，王汝起奋不顾身，率领队伍英勇杀敌。激烈的战斗持续了一天，数倍于我军的日伪军死伤惨重，抗联队伍还缴获了两挺轻机枪。就在战斗接近尾声的时候，王汝起不幸中弹，壮烈牺牲。

彭施鲁（1916—1985年），河南武陟人，1916年1月1日出生。1934年6月，在河南省焦作市高中读书时加入共产主义青年团。参加"一二·九"运动后，被派往东北，在东北抗日联军第四军任军部秘书，转战在通河、方正、依兰、勃利县境内。1939年春，被派往饶河，到抗日联军第七军第一师任政治部主任，率部战斗在饶河、同江、富锦、宝清、抚远一带，继续打击日伪军。1940年底，随部队转移至苏联境内整训。1945年8月，抗日联军教导旅配合苏军解放东北全境，彭施鲁率队进驻佳木斯地区，任卫戍司令员。解放战争时期被调至东北军政大学，任分校副教育长、总校训练团长。新中国成立后任步兵学校校长，军事

师范学校副校长。1955年后，任总参谋部军校部处长、副部长、军训部参谋长，1985年，离休。1945年，被授予苏联红星勋章。1955年，被授予大校军衔，同时被授予三级八一勋章、二级独立自由勋章、二级解放勋章。1961年，晋升为少将。1988年，被授予一级红星功勋荣誉章。1995年，由俄罗斯政府授予卫国战争胜利50周年和朱可夫纪念章。著有回忆录《我在抗日联军十年》。

张乐然（1911—1945年），原名张凤歧，又名兴周，曾用名张子孚、张中孚。辽宁省铁岭市清河区人。1936年，投身革命，到黑龙江省富锦县，先任教，后参加东北抗日联军。1938年1月，加入中国共产党，历任东北抗日联军独立师秘书长、十一军秘书长、第三路军秘书长，是我省早期参加抗联的先驱，曾两次去苏联参加抗联整编。1945年秋，从苏联回国，在同江渡口被反动派武装包围，壮烈牺牲，年仅35岁。

刘世英（1918—1977年），原名刘文敏，曾化名王光、祖毅、舒怀、刘敏、刘晨梦，解放后改名刘象钧。汉族，1918年，生于黑龙江省（时为松江省）依兰县平安村（后迁居方正县四区德莫利村）。刘世英是我们目前所了解到的日伪统治时期中共佳木斯市委派到同江开展革命工作唯一的中共党员。1938年2月，刘世英来到了同江县，在伪同江县立正阳街国民优级学校任教。他先后结识了同江伪县公署孙配隆（现名孙卓峰，离休前任佳木斯市教育学院党委书记）、张复光、苏立成、张闻、张淑媛等思想比较进步的青年，分化瓦解敌人。刘世英离开同江后，曾几次回到佳木斯、富锦等地寻找组织关系，但没有成功，在佳木斯险些被俘。

解放后，先后在中共冀东区党委公安干部训练班、冀东行

署公安处、河北省公安厅司法科、邯郸市饮食公司等单位任职。1977年8月15日，卒于邯郸。

王统洲（？—1937年），原籍辽宁沈阳。"民国"前期，因谋事艰难，家庭生活拮据，举家迁往黑龙江省同江县向阳堡，以教书为业。为人豪爽正直，威信很高。再加上他有文化，谁家有个为难之时总是千方百计竭力相助。日寇侵占同江后要成立自卫团，大家怕团长这个位子落到那些死心塌地为日本人办事的汉奸手里，便推举他当团长。王统洲暗暗与山上的抗日队伍取得了联系，正好以此作掩护，既活动方便，又可以遮住敌人的耳目。他明着是防共自卫团团长，暗里却为山上的抗日队伍运送给养。1936年，因组织营救抗日爱国人士未果身份暴露，动员全家十人和自卫团战士加入抗联七军，成为抗联的一名团长。1937年，在战斗中身负重伤牺牲。

王玉杰（1922—1995年），1922年，出生在黑龙江省同江县向阳堡村。1936年，跟随父亲和家人一起参加东北抗联。1938年4月，经抗联七军李学福军长介绍，加入中国共产党。1939年9月，在崔庸健的介绍下，王玉杰与抗联七军军长景乐亭结婚。1940年初，王玉杰怀孕后，随部分部队进入苏联远东地区野营。1940年3月24日，景乐亭军长被叛徒陷害，抗联第二路军领导人在没有调查清楚的情况下，草率地将景乐亭军长处死。后来，经王玉环（崔庸健夫人）介绍，王玉杰与抗联七军补充团天津籍伤残战士张子余结婚，留在抗联教导旅（八十八旅）2号农场。1953年12月回国，跟随张子余回到老家天津市蓟县侯家营乡祥福庄村。1986年，在单立志、王效明、王一知等老战友帮助下，组织上恢复了王玉杰老红军待遇（没有恢复党籍）。按归国华侨被

选为天津蓟县政协第五、六、七届委员。1995年3月10日，王玉杰因突发心肌梗死，在送往医院的途中去世，终年73岁。天津蓟县政府将她按老红军待遇安葬在蓟县革命烈士公墓。

第二节　解放战争时期英烈

同江县光复后，经历了中共派章克华来同江开展工作、国民党建党部、中共建立以章克华为县长的人民政权、国民党反动军队"光复军"颠覆人民政权并杀害章克华县长以及东北人民自治军再度解放同江重建人民政权的惨烈斗争，年仅27岁的章克华与很多年轻战士，为同江人民的解放事业献出了宝贵的生命。

张树信（1904—1946年），男，山东省人。参加革命时间不详。曾任二十六团连长，1946年4月在同江牺牲，牺牲时年仅42岁，安葬地点不详。

肖国毫（1906—1945年），男，山东省潍坊县南村公社人。1941年，参加革命。曾任胶东五旅独立团副连长。1945年2月牺牲于胶东蓬莱牙山。安葬在山东省胶东蓬莱。在黑龙江省革命烈士英名录第四册同江县记载。

赵同浦（1909—1947年），男，山东省肥城县石横公社人。1938年，参加革命。曾任后勤物资连连长。1947年10月在山东省肥城县石横公社牺牲。安葬在山东省肥城县石横公社，在黑龙江省革命烈士英名录第四册同江县记载。

臧荣久（1901—1947年），男，吉林省榆树县人，参加工作时间不详。曾任同江县大队战士，1947年4月在同江县牺牲，牺牲时年仅37岁。安葬在同江县，具体位置不详。

高德元（1914—1946年），男，山东省人。参加革命时间不详。曾任某部队战士。1946年4月在同江县牺牲，牺牲时年仅32岁，安葬在同江县，具体位置不详。

赵有田（1914—1947年），男，1914年5月出生，河北冀县人。参加革命时间不详。当过担架队队员，1947年6月在河北冀县牺牲（今河北省冀州区）。安葬在河北省冀县。在黑龙江省革命烈士英名录第四册同江县记载。

鲁祥祯（1915—1946年），男，陕西省人。参加革命时间不详。曾任同江县保安大队中队副，1946年3月在同江县牺牲，时年31岁。安葬在同江县革命烈士陵园。

刘世忠（1916—1946年），男，四川省巴中县人。青年时期，参加红军并加入中国共产党，曾参加过二万五千里长征。到延安后，主要在中央警卫连任职。1945年，日军投降后，刘世忠随中央赴东北干部团来到东北开辟革命根据地，被分配在合江省富锦军分区，担任独立团（二十六团）参谋长。1946年月2日，奉富锦军分区命令，率领一营战士随军区副司令员刘雁来一举攻克了同江县城。但是5月4日凌晨，由于国民党"光复军"及土匪的突袭，民主联军三处驻地被分割包围和击破，刘世忠在同江三法寺被俘后，誓死不屈。翌日，被敌人捆绑后装进麻袋，沉进松花江。安葬在同江市革命烈士陵园。

王长海（1917—1946年），男，1917年8月出生，黑龙江省汤原县木良村人。1937年4月参加革命。1945年10月任富锦军分区骑兵大队副大队长。1946年5月在与土匪光复军作战中牺牲。安葬于汤原县。在黑龙江省革命烈士英名录第四册同江县记载。

胡荣宽（1918—1946年），男，辽宁省昌图县人。曾任同江县大队战士。1946年7月10日在同江县牺牲，牺牲时年仅28岁。安葬于同江县，具体位置不详。史料记载于富锦县档案馆。

章克华（1919—1946年），男，原名杜玉铭，又名杜有学，字治帮，参加革命后改名水源。1919年，出生在陕西省铜川市（原同官县）黄堡镇杜家塬。1936年，在家乡附近的陈炉镇高小毕业，并留在本村当了教员。1938年春，从青训班学习结束后到了延安。1939年11月，加入了中国共产党。1945年9月，根据党中央"关于从苏北派出大批干部到东北建立革命根据地"的决定，和爱人岳明来到东北工作。1945年11月24日，他们来到黑龙江省佳木斯市。11月末，和岳明一行6人来到同江，组建人民民主政权，任同江县第一任县委书记、县长。1946年5月5日，年仅27岁的章克华为了同江的解放壮烈牺牲。安葬于同江县革命烈士陵园。

张明起（1919—1946年），男，辽宁省开原县人。1945年参加革命，中共党员，服役单位不详。牺牲在辽宁省昌图县，牺牲时间不详，具体安葬地点不详。在黑龙江省革命烈士英名录第四册同江县记载。

周洪奎（1920—1949年），男，黑龙江省富锦县富锦镇人。1946年5月参加革命，任一四〇师四二〇团一营二连战士。1949年牺牲在湖南。安葬于湖南省，具体位置不详。在黑龙江省革命烈士英名录第四册同江县记载。

施树春（1920—1946年），男，黑龙江省富锦县人。参加工作时间不详。曾任二十六团战士，1946年4月在同江县牺牲，牺牲时年仅26岁。具体位置不详。

周延发（1922—1946年），男，辽宁省岫岩县前营子公社人。1943年参加革命，服役于四十一军一二三师三六七团一营二连，任通信员。1946年牺牲。安葬在马家店，具体位置不详。在黑龙江省革命烈士英名录第四册同江县记载。

　　杨金堂（1922—1946年），男，山东省登州人，参加革命时间不详。同江县大队文书。1946年4月在同江县牺牲，牺牲时年仅24岁。具体安葬位置不详。

　　李春芳（1922—1946年），男，黑龙江省富锦县人。曾任二十六团战士。1946年在同江县牺牲，牺牲时24岁。安葬于同江县，具体位置不详。

　　李鸣华（1923—1948年），女，山东省临沂县李石河村人。1938年参加革命，1941年加入中国共产党。1945年调东北开辟解放新区，曾任东区农会会长。1947年任二龙山区委副书记。1948年病逝。安葬于同江市革命烈士陵园。

　　孙长福（1924—1946年），男，黑龙江省富锦县人。参加革命时间不详。曾担任同江县财粮科科长。1946年4月在同江县牺牲，牺牲时年仅22岁。安葬在同江县，具体位置不详。在黑龙江省革命烈士英名录第四册同江县记载。

　　傅胜福（1924—1946年），男，黑龙江省富锦县人。参加革命时间不详。曾任十六师四团警卫连战士。1946年4月在同江县牺牲，牺牲时年仅23岁。具体安葬地点不详。

　　傅建福（1924—1946年），男，黑龙江省富锦县人。参加革命时间不详。东北人民自治军战士。1946年4月在同江县牺牲，牺牲时年仅22岁。具体安葬地点不详。

　　袁庆友（1924—1946年），男，山东省东平县人。参加革命时间不详，同江县大队战士。1946年5月在同江县牺牲，牺牲时年仅22岁。具体安葬地点不详。

　　王会阁（1924—1947年），男，辽宁省安东人。参加革命时间不详，曾任同江县大队战士。1947年4月在同江县牺牲，牺牲时年仅23岁。安葬于同江县，具体安葬地点不详。

　　赵宝奇（1925—1948年），男，辽宁省兴城县人。1946年参加革命。东北人民自治军某部战士。1948年10月在黑山阻击战中牺牲。安葬在黑山县。在黑龙江省革命烈士英名录第四册同江县记载。

苏正芳（1926—1948年），男，黑龙江省桦南县三合公社清查大队人。1947年参加革命。东北人民解放军战士。1948年在四平牺牲。安葬在吉林省四平市，具体位置不详。在黑龙江省革命烈士英名录第四册同江县记载。

高德元（1926—1946年），男，黑龙江省富锦县人。参加革命时间不详。东北人民自治军某部队战士。1946年4月在同江县牺牲，牺牲时年仅20岁。具体安葬地点不详。

周臣（1926—1946年），男，黑龙江省同江市人。参加工作时间不详。曾任同江县大队警卫员。1946年4月在同江县牺牲，牺牲时年仅20岁。具体安葬地点不详。

邢建明（1926—1946年），男，黑龙江省绥滨县人。参加革命时间不详。曾任同江县保安大队班长。1946年4月在同江县牺牲，牺牲时年仅20岁。具体安葬地点不详。

吴作贤（1927—1948年），男，黑龙江省桦楠县阎家公社大吴家大队人。1947年参加革命。1948年，在黑山阻击战中牺牲，曾任东北人民解放军战士。安葬地点不详。在黑龙江省革命烈士英名录第四册同江县记载。

车国新（1927—1946年），男，辽宁省沈阳市康平县二牛素口公社人。1945年参加革命，任东北民主联军战士。1946年在沈阳牺牲。安葬于沈阳市。在黑龙江省革命烈士英名录第四册同江县记载。

赵树建（1927—？）男，山东省莒南县昌吉区人。1944年参加革命，曾任莒南县昌吉区武装助理，在莒南县昌吉区牺牲。安葬在山东省莒南县昌吉区。

刁成美（？—1946年）男，1945年11月末，中共合江省工作委员会，派章克华、岳明、鲁祥祯、刁成美、王太祥、王怀远等接收同江。1946年4月，同江县保安大队叛变，刁成美被杀害。安葬在同江县革命烈士陵园。

张义（？—1946年），男，出生年月不详，同江县二龙山人。是一名普通的二龙山民工车夫。1947年随部队剿匪时牺牲，牺牲在二龙山沟里。安葬在同江县，具体位置不详。

王连顺（？—1946年），男，辽宁省岫岩县人。参加革命时间不详。曾任同江县大队战士。1946年7月7日在同江县牺牲。安葬在同江县，具体位置不详。

宋贵富（1928—？），男，黑龙江省富锦县富民公社富兴大队人。1947年参加革命。东北人民自治军代理连长。牺牲在沈阳鸡冠山。具体安葬地点不详。在黑龙江省革命烈士英名录第四册同江县记载。

孙文富（1928—1948年），男，黑龙江省巴彦县人。1946年参加革命。曾任一四六师四三七团二营六连副班长。1948年牺牲在湖南湘乡。在黑龙江省革命烈士英名录第四册同江县记载。

秦文国（1928—1946年），男，黑龙江省富锦县人。参加革命时间不详。曾任警卫员。1946年4月在同江县牺牲，牺牲时年仅18岁。具体安葬地点不详。

赵长泰（1928—1946年），男，黑龙江省富锦县人。参加革命时间不详。曾任五团战士。1946年5月在同江县牺牲，牺牲时年仅18岁。安葬于同江县，具体安葬地点不详。

李志金（1932—1950年），男，山东省肥城县集来村人。曾任一四〇师四二〇团一营二连战士。1950年3月，在随部队南下途中牺牲，安葬地点无法考证。在黑龙江省革命烈士英名录第四册同江县记载。

第三节　抗美援朝英烈

在伟大的抗美援朝战争中，同江儿女付出了巨大的牺牲，有8位年轻的生命永远留在朝鲜战场。

张维民（1918—1952年），男，辽宁省开原县八棵树公社柴岭屯人。1948年参加革命。抗美援朝志愿军战士。1952年牺牲在朝鲜，安葬于朝鲜，具体位置不详。在黑龙江省革命烈士英名录第四册同江县记载。

黄兰会（1921—1950年），男，黑龙江省同江县三村公社五村大队人。1948年3月参加革命。四野志愿军战士。1950年牺牲于朝鲜。安葬于朝鲜，具体位置不详。在黑龙江省革命烈士英名录第四册同江县记载。

项元堂（1925—1950年），男，1925年4月出生，黑龙江省佳木斯市桦南县人。1948年4月参加革命。五十军一四九师四四六团医生。1950年9月牺牲于朝鲜，安葬地不详。在黑龙江省革命烈士英名录第四册同江县记载。

刘宪祥（1927—1947年），男，黑龙江省宾县新甸公社人。1947年参加革命，牺牲在朝鲜战场，牺牲时间不详，所任职务为志愿军战士。在黑龙江省革命烈士英名录第四册同江县记载。

金勇哲（1927—　？　），男，黑龙江省依兰县团山公社农庄大队人。1951年参加工作。志愿军中队长。牺牲在朝鲜战场，牺牲时间不详。在黑龙江省革命烈士英名录第四册同江县记载。

王亚彬（1930—1953年），男，辽宁省铁岭市银州区龙山乡辽海屯人。1951年参加革命。任炮兵五〇八团后勤处司机。1953年5月牺牲在朝鲜战场，具体安葬地点不详。

刘寿喜（1930—1951年），男，黑龙江省大庆市肇源县新站公社新站大队人。1950年3月参加革命。曾任志愿军汽车四团政治处司机。1951年10月牺牲于朝鲜战场古村，安葬在朝鲜战场古村。在黑龙江省革命烈士英名录第四册同江县记载。

邴国文（1931—1951年），男，辽宁省台安县新开公社张荒大队人。1949年10月参加革命。1951年3月牺牲在朝鲜战场。安葬在朝鲜，具体位置不详。在黑龙江省革命烈士英名录第四册同江县记载。

第四节　新中国同江英烈

黄文发（1977.9—1993.7），男，出生于同江市一个普通农民家庭。1984年在同江市第三小学就读。1991年入读同江市第三中学。1993年4月5日，加入中国共青团。1993年7月15日，为救落水同学英勇牺牲。1994年9月12日被国家民政部追认为"革命烈士"。

1993年7月15日，学校组织春游。野餐过后，几名女同学跑到江边戏水，一名女同学不慎滑进水里。岸上的几名同学有的搓手跺脚，有的想跳下水去抢救，由于不会水又把水里的一只脚抽了回来，最后，大家只有拼命地呼喊。

这时，在岸边主动承担刷洗餐具任务的黄文发，听到变了调的喊声，飞快地跑了过来，二话没说，连衣服都没脱便一跃而起跳进江中，奋勇地向落水同学游去，抓住了落水的同学，将她托起，可是，由于水深流急，托起又落下，落下又托起，经过几个回合，终于将落水的女同学托到江边。女同学得救了，黄文发同学却由于筋疲力尽，被激流无情地卷走了。

在同江市第三中学初一（二）班的60名学生中，黄文发不过是极平凡普通的一员。他略显消瘦，但很结实；衣着朴素，但很整洁；脸色黝黑，但目光有神；不善言表，但憨厚、淳朴。在入学后的第一天就赢得了老师和同学们的喜爱与信赖。那天教室的门一打开，黄文发就第一个摆桌凳，打扫教室，同学们看他这样，也都跟着干了起来。班主任老师就让他当本班第四小组组长兼外语课代表。

当小组长，当课代表，在别人看来只不过是平常小事一桩，但黄文发同学却把这看得很重，当作大事来做。干起来十分起劲，特别认真。不仅按时收发作业，还积极向课任老师反映同学们的优秀表现。为了整顿校园环境，学校要求各班自行车摆放要整齐，刚入学的黄文发每天总是在放车处忙个不停，将放得不规则的自行车摆放整齐，即使在冬季，也仍用他那冻红的双手给自行车排队。

黄文发的事迹集中体现了中华民族见义勇为、扶正祛邪的传统美德，展示了建立社会主义市场经济体制进程中当代中学生的高尚追求和精神风貌，是青年学习的榜样。

1993年11月2日，为了倡导和弘扬见义勇为、助人为乐的精神，激励广大团员青年以黄文发为榜样，开创社会新风，同江市第三中学党支部授予他"赖宁式好学生"光荣称号。

1994年3月1日，同江市教育团委授予他"优秀团员"的光荣称号，并号召全校师生向黄文发同学学习。

黄文发的事迹先后在黑龙江广播电台、《三江晚报》（1994年3月30日）主版报道，《生活报》（1994年5月9日）转载。

1994年2月28日，佳木斯市教育委员会号召各县（市、区）教育行政部门、各中小学校领导，要高度重视这项活动，要通过各种形式组织学习和宣传黄文发的先进事迹，并与"五心"教育结合起来，进一步推动学校的德育工作，教育中小学生、职业中学学生以黄文发为榜样，走黄文发的成长道路，努力锻炼自己成为有理想、有道德、有文化、有纪律的"四有"新人。

1994年4月5日，共青团佳木斯市委以佳青发〔1994〕7号文件形式，下发《关于命名黄文发"优秀共青团员"称号的决定》。要求佳木斯全市各级团组织要把学习黄文发与当前全市开展的"五心"教育活动有机结合起来，以此丰富"五心"教育的内容，增强"五心"教育的感染力，推动全市"五心"教育的开展，培养一代跨世纪的"四有"新人。

1994年4月23日，中共同江市委、同江市人民政府以同发〔1994〕13号文件形式，下发《关于授予黄文发"党的好孩子"荣誉称号的决定》。

1994年6月7日，黑龙江省教育委员会以黑教委发〔1994〕113号文件形式转发《"关于向优秀共青团员黄文发学习的决定"的通知》，要求各市（地）、县教育委员会（局），有关企业教育处（局）：现将佳教发〔1994〕25号"关于向优秀共青团员黄文发学习的决定"转发给你们，望各地认真组织学习，并及时传达到中小学校。

1994年9月12日，国家民政部对其事迹进行调查核实，鉴于其感人至深，英雄壮举值得提倡，命名黄文发为"革命烈士"。

1994年10月1日，黄文发事迹报告团组成，首先在同江市中小学进行巡回报告。之后来到佳木斯进行报告演讲，佳木斯市领导分别题词。

报告会上佳木斯市教委主任刘雪丹要求，要广泛深入宣传黄文发的先进事迹，学习黄文发的先进事迹，要与"五心"教育结合起来，落到实处，教育行政部门要与有关部门紧密配合，加强领导，采取各种形式，不断提高学习黄文发的自觉性，将学习活动提高到新水平。

胡尔成（1947—1972年），男，1947年8月生于同江县郊区一个普通家庭。1954年，入同江县小学读书，在校期间加入中国共产主义青年团。1964年，高中毕业后回队参加农业生产。1966年1月7日，应征入伍参加中国人民解放军。1970年6月1日，退伍回乡。

同年秋，被招工到县建筑公司当工人。1972年10月22日上午8时许，正在建筑公司门口分秋菜时突然发现一辆受惊了的马车，在人行路上飞奔，眼看着车上的一位老年妇女和一名儿童将要遇险。胡尔成不顾个人安危，立即奔向马车，迎头拦截惊马，双手紧勒马缰绳，但不幸被马拖倒，马车受阻而停住了，老人和孩子得救了，但胡尔成被压内脏出血，伤势严重，在医院抢救无效而牺牲。胡尔成牺牲后，同江人民为他举行了追悼大会，表彰了他的英雄事迹。

戴庭芳（1931—1979年），男，原籍山东省安丘县。1949年7月，参加革命工作。1956年，加入中国共产党。1974年，到同江县参加三村公社建华村建村工作，后任三村公社建华大队党支部书记。1979年9月26日，因病医治无效不幸逝世，终年48岁。他不论在部队，或是地方工作，三十年如一日，热爱党，热爱人民，热爱社会主义，努力学习，勤奋工作，坚持原则，克己奉公。

1980年1月16日，中共同江县委作出《关于追认戴庭芳同志为优秀共产党员的决定》，号召全县党员、干部和群众，学习戴庭芳同志严于律己，坚持党性原则，克己奉公，献身"四化"的高尚品质。

李长福（？—1976年），1976年5月26日下午，街津口公社马车使役员李长福，用马车给公社拉牌楼时，由于道路高低不平，车身颠簸，车上的铁皮发出隆隆的响声，车前拉套的马受惊狂奔。正前方20米处有4名儿童正在玩耍，眼看一场事故就要发生。李长福一边高喊"快闪开"，一边死死勒住马缰不松手。受惊的马拼命挣脱，把李长福拖倒在地，马车从他身上压了过去停住了，孩子们得救了，李长福却因伤势过重，献出了生命。

马文祥（1944—1983年），男，同江县向阳乡奋斗村（原名务本）人。1960年，加入中国共产主义青年团。1976年4月，加入中国共产党。生前历任小学教师、公社文教助理、公社广播站编辑、中学教师、公社管委会文书、公社秘书、公社副主任、党委副书记、管委会主任等职。马文祥在工作中干一行爱一行，干一行干好一行，刻苦学习，忘我工作，襟怀坦白，关心群众，自觉地作群众表率。

高玉亮（1921—1983年），男，山东省平度县人。1946年，参加中国人民解放军。1950年，响应"抗美援朝、保家卫国"号召，参加了中国人民志愿军。在部队历任副班长、班长、副排长、排长等职，并加入中国共产党。1958年，高玉亮转业到同江工作，做过银行更夫、医院管理员、林场护林员、渔场和养猪场管理员、公社出纳员等工作。高玉亮到地方一直在基层工作。二十多年来他工作上坚持原则，一心为党的事业任劳任怨，甘做人民公仆。

1983年8月14日，向阳乡一名妇女因下窖取酒糟被熏倒在窖里，马文祥、高玉亮二人闻讯后立即先后下窖救人，不幸献出了生命。

1983年8月16日，中共同江县委、县政府为他们举行了隆重的追悼大会。9月28日，作出《向马文祥、高玉亮等同志学习的决定》和《追认马文祥、高玉亮同志为优秀共产党员的决定》，号召全县党员、干部和群众学习马文祥、高玉亮的先进事迹。

第五节　红色遗址遗迹

艰苦卓绝的革命战争年代，英雄的同江人民为争取民族独立和解放，前赴后继，浴血奋战，留下了许多红色遗址遗迹，这是宝贵的历史资源和精神财富。随着岁月的流逝，许多遗址遗迹遭到自然和人为的损毁。

据党史部门2010年开展的普查情况显示，同江市尚存红色历史遗址遗迹10处。

拉哈苏苏海关遗址

拉哈苏苏海关遗址位于同江市区通江街北段东侧。1901年，清政府签订了丧权辱国的《辛丑条约》，以关税为抵押还债，决定在松花江流域增设3处海关，即哈尔滨、三姓（今依兰县）、拉哈苏苏（今同江市）。

拉哈苏苏海关建于1910年春天，当时由英国人负责沿江上下30华里来往船只的货物验收、收税，平时收税为30万~40万大洋。至1932年，共收税达630万~820万元之间。海关建筑为欧式风格，总占地面积7 500平方米，建筑面积1 160平方米。由主体办公间和附属货场、住宅组成，系砖混结构平房。主体建筑为"T"字形，面积550平方米，墙壁厚55厘米，内设大小房间14个，门厅2个；室内有地下暗室，深2米，面积30平方米。

拉哈苏苏海关旧址是帝国主义列强侵略中国的历史见证，似一座警钟在时时敲响，诉说着中国那段屈辱的历史。它昭示后人，只有走富民强国之路，才能使我们的民族真正屹立于世界民族之林。

拉哈苏苏海关遗址也是同江一处重要的革命斗争遗址。

1946年5月5日，中共同江县县委书记、县长章克华率20多名东北人民自治军官兵和国民党光复军激战于此，最终寡不敌众，章克华被俘遇害。

1987年，拉哈苏苏海关遗址被同江市人民政府批准为市级文物保护单位。

2018年，拉哈苏苏海关旧址　中共同江市委宣传部提供

1990年，拉哈苏苏海关遗址被佳木斯市人民政府授予爱国主义教育基地。

1999年，拉哈苏苏海关遗址被黑龙江省人民政府批准为省级文物保护单位。

街津口抗日根据地遗址

街津山东与勤得利额图山相连，南接青龙山，西有莲花河，北与俄罗斯隔黑龙江相望，面积95平方千米。这里山水环绕，林木茂密，易守难攻。

1932年，为反抗日本帝国主义的侵略，驻守同江的原东北军三十五团团长路永才以街津口为根据地，聚集广大爱国志士，组织义勇军、红枪会、黄枪会等抗日武装，高举反帝爱国旗帜，与日伪统治者展开了艰苦卓绝的斗争。日军侵占同江后的很长一段时间在这一地区都不敢轻举妄动。日伪统治时期，部分抗日武装也一直在此活动。

世世代代居住在这里的赫哲族人民积极参加抗日活动，先后有130多名青壮年直接加入抗日义勇军、红枪会、黄枪会、东北民众抗日救国军和抗日联军队伍。赫哲族群众则积极为抗日队伍筹集食物、制作衣帽，护送抗日志士、运送抗日物资，从事地下工作、分化瓦解敌人，主动为抗日队伍当向导、送情报。街津口成为同江抗日力量的主要根据地。

目前，街津口是同江市独具特色旅游风景区。

街津口抗日根据地旧址　同江市档案馆提供

三江口海军倒戈事件遗址

三江口海军倒戈事件遗址位于同江市三江口驻军营房至江岸及水面。由于护岸工程建设前，多年被江水冲刷，原江岸已被吞没100多米。此遗址是日伪统治时期东北军下层官兵不愿做汉奸、不愿做亡国奴、敢于拿起武器公开抗日的历史见证。

现该遗址已开发成旅游景点，暂无明显标志。

图斯科战斗遗址

图斯科战斗遗址位于同江市乐业粮库南侧松花江边。图斯科原系一个赫哲族村屯，附近森林茂密，当时为同江—富锦的水路交通要道。从1932年始，抗日武装多次在此与日伪军战斗。其中规模较大的战斗有三次。

1942年，日军将图斯科赫哲族群众归并到三部落后，图斯科村屯不复存在。由于江水冲刷，大部分遗址流失，尚存遗址树木覆盖较好。

该遗址已被列入保护和开发规划。

头屯村伏击战遗址

头屯村伏击战遗址位于同江市三村镇头屯村东侧。1932年12月，在伏击战中日本鬼子丢下大量尸体乘车狼狈逃跑，我红枪会、黄枪会战士牺牲80余人，当地群众将牺牲战士遗体埋葬于头屯北大岗。

该遗址已被列入保护和开发规划。

头屯伏击战旧址　市档案馆提供

鲁民店惨案遗址

鲁民店惨案遗址位于同江市丰乐村西侧约一千米处。鲁民店是清宣统二年（1910年）由山东移民所建的村屯，活动在同江一带的抗日联军经常到这个屯子开展地下抗日活动，当地群众与抗联队伍关系密切。

1936年7月，在这里发生了鲁民店惨案，抗联战士16人牺牲，被杀害的百姓有10多人，其惨状令人目不忍睹。随后，日军又放火点着房屋草垛，从此，鲁民店成了一片废墟。鲁民店的幸存者后来在废墟以东一千米处重新建村居住，即现在的同江镇丰乐村。

鲁民店惨案遗址，既是我抗日联军与日军殊死搏斗的战场，也是日军侵华暴行的见证。该遗址已被列入保护和开发规划。

青龙山伏击战遗址

青龙山伏击战遗址位于同江市区东南方向40千米，西通同江县城，东接勤得利深山密林，是抚远与同江之间的交通咽喉，地势险要。

1938年10月，在这里发生的青龙山伏击战。打死打伤靖安军骑兵270余人，缴获大量的枪支弹药、马匹，而抗联七军只牺牲1名战士。这次战斗，极大地震动了同江县日伪政权，大大鼓舞了同江各族人民的抗日信心。

现该遗址已被列入保护和开发规划。

八岔苏联红军登陆地遗址

八岔苏联红军出兵东北对日作战登陆地遗址位于同江市八岔赫哲族乡所在地以北，黑龙江岸。

1945年8月9日，赫哲族战士董贵福为苏联红军作向导，负责八岔，董贵喜负责乌苏镇，董贵寿负责韩家小河子，傅文昌负责抓吉，毕发祥负责海青，毕青林负责一部落。他们分别带领苏军登岸并解放了这些地区。由于赫哲族战士的突出表现，抗战胜利后，苏联红军分别授予董贵福等人"斯大林奖章"和"朱可夫元帅奖章"。

该遗址由于多年被江水冲刷，当年的登陆地点已被冲至江中。

现该遗址已被列入保护和开发规划。

三法寺战斗遗址

三法寺遗址位于同江市白酒厂院内（现大部分已被拆除）。原三法寺建于1926年，1934年扩建改名为三法寺。寺庙建筑恢宏华丽，设施齐全，远近闻名，香客盈门。

1946年5月4日凌晨，由于国民党"光复军"及土匪的突袭，民主联军三处刘世忠被俘，被敌人捆绑后装进麻袋，沉进松花江。从此，三法寺香绝烟消。

三法寺战斗遗址（同江白酒厂院内）　市档案馆提供

1958年，同江县政府利用寺内建筑建起了同江白酒厂。目前，作为生产车间的5间正殿已荡然无存，寺内建筑仅余东西侧殿。

同江市烈士陵园

同江市烈士陵园的前身是原同江县城北海关林子中的苏联红

军烈士纪念碑和章克华烈士墓。

1984年5月，经同江县人民政府批准定名为"同江市烈士陵园"，并投资1 500万元搬迁至现址通港路中段。

陵园占地10 000平方米，其中建筑面积3 000平方米。园内主要设施有革命烈士纪念碑（碑高15.32米，占地100平方米，正面刻有原中共黑龙江省委书记李力安所题"革命烈士纪念碑"七个镏金大字）、苏联红军烈士纪念碑、中共同江县第一任县委书记、县长章克华等四名烈士的墓地、章克华烈士纪念馆（陈列着章克华等四名英烈的部分遗物及他们的事迹展）。园内还设有琉璃瓦仿古大门、办公室、祭奠广场、纪念亭、人工湖等附属建筑。园内绿化面积7 000平方米。

2018年，同江市烈士陵园　中共同江市委宣传部提供

革命烈士纪念碑，正方形的基座高1米，占地面积100平方米，碑身正四棱锥体，高14米，底边长3米，大理石贴面。碑文如下：

一九三一年，九一八事变，祖国边陲壮丽河山，沦於日寇踩躏摧残，民不聊生，苦不堪言，在中国共产党的领导下我军奥民族志士奋战在白山黑水之间，前赴后继，救国捐躯。终于在一九四五年九月，日寇投降还我河山，除恶造福实行耕者有其田，踵遭反动匪帮武装颠覆，毒辣盘辗，人民义愤，复继斗敌顽，抛头颅洒热血捍卫政权。烈士功业舆日月同辉共灿千古永垂！

2017年，在章克华烈士纪念馆的基础上新建扩建了同江市革命历史纪念馆。同江市烈士陵园是县级重点保护单位和爱国主义教育基地。

胜利公园

同江市爱国主义教育基地——胜利公园，是黑龙江省省级爱国主义教育基地，始建于1945年，原址在海关旧址西侧，俗称海关林子。现址重建于1984年，位居通港路中段南侧，占地1万多平方米，与俄罗斯风情园遥相呼应。

胜利公园由三部分组成：爱国主义教育展区、革命烈士瞻仰区、章克华革命烈士纪念馆。

爱国主义教育展区陈列着新中国成立初期退役的武器装备，这里陈列的有59式中型坦克（1959年开始装备中国人民解放军陆军，是中国的第一代主战坦克）、63C装甲输送车（是中国第一型自行设计、生产的履带式装甲输送车，1964年开始于中国人民解放军中服役）、65式双37毫米高炮（曾参加过60年代的越战，因屡立战功而扬名中外）、59式57毫米高炮（是苏联C-60式57毫米高射炮的仿制产品，1965年投入大批量生产，现已逐步退役）、81式122毫米40管火箭炮（是仿制苏联BM-21火箭炮的产品，1982年设计定型）、54-1式122毫米榴弹炮（是根据苏联M-30式122毫米榴弹炮仿制而成，于1954年定型并装备部队，70年代开始逐步退役）、66式152毫米加榴炮（是根据苏联D-20式152毫米加农榴弹炮仿制而成，1966年生产定型，曾大量装备部队）。

17块记录着同江革命斗争史的爱国主义教育浮雕，记录着同江人民近百年来不屈不挠的革命斗争壮举、波澜壮阔的奋斗篇章、艰苦卓绝的发展征程。是一部革命史、奋斗史、英雄史、发展史，更是一本明理、启智、鉴今的教科书。

同江革命史是一部波澜壮阔的奋斗史。从崇祯十七年（1644年）同江人民长达两个多世纪的抗击沙俄侵略斗争，到1929年"中东路事件"；从1931年"九一八"事变后同江成为抗击日伪统治的游击区，到1945年建立人民政权；从1947年615人参加东北民主联军，到1966年同江恢复县级建制，这里发生了太多的英勇斗争事件。

革命烈士瞻仰区，松柏环抱，绿荫满园，安静庄严。革命烈士纪念碑，自东一字排列着李鸣华、鲁祥祯、刁成美、章克华、刘世忠等烈士纪念碑墓和革命烈士英烈录。收录的英烈是章克华、刘世忠、王长海、张子峰、张树信、刁成美、鲁祥祯、孙长福、邢建明、杨金堂、秦文国、傅建福、高德元、高学良、李春芳、周臣、施树春、傅胜福、胡荣宽、王连顺、张义、王会、藏荣久、袁庆有、赵长泰、李鸣华。

革命烈士纪念广场上屹立着革命烈士纪念碑，纪念碑底座高0.85米、宽10.03米，在它的四角立着高0.5米、宽0.28米浇筑方柱，方柱间各有两个等距略矮的方柱，其间电镀钢管链接，正面例外设有5步台阶。碑身为总高17.6米、宽3.43米的正方锥体，正面下方刻有碑文，上方镏金大字"革命烈士纪念碑"，南面"为国捐躯流芳千古"，顶端红五星高高挺立。碑身通体白玉石，浑朴厚重。

革命烈士纪念广场西侧是苏联红军烈士纪念碑，纪念苏联红军烈士为中国的解放事业作出贡献乃至奉献生命。

章克华烈士纪念馆，分为日伪统治时期、解放战争时期、抗美援朝战争、社会主义建设时期。这里设有章克华烈士纪念堂，珍藏了章克华烈士生前用过的生活用品及武器，更有1945年6月章克华一家四口在新四军苏北抗日根据地江苏省阜东县的合影及章克华爱人岳明的书信。

　　赫哲族民族抗日展厅，主要纪念赫哲等少数民族为同江人民解放事业作出的贡献，有张锡侯、张子峰、章克华等烈士图像及英雄事迹、珍贵的革命烈士遗物和珍贵文物、图片、影像等资料。

附 录

同江中俄跨江铁路大桥大事记

2003年10月22日，经黑龙江省政府授权，佳木斯市政府代表黑龙江省政府与俄罗斯犹太自治州签订了建桥意向书，正式提出建设同江中俄跨江铁路大桥项目。

2004年，议定书签署之后，同江市政府委托天津铁道部第三设计院编制完成了大桥项目预可研报告，黑龙江省发改委正式将大桥项目列入黑龙江全省"十一五"交通发展规划。

2005年，黑龙江省领导张左己和栗战书分别在国家发改委委托书上作了批示，争取在"十一五"期间建成。

2006年，中共同江市委书记何忠华致信俄罗斯驻华大使馆公使，希望得到俄罗斯大使馆的支持，积极推进项目。

2006年8月，黑龙江省政府副省长刘海生与犹太自治州政府副主席古列维奇签署了共同建设黑龙江界河桥议定书，明确了建桥原则，决定双方共同推进大桥前期工作。

2007年3月2日，黑龙江省政府召开大桥工作会议，佳木斯市市长李海涛专门作了工作汇报，黑龙江省领导对大桥工作给予充分肯定。

2007年3月6日，黑龙江省委副书记、副省长栗战书带领佳木斯市、同江市以及相关部门同志到北京铁道部汇报了大桥工作情况和需要解决的问题，加快了项目推进。

2007年3月，"两会"期间，同江市全国人大代表尤建红向胡锦涛主席和温家宝总理致信，就建设同江至下列宁斯阔耶铁路大桥提出了建议，胡锦涛主席和温家宝总理非常重视，并分别作了批示。

2007年3月，黑龙江省政府委派省发改委、口岸办、外事办、哈铁局到同江市举行铁路大桥项目调研，省发改委副主任王中人一行听取了汇报。中共佳木斯市委书记郭晓华、佳木斯市副市长孙伟经陪同调研。

2007年4月，国家铁道部成立了同江铁路大桥推进组，组长为陆东福、副组长为刘海生，成员单位有外交部、商务部、黑龙江省发改委、佳木斯市、同江市项目部门领导。2007年6月，铁道部总经济师黄民到同江大桥项目进行调研，为做好签署两国建桥协定书工作作准备。

2007年7月，国家发改委东北办相关产业司司长武士国一行到同江调研，考察大桥桥址。

2007年7月28日，全国人大财经委主任石秀诗一行到同江市调研大桥桥址，并就大桥项目专门致信吴仪副总理。吴仪副总理非常重视并作出批示。

2007年8月6日，国家发改委副主任、国务院振兴东北办主任张国宝亲临同江对大桥项目进行了实地考察，明确表示要从实现"东北地区振兴计划"和"俄罗斯远东和后贝加尔经济社会发展整体规划"有效衔接角度积极支持大桥项目。

2007年8月18日，中国国民党革命委员会副主席听取了大桥情况汇报。

2008年4月10日，黑龙江省副省长杜家豪到同江视察大桥项目。

2008年10月28日，中俄双方铁道部长代表两国政府正式签订《中俄同江—下列宁斯阔耶铁路大桥建桥协定》。

2009年4月16日，俄罗斯驻沈阳总领事馆波德别廖兹科到同江专程考察大桥项目。

2009年5月7日，俄罗斯驻中国大使馆高级参赞叶夫西柯夫到同江考察了大桥项目。

2009年，国家领导人唐家璇一行考察了大桥项目。

2009年8月22日，中纪委副书记马驭一行考察了大桥项目。

2010年，同江市领导王金、铁道部鉴定中心副总工程师乔键、哈铁局总工程师关宝岩赴莫斯科与俄方相关部门进行技术会谈，对大桥设计、建设主要技术参数进行了最后的协商确定，保障了大桥建设顺利进行。

2010年7月23日，中纪委监察部第三纪检监察副主任袁久强考察大桥项目。

2010年8月25日，铁道部副部长陆东福视察大桥项目。

2010年9月26日，新任黑龙江省省长王宪魁到同江视察大桥项目工作。

2010年10月24—25日，哈铁局副局长徐建军、建设处处长孙长安、中铁大桥局党委书记刘自明、二公司总经理徐雪峰一行考察了大桥项目，召开工作协调会议。

2011年6月29日，黑龙江省副省长孙尧等相关部门同志与俄方犹太州政府副主席古列维奇一行进行了大桥工作会晤。

2011年7月11日，黑龙江省政府副秘书长张秋阳带领相关部门人员研究主桥施工界线和投资分界线问题。

2011年8月4日，俄罗斯交通运输部副部长涅多谢科夫致信中国国家铁道部副部长胡亚东确定施工界线以及产权分界点问题。

2011年8月4日，佳木斯市委书记王兆力视察大桥项目。

2011年8月4日，全国人大副主任严隽琪一行视察大桥项目。

2012年4月2—10日，中共佳木斯市委书记王兆力、中共同江市委书记隋洪波一行赴俄调研大桥项目。期间，先后到莫斯科国家桥梁设计院、卢比康公司、中国驻莫斯科大使馆、中国驻圣彼得堡总领事馆进行考察和洽谈，就大桥项目工作和相关合作事宜交换了意见。

2012年4月28日，在国务院副总理李克强出访俄罗斯期间，由中国外交部副部长程国平与俄方运输部副部长阿力斯托夫签署了同江铁路大桥建桥修订议定书。

2012年4月30日，黑龙江省代表团会见了俄罗斯阿里阔姆公司总经理马卡洛夫和卢比康公司总经理拉夫里科夫，双方就大桥项目下步工作举行了会谈，双方计划在5月中旬召开大桥项目建设会议。

2013年6月20日，在俄罗斯圣彼得堡国际经济论坛期间，黑龙江省省长陆昊与俄犹太自治州州长温尼科夫举行会晤，并在国务院常务副总理张高丽和俄联邦第一副总理舒瓦洛夫的共同见证下，签署了省州间关于推动大桥项目的谅解备忘录，同时中方建桥负责机构与俄基金公司签署了大桥项目实施程序意向协议书。

2014年3月14日，中国铁路总公司正式下发通知至大桥建设指挥部，2014年3月可正式开工建设大桥。参加大桥开工仪式的有铁道部副部长卢春仿、中共黑龙江省委书记王宪魁、黑龙江省相关单位领导、佳木斯市领导、同江市领导。

2015年3月18日，俄罗斯总理梅德韦杰夫委任俄交通部长马克西姆采取措施，开始建设俄方境内工程。

2016年1月15日，国家民委领导到大桥施工现场调研考察；中共黑龙江省委选人用人专项巡视组到大桥施工现场考察调研；

国家打击假冒伪劣产品专项检查组到大桥施工现场考察调研。

2016年1月19日，工商总局办公厅领导到大桥施工现场考察调研。

2016年3月14日，黑龙江省社会主义学院党组书记、副院长祝福恩教授到大桥施工现场考察调研。

2016年4月5日，俄罗斯驻哈巴领事到大桥施工现场考察调研。

2016年4月7日，国家商务部经济规划研究院院长李光辉到大桥施工现场和换装站场考察调研。

2016年4月9日，中共黑龙江省委组织部"两新"建设调研组到现场考察调研。

2016年4月23日，中共黑龙江省委驻村第一书记考核组、组织部领导到大桥施工现场考察调研。

2016年5月9日，新华社黑龙江分社社长李凤双一行到同江市详细全面了解赫哲族精准扶贫情况和同江市赫哲族群众生产生活情况，同时重点采访了大桥建设情况。

2016年5月11日，黑龙江省政协领导到大桥施工现场考察调研。

2016年5月18日，俄罗斯远东商会到大桥施工现场考察调研。

2016年5月19日，江苏省商会到换装站和大桥施工现场考察调研。

2016年6月2日，卢比康公司与桥梁建设公司签署了建设承包合同，合同中商定了完成大桥俄方部分的条件和期限。

2016年6月6日，俄方首批建设机械以及施工用房运到现场。同江市市长王金带领主管副市长及口岸办、大桥办、国土局等相关部门到大桥施工现场考察调研。

2016年6月18日，国家铁路局司长张群一行到同江考察调研大桥项目。

2016年6月20日，中国商会到大桥施工现场考察调研。

2016年6月22日，全国人大代表考察团到大桥施工现场考察调研。

2016年6月23日，俄罗斯工商联和省工商联到大桥施工现场考察调研。

2016年6月29日，中国驻哈巴总领事郭志军到大桥施工现场进行调研。

2016年7月1日，俄哈巴罗夫斯克市老兵代表团到同江市参观了大桥的施工情况，认为大桥建成将更好地促进中俄两国关系。

2016年7月7日，国家统计局党组成员高建华参观考察大桥施工现场。

2016年7月9日，中国科学技术馆调研组参观考察大桥施工现场。

2016年7月19日，中燃集团领导到大桥施工现场考察调研。

2016年7月21日，中共佳木斯纪委书记顾百文到大桥施工现场考察调研。

2016年7月26日，黑龙江省财政厅领导到大桥施工现场考察调研。

2016年8月2日，台湾"三三企业交流会"参访团一行到大桥施工现场进行实地考察。

2016年8月6—7日，商务部国际贸易经济合作研究院调研组到同江市调研沿边开发开放工作。商务部国际贸易经济合作研究院副院长李光辉，国家发改委、海关总署、工信部、旅游局、质检总局等有关部委同志到大桥施工现场考察调研。

2016年8月6日，佳木斯市摄影家协会到大桥施工现场考察调研。

2016年8月14日，黑龙江省开发银行行长到大桥施工现场考察调研。

2016年8月17日，中国社会科学院调研组到大桥施工现场考察调研。

2016年8月17—18日，中铁三院、中铁大桥局赴俄方进行联测。

2016年8月24日，佳木斯市政府督查室领导到大桥施工现场考察调研。

2016年8月27日，北京电影学院党委书记侯光明、组织部长童启富、摄影学院院长宋静、吉林动画学院院长郑立国、四川传媒学院院长马洪奎等人到大桥施工现场考察。

2016年8月28日，国家新型城镇化综合试点评估特聘研究员清华大学规划院教授级高工张险峰、规划院副所长夏竹、社会学院博士孙亚梅、国家金融研究院主任助理刘晨茹、规划院规划师张楚、吴邦銮，中国人民大学公共管理学院硕士陈奕植、黑龙江省规划处副处长苏杭到大桥施工现场考察调研。

2017年1月21日，中共黑龙江省委常委李海涛来到大桥施工现场检查指导工作。

2017年3月7日，中国林场总公司总经理李留彬一行到大桥换装场考察工作。

2017年5月12日，佳木斯市政府副市长孙希平来同江市考察大桥项目指导工作。

2017年6月19日，交通部副部长何建中一行来同江大桥施工现场调研指导工作。

2017年7月5日，中共佳木斯市委书记徐建国深入同江大桥项目施工现场了解指导工作。

后 记

　　经过全体编撰人员的不懈努力，一部全面展示同江市革命老区经济社会发展的史书《同江市革命老区发展史》终于付梓。这是一部具有鲜明地域特色的史书，是同江市革命老区人民政治生活中的一件大事。

　　中共同江市委、市政府高度重视，选调本市具有史书编写经验的精兵强将成立编撰机构。同江市老区建设促进会具体操作，为编撰人员排忧解难，主要领导亲力亲为。中共佳木斯市委党史研究室为史书编撰把关定向；佳木斯市老促会原任会长李淑香和现任会长王君清热情关心并悉心给予指导；佳木斯市地方志主编富宏博潜心审读且进行了精心校正。在史书编撰过程中，得到了同江市社会各界的大力支持。部分同江市级退休老领导、老干部不顾年迈体弱，亲自撰文，提供史料和图片。中共黑龙江省委党史研究室组织专家评审，提出修改意见和建议。全体编撰人员怀着高度的责任感和使命感，分工合作，各取所长，勉力而为，克服了时间久远、资料奇缺等困难，深入基层调研，走访知情人，查档阅卷，去伪存真，撷实入史，付出了心血和汗水。在此一并表示感谢！

　　因能力水平所限，谬误之处在所难免，敬请有识之士批评指正。

因本书所选文章众多，部分作品未能在出版前及时联系到著作权人，请著作权人看到后与我们联系，我们将奉上稿酬。

编者

2018年12月

主要参考文献

［1］同江县志编纂委员会编.同江县志［M］.上海：上海社会科学院出版社，1993.

［2］赵俊清主编.三江名人大典［M］.哈尔滨：黑龙江人民出版社，2001.

［3］同江市志编纂委员会编.同江市志［M］.哈尔滨：黑龙江人民出版社，2015.

［4］高学智主编.中国名村志丛书·八岔村志［M］.北京：方志出版社，2017.

［5］尤秀珍，尤延生主编.赫哲—那乃同族兄弟交往纪实［M］.哈尔滨：黑龙江人民出版社，2017.

［6］石宝军主编.佳木斯军事史［M］.2017.